中國學術思想 研究輯刊

六 編

林慶彰 主編

第25冊

夏炘學記

楊錦富 著

花木蘭文化出版社

國家圖書館出版品預行編目資料

夏炘學記／楊錦富 著 ── 初版 ── 台北縣永和市：花木蘭文化出
版社，2009〔民 98〕

序 4+ 目 4+320 面；19×26 公分

（中國學術思想研究輯刊 六編：第 25 冊）

ISBN：978-986-254-076-3（精裝）

1.（清）夏炘　2. 學術思想

127.77　　　　　　　　　　　　　　　　　98015412

ISBN - 978-986-2540-76-3

9 789862 540763

中國學術思想研究輯刊

六 編　第二五冊　　　　　　ISBN：978-986-254-076-3

夏炘學記

作　　者　楊錦富

主　　編　林慶彰

總 編 輯　杜潔祥

出　　版　花木蘭文化出版社

發 行 所　花木蘭文化出版社

發 行 人　高小娟

聯絡地址　台北縣永和市中正路五九五號七樓之三

　　　　　電話：02-2923-1455／傳真：02-2923-1452

網　　址　http://www.huamulan.tw 信箱 sut81518@ms59.hinet.net

印　　刷　普羅文化出版廣告事業

封面設計　劉開工作室

初　　版　2009 年 9 月

定　　價　六編 30 冊（精裝）新台幣 50,000 元

夏炘學記

楊錦富 著

作者簡介

楊錦富，台灣高雄人，1951 年生。致力於思想史、文學理論、語文教學研究三十餘年。現任屏東美和技術學院（將改制科技大學）通識教育中心副教授，曾任通識中心主任。所著《國文視聽教學》對推展語文教育迭有貢獻；《阮元經學之研究》四十餘萬字，曾獲政大新聞研究所吉福星教授獎學金首獎；《夏炘學記》二十餘萬字，為升等之作；諸書皆酌理清晰，別有創見。另有論文十餘篇，都廿餘萬字。

提　　要

夏炘之學，兼綜漢宋，長《詩》、《禮》二經，而深於朱子之書。其義理、訓詁、名物制度及小學音韻，皆能博考，精研深造，自得其所。所著《紫景堂全書》，涵蓋廣越，於儒門學脈，經術大義，可謂用心已極。

限於篇幅 論文所述 僅就《檀弓辯誣》三卷《述朱質疑》十六卷《學禮管釋》十八卷及《三綱制服尊尊述義》三卷立論，其他卷數較著者，若《讀詩劄記》八卷、《景紫堂文集》十四卷等，則為闕如；然由前述卷數，當可諳知夏氏學問菁要。

若夫《檀弓辯誣》，是就經言經，崇古而不信於古，古所謂是，未必皆是；古所謂非，未必皆非。以今觀之，是能破古人的迷失，且而矯正後人對孔氏家道的誤解，自反而縮，雖千萬人吾往矣，就中氣概，可以見之。

而《述朱質疑》，乃夏氏於江西婺源十八年，與生徒之講習。雖取王懋竑《朱子年譜》以為論辯，大體仍遵王說，恆能就朱子信誼有所發抒，而終身誦行朱子德慧，契應哲思，可謂敦篤。

至《學禮管釋》與《三綱制服尊尊述義》，即明示修身立德之基，蓋以倫類合宜，三綱維繫，道義乃存，違紀叛離之事必不作，若所言：「教官以教為職，非獨教士，雖庶民與有責焉。」如是，士之與庶民，皆遵禮以行，而無亂亡之事，則街坊鄉里豈不大治。

括而言之，名為「景堂」，雖尊紫陽，其撥亂世而反之正，必著書之旨要，是而本論文之作，一循先生之學，一仰先生之風，於傳承之儒學，尤當知所遵循。

目次

序 言

　　昔江藩（子屏）著《漢學師承記》、《宋學淵源記》，爲記載清代理學的開始。或譏其漢、宋分編未當，然就事實論之，則未可厚非。第以義理、考據，境界固屬互通，分編敘述，轉可各盡其勝。惟江書僅迄乾嘉，又詳漢略宋，殊嫌不備。

　　　嗣起者爲唐鑑（鏡海）《學案小識》，其書專重宋學義理，而篇末亦附「經學」，「經學」之名復與「漢學」有別。主觀意見，頗爲堅定。然則宋明諸儒，其學可謂爲非「經學」？且而黃黎洲、顏習齋諸人，均入「經學」，而何以若顧亭林、王船山諸人又獨爲「道學」？分類牽強，一望可知。再以「道學」之目，又分傳道、翼道、守道諸門，更屬偏陋無當。（錢穆：《中國學術思想史‧八》頁 594）

　　唐書盡於道光（1821～1850）末年，亦未道盡有清一代的原委。其後徐世昌（菊人）《清儒學案》出，全書計二百零八卷，二千一百六十九人，迄於清末，最爲詳備。然旨在搜羅，未見別擇，義理、考據，一篇之中，時有錯雜。舉凡考證裒集，徐書均加甄采而未能窮其閫奧，是卷帙龐博，約則不足。如以詳略觀之，則唐書是略而不詳，徐書則詳而不略，皆有偏失。

　　徐書之後，支偉成《清代樸學大師列傳》較爲晚出，人物範例作於民國十三年十一月二十八日之冬，其評江藩《漢學師承記》，謂其「堅守壁壘，擯絕今文，是未免失之隘焉」；又評唐鑑《國朝學案小識》，謂其「宗旨側重理學，又以經師錯出其間，體制有乖」；至論傳狀之李元度《先正事略》，乃謂其「乾嘉諸儒，失載尙多」；是名爲「樸學」，即所謂「清代學術以考據爲中堅」，又謂「若理學則殊短發明，自不得如樸學之能卓然獨立」。（支偉成：《清

代樸學大師列傳》凡例）是江、唐、支三書之作，以唐書體制有乖，暫不贅言，若江、唐而書，則考據詳而義理略，乃爲可知。以是如夏炘之流，其以考證、義理互兼，求爲二書所取，厥爲困難。

即以徐世昌之《清儒學案》，二千餘人中，欲爬羅剔抉，披沙檢金，擇爲上尙者，委實匪易，此必如錢穆所言，得其詳而疏其略，故若非大家，或學行淵沉者，於學案中，非獨樹一幟，亦未得顯。而《學案》卷一五五，特列〈心伯學案〉，且附夏炯、夏燮二人，則其識見較江、唐、支三書，乃至李元度之《事略》，實有過之。故雖其書義理、考據，若有錯見雜出，然以事實論，乃若小疵者，不足掩其大醇矣。因之，本書卷首即率以徐氏之說爲言，蓋亦見徐氏取人不偏漢宋也。

若夫本書章節用序，則必如目次所列，首〈緒論〉，次〈檀弓辨誣〉上下，次〈述朱質疑〉上中下，又次爲〈禮學論辨〉，終則歸結諸篇什，而全書以《景紫》作標目，蓋亦始終欽仰朱熹之懿德也。

至〈緒論〉言，則有見於夏炘的漢、宋兼顧，尤尊紫陽而爲粹然儒者，殆本書撰作之所由。只以清儒考據之外，理學殊短發明，先生則入內出外，不爲所動，而病其異口騰說，鄙程薄朱者，且憂其人之悖風教、亂世俗，故「景堂」之意，蓋亦撥亂世而反之於正。因之，是書之作，其於衛道，可謂甚明。

再如〈檀弓辨誣〉之述，世人皆以經爲恆爲常，不可變易。其實經者，可爲當代即後世精神的指鍼，若其意義，則仍有其時效，未必語皆可通，所謂「放之四海皆準，百世以俟聖人而不惑」。是其中卷帙經後人千錘百鍊而無礙者，非句句皆不朽之論，比如《儀禮》喪禮，知爲當時的隆禮，然用之於今，不免落於繁文縟節，故可斟酌；而檀弓言禮，情況猶殊，其形諸外者，似亦言孔尊孔；骨子深處，卻是批孔譭孔，此即夏炘所謂外批孔衣，內著韓、墨之流，陰騭幽沉，暗藏禍端，莫此爲甚。故夏炘以逆向證法，還原檀弓之非，使世人知檀弓陽用孔門之名，而陰毀孔門之實；名爲記禮，實則非儒，渾然掩飾，而不露痕紋，稱儒卻反儒，隱微之際，較異端過之，此必夏炘不得不辯者也。

次如〈述朱質疑〉，《景紫堂全書》所列，計十六卷，汪汪寬博，涯涘廣矣。所述則朱子自少迄老問學的過程，就中所論，乃爲與王懋竑（白田）的辯議，白田一生潛心朱子之學，所作如《朱子年譜》四卷、《考異》四卷，附

錄二卷；又有《朱子文集注》、《朱子語錄注》等作；夏炘與之辯，蓋爲凸顯尊朱之義，所據雖不免若干瑕疵，整體而言，於朱子爲學脈絡，仍可窺而知見，對陳建《學蔀通辨》之混淆誇訾，亦多所棒喝。而朱子居敬涵養、窮理致知、明倫察物、反躬踐實，乃至學之先博後約，自粗及精，內聖外王之道，夏炘均能依序臚舉，其於朱子學說用心之忱、篤行之勵，與王白田無二致。因之，觀〈述朱〉篇什，則朱學精神亦彰彰在目，惟可惜者，即所舉篇什，皆爲散列，有如淄水的漫羨，無所歸心。若本論文，則因〈述朱〉之言，依序編排，使朱子之學得闡其精義，夏炘景紫意涵亦可豁顯，則高山景行，契會賢聖之境，或可臻至。

又以章節言，〈述朱質疑〉列上、中、下三者，分四、五、六章，其第四章，則〈朱子學術考〉、〈朱子出入老釋者十餘年考〉及〈朱子見延平先生以後學術考〉，皆就夏炘之意，辨正朱子年少以來爲學的氣格，由少之知學，而後出入老釋，又後由延平師教的啓領，浸之還歸儒門，以見良師「博我以文，約之以禮」的諄諄訓誨。而第五章云者，則爲「中和」新舊說的義理疏論，由「先察識後涵養」知朱子爲學在逐層以進，非頓悟式的一蹴可幾，故已發未發之說，實即《中庸》「莫見乎顯，莫隱乎微」理義的充份展現，亦由此奠定朱子理學的基柱。至第六章云者，則朱子的主敬、論仁說，見出其爲承孔門、二程脈絡而來，尤以「敬義」、「仁說」之述，更能就孔門、二程意見多所抒發；再若師道、及事功二者論之，則師道之承內聖，事功之開外王，格局的恢宏，胸臆的敞朗，洵爲可見。

次如第七章〈禮學論辨〉，則概之以〈三綱制服尊尊述義〉及〈學禮管釋〉二節。謂「父綱制服」、「君綱制服」、「夫綱制服」者，無他，在因喪服而尊宗法，使三綱立，道義存，雖爲喪服制服的推衍，其實即倫類系統的演繹，亦見君權制度下，其父權力量的強韌。而〈學禮管釋〉計十八卷，內容雖宏，卻似散漫，亦禮制的延闡，是以擇其近者，如「禘袷」、「明堂」、「公田」、「服制」以言，所述不外三禮範圍，仔細考量，知夏炘之作，乃承其師胡培翬而來，雖未明言，字裏行間，已彰彰昭示。至若全書總結，則爲諸章的歸納，於夏炘儒學涵養及其考辨的不舍，謹以無限的敬意。

若夫本書所論，止於《景紫堂全書》一至七冊，八冊之後，則夏炘論學之綴輯，以卷帙紛雜，述論不易，故所舉僅爲大要，而李慈銘《越縵堂讀書記》第六冊，載同治癸亥（1863）十月二十四日及十月二十七日所記夏炘《景

紫堂文集》梗概，言述最明，是篇末引李氏讀書心得，逐次列敘，一則提振
全篇，一則裨補本書之未足，賢哲懿語，所謂提綱挈領，精要切當，允爲可
信。

　　本文之撰，所歷數載，其間埋首案牘，孜矻墳典嘔心絞腦之時日不知凡
幾，幽懷沉暗孤寂單調之歲月亦不知凡幾，幸能寫成，而內人之無悔與關注
及碩彥教授之殷殷賜正，最是感激。然以作者才疏學淺，駑鈍愚陋，闕漏未
當者，所在多有，尚盼　博雅賢達，不吝教正，是所蘄嚮。

第一章　緒　論

第一節　研究動機

　　言及清儒，夏炘也者，可謂一特立獨行的人。其學不偏漢，亦不偏宋，於漢、宋之學，允爲兼而有之者。然以其學未必云顯，世之研究者殊少，故清末迄今，少有議論其人的專著論作，此乾嘉學者，如惠棟、戴震之吳、皖學派，知者甚夥，而若夏氏者，淵流未著，知者乃鮮矣。

　　其實，夏炘之學，於《清儒學案》中，亦言之鑿鑿。〈心伯學案〉（《清儒學案》卷一百五十五）即列夏炘、夏炯二氏爲學之精要。徐世昌且特言夏炘，謂：「心伯學兼漢、宋，尤尊紫陽，粹然儒者。」（〈心伯學案〉序）實則夏氏兼長《詩》、《禮》之學，於朱子之作所識尤深。而其書謂之「景紫堂」者，蓋亦有取於景行朱子之意。有如門人王光甲所云：「病晚近諸儒好異講，漢學者只騰口說，不甚躬行；甚者鄙薄程朱，離經叛道，爲人心風俗之憂，故名其堂曰『景堂』，以表入道之正鵠。」〔註1〕則夏氏之作，一以病晚近諸儒的好異講；亦以病晚近諸儒的鄙薄程朱；所謂「好異講」，以爲漢學者徒騰口說，不甚躬行；所謂「鄙程朱」，又以爲鄙薄程朱者的離經叛道，爲人心風俗之憂；然則憑心以論，漢學者之考訂印證，皆就實質引據，非必徒然騰說異講，或爲究心古籍，不知如何裁之耳。而所謂鄙程朱者，未必定爲離經叛道，亦或激之過甚之語，然亦知夏氏服膺程朱又是如何的拳拳誠摯！

　　夫夏炘之學，依《景紫堂全書》所論，則《檀弓辨誣》三卷、《述朱質疑》

─────────────────

〔註1〕　《景紫堂全書・一》〈聞見一隅錄〉。

十六卷，及《三綱制服尊尊述義》三卷，宜爲全書主軸，而《學禮管釋》十八卷、《讀詩箚記》八卷，則以詩、禮權作治經之要，再以文集所記，如《詩經廿二古韻表》二卷，《六書轉注說》二卷，後人或曾引述，〔註2〕然僅止於散列式的申說，不見全面的立論，未來如有究心潛研者，，則夏氏音韻之見，亦應列爲探討的課題。而本文之述，以「檀弓辨誣」爲題之意，當亦承夏氏而來，作一公案的釐清，宜視爲逆向思考者也；蓋自漢以還的學者，於〈檀弓〉之文，每持肯定識見，即有惑疑，亦爲偶然，甚少質疑或異議者，夏氏則自經文原貌，逐次論證，其持之有故，亦言之成理，使千餘年來，世所謂善禮之檀弓，一變而爲鄙薄無行者流，則其舉證之明確，說述之合誼，是能新人耳目。因之，就通篇卷數以論，夏氏之文，於爲文格氏言，視爲翻案之作，仍甚洽適，故如何就〈檀弓〉之陷聖人於不義，而回歸經義的原始，宜爲夏氏立意之所在，亦本文撰作動機之所由；至於撰作之始，仍宜先自夏氏生平述論。

第二節　生平概述

　　夏炘生平，僅見於國史館《清史列傳》六十七卷，及徐世昌《宋元學案》一五五卷，他書若唐鑑《清學案小識》、錢儀吉《碑傳集》、繆荃孫《續碑傳集》、李垣《國朝耆獻類徵初編》、李元度《國朝先正事略》皆未載，故先生小傳，概依《學案》、《清傳》列敘，其有未足，則依《景紫堂全書》師友、門人之言補充之。

今按先生小傳：

　　夏炘，字心伯，一字弢甫，安徽當塗人。

　　生於乾隆五十四年（己酉，1789），卒於同治十年（乙酉，1871）。父鑾，字德音，號朗齋，嘉慶元年舉孝廉方正，以優貢官徽州訓導，訓士極嚴，有屈辱必爲之直；嘗謂：「士習宜整頓，士氣亦宜培養。」學宗程朱篤行，爲時所稱。先生承家學，道光五年（乙酉，1825）舉人。以武英殿校錄議敘，官吳江婺源教論。生平不求聞達，在婺源十八年，與生徒講學，惟以誦法朱子相勖。刊發小學《近思錄》示學入德之門，士習丕變。農隙之時，周歷鄉村，與民講約。以淺語闡發聖諭十六條，附刊律例之簡明者於後，嘗曰：「教官以

<hr />

〔註2〕　如《黃侃・劉師培》〈聲韻略說・論據詩經以考音之正變上、下〉，頁270～271　即曾參引。

教爲職，非獨教士，雖庶民與有責焉。」咸豐初，太平軍擾東南，先生倡團練與婺人，約曰：「七十老翁不能任天下事，願與若死婺而已。」城賴以全。擢潁州府教授，以道遠不克赴任。左文襄（宗棠）督辦浙江軍務，聘參戎幕，先生建議以徽爲江浙門戶救婺，即以圖浙，後路肅清，而後浙可安枕；又謂用兵之要，以愼爲先，未復之地愼進攻，不可輕犯賊鋒，致墮詭計；已復之地愼回顧，不使賊出我後，頓棄前功。文襄韙其言，先生又籌貸銀米給留徽及金嚴諸軍，以功保內閣中書。

先生爲學，兼綜漢、宋，長詩、禮二經，而尤深於朱子之書。義理、訓詁、名物、制度、說文、小學，皆能博考，精研深造，自得其所。所撰著以輔翼世教爲心，桐城方存之（宗誠，1818～1887，方東樹族弟）嘗謂其《檀弓辨誣》三卷，有功孔子；《述朱質疑》十六卷，有功朱子；同治七年（1868）門人吏部胡侍郎肇智，以所繹《聖訓附律易解》及《檀弓辨誣》、《述朱質疑》進御，有「年屆耄耋篤學不倦」之褒，並命武英殿刊刻頒發，天下榮之。卒年八十三。

所著《學禮管釋》十卷；《讀詩箚記》八卷；附錄五卷；《學制統述》二卷；《三綱制服尊尊述義》三卷；《轉注說》二卷；《養痾》三編、八卷；《賈誼政事疏考補》一卷；《陶主敬先生年譜》一卷；《景紫堂文集》十四卷；晚歲又著《易君子以錄》二卷；《聞見一隅錄》三卷；以上統稱爲《景紫堂全書》。

再如《小窗日記》；《轉音紀始》；《易學旁通》；《春秋公穀存是》；《春秋左傳袪疑》諸作，則《全書》未見，或爲先生未刊之稿。〔註3〕

〔註3〕　參考徐世昌〈夏炘先生傳〉，《景紫堂全書・一》，頁1。

第二章　檀弓辨誣（上）

第一節　緣起

　　《檀弓辨誣》之論，首即見諸《景紫堂全書》第一冊。夏炘選之，以爲開宗明義之論，辨誣之意甚切，並以爲千古以來若孔子之聖哲蒙不白之冤，爲之昭雪，使後世知如檀弓之流，明褒孔氏，實則陰抑儒門，此陽奉陰違之道，遂令孔門高第無言以對世人，故夏炘必以爲檀弓非儒家者流，而爲墨者或法家之人，否則斷無詆誹孔門如此其甚！

　　如進一層說，則漢之鄭玄，唐之孔穎達，亦或始作之俑者。鄭玄云：「名曰『檀弓』者，以其記人善於禮，故著姓名以顯之。」〔註1〕孔穎達《正義》亦云：「此檀弓在六國之時，知者以仲梁子是六國時人，此篇載仲梁子，故知也。」又案：「子游譏司寇惠子廢適立庶，又檀弓亦譏仲子舍適孫而立庶子，其事同；不以子游名篇，而以『檀弓』爲首者，子游是孔門習禮之人，未足可嘉，檀弓非是門徒，而能達禮，故善之，以爲篇目。」〔註2〕鄭、孔之見，皆就檀弓善禮處言，揚而不抑，於檀弓禮義的得失，則闕而未論；是後人必以檀弓爲時人之佳者，於其爲文的隱微曲指，皆未顧及。

　　實則檀弓之作，誣者甚多，對孔門之誣爲尤甚。雖前人已發其疑，〔註3〕

〔註1〕《禮記注疏》卷六引鄭玄《目錄》。

〔註2〕《禮記注疏》卷六卷首導引。

〔註3〕如《四庫全書簡明目錄》載《檀弓疑問》一卷，撰者爲邵泰衢。以《禮記》載漢儒〈檀弓〉一篇，多所附會，其可疑者，條列而辨之。

然疑而不決，故千載相懸，疑仍未解。而夏炘則斷之以〈檀弓〉之文，乃「專毀孔門而作」，所持意見則爲「雖係創論，實本先儒之緒論而推闡之，非敢自矜己見以指斥古書也。」〔註4〕如以毀孔門之作，依夏炘之述，則：

> 檀弓不知何國人，所撰，陸德明以爲魯人。

> 按《呂氏春秋》：「魯惠公使宰讓請郊廟之禮於天子，桓王使宰角往惠公止之，其後在於魯墨子學焉。則是篇或即墨氏之徒所作，故專與孔門爲仇與。」

夏炘引《呂氏春秋》言，謂〈檀弓〉作者，疑爲墨氏之徒，其與孔門爲仇，故非毀甚鉅，而陸德明僅以魯人稱之，未免含混。再以「先儒之緒論」言之，雖「柳子厚、胡致堂皆以檀弓爲曾子之門人；魏華父以爲子游之門人。」然依夏炘之說，則「檀弓譏刺曾子最多，於子游亦有微詞，似非二子門人所作。」〔註5〕疑檀弓譏刺曾子、子游，僅自字裡行間言其「似非二子門人所作」，亦未足證明檀弓所言即爲非，所謂引用證據稍爲薄弱，蓋即此意。且柳子厚（宗元）等爲唐人，雖疑檀弓之說，究竟只爲言簡，所論未見深刻。降至明初，則方孝孺《遜志齋集》雜著辨「檀弓」之論，條例清晰，適足佐證檀弓言語之誣。其例：

1. 防墓墓崩章

取乎古而師之者，以其合乎人情當乎理也。父之棺髑然暴於人而不脩，何取於古乎！信如其言，安足以爲聖？其誣孔子甚矣！謂殯於五父之衢亦然。

2. 子夏喪其子章

孔子之門人曾子最少。曾子之父與師商固友也。曾子於子夏之喪明而弔之，則宜其名而數之者，非曾子事也。曰：「朋友有過，以其長也，則不正之與？」曰：「非也！正之者是也名。名而數之，曾子不若是暴也。」何以明之？曰：「其詞倨而慢，曾子之詞愨而謹。」

3. 有子問於曾子曰、問喪於夫子乎章

孔子之欲仕，非爲富也，爲行道也。致美於棺槨，非爲不朽也，爲廣孝也。欲富而瞷且趨焉，以求利於南蠻之國，曾孔子若是乎！欲全其既死之軀而因以爲民制，孔子何取乎！曾子之問，子游之答皆非也。

〔註4〕《景紫堂全書·一》〈例言〉。
〔註5〕同上。

4. 孔子之故人章

周公曰：「故舊無大故，則不棄也。」苟有大故，則周公必棄之矣。小過而容之，義也；大故而棄之者，亦義也。察察然拒昧昧然，容薄量無制者之為，豈聖人所為乎！天下之大故宜莫甚於母死而歌者矣。此而不棄烏乎棄？以是為聖人之量，吾弗知也。」

5. 子思之母死於衛章

禮者，恆履之器也。不可斯須遠於身，豈以家之貧富、時之通塞為行否！子思賢者，其於道粹益。信斯言也，烏在其喻於道。〔註6〕

方孝儒之疑，疑而有理，自事實言，於情於理，確能合於辨誣之述，惟所見散列《遜志齋集》，於〈檀弓〉全文未全然探究，或為未足，然其言頗值參考。若夫夏炘，則依〈檀弓〉之作，舉事引證，其例分明，其說可採，其言足以駁斥檀弓之誣，於孔門長久沉埋之冤，或得以昭雪，實為有功於孔門。今依《辨誣》三卷，按其章節分述如下：

第二節　出妻辨例

儒家思想以仁主之，仁者愛己亦愛人。己立己達，立人達人，所謂由內而外，順遂仁德之謂。仁如此，發而為倫常亦然，在乎修己以安人，修己以安人，自能博施以濟眾，此是由內聖而外王之行，而欲內聖外王有所期致，乃必自身修、家齊處行起；蓋必身有所修，家有所齊，內外有所融洽，國方能治，天下方能平，儒家理治之道亦方能臻至。反之，身未得修，家未得齊，內聖、外王之途塞，庸能期至儒家的理治。

是深悉儒家思想者流，必以身修、家齊為儒家理想之道，若詆毀者流，則必無所不用其極之視身修、家齊為非是，此蓋〈檀弓〉之作之所起也。觀夫孔子之出妻，伯魚之妻嫁及子思之出妻之說，則孔門三世皆出妻，三世皆出妻，家已不齊，何能修身？又何能成儒聖之門？檀弓之以逆代順，詆譏聖門，千載之下，積非成是，徒使後人不知孔門之是，僅知孔門之非，如此，孔門又如何得立於九流十家之林？如未能得立九流十家，又如何力挽狂瀾，成為時代砥柱？由是知設計孔門出妻之流，其心可誅矣。故夏炘〈辨孔子出妻之誣〉、〈辨伯魚妻嫁之誣〉、〈辨子思出妻之誣〉之作，於孔門枉曲之誣，

直可以撥其亂而反其正；於檀弓刻意歪斜，亦直可以嚴正駁斥，其「有功聖門」可謂不小，百年之後讀之，見夏炘維護道統的精心微意，欽慕之念，備感殷切。今再就檀弓原文及夏炘之辨申述如下：

一、辨孔子出妻之誣

孔子出妻也者，依現今語彙，是為離婚之意。以上古淳樸春秋之世，為匹夫者流出妻，他人尚可說，而賢聖若孔子者出妻，他人之訾議必尤甚，所謂家之不齊，身何能修，則孔子於鄉黨間，何足稱道？此〈檀弓〉載：

> 伯魚之母死，期而猶哭。夫子聞之曰：「誰與哭者？」門人曰：「鯉也。」夫子曰：「嘻！其甚也。」伯魚聞之，遂除之。

孔穎達《正義》云：

> 時伯魚母出，父在，為出母亦應十三月祥，十五月禫。言期而猶哭，則是祥後禫前。祥外無哭，於時伯魚在外哭，故夫子怪之，恨其甚也。或曰：「為出母無禫，期後全不合哭。」

夏炘則謂：

> 檀弓欲誣聖人之出妻，又不肯明言，故約略記之。於此而厚致其誣於子上之母死而不喪章，使後人曉然於孔氏之世世出妻也。誣之甚，亦妄之甚矣。〔註7〕

「祥、禫」為喪服名。孝子在父母喪後一周年除去首服，服練冠，謂之小祥；喪後二周年除去繚服，服朝服縞冠，謂之大祥。孔氏稱「十三祥」者，蓋即小祥之謂。而「禫」也者，乃除喪服之祭禮。《說文》「禫，除服祭也。」《儀禮・士虞禮》「中月而禫。」注云：「中，猶間也。禫，祭名也。與大祥間一月，自喪至此，凡二十七月。禫之言澹，澹然平安意也。古文禫或為導。」則祥、禫二者，皆過於十二月，較十二月之期服為久，以父在，為出母哭，於禮未合，故孔子怪之，然孔子僅以「其甚也」，為之責難，至孔穎達以「恨其甚也」謂之，似若夫子憎惡已極，則夫子胸中盡是忿怨，又何足稱聖？此種隱微貶抑手法，用之孔門家世，是為無形之抑制，後人不知，必以為夫子始終抱持不平，其影響可謂為大！然則此以順反逆之法，確具特別的用心！故夏炘即駁云：「檀弓欲誣聖人之出妻，又不肯明言，故約略記之。」所謂「約

「略」也者，即模模糊糊之謂，檀弓模模糊糊寫，世人模模糊糊看，於孔子之為人亦模模糊糊矣。

〈檀弓〉又載：

> 子上之母死而不喪。門人問諸子思曰：「昔者子之先君子喪出母乎？」「然」。「子之不使白也喪之，何也？」子思曰：「昔者吾先君子無所失道；道隆則從而隆，道污則從而污。伋則安能？為伋也妻者，是為白也母；不為伋也妻者，是不為白也母。」故孔氏之不喪出母，自子思始也。

孔穎達《正義》云：

> 子之先君子，謂孔子也。伯魚之母被出死，期而猶哭，是喪母也。

夏炘則謂：

> 檀弓欲誣孔子之出妻，仍不欲明其事，而以孔氏之世世出妻厚誣之，使孔子亦在世世出妻之內，而孔子之出妻不言而曉然矣。尠實子思出妻又厚誣不使子上得喪之，於是伯魚之母死，期而猶哭，乃孔子之使伯魚喪出母矣。故曰：「子之先君子喪出母乎！道隆則從而隆，道污則從而污。惟時中之聖能之。」若曰：「惜乎其不能齊家而出妻耳。」孔氏之不喪出母自子思始，則子思以前，伯魚即喪出母矣；伯魚喪出母，是即孔子出妻矣。康成心知檀弓之意，終知聖人之不可誣，故不敢明注一字，至孔穎達則無所忌憚矣。穎達為聖人之苗裔，曲徇檀弓，而甘於自誣其祖，亦獨何心哉！〔註8〕

孔子曾孫名「白」字「子上」。孔子之孫名「伋」字「子思」，亦即子上之父。至先君子者，孔穎達謂「孔子」，然齊召南據《孔子家語》引證云：「當指孔子之子『鯉』字『伯魚』者。」伯魚為子思之父，其時已死，故門人稱之為「子之先君子」；而「道污」之「污」，鄭玄云：「污猶殺也。」朱駿聲《說文定聲》云：「殺借為差，是差減之意。」故「道隆則從而隆，道污則從而污。」者，乃即依禮隆重則隆重，差減即差減之意。禮可隆則隆，可減則減，依時依勢而損益，非必定一成不變。然於孔伋者，則無慮於道隆道污，以「伋則安能」？表達對離異之妻的不滿，既使離異之妻已逝，仍不願其子「孔白」為母守孝，則後人必以孔伋為無情無義的人。此外，〈檀弓〉更補足一段謂：「孔氏之不喪母，自子思始。」云孔家之人不替已婚之母掛孝，據云自孔伋

〔註8〕《景紫堂全書‧一》，頁4。

始；則孔伋之罪大矣！後人對孔伋人格必生懷疑，必以孔伋冷酷無情，孔伋如此，而及於其父孔鯉，其祖孔丘，亦皆冷酷無情，則孔門一家自祖迄孫皆甚冷酷，此冷酷門第又何能逃於天地之間？此即夏炘所云「檀弓欲誣孔子之出妻，仍不欲明其事，而以孔氏之世世出妻厚誣之，使孔子亦在世世出妻之內，而孔子之出妻不言而曉然矣。」由是，孔伋的出妻僅爲輕輕之點題，隱微所寄，乃孔子出妻之意，則孔子之出妻不言而曉然，孔子焉足以爲孔子乎？然則孔子之出妻是否必爲屬實？

以《孔子家語》所云：

> 孔子十九歲娶宋之幵官氏。

又《孔子年譜》載：

> 魯哀公十（BC473）年孔子六十七歲，夫人幵官卒。

又《孔庭摘要》載：

> 魯哀公十六年（BC479）六月初九日，葬夫子魯城北泗上，與夫人
> 幵官氏合墓。

依上之說，則孔子自十九歲與妻幵官夫人結褵，迄魯哀公十六年卒，而與夫人合墓，其婚約與情意皆無差池，亦無外力介入，終而合墓以葬，則孔子必無出妻情事，既無出妻情事，出妻之說，純屬烏有，則檀弓之言，豈非不攻自破。此如夏炘所言：

> 幵官夫人之歸於孔氏，與夫子合墓於泗上，見於《家語》、《年譜》、
> 《孔庭摘要》諸書，鑿鑿可據，檀弓何人，而敢誣之乎！

又引酈道元《水經注》云：

> 夫子故宅一頃，所居之堂，後世以爲廟。夫子在西間東向，顏母在
> 中間南向，夫人隔東一間東向，此漢永平中魯相鍾離意修廟所見者。

夏炘云：

> 永平爲漢明帝年號。自周敬王三十五年幵官夫人卒，至此五百六十
> 年，孔氏世祀夫人，豈云出乎！〔註9〕

然則自周迄漢之世，幵官夫人皆受世祀，如爲「出」，豈有所謂世祀者，既爲世祀，出妻之說，必不可信。故陳庚煥（惕園）〈衢州孔氏夫子夫人楷象考〉即駁檀弓之言，謂其說爲不是：

> 自戴記傳孔門三世出妻之說，漢宋諸儒均莫敢議，橫渠張（載）子

〔註9〕《景紫堂全書・一》，頁5。

獨深非之。〔註10〕近代晉人閻若璩、漳人蔡衍、魯人劉九畹始力辨
之，然皆據理斷其烏有耳。前宵德令三衢范公崇楷爲庚煥言：其郡
南宗博士家有夫子及开官夫人楷木像，奉安至聖廟後寢閣上，容觀
溫肅，衣褶渾古，相傳端木子所手鐫也。宋衍聖公孔端友避靖康之
難，奉以南渡，遂留於衢名公達官，道三衢者多請瞻禮，庚煥聞之
躍然，謂可證檀弓篇之妄矣。

又云：

> 既又思：孔氏既有是像，何以載籍無聞？而古今諸儒咸莫之考也。
> 及閱酈道元《水經注》，乃信范公之不我欺，而檀弓之誣，果無難破
> 也。《水經注》之言略曰：「夫子故宅大一頃，所居之堂，後世以爲
> 廟。夫子在西間東向；顏母在中間南向；夫人隔一間東向。」此漢
> 永平中魯相鍾離意修廟所見者，則孔氏實世祀夫人，而夫人未嘗出
> 也。〔註11〕

夏炘則謂：

> 陳惕園據南宗楷像以證孔氏之世祀夫人而闢檀弓之妄，可謂有功名教
> 矣。要之，聖人之德始自閨門，達於天下，以傳之後世。自孔子以前，
> 堯、舜、禹、湯、文武、周公諸聖，孰不以妃匹之際，生民之始，王
> 化之端，積而充之，以至於參天地、發育萬物，豈以賢於堯舜之孔子
> 而有慚德乎！……即以事實而論，孔子十九歲娶开官夫人，二十四歲
> 顏母卒，此四、五年之間，生伯魚及公冶長之妻；孔子少孤，貧賤菽
> 水之養，乳哺之勤，皆夫人是賴，豈有母未卒而去婦之理。迨顏母既
> 卒，則夫子之於夫人又在與更三喪不去之列矣。而況哀公十年开官夫
> 人卒，見於《年譜》；與孔子合墓，見於《孔庭摘要》；歷世奉祀，見
> 於諸儒之紀載；反覆考之，檀弓之妄，不待智者而決也。

又謂：

> 开官作嬪於聖誕，育泗水侯，伯魚雖賢不及顏淵，而詩、禮之傳，
> 克承家學，再傳而得子思，遂傳道孟子，以光大聖緒。《中庸》一篇
> 與《論語》並垂不朽。自是以後，綿綿延延，數千年以至今日。孔

〔註10〕按《景紫堂全書‧一》，頁18，引張載言，謂此乃「父在爲母之制當然，疏以
　　　　爲出母者非。」於孔穎達之說，顏不以爲然。

〔註11〕《景紫堂全書‧一一》，頁14。

氏子孫之著文者，大儒名臣、通人碩士，代不乏人，皆發祥於开官
夫人之一人。穎達爲聖人之裔，傅會檀弓，侮聖誣祖，不孝之罪，
眞上通於天矣。

孔氏子孫之著聞者，代不乏人，是所謂代代相傳，綿綿不絕，有如瓜瓞
之相繫，溯其源頭活水，則开官夫人乃第一之人，如何以「出」字相說？且
而孔穎達爲聖門苗裔，不爲孔氏辨駁，反傅會檀弓，此夏炘所云「侮聖誣祖」，
而口誅筆伐之。然則孔子出妻之說，依上之述，必謂之「誣」也可知。

二、辨伯魚妻嫁之誣

檀弓誣孔子出妻不足，又誣孔鯉妻嫁，謂孔鯉卒後，其妻即改嫁。並云：

子思之母死於衛。柳若謂子思曰：「子、聖人之後也，四方於子乎觀
禮，子蓋慎諸？」子思曰：「吾何慎哉！吾聞之：有其禮，無其財，
君子弗行也；有其禮，有其財，無其時，君子弗行也，吾何慎哉。」

「子思之母死於衛」句，鄭玄注云：「伯魚卒，其妻嫁於衛。」鄭玄之言，
照應〈檀弓〉，則謂子思之母，於夫死即嫁，全然不顧家中弱子，此聖人門第
無所謂之守節者。鄭氏言語雖含蓄，然附和檀弓必爲可知。夏炘云：

檀弓誣孔子出妻之不足，又誣伯魚也。《孔庭摘要》云：「孔子六十
九歲，伯魚卒。」《史記》云：「伯魚年五十。」考孔子十九歲娶开
官夫人，二十歲生伯魚，至六十九歲，適合五十之數。伯魚之夫人
當伯魚卒時，亦不下四五十歲，而猶謂其出嫁，有是理乎！是時聖
人在堂，子思甫八歲耳。嫠也不養其舅母，也不恤其孤，無〈柏舟〉
之矢，乏〈凱風〉之仁乎！昔二南之教，其謂之何！檀弓悍然著之
於篇，康成靡然和之於注，稍有良心者，能不讀之而髮上衝冠哉！

夏炘舉證，歷歷分明。一在伯魚五十歲卒，其妻嫁出，此《孔庭摘要》
及《史記》均有據可尋，檀弓之說，顯不合理；次則儒門所重，在乎婦德，
如〈柏舟〉所云：「我心匪石，不可轉也。我心匪席，不可卷也。」不可轉、
不可卷，是仁人心態，亦婦德之美；而〈凱風〉所云「凱風自南，吹彼棘心。」
鄭箋即謂：「以凱風喻寬仁之母，棘猶七子也。」是寬仁之母，慰藉七子，又
如何背離其子，行仁而不得其仁，可爲是乎！果如檀弓之言，則子思之母，
一無寬仁，一非石、席，時轉時卷，無有定時，又何足以爲人母，況爲人妻
乎！如檀弓之言成，則儒門之教爲之破解，孔氏家人又何能若泰山之簪群山

而爲領袖！此故「稍有良心者，能不讀之而髮上衝冠哉！」

又云：

> 檀弓借柳若之言煽謗聖門，令人不忍卒讀。夫人至父卒母嫁，類其
> 家聲，四方即不非笑，亦何禮之可觀。又伯魚之妻非他，乃孔子之
> 媳、子思之母也。以至聖之舅不能化其媳，大賢之夫不能貞其婦，
> 亞聖之子不能安其母，禮教宗主，其門第固如是乎！檀弓爲反言以
> 譏之曰：「子，聖人之後也；四方於子乎觀禮，其辱莫大於是。」

此檀弓之非毀聖門，不直接明言，藉柳若之言以述，反諷之意頗明。即
如夏炘所言：「聖之舅不能化其媳，大賢之夫不能貞其婦，亞聖之子不能安其
母。」既不能化，又不可貞，且未能安，則聖門何可觀，禮又何可說！聖門
既不可觀，禮既不可觀，則聖門何得爲聖門？檀弓用心，耐人尋味。至於爲
母而嫁，以年代考證，則子思生哀公三年己酉，十年伯魚卒，年五十歲；則
子思之生，伯魚四十二歲矣！是夫人之相伯魚以事至聖者，歷數十年之久，
一旦有子而反出之乎！就事實及理論言，說顯不合，而檀弓之意，在於混淆
視聽，令「至聖之賢婦，述聖之賢母，抱萬世不韙（對）之名，亦可傷矣。」
〔註12〕以「可傷」作一結語，感慨亦深。

然而子思爲嫁母而服，其禮孰是孰否，究竟如何，則亦待分辨。爲此，
夏炘特舉鄭玄、孔穎達、吳澄之說以述，以明爲嫁母服之是否可行。

鄭玄云：

> 柳若，衛人也。見子思欲爲嫁母服，恐其失禮，戒之。嫁母齊衰、期，
> 有其禮無其財，謂禮可行而財不足以備禮；有其財無其時，謂財足以
> 備禮而時不得行者；子思謂時所止則止，時所行則行，無所疑也。

按：鄭玄以爲子思爲嫁母服，順時而爲，時則時，行則行，宜也。

孔穎達云：

> 案《喪服》杖期章云：「父卒，繼母嫁，從爲之服報。」則親母可知。
> 故鄭約云：「齊衰期也」。又鄭止言「齊衰期」，不言嫡庶，故譙周、
> 袁準并云：「父卒，母嫁，非父所絕。嫡子雖主祭，猶宜服期。而《喪
> 服》爲出母期，嫁母與出母俱是絕族，故知與出母同也。」張逸問
> 舊儒：「《世本》皆以孔子后數世皆一子，禮，適子爲父后，爲嫁母
> 者無服。〈檀弓〉說子思從於嫁母服，何？」鄭答云：「子思哭嫂爲

位，必非適子，或者兄若早死，無繼，故云數世皆一子。」

孔穎達引鄭玄語，謂子思哭嫂云者，則子思必非嫡子，若嫡子必無哭嫂等情事，既云哭嫂，則或兄早逝，亦無後繼之人，子思承兄嫂之意服期，由是子思非嫡子而爲支子，乃爲可知。

再以吳澄云：

> 禮，父在爲嫁母齊衰期；父沒爲父後者則不服。其時子思父伯魚久沒，祖仲尼亦沒，而其已嫁之母死於衛，子思將爲之服。柳若者，衛之賢人也。疑子思不當服此嫁母，故戒之。子思所以得爲嫁母服者，蓋伯魚有長子，子思爲支子，伯魚沒，長子爲父後；及長子亦沒而無子，子思自以支子不得繼兄主祭而已。子孔白本是繼禰之宗，故以接續其兄爲繼祖，繼曾祖之宗而承祭祀，白不立爲伯，父後特接續而主祭耳。故子思未嘗主祭而得爲嫁母服也。至若譙周、袁準所云：父卒母嫁，非父所出，嫡子雖主祭猶服期，此則禮經所臆說爾。

吳澄之意較鄭、孔之說清晰，直指子思爲支子。所謂「長子亦沒而無子，子思自以支子不得繼兄主祭。」而孔白爲子思之子，於兒孫輩仍不得爲主，故未居伯之位，是以吳澄謂「白不立爲伯，父後特接續而主祭耳。」由是更知子思非長子，故不居主祭之位，其爲嫁母服，純出一片孝心，蓋親情使然，非必定然遵行昔時儀節。

夏炘則云：

> 譙允南（周）、袁孝尼（準）因鄭注「喪之禮如子」一句，遂謂子思爲嫁母服期。子思乃父沒主祭之嫡子，遂謂雖是嫡子亦必爲嫁母服期，與爲父後者爲出母無服不同；鄭康成（玄）、吳幼清（澄）則謂爲父後者爲嫁母無服。子思本是支子，故得爲之服，議論不同如此，要之，皆受檀弓之欺也。伯魚之妻豈有再嫁之事？子思之母死於衛一章，乃憑空撰出，何有子思爲嫁敵服期之事！明乎子思之母未嘗嫁，一切紛紛之議，皆可置而勿論矣。

依譙周、袁準意，則子思爲嫡子，嫡子爲嫁母服，理所當然；而依鄭玄、吳澄則以子思爲支子，且以爲嫡子不爲嫁母服，支子則可。然則子思究爲嫡子或爲庶子，此爲一公案。然如依兄死弟繼之禮論，則二說皆可。以譙氏等之說，則子思上無兄長，爲嫡子自無不可；而以鄭氏等之說，則兄死其名猶在，爲弟者爲支子可知；此皆概念的認同，嫡子、支子之述，視說者情狀而

定。若夏炘則以爲子思之母本未嘗嫁，「子思之母死於衛」之章亦爲杜撰，既
爲杜撰，必爲莫須有，則紛紛云云的臆說自可不論，既不論，則一切當無可
述。類似此句式，〈檀弓〉本文亦載：

> 子思之母死於衛，赴於子思，子思哭於廟。門人至曰：「庶氏之母死，
> 何爲哭於孔氏之廟乎？」子思曰：「吾過矣，吾過矣。」遂哭於他室。

鄭玄云：

> 子思之母，嫁母也，姓庶氏。門人，弟子也，嫁母與廟絕族。

陳澔云：

> 伯魚卒。其妻嫁於衛之庶氏，嫁母與廟絕族，故不得哭於廟。

按：鄭玄、陳澔依經文立說，皆以爲子思之母爲嫁母。嫁母之說行，則與孔
氏之廟絕；與孔氏之廟絕，自不得哭於廟。

夏炘則云：

> 檀弓誣子思之母嫁，又誣子思不爲嫁母行服，亦已甚矣。此復誣之，
> 以哭嫁於孔氏之廟爲大庱於禮者何？後儒皆爲其所愚而不覺也。—
> —子爲秉禮之宗，子思爲達禮之士，豈常人之所易知者？子思反不
> 知之而哭嫁於孔氏之廟乎！其門人何人也？必學於子思者也。學於
> 子思者，且知嫁母絕廟之義，而子思昧昧不知，必待門人詰責而始
> 引過不遑，亦弗思之甚矣。〔註13〕

依人常理推論，事有合理亦有不合理者。合理之事，合於倫常；不合理
之事，必違倫常。夫子爲秉禮之宗，子思爲達禮之士，夫以秉禮、達禮者，
而不知禮義爲何，此必違反常理，於倫常之事，亦必有所違逆，正所謂「學
於子思者，且知嫁母絕廟之義，而子思昧昧不知。」此門人知之，子思反不
知，由事理推之，殊不合理義，故夏炘連用三「誣」字以概之，於檀弓信口
之言，是有所砭抑。

三、辨子思出妻之誣

檀弓以孔子出妻、孔鯉妻嫁誣聖門，又謂子思亦出妻。如此，孔家三世
皆妻嫁，則孔門德業已衰，如何立於天地之間，又如何成萬世師表！既不能
爲萬世師表，則所講行仁立人之道豈非空談！則儒家者流又豈能列九流十家

〔註13〕《景紫堂全書》一，頁33。

之首？此看似平常語言，然曲折之間，已使聖門家法爲之醜詆。如子思出妻之說，檀弓云：

> 子上之母死而不喪。門人問諸子思曰：「昔者子之先君子喪出母乎？」曰：「然」。「子之不使白也喪之，何也？」子思曰：「昔者吾先君子無所失道；道隆則從而隆，道污則從而污。伋則安能？爲伋也妻者，是爲白也母；不爲伋也妻者，是不爲白也母。」故孔氏之不喪出母，自子思始也。

張載云：

> 出妻不當使子喪之，禮也。於母則不可忘。若父不使之喪，子固不可違父，當默持心喪，亦禮也。若父使之喪而喪之，亦禮也。

謂之「出」者，即夫妻已仳離，爲夫者，不使子爲離異而喪之母戴孝，此是一禮；若爲人子者，心雖傷痛，然以父命不可違，故爲默持心喪，此亦一禮；而若爲父者仍念夫妻之情，於母喪後，使子爲母戴孝問喪，猶爲一禮。總之，此禮必爲人子者之傷痛且無奈的事。

楊時云：

> 問：「子思之不使白也喪出母，是乎？」曰：「禮。」「適子不爲出母服，曰：何也？」曰：「繼體也。」

楊時之說有二層次：子思之妻即子上之母，既已出，則不爲孔家之人，不爲孔家婦媳，其狀如潑出門外之水，是子思以家長之姿，令子上不喪出母，殆爲合禮；而所以如此，乃「繼體」之意，繼體者，既子思之體也；亦繼志述事之謂，則孔家婦女略無地位，率可知矣。

朱熹云：

> 孔子令伯喪出母，而子思不使子上行之者：出母既得罪於祖，則不得入祖廟，不喪出母，禮也。孔子時人喪之，故亦令伯魚喪之；子上時人不喪之，故子上守法亦不喪之。又曰：子思不使子上喪其出母，以儀禮考之，出妻之子爲父後者，出母無服，或人之問，子思自可引此答之，何故費詞？恐是古者出母無服，逮德下衰，時俗有此。故曰：先君子無所失道，即謂禮也。道隆則從而隆，道污則從而污；是聖人固用古禮，亦有隨時之義。時伯魚之喪出母是也，子思自謂不能，故但守古之禮而已；《儀禮》出妻之子爲母齊衰杖期，

疑是後世沿情而制。

朱熹之言，深得我心。如子思亦聖賢之人，其守古禮，信必當然。然古禮有隨時之義，可守可不守，伯魚喪出母，順其時義；子思否者，但守古禮，其執一以權宜，爲可爲非。故後世謂子思不爲出母喪乃非是，依朱熹之見，說者恐亦爲非，以是「出妻之子爲母齊衰杖期，疑是後世沿情而制。」此「疑」之字，雖疑後世沿情而制，實則亦贊子思之得禮。

陳澔云：

> 子上之母，出妻也。禮，爲出母齊衰杖期而爲父後者無服，心喪而已。伯魚、子上皆爲父後，禮當不服者，伯魚乃期而猶哭，賢者過之之事也。子思不使白喪出母，正欲用禮耳，而門人以先君子之事爲問，子思難乎言伯魚之過也，故以聖人無失道爲對。

陳氏以爲伯魚爲出母喪乃過之之事，而子思不使「白喪出母」爲是；此與朱子之說不謀而合，蓋皆以不喪出母爲是。

今朱熹、陳澔贊不喪出母之說，而歷來學者亦有以不喪出母爲非之說者，如陳祥道、方愨、馬晞夢、葉夢得，即持此意見：

陳祥道云：

> 夫之於妻，有出之之禮；子之於母，無絕之之道。故不爲父也妻，不可謂之不爲子也母，以其不可謂之不爲子也。母故死而必喪，以其不爲父也妻，故止於期年而已，此喪出母之義也。子上之母死而不喪，子思謂先君子之無所失道者，以情徇道，而未嘗以道徇情也。
> ——若伋以道徇情而不能以情徇道，故爲伋也妻，是爲白也母；不爲伋也妻，是不爲白也母。嗚呼！君子之於禮，不知而不行者其過小，知而不行者其過大。子思知而不行，而以不能自紲，此所以不爲君子取也。

陳氏以爲子思「所以不爲君子取」之故，在過於激情，而不知守道之緊要。蓋「以情徇道」，則情感之發，無非個人觀感，是之與非，恆雜乎情感之宣洩，取捨之際，但有主觀，厥無客觀性可言；而「以道徇情」，則理性居先，言理而行禮，行禮則價值之判斷行諸其間，此即涵客觀之理性，而非純主觀的感性可知。今子思之妻，必子上之母，母雖爲已出之妻，母仍爲人子之母，此血緣關係自始未變，如父以出妻之故，欲變母與子的血緣，於客觀之理究竟不合，此陳氏以爲子思欲其子「不喪出母」爲非是。

方殼云：

> 父在而服出母期，此從道之隆也；父沒而爲後則不爲之服，此從道
> 之污也。君子之於禮，過者俯而就之，不至者跂而及之，子思乃有
> 安能之語，豈爲知禮者哉！

方氏以爲父在母出，母依然爲母，子爲出母服喪，乃合理義。今子思出妻，而以「安能」之語謂白，使白不爲出母服，即不合理義。此蓋亦譏子思之失禮。

馬睎夢云：

> 夫婦以義合，亦可以義離。子母之恩無絕也，雖子之於出母，猶必
> 喪之，而父亦不得禁焉。蓋夫婦失義，不可以奪子母之恩也。子思
> 之不使白喪母，則既薄矣，又從而爲之辭，其可乎！

西方諺語所謂：「凱撒的歸凱撒，上帝的歸上帝。」亦即爲夫妻的歸夫妻，爲母子的歸母子，夫妻不合，未必母子不合。子思出妻，則必夫妻不合；然未印證白之與其母必不合；而白母喪，礙於父訓，白不爲母服，其心必悲。夫之與妻，以道義相依循，而母之於子，則以親情相連繫，而子思於道義之外，不復有親情，此故馬氏有所貶抑。

葉夢得云：

> 污隆猶言升降。道可以恩而上之者謂之隆，故父在無嫌，則與之俱
> 隆而服期；道可以義而殺之者謂之污，故父沒而爲後不可以有二本，
> 則與之俱污而不爲服，此人之所可勉也。而子思自以爲不能，而使
> 白絕其母，故記「不喪出母」，自子思始。

恩而上謂之隆，義而殺謂之污。隆污之來，當視親情與道義之是否，然親情與道義恆爲性情的感動，究與純然的理性有別；子思欲以理性去人性的親情，恐亦不能，此葉氏之見也。

綜上之說，皆以「不喪出母」爲非，有如〈檀弓〉之記，蓋所以譏子思之失禮也。今則如朱熹等之說與陳祥道等之說，或揚或抑，各有其理，亦各持己見，爲是爲非，確乎難以定奪；二說之外，如吳澄則另有他見：

> 伯魚父在，故得爲出母服；子思雖是父與祖俱已沒，亦得爲嫁母服
> 者，支子不主祭故也。子上雖有父在而不得爲出母服者，蓋子思兄
> 死時，子思使其子接續伯父主，祖與曾祖之祭既主，尊者之祭則不
> 敢服私親，此禮昔所未曾有，子思以義起之，乃孔氏一家之變禮，

權而得宜者。

吳氏採權宜之說，謂子思爲嫁母服，乃支子之故，支子非嫡子，可出禮法之外；子上不爲出母服，爲子上接續子思之兄、亦即伯父之位，爲傳承先人餘蔭，遵禮法乃必然，故不必爲出母服。惟此說似稍勉強，夏炘則駁斥謂：

　　按：吳幼清（澄）鑿空爲子思有兄、子上主祭之說，以斡旋於孔氏
　　一門之於禮，皆有得無失，而不悟檀弓之誣，是以於儒先議論之外，
　　另起爐灶，如此其謂有兄者，亦以檀弓之哭嫂爲據，而不知〈檀弓〉
　　一篇無往而不虛也。

「子思有兄、子上主祭」，則子思上有乃兄可知，然遍查《孔子家語》亦未見子思之兄爲誰，則子思之兄爲杜撰可知，此夏炘所以譏評吳澄，謂其「鑿空」，非爲無因。而其實思有兄之語，亦來自檀弓的「哭嫂」之言，既云哭嫂，則必有其兄，依倫理可推，然則此亦莫非檀弓所矯造？由是夏炘歸結云：

　　炘又按：檀弓之誣聖門何若是之甚也。誣孔子伯魚之不足，復誣子
　　思之出妻；出妻之不足，又誣子思之不使白也喪出母；子思不使喪
　　出母之不足，又牽連孔子、伯魚而誣之。其意以爲後之儒者如執不
　　當喪出母之說，則子思是而孔氏、伯魚非矣；如執當喪出母之說，
　　則孔子、伯魚是而子思非矣。孔子一門之於禮，祖孫、父子不能盡
　　一，此得則彼失，彼得則此失，後之人無所適從，世亦安貴有聖人
　　及聖人之家法也。雖以朱子析理之精，亦不能盡發其覆，至多爲辭
　　說以解之，其他更無論矣。惟知檀弓之言皆烏有子虛之論，而後出
　　母之服悉據禮經以正之。其父在也，無論適子、庶子皆爲出母服齊
　　衰期；其父沒者，爲出母無服，心喪以終之，其餘支子仍服齊衰期，
　　嫁母亦然，斯爲仁之至而義之盡也。檀弓既誣聖門，又復紊亂禮經，
　　使先王服制不明於天下，其罪可勝諸哉！

有如夏炘之言：「孔氏一門之於禮，祖孫、父子不能盡一，此得而彼失，彼得而此失，後之人無所適從，世亦安貴有聖人及聖人之家法也。」既後之人無所適從，則聖人家法必無所存；聖人家法無所存，則禮亦無所在；禮既無所在，則聖人之所以爲聖人之說，又何足爲後人法！順此邏輯以推，則孔子形像乃破壞殆盡，聖之爲聖，將無所逃於天地之間。則檀弓所述，非只聖門之不合禮法，即儒門之流亦不合禮法，未來儒生於儒門訓示，又焉能服膺勿失！則檀弓之言，恰若包毒藥的糖衣，流毒蓋爲深廣。

第三節　批孔辨例

　　檀弓批孔，皆舉細目為之，其言平易，少有譏諷，然字裡行間盡是批駁，後之人不知其然，每易為其言所惑，所謂指鹿為馬者，蓋檀弓之謂。而問孔批孔之例，亦皆舉倫常日用之事為之，使後人誤以為孔子之不知禮法，歪曲之狀，逾於毒蛇猛獸，故觀乎檀弓之文，於其用心，最宜深探。至如〈檀弓〉篇章，非譭孔子之目甚多，夏炘亦皆一一羅舉，分述如下：

一、辨孔子不知父墓之誣

　　　孔子少孤，不知其墓。殯於五父之衢。人之見之者，皆以為葬也。
　　　其慎也，蓋殯也。問於郰曼父之母，然後得合葬於防。

　　　五父為衢名。《說文》云：「四達謂之渠衢。」《荀子大略》云：「亂之衢也。」注：「衢、道。」《楚辭・九思・遭厄》：「躡天衢兮長驅」。注：「衢，路也。」又「其慎也」的「慎」，乃「引」字的同音通假字，亦寫為「紖」。紖者，為拉靈車之繩。

鄭注云：

　　　殯於五父之衢，欲有所就而問之，孔子亦為隱焉。殯於家，則知之
　　　者無由怪己，欲發問端。五父，衢名。蓋郰曼父之鄰人之見之者，
　　　見柩行於路。其慎也，當為引。禮家讀「然」，聲之誤也。殯以飾棺
　　　以請葬，引飾棺以柳翣（棺飾）孔子是時以殯引不以葬引，時人見
　　　者謂不知禮，問於郰曼父之母，曼父之母與徵在為鄰，相善。

　　鄭氏之意，蓋以殯禮皆於殯宮舉行，鄰人見柩車拖行街市，必以為出葬，而孔子所以行此非尋常之事，當在引起鄰人好奇，藉機向鄰人探問父墓所在。然則為人子者，竟不知父墓之處，反向鄰人請教，此莫非詭異，亦引人疑惑！然此又莫非檀弓所擬設的迷局！同樣觀點，孔穎達亦補云：

　　　此一節論夫子訪墓之事云：孔子既少孤失父，其母不告父墓之處，
　　　今母既死，欲將合葬，不知父墓所愛，意欲問人，若殯母於家，則
　　　禮之常事，他人無由怪己，故殯於五父之衢，欲使他人怪而致問於
　　　己；外人見柩行路，皆以為葬，但葬引柩之時飾棺以柳翣，其殯引
　　　之禮飾棺以輤（柩車蓋）。當夫子飾其所引之棺以輤，故云：「其引
　　　也，蓋殯也。」殯不應在外，故稱蓋，為不定之辭。於時郰曼父之

母素與孔子母相善，見孔子殯母於外，怪問孔子，孔子因其所怪，
遂問鄹曼之母，始知父墓所在，然後得以父母尸柩合葬於防。

此段言敍，孔穎達《正義》似較鄭玄《注》清晰。皆以外人之怪，而使孔子有所疑而怪其所怪，終因鄹曼之母而得父墓之所在。然則鄭、孔之說，只就原句申述，依常情言，或未必合理。

夏炘則云：

按：檀弓欲誣孔子不能盡其孝道，而造此不知父墓之事也。孔子雖三歲失怙，而顏母之卒，年二十四歲矣，此二十四年中，竟不知父墓之所在，尚得謂之人子乎！鄹曼父之母既與顏母相善，又與孔子為鄰，二十四年之久，未嘗過而問焉，直至母卒之後，始殯母於外，以發其問端，不近人情之事，孰過於此；且古者士禮三日而殯，三月而葬，殯者在家者也，葬者在外者也。殯於家，而後可以朝夕哭，朝夕奠，朔月奠，凡來弔者，皆就其家而弔之。若殯之於外，則孝子之倚廬不知何在，朝夕之哭奠，朔月之殷奠，亦不知何在。賓客之來弔者，皆將畫宮而受弔矣，有是禮乎！

夏炘之疑，最是合誼。以檀弓欲誣孔子，故捏造孔子之不知父墓，使後之人以為孔子不盡孝道。所謂「二十四年中，竟不知父墓之所在，尚得謂之人子乎！」此為一疑；再所謂「曼父之母既與顏母相善，又與孔子鄰，二十四年之久，未嘗過而問焉，直至母卒之後，始殯母於外，以發其問端，不近人情之事。」又為一疑；復以殯在家，葬在外，弔者皆就家而弔之，如殯於外，則「孝子之倚廬不知何在」，所謂「朝夕之哭奠，朔月之殷奠，亦不知何在。」賓客之來弔者，亦不知從何弔唁，於禮數究竟未合。由此三說，則檀弓之誣明矣。

檀弓之誣如此，即以鄭注，亦謂孔子乃叔梁紇與顏徵在野合而生，徵在有所恥，故不欲告孔子以其父之墓。〔註14〕鄭說頗牽強，陳皓即駁斥云：

按：《家語》孔子生三歲而叔梁紇死，是少孤也。然顏氏之死，夫子成立久矣。聖人，人倫之至，豈有終母之世不尋求父葬之地，至母殯而猶不知父墓乎！且母死而殯於衢路，必無室廬而死於道路者不得已之為耳。聖人禮法之宗主，而忍為之乎！馬遷為野合之誣，謂顏氏諱而不告，鄭氏因之，以滋後世之惑，——愚亦謂終身不知父

〔註14〕《十三經注疏・禮記》，頁113。

墓，何以爲孔子，其不然審矣。

陳澔以爲「野合」之說，乃史遷所造，鄭氏因之，遂使後世添增迷惑。蓋以聖人者，禮法之宗主，母死而殯於路，是無室廬者不得已之爲，而孔子有其室廬，乃有殯於途之說，此必不近情理。因之，夏炘亦承陳氏之說，且歸結云：

> 按：鄭氏此注尤怪誕之極。蓋本史遷之曲說，而史遷又因檀弓而加
> 甚者也。《史記》曰：「叔梁紇與顏氏女野合而生孔子，紇死葬於防
> 山。」由是孔子疑其父墓處母諱之也。孔子母死，乃殯五父之衢，
> 蓋其慎也。鄹人輓父之母，誨孔子父墓，然後往合葬於防焉。夫不
> 備禮曰「野合」，叔梁公求婚於顏氏，顏氏許以女妻之，豈有不備禮
> 之理？聖母奉父之命，作嬪（出嫁）於孔，三歲而生孔子，名正言
> 順，有何可恥，而諱言叔梁公之墓也。世人皆謂陳雲莊（皓）之禮
> 注不及康成遠甚，然康成之注全無義理，不能救正檀弓一字，其識
> 不逮雲莊遠矣。

就禮注言，陳澔之注或未若鄭玄，然就此篇言，陳氏較鄭氏爲振振有辭。蓋以鄭氏謹就此章抒論，所引皆自馬遷而來，未嘗駁檀弓一詞，亦未嘗爲孔子辯護，使後人誤以爲孔子行孝確有偏誤，於義理言，是爲偏差，不若陳澔的思理分明可知。因之，此一是一非之說，對孔子的孝行，其或揚或抑，頗多困擾，江永《禮書》則採折中之論，謂：

> 此章爲後世大疑，本非記者之失，由讀者不得其句讀文法而誤也。
> 近人高郵孫邃人濩孫著檀弓論文，謂不知其墓殯於五父之衢，十字
> 當連讀爲句；「蓋殯也，問於鄹曼父之母。」兩句爲倒句，甚有理。
> 蓋古人埋棺於坎爲殯，殯淺而葬深，孔子父墓實淺，葬於五父之衢，
> 因少孤不得其詳，不惟孔子之家以爲己葬，即道旁見之者，亦皆以
> 爲己葬，至是母葬欲從周人合葬之禮，卜兆於防，惟以父墓淺深爲
> 疑，如其殯而淺也，則可啓而遷之；若其葬而深也，則疑體魄已安
> 不可輕動；「其慎也」，蓋謂夫子再三審慎不敢輕啓父墓也，後乃知
> 其果爲殯而非葬，由問於鄹曼父之母而知之，以信其言而葬於防焉。

江氏之意，五父之衢爲孔父之殯，防山爲孔父之兆。所以如此，蓋以殯淺墓深，故啓而遷之宜也，由是乃有所謂問於鄹曼父之母之言。如依江氏之言，則夫子之不知其父之說，似得較合理之解。惟夏炘對江氏之說，則頗疑

議，其言：

> 江氏據孫氏之說，以五父之衢爲叔梁公之殯，防山爲新卜之兆，其
> 論創矣。然《史記》明云：「叔梁紇死，葬於防山。」則非新卜之兆
> 也。且惟叔梁公葬防山，孔子以母祔之，故云得合葬於防。《史記》
> 又云：「孔子母死，乃殯五父之衢。」則五父之殯乃母也，非父也。
> 鄭氏本之《史記》，《史記》即檀弓之注，茲姑不具論。古雖不墓祭，
> 亦無自三歲少孤至二十四歲母卒，絕無展墓之事，且孔子有姊有兄，
> 豈當日盡不臨其穴而待鄹曼之母是問乎！明乎檀弓之無往非誣，而
> 群疑盡釋矣。

　　依《史記》載：「叔梁紇死，葬於防山。」又載：「孔子母死，乃殯五父
之衢。」則孔父之墓有跡可尋，而五父之殯者，乃孔母非孔父，真象一白，
則「孔子不知父墓」之說，豈非不攻自破！然則檀弓之說，又豈非捏造之誣！

二、辨孔子既祥彈琴之誣

　　祥爲喪服名，其制有大、小祥之別。孝子於父母喪後一周年，除去首服，
服練服，謂之小祥；喪後二周年除去縗服，服朝服縞冠，稱爲大祥。《儀禮·
士虞禮》云：「期而小祥，又期而大祥，中月而禫。」鄭注：「中猶間也。禫，
祭名也，與大祥閒一月，自喪自此，凡二十七月，禫之言澹，澹然平安意也。」
王肅則以爲二十五月大祥，禫與大祥同月。惟無論如何，祥服、禫服皆喪禮
所著，亦孝子哀親之服可知。而〈檀弓〉云：

> 孔子既祥五日，彈琴而不成聲，十日而成笙歌。

　　則檀弓之記，在記孔子的忘哀之速，且依古禮，家有喪事，孝子必不樂，
今孔子祥五日，即彈琴而奏，十日而成笙歌，莫非胸中已無哀戚！然則此舉，
究竟爲是爲非？

　　鄭玄注云：

> 不成聲，哀未忘也。十日笙歌，踰月且異旬也。祥亦凶事，用遠日，
> 五日彈琴，十日笙歌，除由外也，琴以手，笙歌以氣。

孔穎達《正義》云：

> 彈以手，手是形之外，故曰「除由外也」。祥是凶事，用遠日，故十
> 日得逾月。若其卜遠不吉，則用近日，雖祥後十日，亦不成笙歌，
> 以其未逾月也。

　　鄭注、孔疏只就章句抒論，未嘗談何等義理，於檀弓之說，亦未言得失。是無形之中，已陷孔子於不義，且若孔子再世，恐亦無以辯駁。然夫子是否即如此之不義？此夏炘以為不合理義，即時人汪琬亦以為不合理義。

　　汪琬云：

> 孔子既祥，五日彈琴而不成聲，此記禮者之誣也。祥而縞是月禫，徙月樂，祥、禫之同月異月，吾姑不暇辨，然必俟徙月而後用樂，則已審矣。顧孔子之彈琴也，獨不當俟踰月之外乎。按琴瑟之為物，雖君子無故不徹者；然考之於經，皆燕饗樂器也。遺在〈鹿鳴〉之詩曰：「我有嘉賓，鼓瑟鼓琴。鼓瑟鼓琴，和樂且湛。」是宜從徙月之例無惑也。況大祥之時，其服則猶麻也；其寢則猶未床也，雖使稍加緩焉，以訖於踰月，何不可者，而孔子必欲彈之以干禮乎！與其不成聲，不如勿彈；與其彈於既祥之後，不如彈於既禫之後也。魯人朝祥而莫歌，則孔子薄言其失；孟獻子禫而不樂，則稱其加人一等，孰謂孔子者禮教之所出而反不如獻子？乃僅僅與魯人爭五日之先後乎！使孔子果琴之彈也，必不賢獻子而諷魯人；孔子既賢獻子而諷魯人矣，決不身自彈琴以干非禮之誚也。曾子問曰：「廢喪服可以與於饋奠之事乎？」孔子曰：「脫衰與奠，非禮也。」說者以為大祥除服，不得與於他人饋奠之事；夫饋奠且不得與，如之何可以彈琴乎哉！吾故曰：「誣孔子也。」

　　汪琬之說，卓而堅實，確可破檀弓之非是。有如古禮：「是月禫（除服祭名），徙月樂。」意在禫之次月始作樂，而夫子既祥五日而彈琴，是不合古禮，此即檀弓隱譏之意；又如「孟獻子禫，縣而不樂，比（及）御（侍夜勸息）而不入。」孟獻子於禫之祭，率為不樂，如何孔子只以「加於人一等」略為讚許，此令人疑惑！〔註15〕由是知蓋亦檀弓所設而隱譏孔子者也。且又若汪氏所引「魯人朝祥而莫歌，則孔子薄言其失。」之語，〔註16〕夫子薄言其失，然則夫子之五日彈琴，十日笙歌者，僅賢於魯人的朝祥莫歌，與孟獻子相較又似不如，此甚矛盾。故汪氏謂：「孰謂孔子者禮教所出反不如獻子？乃僅僅與魯人爭五日之先後乎！」再以「孔子果琴之彈也，必不賢獻子而諷魯人；

〔註15〕〈檀弓〉載：孟獻子禫，縣而不樂，比御而不入。夫子曰：「獻子加人一等矣。」
〔註16〕〈檀弓〉載：魯人有朝祥而莫歌者，子路笑之。孔子曰：「由，爾責於人，終無已夫，三年之喪，亦已久矣夫。」子路出，夫子曰：「又多乎哉，踰月則其善也。」

孔子既賢獻子而諷魯人矣，絕不身自彈琴以干非禮之誚也。」是此番論辯，映照所至，則檀弓之設隱微之詞以譏孔子，事頗清晰，由是亦知檀弓之善於非薄孔子明矣。

三、辨孔子彈琴食祥肉之誣

《論語》載顏淵「克己復禮」，其三月不違仁深得孔子之喜；故顏淵之逝，孔子之痛，逾於恆常，是以「已矣乎」深致慨嘆之意。因之，以孔子對顏淵的克己及復禮的存養省察，於顏淵之喪，憂恐不及，當不致若何悅樂，而所謂「彈琴」之事，是否乃即必然？此〈檀弓〉云：

> 顏淵之喪，饋祥肉，孔子出受之。入，彈琴而后食之。

若此哀樂事，孔子竟能安之，於祥肉受之之餘，復彈琴而後食之，則孔子之舉與克己復禮者有違，顯為違背理義，說可通否？而所謂「彈琴」也者，是否即照映孔子的哀戚？

鄭玄云：

> 饋，遺也。彈琴以散哀也。

陳澔亦云：

> 彈琴而後食者，蓋以和平之聲散感傷之情也。

陳澔之說，直承鄭玄而來，皆以彈琴者，在散感傷之情。然顏淵之逝已二年餘，所謂行大祥之祭，此二年中，孔子皆未彈琴乎！即所彈琴，是否必散胸中之哀！雖顏淵於孔子心中為德行之佳者，孔子於顏淵身後是否必彈琴以散哀乎？亦矛盾已極！此吳澄即提非常之質疑：

吳澄云：

> 所饋祥肉，謂斬衰再期，大祥之祭肉也。顏淵之死已兩期（年），孔子每日彈琴乃常事，蓋此日彈琴，適在受此祥肉之後，食此祥肉之前；人不悟，以為孔子彈琴散哀而後食之。故記者云然，而鄭氏以散哀釋之，其實孔子不為散哀而彈琴也。

夏炘亦補云：

> 吳氏不主散哀之說極是。而以每日彈琴，適在受肉，食肉之時亦未確；檀弓明云：出，受之，入彈琴，而後食之；則非彈琴之無與於食肉明矣。

由此亦知，食肉之與彈琴，非必然的關係；食肉前後，可彈琴亦可不彈琴，非食肉而彈琴方散其哀，即不食肉不彈琴亦足散哀，乃至食肉而不彈琴亦不必散哀，以二期之喪已過，即至親之屬或已不哀，而受業者流反哀之又哀，此於人情事理究竟不合，況孔子爲聖哲，性情已得所正，又何曾時刻縈繞哀樂？

故張載云：

> 受肉彈琴，殆非聖人舉動。使其哀未忘，則子於是日哭則不歌，不
> 飲酒、食肉以全哀，況彈琴乎！使其哀已忘，何必彈琴？

張載所言殊是。所謂「子於是日哭，遂不歌。」子之不歌，必哀戚縈之於胸，形之於外，所謂不飲酒、不食肉，乃盡得全哀，以是知孔子爲性情中人；而今檀弓言夫子受肉彈琴，時人必以孔子爲無哀者，則孔子性情中人之意必有所損傷，則聖之爲聖，其意亦模糊，則孔子之德亦因之模糊矣！然則此何可能！以是知檀弓外似言孔子「彈琴食祥肉」，實則積非成是，欲矇蔽世人耳。

四、辨孔子若弗聞原壤登木而歌之誣

古語有「指桑罵槐」之說，意借非當事人以譏當事人；另一說，則借旁襯之非方式凸顯主題之非，使主題不得不爲非；是此番居心，實爲叵測。有如「原壤登木」之事，檀弓即持此意：

> 孔子之故人原壤，其母死，夫子助之沐槨。原壤登木曰：「久矣！予
> 之不託於音也。」歌曰：「貍首之斑然，執女手之卷然。」夫子爲弗
> 聞也者而過之，從者曰：「子未可已乎？」夫子曰：「丘聞之，親者
> 毋失其爲親，故者毋失其爲故也。」

以註解言：沐爲「治」之意；槨爲棺木。登木，鄭玄意爲「扣木」，王夫之意爲「倚樹」，扣木意較倚樹佳；貍首之斑然，意槨材文理如貍首一般；執女手之卷然，卷音拳。孔穎達云：「孔子手執斤斧，如女子之手，卷卷然而柔弱。」孫希旦集解云：「言沐槨之滑膩。」俞樾則解「女」爲「汝」，俞說較佳；已者，鄭玄解爲「止」，孔穎達引申爲「停止治槨」，孫希旦解爲「絕交」，孫說較佳。再以通篇言之，則夏炘以爲「原壤登木而歌」之事，或亦檀弓之誣。

夏炘云：

> 按原壤之爲人無可考。然與夫子爲友，未有不內行純備者也。《論語》
> 記其俟一章，或年既衰老，形骸不能檢束，此乃小德之出入，聖人
> 猶必切責，豈有天良喪盡，當母喪未葬之先，遽爾發歌，並發歌於
> 聖人之前，絕不知衰絰之在身也者，此無之事也。——聖人之德，
> 過化存神，薰之者無不善良，原壤既係聖人之友，想必與文沬泗之
> 教，吾於聖人之友卜之，斷其必無是事也。檀弓因《論語》有「夷
> 俟（蹲踞等待）」一章，造爲此篇以誣原壤，即所以誣孔子，以爲此
> 固孔子之友也，孔子無益於友生如此。

夏炘之意，原壤與孔子爲友，其人母喪未葬，而遽爾發歌，以夫子之德，
竟未切責，則夫子與原壤應猶是，又何德可言！因之，夏炘以「斷其必無是
事」言之，否則孔子信必爲名教之罪人，即以朱子對此事亦有批駁：

> 或問朱子：「原壤登木而歌，夫子爲弗聞而過之，待之自好，及其夷
> 俟，即以杖叩脛，莫太過否？」曰：「這說卻差。如原壤之歌，乃是
> 大惡，若要理會，不得已，只得休至其夷俟之時，不可不教誨，故
> 直斥之，復叩其脛，自當如此，若如今說，則是不要管他，卻非朋
> 友之道矣。」

朱子以爲而原壤夷俟而歌，此爲非禮，亦爲大惡，孔子以杖叩其脛，乃
爲必然，如其夷俟之時，不肯教誨，反而縱之，則非朋友之道，孔子必無是
也。然則「夷俟」爲小過，猶必切責，母死而歌，反寬而容之，則此理豈能
通？是夏炘對朱子之意亦有所質疑：

> 炘按：朱子之說，可謂精矣，竊以爲未盡然也。「夷俟」小過，猶必
> 切責，豈有母死而歌，反寬而容之之理！——即如〈檀弓〉所記：「成
> 人有其兄死而不爲衰者，聞子皋將爲成宰，遂爲衰。」夫高柴尚能
> 化成人，而孔子不能化原壤？然則人得聖人以爲友，竟如是之無益
> 哉！倘必緣木求魚，刻舟求劍，謂孔子之於原壤，天覆地載眞善處，
> 非禮之人得全其故舊之誼，吾恐友道自此而淆，天道自此而斁矣！

「非禮之人得全故舊之誼」，則何者爲禮，何者爲非禮，竟是無法辨析，
此即夏炘所謂「友道自此而淆」之意，則檀弓「既誣孔子之不足，又進而誣
其故人，雖朱子亦未能遽燭其誣，致多方爲聖人解說。」則世尚有何人能燭
照檀弓之誣！

五、辨孔子夢奠兩楹之誣

　　檀弓誣孔子不知父墓；誣孔子既祥而彈琴；誣孔子彈琴食祥肉；亦誣孔子弗聞原壤登木而歌；其間用語，皆自隱微處言說，是所謂居心叵測之人；尤以孔子將逝，檀弓又以孔子夢奠於兩楹，謂孔子於死生之際未能釋然，故自夢奠而後動止輒改其度，其說亦欲後人對孔子之不能忘情人世有所疑議也。

> 孔子蚤作，負手曳杖，消搖於門，歌曰：「泰山其頹乎，梁木其壞乎，哲人其萎乎。」既歌而入，當戶而坐。子貢聞之曰：「泰山其頹，則吾將安仰；梁木其壞、哲人其萎，則吾將安放，夫子殆將病也。」遂趨而入。夫子曰：「賜！爾來何遲也？夏后氏殯於東階之上，則猶在阼也；殷人殯於兩楹之間，則與賓主夾也；周人殯於西階之上，則猶賓之也。而丘也殷人也。予疇昔之夜，夢坐於兩楹之間。夫明王不興，而天下其孰能宗予，予殆將死也。蓋寢疾七日而沒。

鄭玄注：

> 作，起也。負手曳杖消搖，欲人之怪己。泰山，眾山之所仰；梁木，眾木所放；哲人，亦眾人所仰放也。以上二句喻之。萎，病也。詩云：「無木不萎。」蚤坐，急見人也。子貢趨而入，覺孔子歌意。殆，幾也。子言：爾來何遲！坐則望之，以三王之禮占己夢。疇，發聲也。昔，猶前也。孰，誰也。宗，尊也。兩楹之間，南面向明，人君聽治正坐之處。今無明主，孰能尊五以爲人君乎？是我殷家奠殯之象，以此自知將死，明聖人知命。

　　鄭注謂此章乃孔子知命之不久，故負杖消搖，欲人之怪己。以此注解，則夫子何得消搖，特不免炫己耳。孔穎達《正義》又云：「杖以扶身，恆在前面用，今乃反手卻后，以曳其杖，示不復杖也。又夫子禮度自守，貌恆矜莊，今乃消搖放蕩，以自寬縱，皆是特異尋常。」意謂孔子的「消搖」，乃放蕩寬縱，特異尋常，語殊不敬。

夏炘云：

> 鄭氏以此章爲聖人知命，負手曳杖消搖，欲人之怪己，皆不得檀弓之意也。檀弓之意：以爲聖人於死生之際，宜無所動於其中，乃夢感奠楹，輒自傷將死，殊非知命之學。聖人平日足容重，手容恭，莊敬日強，乃其常度，及夜夢蚤作，便負手曳杖，頓露頹靡之容，

豈所謂俛焉，日有孳孳，斃而後已者乎。「消遙」二字，見於《詩》
者，為清人之于河上，檜君之服羔裘，皆不免恣肆自喜；莊子厭棄
禮法，因著〈消搖〉之篇；聖人何得有此？泰山梁木、哲人云云，
語涉誇張，似欲後世之宗己。故曰：明王不興，天下其孰能宗予也。
鄭氏依文解釋，懸揣為注，而檀弓譏毀聖人之罪反可以末減，豈不
幸哉！

則鄭玄懸揣為注，世人只見鄭注而未見檀弓之意，是檀弓非毀聖人之言反為
之滅末，此固夏炘之所憂心者也。夏炘而外，即吳澄亦以此章為檀弓之妄識：

吳澄云：

澄竊詳此文所載事辭皆妄。聖人德容始終如一，至死不變。今負手
曳杖，消搖於門，盛德之至，動容周旋中禮者不如是，其妄一也；
聖人樂天知命，視死生如晝夜，豈自為歌辭以悲其死，且以哲人為
稱，又以泰山梁木為比！若是他人悲聖人之將死而為此歌辭則可，
聖人自為此歌而自稱自比乃若是，其妄二也；聖人清明在躬、氣志
如神，生死固所自知，又豈待占夢而後知其將死哉，其妄三也。蓋
是周末七十子以後之人撰造為之，欲表明聖人之豫知其死，將以尊
聖人，而不知適以卑之也。記者無識而採其言，記文既妄，而諸家
解又謬不足論也。

吳澄以「妄」形容此篇之不足論。蓋以聖人盛德之至，反無法周旋中禮，
此為妄識之一；又以歌辭自比，喻聖人之無法放開自我，此為妄識之二；再
以聖人氣志如虹，反占夢知死之將至，則聖人與天地合德，與日月合明，如
何只在意幽冥之夢，此為妄識之三。蓋以聖人之心恢宏寬廣，廓然而豁達，
豈止日夜糾纏於臆夢？如止於臆夢的纏繞，胸襟何能恢廣？又何能與天地、
日月合德、何明？此皆待乎深思！故《朱子語類》載徐寓所錄謂：「每疑夫子
言非生而知之，若聖與仁則吾豈敢，及至夢奠兩楹間，則曰：『泰山其頹乎！
梁木其壞乎！哲人其萎乎！由前似太謙，由後似太高。』曰：檀弓出於後儒
之雜記，恐未必得其真也。」朱子語雖含蓄，然謂檀弓出於後儒雜記，且其
辭未得真實，確為切中肯綮。由是知檀弓之辭，語多詭異，意亦在混淆視聽，
使世人因之懷疑孔子人格，殊為可議。

而類若此篇章句，如：

子夏問於孔子曰：「居父母之仇如之何？」夫子曰：「寢苫枕干不仕，

弗與共天下也；遇諸市朝，不反兵而鬥。」曰：「請問居昆弟之仇如之何？」曰：仕弗與共國；銜君命而使，雖遇之不鬥。曰：「請問居從父昆弟之仇如之何？」曰：「不為魁，主人能，則執兵而陪其後。」

按：此章頗引人注意，特以白話言譯：

子夏問孔子說：「對於殺害父母的人，要採取怎樣的態度？」夫子說：「睡在草墊上，枕制盾牌，不做官，時刻以報仇為念，決心不和仇人並存在世上，無論何處，見即殺之；在市集上或公門遇到了，立即取出隨身佩帶的武器和他決鬥。」問：「請問對殺兄弟的仇人該採取什麼態度？」答：「不和仇人在同一國做事，如果負有君命出使而遇上的話，也不可以和他決鬥。」問：「請問對堂兄弟的仇人該怎樣？」答：「不必自己帶領去報仇，如果死者的子弟能帶頭去報仇，自己就握著武器，跟在後面協助。」

依原文與語譯相觀，則此篇充滿仇怨，與孔子溫良和易性情顯然有違，似非儒家仁愛之作。桐城方宗誠﹝註17﹞即云：

宗誠按：此決非聖人之言也。居父母昆弟之仇，寢苫枕干不仕，弗與共天下，弗與共國，此誠孝子悌弟之心；然亦當明其父母昆弟之死為當罪與否，當罪則不得仇，如不當罪而負屈則必愬之於罪，以定其獄，又不得直則愬之。方伯愬之天子，安有遇諸市朝不反兵而鬥，及執兵而陪其後之事；春秋無義戰，以敵國不得相征也，而況為臣民者曲直不求辨于上而遽自相仇殺乎！夫小民方與相為敵仇，乃紂失政之所致，烏有聖人取亂世之事以為為人子，為人兄弟之大法也；曰：愬之方伯，愬之天子，終不得直，則如之何？曰：如是而後乘間復其仇，以束身于司，敗可矣！曰：上之所以罪之者何如？曰：當覆質其父兄之事，果有罪而死而子弟又負固戕殺入，則當治以亂民之罪，果無罪而枉死于強橫之手，而子弟窮極計無復之，不顧一身之生死以復其仇，此孝子悌弟之可矜嘉者也則不得加以罪，而惟深罪，從前不能理其曲直之士，師以明大罰曰：如勢處卑弱而所仇者強，知愬之上，終不得直也，而先刺殺之，然後以生死聽于君上何如！此在後世或有為之者，乃孝子悌弟之無可如何者也，聖

﹝註17﹞ 按：嚴文郁《清儒列傳》，頁5：方宗誠為方東樹（儀衛）族弟，受業於儀衛，遍覽宋元後儒家之言，《柏堂經說》三十三卷、《柏堂讀書筆記》十三卷傳於世。

人固亦取之，而當時論居仇之道則必不取此以爲一定之常法。蓋凡
立法于天下，垂訓于後世，必其可爲經者而不先以權宜之說示人也。

吾固曰：此章所論非孔子言也。

方宗誠剴切以爲〈居父母之仇〉所論必非孔子之言，蓋以孝子心存悌弟
而好犯上作亂者，亦鮮矣！若以明王法且合矩之人，事事皆存仇隙，壹以怨
懟爲要，究竟乃失常法，既失常法，將何以爲天下先？又何以爲眾所崇？此
於理間必已不通，遑論其他。由是知檀弓所言爲薄恩寡情，乃法家刻薄之意，
與儒家親親敦仁者確爲未合，其詆誣之心是爲昭昭可明矣。

第三章　檀弓辨誣（下）

　　孔門師生爲儒家門第所在，孔子爲聖哲，其下門弟子爲賢士；聖哲一人，賢士爲多；如詆毀孔子，則孔子之德如日月朗照，誣亦無損孔子之德；而若毀其弟子，由弟子逆之向上，師亦不免，此所謂聲東擊西者，叵測之居心令人心悸。

　　而孔子弟子中，曾參爲孝道的傳承者，夫子一貫之意，在於忠恕，亦曾子能體悟，果若言行之間，舉曾子以非毀，則由曾子以見夫子，蓋雖不中亦不遠矣；故〈檀弓〉篇中引曾子之言甚多，其藉詆諆曾子而非毀孔子之意，最是明白。今依《景紫堂》所論，分述於后：

第一節　曾子辨例

一、辨曾子易簀之誣

檀弓云：

> 曾子寢疾，病。樂正子春坐於床下，曾元、曾申坐於足，童子隅坐而執燭。童子曰：「華而睆，大夫之簀與？」子春曰：「止！」曾子聞之，瞿然曰：「呼！」曰：「華而睆，大夫之簀與？」曾子曰：「然，斯季孫之賜也，我未之能易也，元，起易簀。」曾元曰：「夫子之病革矣，不可以變，幸而至旦，請敬易之。」曾子曰：「爾之愛我也不如彼；君子之愛人也以德，細人之愛人也以姑息。吾何求哉？吾得正而斃焉斯已矣。」舉扶而易之。反席未安而沒。

「曾子易簀」之章，明爲讚許曾子，實則陰貶曾子的僭越。蓋以曾子平日戰戰兢兢，如臨深淵，如履薄冰，時刻敬謹審慎，則臥大夫之簀（簟席）豈有不察，必待童子之言而易乎！此理頗牽強。觀鄭玄注，陳澔語，或恐未能察覺檀弓之意。

鄭玄云：

> 病，謂疾困；子春，曾子弟子；元申，曾子之子；隅坐，不與成人並；華，畫也，簀，謂床——子春曰：止以病困，不可動，呼虛憊之聲未之能易己病故也。言夫子者，曾子親沒之後，齊嘗聘以爲卿而不爲也。變，動也；幸，覬也；彼童子也，愛人以德，成己之德。息，猶安也，言苟容取安也。斃，仆也。反席未安而沒，言病雖困猶勤於禮。

陳澔亦云：

> 童子知禮，以爲曾子未嘗爲大夫，豈可臥大夫之簀，曾子識其意，故然之，且言：此魯大夫季孫之賜耳。於是必欲易之，易之而沒，可謂斃於正矣。

鄭玄、陳澔之意，皆以曾子爲僭越，如曾子無僭越之舉，何庸夫童子之告以言；而若曾子無人告知，臨死之前仍臥大夫之簀，則所謂君子守禮之意必失，曾子又何嘗知禮？故夏炘云：

> 炘按：康成、雲莊之說皆不識檀弓之意也。檀弓之意，以爲曾子者，聖門之習於禮者也。禮嚴僭越，季孫所賜之簀既非曾子所當用，則辭而不受，乃禮之正，既不能辭已是非禮，又從而用之，何僭越乃爾！幸而有知禮之童子直告無隱，臨終而後易之。向使童子不告，則曾子之沒，乃沒於大夫之簀，能無遺憾乎！其詆誣曾子之意蓋如此。要之，曾子何嘗有易簀之事，奚以明之。

又言：

> 考之《周禮‧司几筵》：凡席之名有五：莞、藻、次、蒲、熊是也。筵國賓於牖前，莞席紛純，加藻席畫；純國賓，謂來歸之孤卿大夫。又〈公實禮‧司宮〉：「具几與蒲筵，常緇布，純加萑席。」尋元帛純席之有等差如此。若尋常寢臥，無論簀之爲第、爲簟，禮經皆無尊卑等級明文，檀弓忽創爲大夫之簀華而睆，其誰信之？其爲臆造無疑也。又《韓詩外傳》言曾子先仕於莒，親沒之後，齊迎以相，

楚迎以令尹，晉迎以上卿，則大夫之簣曾子何不可用而煩童之詰責乎！諸儒只就既易簣之後，言其從善之速，而忘未易簣之先誣其僭禮之愆。甚矣！檀弓之欺人也。

夏炘據禮經所載，席之名義雖多，然皆純如質樸，乃寢臥之具，亦無尊卑之別，今依檀弓言大夫之簣「華而皖」，不惟驗豔麗且光彩，與禮經之述顯未合，然則此莫非檀弓自創，焉可探信？既不可探信，則童子之說，又莫非檀弓所塑造以愚人耳目！皆待乎明辨。

上之所敘，乃就章法言述，若夫朱子者，則自義理處辨析。

朱子〈答王子合書〉云：

> 子晦所謂：「使無童子之言，則曾子亦泊然委順，未足以病其死。唯童子之言，一入其聽，而士死於大夫之簣則有所不安，故必舉扶而易之，然後無一豪（毫）愧心而安其死。」此數句甚善。但謂大夫有賜於士之禮，則未知所據，似未安也。子合所謂大夫之簣，季孫安得賜諸曾子，曾子亦安得受諸季孫？曾子固曰：「我未之能易。」則其平日蓋欲易之矣，此論亦善；但謂曾子辭季孫之仕則亦無據，而曰：不欲為已甚而黽勉以受其賜，則又生於世俗委曲計較之私而非聖賢之心矣。又云：死生之際則異於是。蓋有一豪（毫）不正，則有累於其生，如此，則是人之生也可無不為，必將死而後始為計也，此亦必不然矣。今但平心而論，則季孫之賜，曾子之受皆為非禮，或者因仍習俗，嘗有是事而未能正耳。但及其疾病不可變之時，一聞人言而必舉扶以易之，則非大賢不能矣。此事切要處只在此豪（毫）釐頃刻之間，固不必以其受之為合禮而可安，亦不必以其與世周旋不得已而受之也；況善吾生乃所以善吾死，豈有平時黽勉徇情安於僭禮，必俟將死而後不肯一豪（毫）之差而足以善其死耶。且若如此，則聖賢臨死之際事緒紛然，亦不勝其改革矣。若曾子之事，計其未死之前，有人言之，則必即時易之而不俟將死之日矣。然就二說論之，謂受簣合禮者但失之輕易，粗略考之不精而謂黽勉周旋者，其巧曲支離所以為心術之害者甚大，恐不止於此事，要當推類究索、拔本塞源然後心得其正，而可語聖賢之學也。

「易簣」之事，原來簡易。以曾子言，泊然委順，則一切均安，然以童子一語，曾子即為之不安，必舉扶而易之，則曾子之篤於禮可知。惟若依事

實論，則曾子的易簀非未必定然，眞所謂可亦可，不可亦可，可與不可，只在拿捏而已，若必以此論其是否，或依此言其合不合禮，只在小節處打轉，自不免落入魯鈍之譏，此即朱子所謂「但失之輕易粗略，考之不精。」之意。蓋黽勉周旋雖善，然巧曲支離，心術反爲之害；以是知「易簀」之事，或爲附會耳。

二、辨曾子之喪浴於爨室

檀弓云：

> 曾子之喪，浴於爨室。

爨室，即廚房之謂。古代之人死於正寢，而浴於正寢，於西牆下東向築一灶，謂之墼（一、），用以燒熱水供沐浴之用，此水不宜於廚房燒之。今曾參之子曾元浴尸之水於廚房用之，於古禮若有違反，究竟是否！

鄭注云：

> 見曾元之辭易簀，矯之以謙儉也。禮，死浴於適室。

孔穎達疏云：

> 此曾子故爲非禮以正其子也。按上易簀之後，反席未安而沒，得有浴爨室遺語者，以反席之前欲易之，後足有可言，但記文不備，必知謂曾元之辭易簀，故矯之者。曾子達禮之人，應須浴於爨室，明知意有所爲，故云矯之也。

鄭、孔之說，俱以浴於爨室爲曾子遺命。然此遺命爲是爲非，耐人尋味，王安石、陳澔即提出質疑：

王安石云：

> 此自元申失禮於記。曾子無遺言，鄭何以知其矯之以謙儉也。

陳澔云：

> 〈士喪禮〉「浴於適室，無浴爨室」之文，舊説曾子以曾元辭易簀，矯之以謙儉，然反席未安而沒，未必有言及此。使果曾子之命，爲人子者亦何忍從非禮而賤其親乎！此難以臆説斷之，當闕之，以俟知者。

王、陳二氏之疑，確爲正論。如「曾子無遺言，鄭何以知之。」及「爲人子者亦何忍從非禮而賤其親乎」之句，皆令人懷疑此句之所出，若有歪曲。

朱軾云：

> 浴於爨室，非禮甚矣。此王孫士安之所不為，而謂曾子以此語其子
> 乎！曾元以此加於父乎！或曰：「〈喪大記〉甸人為垼於西牆下。」
> 曾子之浴，煮湯爨室，故記者譏之。

萬斯同亦云：

> 尸本在適室，豈可遷於爨室以就浴。無論曾子不為是言，即曾元亦不
> 為是事也。士之喪禮：有階間掘坎西牆為垼諸事。意者曾元家貧，無
> 有司以供此役，一切沐浴諸具皆出之於爨室乎！不然，真不可解矣。

朱、萬二氏皆謂若為人子者，必不為此事，況乎以曾元之賢，而為此事，不
亦過乎！今曾元行浴爨之事，於情於理，皆頗訾議，此故賢者有所疑慮。

夏炘則云：

> 炘按：朱高安、萬季野於不可解中必為之解，是以有爨室煮湯之說。
> 考古者浴尸之禮具有精義：尸必浴者，所以明潔其體，非僅全受而
> 全歸也。——為垼於西牆下者，——垼用塊，臨時而為之，其事至
> 易，不待富者而後能備也。無論遷尸而浴爨室，斷斷不可通，即以
> 煮潘（洗米水）爨室，亦不近人情。

　　垼於塊者，其事甚易，非必富貴者而為之，曾元於父喪後，垼其父於牆
之下，必不使其父見惡於人，孝心可感；再以此事貧家子弟皆足為之，曾元
家貧，事喪雖未必若富家子弟，然其心之誠，孝感之深，恐過於富者，且以
安於死者，當不必再遷尸浴爨，而若此舉行之，則不近人情必已甚，以旁人
言，殆不忍為，況乎以孝相承如曾元乎！此亦知理之未合。故夏炘以「惟能
知檀弓之言，皆以無為有。」確乎良有以也。

三、辨曾子答有子喪欲速貧死欲速朽之誣

　　儒門哲學雖為入世之思，然必行道有得，合於理境，入世之思方臻至善。
惟儒門所行仍在得志與民由之，不得志則修身見於世，非全然汲汲營營壹以功
利為要。而〈檀弓〉所言，則儒門之流，汲汲功利者多，似孔子者亦營營於仕
途，則孔子以下門人弟子似亦皆汲汲營營，則此中詆毀恐甚於千言萬語矣。

檀弓云：

> 有子問於曾子曰：「問喪於夫子乎？」曰：「聞之矣：喪欲速貧，死欲

速朽。」有子曰:「是非君子之言也。」曾子曰:「參也聞諸夫子也。」
有子又曰:「是非君子之言也。」曾子曰:「參也與子游聞之。」有子
曰:「然,然則夫子有爲言之也。」曾子以斯言告於子游。子游曰:「甚
哉,有子之言似夫子也。昔者夫子居於宋,見桓司馬自爲石槨,三年
而不成。夫子曰:若是其靡也,死不如速朽之愈也。喪之欲速貧,爲
敬叔言之也。」曾子以子游之言告於有子,有子曰:「然,吾固曰,
非夫子之言也。」曾子曰:「子何以知之?」有子曰:「夫子制於中都,
四寸之棺,五寸之槨,以斯知不欲速朽也。昔者夫子失魯司寇,將之
荊,蓋先之以子夏,又申之以再有,以斯知不欲速貧也。」

今以白話詮釋:

　　有子問曾子說:「你向夫子請教過喪失祿位以後如何自處嗎?」曾子說:「我
倒聽他提起過:喪失了祿位,最好是趕快變成貧乏;死了,最好是快點腐朽算
了。」有子說:「這不像以仁愛存心的君子說的話。」曾子說:「這是我從夫子
那裏聽到的。」有子還是說:「這不像君子說的話。」曾子說:「這句話我和子
游都聽到的。」有子說:「那就對了,但這一定是夫子爲了什麼特定的事情講的。」
曾子把這些話說給子游聽,子游說:「不得了!有子的口氣眞像夫子。從前,夫
子住在宋國,見到桓司馬親自設計石槨,匠人化了三年工夫,還沒礱琢完成。
夫子就說:『一個人死了,如果要這麼奢侈,還不如讓它快點腐朽好些。』人死
了,最好快點腐朽的話,那是專爲桓司馬說的。南宮敬叔喪失官位以後,每一
回朝,一定載了許多寶貨來活動疏通。夫子見了就說:『像他這樣用許多寶物來
從事不正當的活動,喪失官位以後,還不如快點貧乏好些。』喪失官位,最好
快點貧乏的話,是專爲南宮敬叔說的。」曾子把子游的話告訴有子,有子說:「這
就對了,我本就說過,這不是夫子原則性的言論。」曾子說:「你怎麼知道的。」
有子說:「以前夫子在中都時制定的規則:棺要四寸厚,槨要五寸厚。就憑這一
規定,我知道他不主張人死了趕快腐朽了事。當年夫子失去魯國司寇的職位,
要到荊州去,記得是先派子夏去安排,接著再派冉有去,就憑這種態度,我知
道他不主張喪失官位就得快點變得貧乏。」

鄭玄云:

中都,魯邑名。孔子嘗爲之宰,爲民作制。孔子由中都宰爲司空,
由司空爲司寇,將之荊,將應聘於楚;先之以子夏,申之以冉有,
言汲汲於仕得祿。

鄭玄之意，夫子蓋汲汲營營於爲仕得祿。似乎夫子由司空而司寇，進之之楚，皆利之所趨，則夫子必爲貪婪之輩，然則此可爲夫子乎！

夏炘云：

> 檀弓記此，誣曾子之識不如有子、子游；又誣聖人之汲汲求仕，且誣南宮敬叔之以賄事君也；一事而聖人及其弟子無不刺譏焉，可不謂老吏之羅織乎！「喪欲速貧，死欲速朽」二語，如曾子但聞諸子游，猶可以爲，曾子解乃曰：「與子游聞之。」則一爲桓司馬言，一爲南宮敬叔言，曾子豈絕不記憶而憒憒若是乎，其誣一也；孔子失魯司寇在定公十三年，孔子應聘至楚在哀公五年，事隔八年之久而牽連爲一，以見聖人之急於求仕，誣二也；孔子自蔡使如楚者，乃是子貢。檀弓謂：先以子夏，再以冉有，與《史記・世家》不合，誣三也；南宮敬叔即南宮适，《論語》載其問禹稷躬稼一事，夫子稱爲「尚德」之人，其明於進退、存亡之理爲何如者？豈有載寶之事，誣四也。

夏炘謂此篇之作，檀弓之誣有四：以曾子細膩之思，何以皆傳述子游之言，則曾子莫非昏憒而無評斷之能，此其一；夫子失魯司寇之位，在魯定公十年，應聘至楚在魯哀公五年，其間相距八年，檀弓合而爲一，而直言夫子汲汲求仕，於時不合，勉而爲一者，此其二；再以將之荊者，其人爲子貢，非子夏亦非冉有，與所謂「知不欲速貧」之意未合，此其三；又南宮敬叔本尚德之人，以其尚德，失官返朝，猶載寶物行其賄賂，其德不隆反污，於有德者人格毋寧誣蔑，此其四；綜此四者，知檀弓所言，於事於理，恐皆失其所據，其捏造之跡，甚是明顯，無怪何孟春慨言此事云：「孔子欲仕爲行道，若欲富而瞰且趨焉以求利於蠻夷之國，非孔子所爲。檀弓所載亦傳聞之謬。」以是知夫子欲仕非求富，乃在行道。檀弓自始至終則謂夫子爲仕念念在求富，以是爲非，顚倒事實，其流毒蓋甚鉅！

四、辨曾子母喪哭子張之誣

〈雜記〉云：「三年之喪，雖功衰不弔，如有服而將往哭之，則服其服而往。」則人有喪禮，己雖亦服喪，如其去問喪，則宜哭不宜弔。

檀弓云：

子張死，曾子有母之喪；齊衰而往哭之。或曰：「齊衰不以弔。」曾
子曰：「我弔也與哉？」

鄭玄云：

或人以其無服非之。曾子謂於朋友哀痛甚而往哭之，非若凡弔。

孔穎達云：

此論哭朋友失禮之事。曾子與子張無服，不應往哭，故或人非之；
若有服者，雖緦亦往也。

有如孔穎達所言：「此論哭朋友失禮之事。」然則以曾子知禮而篤於行禮，
於是非之際豈無分辨，則此章亦莫非檀弓之誣！故夏炘引劉氏之言謂：

曾子嘗問三年之喪弔乎。夫子曰：「三年之喪，練不群，立不旅。行
君子禮以飾情，三年之喪而弔哭，不亦虛乎。」既聞此矣，而又以
母喪弔友，必不然也。凡經中言曾子失禮之事不可盡信，此亦可見。

劉氏者，蓋知人也。言曾子母喪弔友，則顯失禮，且以曾子志道據德而
反禮，是為不通之論。劉氏之論與孔氏之說可謂異曲而同工。

陳澔云：

以喪母之服而哭朋友之喪，踰禮已甚，故或人止之。又注〈曾子問〉
曰：「曾子既聞夫子三年之喪不弔」之語，而檀弓篇乃記其以喪母之
齊衰而往哭於子張，得非好事者為之辭與。

陳澔引〈曾子問〉之語與本章相參，則檀弓之言不攻自破矣。此如夫子
三年之喪，曾子不弔；而子張死，曾子反弔哭；一則為師長，一則為學友，
師長逝不弔，學友逝則弔，於情於理，畢竟未合，故陳氏直謂「得非好事者
之辭與。」則曾子無此事，而檀弓之誣乃確然不移。

五、辨曾子論祖者且也之誣

謂之「祖」者，乃古人遠行，臨行飲酒曰「祖」之意。孝子事死如事生，
於遷柩朝祖廟後，輒設奠以餞之，然後就墓而葬。而謂之「且」者，乃暫也
之意。是「祖者且也」，意謂祖奠乃暫時之節，可適時更易。惟喪即喪，既為
遠去之節，如何而可因暫而易之，此於喪葬之禮，究竟未當。

檀弓云：

曾子弔於負夏（衛國地名），主人既祖，塡池，推柩而反之，降婦人

而后行禮。從者曰：「禮與？」曾子曰：「夫祖者且也；且、胡爲其不可以反宿也。」從者又問諸子游曰：「禮與？」子游曰：「飯於牖下，小斂於戶內，大斂於阼，殯於客位，祖於庭，葬於墓，所以即遠也。故喪事有進而無退。」曾子聞之曰：「多矣乎，予出祖者。」

　　註云：「填池」者，「填」，鄭玄謂之「奠」，王夫之謂之「窴」。窴，爲設之意，而「池」者，王夫之以爲此乃棺飾之一，以竹爲之，上覆青布，象宮室的承霤，設於幄（帷幔）下，。飾棺次序乃先設帷，次設幄，然後加池，至填池之時，棺飾已備。謂「推柩而反之」，乃祖奠時柩已在外，以曾子來弔，故推而反之。謂「降婦人而後行禮」，乃柩車既已復位，則主人復升至未祖以前之位，然婦人者，不當降至階下，今降至階下，顯爲禮儀錯亂；「飯於牖下，小斂於戶內，大斂於阼，殯於客位，祖於庭，葬於墓，所以即遠也。」意謂於南牖下飯，於寢中當戶處小斂；且於主位大斂，於西階客位停柩，而於廟堂階下祖奠，之後出葬於墓地。此謂喪禮每經一節，則死者逐漸遠去，孝子之心亦能於逐次移動間適應人間的劇變，有如荀子所謂「變而飾，動而遠。」則知此逐次漸遠的喪禮有其層次，不易變易。

今爲求確切，再以白話詮釋：

　　曾子到負夏弔喪，主人已經行過祖奠，也設了池，把柩車裝飾妥當，正要出葬，見到曾子來弔，又把柩車推回原位，但卻又使婦人降到階下，然後行禮。隨從者問曾子說：「這合乎禮嗎？」曾子說：「祖奠是一種暫時的節目，既然是暫時的節目，爲什麼不可以把柩車推回原位？」從者又去問子游：「這種過程合乎禮嗎？」子游說：「在南牖下吃飯，在寢中當戶處小斂，在主位大斂，在客位停柩，在廟前庭裏祖奠，葬到墓裏，這種過程，是表示逐漸遠去，所以喪事是有進無退的。」曾子聽見了說：「子游說的出祖的方式，比我好得多了。」

　　依文言、白話觀之，則由「降婦人而後行禮」，於禮也者，顯爲錯亂，而曾子答以「且、胡爲其不可反宿也。」應爲不通，然此究竟是否曾子的本意？孔穎達謂：

　　　　曾子弔於負夏氏，主人榮曾子之來，乃徹去遣奠，更設祖奠，又推柩少退而返之向北，又遣婦人升堂，至明旦，婦人從堂更降，而后乃行遣車禮。從曾子者，意以爲疑曾子既見主人榮己，不欲指其錯失爲之隱諱。《論語》云：「禦人以口給。」謂不顧道理以捷給說於人。

－41－

孔氏之意，蓋謂曾子不顧道理，以口給取悅於人；曾子既知此禮，因主人之榮己而有悖禮之言，則曾子莫非矯情？然則賢如曾子寧爲此事乎！

陳澔云：

> 注疏之說，以眾人之心窺大賢也。事之有無不可知，其義亦難強解，或記者有遺誤也。

陳澔之說甚公允。所謂「注疏之說，以眾人之心窺大賢。」則如孔穎達之述，未免落於俗人之見；再者，「事之有無不可知，其義亦難強解。」陳澔亦疑此事恐未得眞，或記者失誤所載；然由通篇觀之，此亦莫非檀弓所造以誣曾子者。而何以檀弓處處捏造誣蔑曾子？夏炘即歸結云：「檀弓毀謗聖門之弟子，惟曾子獨多，蓋曾子爲傳道之賢，故惡之特甚。」以曾子之賢而傳孔門之道，檀弓即惡之，且非毀而無所不用其極，是其心之陰惡，乃昭然若揭。

第二節　孔門弟子辨例

檀弓非毀曾子，亦非毀孔門弟子；以曾子傳孔門之道，爲單一之人，如再非毀更多弟子，則世人必以爲孔子以下至其他弟子皆不知禮，不知禮何以爲君子？則孔門之道又何能行之久遠？此皆檀弓之居心也。

一、辨有子既祥絲屨組纓之誣

檀弓云：

> 有子蓋既祥而絲屨組纓。

註云：絲屨，按《儀禮·士冠禮》：「多皮屨，夏用葛。」則無絲製之鞋，絲屨爲鞋子前端，以絲爲飾；組，即織絲爲文；纓，爲帽帶；絲屨組纓爲吉服，禫以後尙不宜即刻穿戴，祥祭更早，尤不當穿戴；既祥者，只能「白屨無絇，縞冠素紕。」「絇」音ㄐㄩˋ，爲鞋頭裝飾；縞冠，爲生絹所做的素冠；紕，爲冠緣的邊飾。

白話語譯：

> 有子似乎在大祥完畢就穿起有絲飾的鞋子，戴起以絲組爲纓的帽子。

孔穎達評云：

> 此絲屨組纓，禫後之服。今既祥而著，故譏其蚤。禮，既祥，「白屨無絇。」戴德喪服「變除禮文，縞冠素紕」者，〈玉藻〉「文素紕」，

當用素爲纓，未用組，今用素組爲纓，故譏之。案〈士冠禮〉「冬皮
屨，夏用葛。」無云絲屨者，此絲屨以絲爲飾約，繶純（鑲飾鞋子
的絲帶）之屬。

由上知，「絲屨組纓」爲吉服，祥祭之時，不當穿戴，而有子戴之，無乃
失禮，故孔氏譏之。

方愨亦云：

以絲爲屨之約，以組爲冠之纓，服之吉者也。而有子服之於既祥，
失之於蚤矣。有子，孔門高弟而失禮若是，疑或不然，故曰蓋焉。

則孔門高弟如有子者，竟有所失禮，此頗值懷疑，故方愨以「蓋」字爲
言，是有所斟酌。

夏炘則謂：

檀弓記此，與孔子連類而誣之也。上云孔子既祥五日，彈琴而不成
聲，十日而成笙歌，譏孔子琴歌之蚤；即繼之曰：「有子蓋既祥而絲
屨組纓。」譏有子吉服之蚤。《論語》一書，有子之言次夫子；孟子
又言子夏、子游、子張以有若似聖人。故檀弓連類誣之，以爲有似
於聖人者其忘哀之蚤，亦與聖人相類也；方性夫（愨）以爲疑或不
然，故曰「蓋」焉。不知蓋者微詞，以示譏非疑詞，以待質也。

夏炘舉方愨之言以證，知「蓋」字之用，乃若有所譏，所謂聖門高弟者，
當不致於此，然則檀弓以有若爲例，殆以其貌似於孔子也；是譏有若，不亦
譏孔子！此檀弓用心可知。

二、辨曾點倚門而歌之誣

檀弓云：

季武子寢疾，喬固不說齊衰而入見，曰：「斯道也，將亡矣；士唯公
門說齊衰。」武子曰：「不亦善乎，君子表微。」及其喪也，曾點倚
其門而歌。

註云：季武子，鄭注：「魯大夫季孫夙，世爲上卿，彊而專政，國人事之
如君。」；喬固，魯士，時有齊衰之服；其門，舊說以爲季武子之門，王夫之
以爲乃曾點家門。

白話語譯：

　　季武子臥病，喬固當時有齊衰在身，他不脫齊衰就進去探病。他向
　　季武子說：「士只有在進公門時才脫掉齊衰，這種原則，已經很少有
　　人實踐了。」武子說：「你的做法很對，君子是該表揚那些衰微了的
　　好事。」武子去世以後，曾點倚在門上歌唱，表示不廢樂。

陳澔云：

　　武子寢疾之時，喬固適有齊衰之服，遂衣凶服而問疾，且曰：「大夫
　　之門不當釋凶服，惟君門乃說（脫）耳。」武子善之。若倚門而歌，
　　則非禮矣，其亦狂之一端；與記者蓋善喬固之存禮，譏曾點之廢禮
　　也。

　　喬固之存禮，在「士唯公門說齊衰」（士只有在進公門才脫掉齊衰）；曾
點之廢禮，在「倚其門而歌」（倚在門上唱歌，表示並不廢樂。）然則曾點如
此不知禮乎！

閻若璩云：

　　有以季武子之喪，曾點倚其門而歌，為朱子採人集注，似可信來問
　　者。余曰：「此子虛烏有之言也。《春秋》昭七年季孫宿卒，孔子年
　　十七，曾點少孔子若干歲未可知，然《論語》敘其侍坐，次於子路，
　　則必少九歲以上也。孔子年十七時，子路甫八歲，點不過六歲、七
　　歲童耳，烏得有倚國相之門，臨喪而歌之事，檀弓多誣，莫此為甚。」

　　閻氏以年推斷，肯定曾點於季武子之喪，時年亦不過六、七歲，以如此童
稚之齡，而能參與大夫之喪，是為無稽；且復倚門而歌，則此孩童不亦莫名其
妙乎！故閻氏云以「檀弓多誣，莫此為甚。」蓋於檀弓之誣陷，深致不滿。

夏炘云：

　　按閻百詩（若璩）之言，可以關檀弓之口而奪之氣矣。不知檀弓何所
　　憾於曾氏，既誣曾子者不一而足，而又誣其父也；且季武子之在魯，
　　跋扈之臣也，杜氏之葬，章（彰）美其不奪人之喪，此章又美其能從
　　善言，何袒護權門若是之篤而誣詈聖門若是之妄也，真不可解矣。

然則檀弓一味誣詈聖門，其人妄誕，委實不可解矣！

三、辨有子欲去喪踊之誣

檀弓云：

有子與子游立，見孺子慕者，有子謂子游曰：「予壹不知夫喪之踊也，予欲去之久矣：情在於斯，其是也夫？」子游曰：「禮：有微情者，有以故興者；有直情而徑行者，戎狄之道也。禮道則不然，人喜則斯陶，陶斯詠，詠斯猶，猶斯舞，舞斯慍，慍斯戚，戚斯歎，歎斯辟，辟斯踊矣；品節斯，斯之謂禮。人死，斯惡之矣，無能也，斯倍之矣。是故，制絞衾，設蔞翣，爲使人勿惡也。始死、脯醢之奠；將行、遣而行之，既葬而食之，未有見其饗之者也；自上世以來，未之有舍也，爲使人勿倍也。故子之所刺於禮者，亦非禮之訾也。」

註云：壹，孔穎達解爲「專」之意；楊愼解爲「獨」之；王夫之解爲「一向」之意；踊爲跳躍之意，孺子慕親，則恣意號哭而無節；微，孔穎達解爲「滅殺」之意，王夫之解爲「約」之意。微情，即節制感情，如曾子喪親，七天之天水漿不入於口，則過禮。禮之作用，即節制過於悲哀之情，故規定三日不食。故，孔穎達以爲故意，王夫之謂「人之所固有而已然者」。有直情而徑行者，俞樾以爲「有」字爲衍文。謂「喜」者，孫希旦以爲「喜」外界可喜之刺激；謂「陶」者，乃內心受鼓盪之感。絞，爲綑於死者身上束緊衣服之布條；衾，爲覆尸之被蓋；蔞翣，柩車之上蓋謂「柳」，垂於棺兩旁之羽飾。

白話語譯：

有子和子游一起站著，見到一位孩子號哭著找父母，有子對子游說：「我一點兒也不明白喪禮中爲什麼有跳躍的規定，我老早就想廢除這種陋規；喪禮中悲哀思慕的心情就和這孩子一樣，照這孩子直接了當地號哭，不就得了嗎？」子游說：「禮的種種規定，有的是用以節制感情，使其免於泛濫，有的是藉外在的事物來引發心裏得情感，但將情緒直率地表現於行爲上的，是蠻人的做法；如果依禮而行，則不同於此；因爲人們遇到可喜的刺激就開心，開心喜悅就歌詠，歌詠之餘就會搖動身體，搖動身動還覺不夠時，就要舞蹈起來。舞蹈過後卻又感到空虛而不高興，不高興以後就感到悲戚，心中悲戚就會歎氣，歎氣還不能得到抒洩，就要槌胸，槌胸還不夠，就要頓足了。將這些變動不居的情緒和行爲加以品類節制，這叫作『禮』。人死了，就討人厭；而死人是既無能爲力，人們就要背棄他了。所以，制作束衣的布帶，覆尸的被蓋來斂尸，又在柩車上設置了蓋子和遮掩四周的扇形屏障，爲的是使人不要見死而生厭。試看：剛死時用肉脯肉醬祭他；出葬前又有送行的遣奠，葬後還有種種祭祀，即使從來沒見過鬼神來享用，但是自古以來，卻也沒有人

廢止這種作法，爲的是使人仍然和死者保持連繫而不背棄他。所以你對這種
禮儀所下的批評，也就成了不合理的毀謗了。」

孔穎達云：

> 有子言：我專壹不知夫喪之踊也。欲去此踊節，直似孺子慕者足矣。
> 於此即用哭踊之節。微情者，微殺也。言賢者喪親必至滅性，故制
> 使三日食，哭踊有數，以殺其內情，使之俯就也。以故興物者，興，
> 起也。不肖者無哀情，故衰絰使其睹服思哀，起情企及也。若直肆
> 己情而徑行之，無哭踊節制，乃是夷狄之道，中國禮道不如是人也。
> 喜則斯陶以下，極言哀樂之本，外境會心之謂喜。斯，語助也。陶
> 心初悅而未暢之意。情暢則口歌詠之，歌詠不足漸至搖動身體，乃
> 至起舞足蹈，手揚樂之極也。外境違心之謂慍，慍斯戚者，怒來觸
> 心，故憤恚起也；憤恚轉深，因發歎息，歎息不泄，故至撫心，撫
> 心不泄，乃至跳踊奮擊，哀之極也。今若品節此二塗，使踊舞有數，
> 則能長久，故云：此之謂禮。品階，格也；節制，斷也。上明辟踊
> 之節，此明飾喪乃奠祭之事，人身既死，形體腐敗，以其恐惡之，
> 故制絞衾、設蔞翣以飾之，欲使人勿惡也。以其恐倍之，故始死設
> 脯醢之奠，至於葬將行，又設遣奠而送之，既葬反哭，設虞祭以食
> 之，未曾見死者饗食，之然，自上世以來，未有舍此而不爲者，爲
> 使人勿倍其親故也。故子之所譏刺於禮有踊節者，亦非禮之病害也。
> 初有若止譏踊節，子游既言生者節哀，遂說死者加飾，備言禮之節
> 制，與夷狄不同也。

孔穎達之意，孝子心有慍，慍之不足而有憤恚；憤恚之不足而有歎息，
歎息之不足而有撫心；撫心之不足而至跳踊奮擊，乃哀之已極。故跳踊者，
必孝子哀痛至極，形諸手足之搖動，此人之常情，而有若譏此踊節，無乃過
矣。因之子游即評擊有若謂「子之所刺於禮者，亦非禮之訾也。」蓋有以也。
然則此跳踊之禮，以有若之賢，寧不知乎？

夏炘云：

> 按喪事之有踊也，所以發越其悲哀痛哭之情也。問喪曰：在床，曰：
> 尸在棺，曰：柩動尸舉，哭踊無數。惻怛之心，疾痛之意，悲哀志
> 懣氣盛，故袒而踊之，所以動體安心下氣也，此踊之義也。先王於
> 是爲之節焉，鋪絞紟踊：鋪衾踊、鋪衣踊、遷尸踊、斂衣踊、斂衾

踊、斂絞踊，此因事爲之節也。公七踊，大夫五踊，士三踊，此因人爲之節也。向使如孺子慕而無踊，則悲哀之氣塡膺塞項，則必病而至於死矣。向使哭踊而無節，必至不勝喪而比於不孝不慈矣。以有子之賢豈不知此，而必以踊爲禮之疵而欲去之乎！檀弓造此，不過誣有子之不知禮耳，又造爲子游之言哀樂相生之義而不知，實不可通。劉原父、方性夫諸儒皆以爲有闕文，而不知非闕文也。乃檀弓之大言以欺人也。

有如夏炘之言，「向使如孺子慕而無踊，則悲哀之氣塡膺塞項，則必病而至於死矣。向使哭踊而無節，必至不勝喪而比於不孝不慈矣。」則踊也者是可抒發胸中之氣，然則踊之宣洩仍以有節爲宜，如其無節，則必不勝其喪而落於不孝不慈，此禮之當然，而賢如有子，必知節宜之道，何有去此踊禮之理。此道理方愨等固疑之在先，然苦不知其由，若夏氏則一針見血以申斥，亦知檀弓之誇大其詞也。

四、辨子游子夏論異父同母之昆弟有服之誣

〈檀弓〉云：

> 公叔木有同母異父之昆弟死，問於子游。子游曰：「其大功乎？」狄儀有同母異父之昆弟死，問於子夏，子夏曰：「我未之前聞也；魯人則爲之齊衰。」狄儀行齊衰。今之齊衰，狄儀之問也。

註云：公叔木，木當作朱，形近而訛。春秋作戍，音近，爲衛公叔文子之子，定公十四年奔魯。

白話語譯：

> 公叔木有個同母異父的兄弟死了，請教於子游該服什麼喪服，子游說：「該服大功吧？」狄儀也有個同母異父的兄弟死了，也去請教子夏該服什麼服，子夏說：「我從沒聽過有什麼規定；不過魯國的習慣是服齊衰。」狄儀就服了齊衰。現在所說同母異父服齊衰的習俗，是從狄儀這一問而確定下來的。

鄭玄注：

> 親者屬大功是。

孔穎達云：

> 同母異父昆弟之服，喪服無文，鄭意以同父同母則服期，今但同母，
> 故降一等而服大功。

唐《開元禮》「同母異父、兄弟、姊妹，小功報。」《政和禮書》《儀孝慈錄》、《會典》並同，今律文無。則唐開元禮，同母異父之服尚在，惟已爲小功之服，今之律文，則同母異父但無功服可言；洄溯及之，孔穎達所謂「喪服無文」，當有所據，至於鄭玄所謂「大功」之服，孔氏只言此是鄭意，未多所解釋。

夏炘則謂：

> 檀弓記此，誣子夏而并誣子游也。同母異父，昆弟之服，喪服無文，乃是無服者也。服以齊衰，與血屬同是。禽獸知有母而不知有父矣。子夏明於喪禮，不作如是之言，即服以大功，與親屬之大功兄弟同，亦豈子游所宜言者。檀弓造此以誣二賢，而後世因有同母異父昆弟之服。

夏炘之意同於孔穎達，乃主「同母異父之服，喪服無文。」之說，且以爲知禮如子游、子夏者，寧有不知無文之理。

徐乾學亦云：

> 案：同母異父之昆弟自應無服。魯人齊衰之對，必非子夏之言，子夏之傳喪服精粹純密，爲後世說禮之祖，豈有精於禮之人，而爲此不經之說者乎！

徐氏亦以爲若子夏知禮之人，於喪服之傳，精粹純密；以其精粹純密，而爲此不經之說，豈非矛盾？

游酢則論云：

> 昔先王制禮，教以人倫，父子有親，男女有別，然後一家之親，知統乎父而厭降其母，同姓之親厚於異姓。父在，則爲母服齊衰一年，出母，則不爲服。後世既爲出母制爲服限，則雖異父之子以出母之故，亦爲之服矣。此失在乎不明父母之辨一統之尊不別同姓異姓之親而致然也。至後世，父在而升其母三年之服至異姓之服，若堂舅、堂姨之類，亦相緣而升。夫禮者，以情義言也。情義者有所限止，不可遍給也；母統於父，則不得厭降於其母；厚於同姓，則不得不降殺於異姓，夫是以父尊而母卑，夫尊而妻卑，君尊而臣卑，皆順

是而爲之也。今子游欲以意爲之大功，此皆承世俗之失，失之之原，
其來寖遠，後世不考其原，而不能正其失。

游酢以爲同姓之親厚於異姓，如父在，則爲母服齊衰，然若出母，則不
爲服，此亦禮教之然，亦人倫之實，後世則雖異父之子，以母之故而爲之服，
正所謂「不明父母之辨一統之尊、不別同姓異姓之親」而致然，謂之有所失
者也。故如考其本原，則知出母不得爲服矣。

夏炘云：

按游定夫之論，可謂抉禮之精。——其論父在爲母期，及同母異父
之昆弟無服，聖人復起，不易斯言也。子游、子夏皆聖門深於禮之
士，而一曰齊衰，一曰大功，其誣不亦甚矣。

由是亦知子游、子夏之論大功、齊衰也者，其實皆不合禮，亦異父同母
昆弟喪服無文之大義，既爲大義，則如前所述，以聖門深於禮之士而不知禮，
則檀弓之誣亦甚矣。

綜上之論，則檀弓誣曾子，誣曾點，乃至誣子夏、有子之賢，其意蓋全
盤否定孔門之儒學，用心之恢詭，涵意之幽峭，千百年後讀之，亦見其人心
術之黠狡，而其人之欲意顛覆孔門，蓋亦無所不用其極矣，所謂「巧自掩蔽」
者，檀弓之謂也。歷代賢者雖不乏質疑者，所述皆僅一隅，於大體率未多論，
此說前已陳敘，不擬多言，而惟一能舉檀弓之誣者，千載而下，亦夏炘一人
而已，則其護衛聖道之功何等宏偉！其力挽狂瀾之胸又是何其博大！時賢余
光龍於〈檀弓辨誣後跋〉即贊先生云：

檀弓一書，文詞之士皆好之，而不知其用意之所在，即名儒鉅公知
疑其說，而不免爲之委曲彌縫，終不敢直抉其誣聖之罪，或能闢其
一二條之謬而亦未能舉其全以誅其心，當塗夏發甫先生直指此書專
爲誣訾聖門而作，其罪甚於墨子、荀子，於是二千餘年誣聖賊經之
公案盡發其覆，而彰厥辜，然非博物精思，烏能斷是。

則「博物精思」如夏炘先生者，恆能斷檀弓之誣，而「二千餘年誣聖賊
經之公案」方得昭雪，先生之於聖教，厥功之偉且鉅，不言可喻。

第四章　述朱質疑（上）

緣　起

夏炘《述朱質疑》十六卷，應為先生《景紫堂全書》重要綱領，思想旨趣亦於此見之。有如朱有基所言「當塗夏弢甫先生平生講學，服膺紫陽，司諭吾邑，一以紫陽之學勖士，所譔《述朱質疑》十六卷，皆躬行心得。」〔註1〕則夏炘服膺朱子，學行云為，皆以朱子為模範，故探究夏炘之學，朱子精神亦能朗朗在目。

通觀《述朱質疑》之卷帙，本非全自考證處入手，亦未嘗盡是義理；易言之，本卷帙有考證，有義理，末則立朱子的事功，內容不偏一隅，是能涵蓋朱子學問與事業二者，蘊蓄範圍可謂博廣。因之，覃研夏炘之朱學，宜從廣延的面著眼，不宜只沾滯於一點之上，否則，大體不立，僅泥小眼，到底無法現出朱學的精義，對夏炘之服膺紫陽者，當亦無法理解。而欲理解夏炘的朱學，宜先敘〈述朱質疑提綱〉：

> 一卷至五卷，述朱子學術早晚之異同。見於《年譜》、《文集》、《語類》諸書，俱確有據，一一爬梳明析，庶幾朱子之學不為疑似揣擬之說所惑云。六卷七卷，述朱子平生著作成書之歲月、各本之異同、採取之姓氏、意趣之指歸，有所得即識之，不求備也。
>
> 八卷九卷，述朱子同時諸老：江局之德性，湖南之察識，金華之文

〔註1〕《景紫堂全書》第二冊序。云朱有基者，其時蓋咸豐辛亥皋月（陰曆五月），其人為紫陽二十一世嫡裔，官職為翰林院五經博士。

獻，永康之從衡，永嘉之經制；有經朱子切磋共肩斯道者，有各尊
所聞各行其知者，有心折朱子而終不能服從者，講論所及，矗見梗
概焉。

十卷，述及朱子以後，穎異之士挾好勝之心，每多異說，前明諸儒，
經有識者之辯別，已有定論，惟近世又生穿穴間，與友朋討論所及，
不忍遺棄，求質通材，非競辯也。

十一卷、十二卷，述朱子臨朝大節，其封事奏箚所陳，總以正學術、
格君心爲之本，其餘或詆近習，或觸大臣，或糾闒政，忠義所激，
無所回護。至於爲民請命之章，反覆臚陳，必得其職而後已。唐陸
宣公之奏議，宋范文正公之政府奏議不能及也。管窺所到，聊見一
斑，末附〈難進易退譜〉一篇，以爲委贄事君者法、

十三卷、十四卷，述朱子外任九載，自主簿以至安撫使，政績昭著，
實慧及民，條舉件繫，以爲教養之責者法。十五卷、十六卷，述朱
子雜事。〔註2〕

　　然則一至七卷，可以謂朱子學術早晚的考辨，八至十卷，宜爲後世對朱
子之說的辯議，十一卷至十四卷，則論及朱子的外王事功；依此又可分爲考
證與義理二篇什：朱子學術考辨部份，可概以考證之篇；朱子思想、後世辯
議及外王的事功，可概以義理之篇，二篇前後交映，則夏炘的朱學，即能明
其體用而達其旨要。

　　再以《景紫堂全書・二集》載朱子學術，言朱子早晚之學，皆有跡可尋，
故述朱子自少迄老之學，按年譜、文集及語類，爬梳董理，確能得朱子學的
旨趣。如再通觀全書，則一至五卷部份，較值留意之考辨，厥爲：卷一〈朱
子少時學術考〉、〈朱子出入於老釋者十餘季考〉、〈朱子答江元適、薛士龍書
考〉；卷二〈朱子見李延平先生以後學術考〉；卷三〈朱子往問張南軒在癸未
考〉、〈朱子中和舊說約在乙卯、丙戌之間考〉、〈朱子丁亥、戊子從張南軒先
察識後涵養考〉；卷四〈朱子己丑以後辯張南軒先察識後涵養考〉、〈朱子己丑
以後更定中和舊說考〉；卷五〈朱子己丑以後專發明程子敬字考〉；此諸篇雖
不出紮記隨書之作，然亦見出夏炘於朱學的用心，所謂將義理融入考辨中，
蓋先生之謂。今謹再依章節分析於下。

〔註2〕　《景紫堂全書・二》〈述朱質疑提綱〉。

第一節　朱子少時學術考

　　錢穆先生論及朱子在學術思想史的貢獻，一爲「對儒家新道統的承續」；一爲「注《四書》，正猶孔子修六經。」；一爲「對經學地位的新估定」；再爲「思想的眞精神實際還是承襲伊川，最顯著者莫如《大學格物補傳》。」〔註3〕則朱子之明道立教，功首《四書》，次及群經，以至周、程、張、邵之微旨，以及諸子百家的異趣，歷代治亂的大原，皆能薈萃疏通，折衷至當，其業之不朽，後世儒生未有盛於斯者。而要其功，實自少年伊始，即堅定立志，刻苦勵學，所謂「讀書之苦，擘經之細，味道之深，蓋有老師碩儒，白首而未造其域者。」〔註4〕以是知聖賢之詣，非盡得之生知也。然而如孔子的「好古敏求」，顏子的「博文約禮」，孟子的「博學詳說」，子思的「博學、審問、愼思、明辨」，此自古聖賢，無不由讀書窮理，以造斯道之極者。因之，由少時以推，亦可知朱子後日窮理致知，居敬行仁之誼矣。今謹依夏炘所錄，擇其精要條文以述：

一、少有大志，德慧過人

　1. 季譜八歲就傅，授以《孝經》，題其上曰：「不若是，非人也。」〔註5〕

黃榦〈朱熹行狀〉：

> 就傅，授以《孝經》，一閱封之（一作「通之」），題其上曰：「不若是，非人也。」

眞德秀《西山讀書記》卷三十一引李方子《紫陽年譜》云：

> 先生幼有異秉，五歲入小學，始誦《孝經》，即了其大意，書八字於其上曰：「若不如此，便不成人。」

束景南考證云：

> 按：戴銑《朱子實記》及李默、洪嘉植、王懋竑等諸家年譜，均定此爲紹興七年（1137）八歲時事，云據黃榦〈朱熹行狀〉。然黃榦〈朱熹行狀〉並未明言事在紹興七年。顯誤。今據果齋李方子（公晦）《紫陽年譜》，定在是年。且黃榦《朱熹行狀》本言「就傅」，則事在紹興四年（1134）明矣。朱衡《道南源委》卷三亦云：「五歲，授

〔註3〕　錢穆《中國學術思想史論集》第五冊，頁160～162。
〔註4〕　《景紫堂全書・二》〈朱子少時學術考〉弁言。
〔註5〕　《景紫堂全書・二》，頁2。

以《孝經》，一閱封之，題其上曰：『不若是，非人也。』」必是其時
朱衡猶得見《紫陽年譜》。《八閩通志》中〈朱熹傳〉亦作五歲。蓋
果齋《紫陽年譜》亡佚，後人作譜多有失之，今賴眞德秀《西山讀
書記》引《紫陽年譜》，多可糾後譜之失。〔註6〕

夏炘謂朱子八歲始誦《孝經》之語，顯據黃榦〈朱熹行狀〉，或傳聞之誤；
而據李方子《紫陽年譜》，則宜爲紹興四年甲寅，朱子時年五歲。

2. 包揚錄

某十數歲時讀《孟子》，言聖人與我同類者，喜不可言，以爲聖人亦
易做。〔註7〕

《朱子語類》卷一百二十一載：

孔子曰：「仁遠乎哉？我欲仁，斯仁至矣。」這箇全要人自去做。孟
子所謂弈秋，只是爭這些子，一箇進前要做，一箇不把當事。某八、
九歲時，讀《孟子》到此，未嘗不慨然奮發，以爲爲學須如此做工
夫。當初便有這箇意思如此，只是未知得那綦是如何著，是如何做
工夫。自後更不肯休，一向要去做工夫。

又載：

某十數歲時，讀《孟子》言「聖人與我同類者」，喜不可言，以爲聖
人亦易做。〔註8〕

又《朱文公文集》卷五十五〈答王德修〉云：

熹兒時侍先君子官中秘書，是時和靜先生（尹焞）〔註9〕實爲少監。
熹嘗於眾中望見其道德之容，又得其書而抄之。然後幼稚愚蒙，不
能識其爲何等語也。既長，從先生長者遊，遍讀河南門人之書，然
後知和靜之言，始有以粗得其味。

夏炘云：

〔註6〕 束景南《朱子年譜長編》卷上，頁31。
〔註7〕 《景紫堂全書·二》，頁3。
〔註8〕 《朱子語類》卷一百零四。
〔註9〕 按：大儒尹焞紹興七年（1137）閏十月應詔入都，至八年（1138）二月壬午
試秘書少監，兼崇政殿說書，至四月癸酉直徽猷閣，主管萬壽觀。《建炎以來
繫年要錄》卷一百十九云：「紹興八年四月戊寅（二十三日），詔尹焞解《論
語》書成，特賜六品服。時朱熹父朱松亦在是年四月壬午由秘書省著作佐郎
改除尚書度支員外郎（《建炎以來繫年要錄》卷一百十八）。是朱熹侍父，且
見得大儒尹焞，並得尹焞《論語解》抄錄勤讀，其用功可知。

炘按：朱子知行並進之功，即基於此。

劉述先云：

朱子的志趣在於聖學，早就確立，由此可見。

則朱子志學甚早，以聖學爲己任，已見端倪。

二、潛心研讀，警勵奮發

1. 李方子錄

某自十四五歲時，便覺得這物事是好底事，某不敢自昧，以銖積寸累而得之〔註10〕

《朱文公文集》卷五十八〈答宋深之書〉云：

近世大儒如河南程先生、橫渠張先生——熹自十四五時，得兩家之書讀之，至今四十餘年，但覺其義之深，指之遠，而近世紛紛所謂文章議論者，殆不足復過眼。信乎，孟氏以來一人而已！

卷五十四〈答陳正己書〉一：

示喻爲學大致——區區於此有不能無疑者。蓋上爲靈明之空見所持，而不得從事於博學、篤志、切問、近思之實；下爲俊傑之豪氣所動，而不暇用力於格物、致知、誠意、正心之本——絕不類聖門氣象，不知向來伯恭亦嘗以是相規否也？熹自年十四五時，即嘗有志於此，中間非不用力，而所見終未端的。其言雖或誤中，要是想像臆度——乃知明道先生所謂「天理二字，卻是自家体帖出來。」者，眞不妄也。

〈訓蒙絕句・喚醒〉二首：

爲學常思喚此心，喚之能熟物難昏。才昏自覺中如失，猛省猛求則明存。二字親聞十九冬，向來已愧緩無功。從今何以驗勤怠？不出此心生熟中。

束景南考證云：

所謂「年十四五」者，乃指朱熹此時始來五夫潭溪受學於武夷三先生（此前乃在建安受朱松家教，此亦可證朱熹確在紹興十三年（1143）已來潭溪）。〈訓蒙絕句〉作於隆興元年，由隆興元年上推十九年，亦在紹興十三年。蓋武夷三先生不僅崇二程之學，尤好張載之書，

〔註10〕《景紫堂全書・二》，頁3。

　　　時禁程、張之學，而武夷三先生卻以程、張之書教授諸生。〔註11〕

則朱子之博聞篤志、切問近思之實，十四五時已盎然有其志矣。至十六七歲時，已潛研二程理學，更下功夫苦讀書。

2. 某少時爲學，十六歲便好理學，十七歲便有如今學者見識。後見謝顯道《論語》甚喜，乃熟讀。先將硃筆抹出語意好處，又熟讀得趣，覺得硃筆處太煩，再用墨抹出；又熟讀得趣，別用青筆抹出；又熟讀，得其要領，乃用黃筆抹出；至此，自見所得處甚約，只是一兩句上，卻日夜就此一兩句上用意翫味，胸中自然灑落。〔註12〕

又《朱子語類》卷一百零四：

　　　某是自十六七時，下功夫讀書。彼時四旁皆無津涯，只自恁地硬著力去做。至今雖不足道，但當時也是喫了多少辛苦，讀了書。

又《近思錄集注》卷三引：

　　　某年十七八時，讀《中庸》、《大學》，每早起須誦十遍。

　　　西洋諺語：「成功不是偶然的」；中國俗諺云：「不經一番寒徹骨，焉得梅花撲鼻香」；與朱子所謂「當時也喫了多少辛苦，讀了書。」正相互印證。再者，朱子讀書非囫圇吞棗之死記而已，乃勤作筆記，仔細体會，故對《大學》、《中庸》、《孟子》的理解，更是熟稔嫺習。

《朱文公文集》卷四十四〈答江德功書〉：

　　　格物之說，程子論之詳矣。──蓋自十五六時知讀是書（《大學》），而不曉格物之義，往來於心三十餘年。

《朱子語類》卷四：

　　　某年十五六時，讀《中庸》「人一己百，人十己千」一章，因見呂與臨（大臨）解得此段痛快，讀之未嘗不悚然警屬（勵）奮發。

又《朱文公文集》卷四〈乞進德劄子〉：

　　　臣聞《中庸》有言：「人一能之，己百之；人十能之，己千之。果能此道，雖愚必明，雖柔必彊。」而元祐館職呂大臨爲之說曰：「君子所以學，爲能變化氣質而已。德勝氣質，則愚者可以進於明，柔者可以進於強；不能勝之，則雖有志於學，亦愚不能明，柔不能彊矣。

〔註11〕束景南《朱熹年譜長編》上，頁83。

〔註12〕《景紫堂全書‧二》，頁5。

　　──今以鹵莽滅裂之學，或作或輟以求變其不美之質；及不能變，
　　則曰，天質不美，非學所能變。是果棄於自棄，其為不仁甚矣。」
　　臣少時讀書，偶於此語深有省焉，奮厲（勵）感慨，不能自己。自
　　此為學，方有寸進。

而讀書也者，在乎通透；審問慎思，乃進學之道，是朱子讀六經、語、孟，
皆在曉知大義，其後學問思想即轉深沉密緻。

3. 錢木之錄：某舊時讀（《詩經》）「仲氏任只，其心塞淵。終溫且惠，淑慎
　　其身。先君之思，以勖寡人。」；「既破我斧，又闕我戕。周公東征，四國
　　是皇。哀我人斯，亦孔之將」；伊尹曰：「先王肇修人紀，從諫弗咈，先民
　　時若，居上克明，為下克忠，與人不求備，檢身若不及，以至於有萬邦，
　　茲惟艱哉」。如此等處，直為之廢卷慨想而不能已！覺得朋友間看文字，
　　難得這般意思。某二十歲前後，已看得書大意如此。〔註13〕

又《朱子語類》卷一百零五：

　　某從十七八歲讀《孟子》至二十歲，只逐句去理會，更不通透。二
　　十歲已後，方知不可恁地讀。元來許多長段，都自首尾相照管，脈
　　絡相貫穿──從此看《孟子》，覺得意思極通快。

又《朱子語類》卷一百二十：

　　讀書須是以自家之心體驗聖人之心。少間體驗得熟，自家之心便是
　　聖人之心。某自二十時看道理，便要看那裏面。

又《朱子語類》卷一百十九：

　　講論自是講論，須是將來自體驗。說一段過又一段，何補！某向來
　　從師，一日說話，晚頭如溫書一般，須子（仔）細看過。有疑，則
　　明日又問。

又《朱子語類》卷一百零四：

　　某今且勸諸公屏去外務，趲工夫專一去看這道理。某年二十餘已做
　　這工夫。

又《朱子語類》卷一百三十：

　　溫公省識，作〈民受天地之中以生論〉──某舊時這般文字及《了
　　齋集》之類，盡用子（仔）細看過。其有論此等去處，盡拈出看。

─────────────

〔註13〕《景紫堂全書·二》，頁4。

少年被病翁看（著），他不許人「看」，要人「讀」，其有議論好處，
被他監「讀」，煞喫工夫。

然則朱子讀書，總是自家體驗。逐句理會外，又要專一看這道理，翫味其間，
細咀慢嚼，自然灑落，讀書至此，理必透達。

綜上之說，則言朱子的德慧，言朱子的潛研，亦皆在讀書明理，而欲讀書
明理，其學無他，在乎專心致志，鑽研勿替而已。故《景紫堂全書》輯楊道夫
錄：「讀書須純一，某向時讀書，方其讀上句，不知有下句，讀上章，則不知有
下章；讀《中庸》，則祇讀《中庸》；讀《論語》，則祇讀《論語》，一日祇看一
二章，將諸家說看合與不合，凡讀書到冷澹無味處，尤當著力推考；」又林學
蒙錄：「凡看文字，諸家說異同處，最可觀；某舊日看文字，專看異同處，如謝
上蔡之說如彼，楊龜山之說如此，何者爲得，何者爲失，所以得者是如何，所
以失者是如何。」及廖德明錄：「今日學者不長進，只是心不在焉。嘗記少年時
在同安，夜聞鐘鼓聲，聽其一聲未絕，而此心已自走作，因此警懼，乃知爲學，
須是專心致志。」〔註14〕之語，雖學者盡知之，然朱子時以自警，卻爲有得。

三、脫卻場屋，學曾鞏文

場屋之學，爲入仕之道，亦登科之流汲汲營營者，然只爲登科，無寬闊胸
懷，到底無法澤民行志；而唐宋八大家中，朱子獨好曾鞏，以其理正辭嚴，誠
於治道，故學曾鞏之文，即學理義之境，是《曾南豐集》即深得朱子之心；雖
此段落，夏炘未嘗言及，然縱觀朱子文集，卻有以值諸提出者，乃爲之引申。

《朱子語類》卷一百零四：

學者難得都不肯自去著力讀書。某登科後要讀書，被人橫截直截，
某直是不管，一面自讀。

《朱文公集》卷八十三〈跋曾南豐帖〉：

熹未冠而讀南豐先生之文，愛其辭嚴而理正，居常誦習，以爲人之
爲言必當如此，乃爲非苟作者。

卷八十四〈跋曾南豐帖〉：

余年二十許，便喜讀南豐先生文，而竊慕效之——

束景南云：

〔註14〕《景紫堂全書・二》，頁6～7。

曾鞏爲唐、宋古文八大家之。朱熹作爲南渡以來古文大家，其古文乃學曾鞏。故陸九淵亦謂朱熹文章「得南豐之嚴健。」《朱子語類》卷一百三十九：「某四十以前，尚要學人做文章，後來亦不暇及矣。然而後來做底文字，便只是二十左右歲做底文字。」此即指其二十左右學曾鞏文。然朱熹慕好南豐不唯其「辭嚴」，更因其「理正」；蓋南豐早於濂洛諸儒已發明理學。劉克莊云：「曾子固發明理學在伊、洛之先，與歐齊名，爲宋儒宗。」《後村先生大全集》卷一百十一〈恕齋平心錄〉劉壎亦云：「濂洛諸儒未出之先，楊、劉、昆（西昆體）體固不足道，歐、蘇一變，文始趨古，其論君道國政民情兵略，無不造妙，然以理學，或未之及也。當是時，獨南豐先生曾文定公，議論文章根據性理，論治道則必本於正心誠意，論禮樂必本於性情，論學必主於務內，論制度必本於先王之法——此朱文公評文，專以南豐爲法者，蓋以其於周、程之先，首明理學也。」《隱居通義》卷十四〈南豐先生學問〉曾鞏以初具自己理學思想體系而於唐、宋八大家中獨樹一幟，成爲少年朱熹汲取理學思想之一重要淵源。〔註15〕

　　則朱子深喜曾鞏之文，不僅在曾氏之辭嚴，亦在其理正。與濂洛諸儒相較，曾氏已先發明理學，其時雖與歐陽修其名，實則爲宋儒之宗。而其思想意趣乃所謂：「議論文章根據性理，論治道則必本於正心誠意，論禮樂必本於性情，論學必本於務內，論制度必本之先王之法。」是正心誠意以爲治道，而訴諸禮樂者，一以性情爲教，正所謂於唐、宋八大家中獨樹一幟，而爲朱子理學思想淵源之所自，故謂朱子學曾鞏文而脫去場屋之習，實有以也。

　　由上之述，吾人亦知朱子少年之學，非徒口誦耳聞而已，必在盡其讀書之道，由讀書而明理而篤志而潛心理學，皆困勉爲學茲矻以進；之後，居敬行仁，專壹致志，其學乃能蒸蒸而上日起有功，而最大績效又在研之深且思之深也。

夏炘云：

自古聖賢之學皆以格物致知爲入道之門，而格致之首務莫大於讀書。居敬者，所以爲讀書之地，非講誦之外別有一兀然端坐之功。所以既讀書之實，必研說之深而後無冥然肆行之慮，推之入官行政、致君澤民，事業掀乎天地，功烈遍乎埃蜒，無不由讀書以善其設施，

〔註15〕束景南《朱熹年譜長編》卷上，頁 124～125。

而後一切枉尺直尋之說，計功謀利之私不參焉。師心頓悟之士以讀書爲支離，其究也，憑意見、逞意氣，而不勝生心害志之弊；訓詁考據之習，以讀書供記問，其究也，書自書、我自我，而無與於成己成物之功。觀朱子自幼至長，自始學以至登科入仕，刻苦嚴厲，壹志於經而又虛心涵泳以味之，切己體察以踐之，七十一年入聖之優實基於此，後世學朱子之學者，可不迷於從事矣。〔註16〕

然則讀書在於居敬，居敬也者，非兀然端坐，在乎研深且力行，計功謀利之私亦非讀書人所應有，讀書人的胸襟在培養宏博的氣魄與澤民的事業，只講頓悟，一切以意氣爲發抒者，夏炘以爲非是，與朱子之學爲彼此扞格；即訓詁考據之僅關係記問，無益於成己成德，與朱子之學相較，必南轅而北轍；總之，壹志於經，又虛心涵泳以味之，切己體察以踐之，乃朱子學習之法，亦後世之朱學者引爲圭臬者。

第二節　朱子出入於老釋者十餘年考

一、釋氏乃道謙非宗杲

朱子雖以儒學爲宗，然十餘歲時已留意於禪道，而恪於年紀，其時亦分辨不出儒釋之別，後來雖遇其師李延平，思想由釋轉儒，惟此十餘年間，佛老之思已入胸臆甚深，後日潛心理學，於佛老之學仍能覃研不遺，得所會通。若論緣由，則其父朱松之餘誨或爲主因。

夏炘云：

朱子幼孤，以遺命，稟學於籍溪胡公、屏山、白水兩劉公之門。三先生之學皆不純，而屏山籍溪爲甚。朱子既與屏山比鄰而居，又事籍溪最久，聰明絕世之資，网羅百家之學，一旦得聞所爲虛靈元妙之說，遂不入其闉不止，迨詮選得簿以後始見延平，復年餘而後返，總而計之，蓋十一年矣。朱子〈答江元適書〉所謂「出入老釋者十餘年」，蓋謂此也。其實此十餘年之中，沈思經訓，潛心理學，未嘗一日不精研吾道，特其齊頭竝進，二氏亦在所不遺耳。〔註17〕

〔註16〕《景紫堂全書．二》，頁7～8。
〔註17〕《景紫堂全書．二》，頁9。

所謂〈答江元適書第一首〉者，載之《朱文公文集》卷三十八。原書爲：

> 某天資魯鈍，自幼記問言語不能及人。以先君子之餘誨，頗知有意
> 於爲己之學而未得其處。蓋出入於釋老者十餘年。近歲以來，獲親
> 有道，始知所向之大方。

王懋竑《朱子年譜》繫之於甲申（隆興二年，1164，朱子年三十五），錢穆先生據夏炘的考據，〔註18〕斷定此書應在癸未（隆興元年，1163，朱子年三十四），〔註19〕是年十月十五日延平先生（李侗）卒，〔註20〕此書當在其前。是書中所云「有道」，即指延平李先生。

劉述先云：

> 這封信可以令人注意的是：朱子自承，在思想被延平轉過來以前，
> 曾出入於釋老十餘年。而所以會這樣的緣故，是因他受到父親的影
> 響，早就知道留意爲己之學。但因未曾得到眞正的門徑，所以把佛
> 老和儒學附會了起來。〔註21〕

至於所謂「出入老釋者十餘年」之說，則爲朱子十五歲（紹興十四年甲子，1144）時於劉子翬（屏山，晚號病翁）處初見密庵主僧、宗杲弟子道謙禪師，向其學禪，其出入佛老十餘年乃自此始。

《朱子語類》卷一百零四：

> 某年十五六時，亦嘗留心於此（禪學）。一日，在病翁（屏山）所會
> 一僧，與之語。其僧只相應和了說，也不說是不是；卻與劉說：「某
> 也理會得箇昭昭靈靈底禪。」劉後說與某，某遂疑此僧更有要妙處
> 在，遂去扣問他，見他說得好也煞好。即去赴試時，便用他意思去
> 胡說。是時文字不似今細密，由人粗說，試官爲某說動了，遂得舉。

又尤焴〔註22〕〈題大慧語錄〉

> 大慧說法，縱橫踔屬——今舉平昔聞見二則：朱文公少年不樂時文，

〔註18〕同上，頁15。夏炘按：《大全》集載〈答江元適書〉三首，此第一首也。書中云：「日者誤蒙收召，造朝之際，輒以所聞於師友者，一二陳之。」是癸未（1163）入對垂拱殿後書也，王白田（懋竑）以爲甲申（1164），非。

〔註19〕錢穆《朱子新學案》第3冊，頁5。

〔註20〕朱熹〈延平先生李公行狀〉：「閩帥玉山汪公以書禮車乘來迎，蓋將相與講所疑焉。先生因往見之。至之日疾作，遂卒於府治之館舍。是年七十有一矣，隆興元年十月十有五日也。」

〔註21〕劉述先《朱子哲學思想的發展與完成》，頁13。

〔註22〕按尤焴爲尤袤之孫，尤袤與朱熹爲最相知之同年。

因聽一尊宿說禪，直指本心，遂悟昭昭靈靈一著。十八歲請舉，時
從劉屏山，屏山意其必留心舉業，既搜其篋，只《大慧語錄》一帙
爾。次年登科。故公平生深知禪學骨髓，透脫關鍵。此上根利器，
於取足者也。煩早得於潘子善（潘時舉‧子善爲朱熹之高弟子。）
〔註23〕

　　此以昭昭靈禪啓悟朱熹的尊宿，即宗杲高弟子道謙禪師。朱熹由紹興十
四年（1144）始識道謙問禪，至紹興二十六年（1156）同安官餘讀經而棄佛崇
儒。即其出入於釋、老者十餘年之謂也。而文集所云的道謙，其實爲朱子早
年學佛之師。嚮者以爲朱子佛學思想源自病翁劉子翬，幾不知有道謙其人，
即夏炘之〈劉白水勉之論〉亦持此說：

朱子十四歲而孤。以韋齋（父）遺命，稟學於籍溪胡公屏山、白水
兩劉公之門。三君子雖皆傳河南之學，然史稱屏山少喜佛氏說，歸
而讀儒書，即渙然有得。墓表載屏山官莆田時，以疾病始接佛老之
徒，文其所謂清淨寂滅者而心悅之，比歸讀儒書而有契焉。籍溪文
定公從父兄之子，少從文定學，又好佛老，以文定之學爲論治則可，
而道未至（見鄭可學錄）。是兩公之學皆雜於二氏明矣。〔註24〕

　　以「屏山少喜佛氏說」及「屏山官莆田時，以疾病始接佛老之徒」云云，
則夏炘亦未知佛老之徒爲何人，此蓋不知道謙爲何人也。今依束景南〈道謙
考〉作一追述，或亦更知此佛老之徒爲何者。今按：

道謙，建州崇安五夫里人。《五夫里志稿‧釋志》有傳云：「道謙和
尚，姓游，五夫里人。家世業儒。」《補續高僧傳》卷十一亦云：「道
謙，建州游氏子。家世業儒。」生於崇寧年間。——《歷朝釋氏資
鑑》卷十二有道謙〈答朱元晦問道書〉亦云：「某二十年不能到無
疑之地，只爲遲疑。」由紹興八年（據道融《叢林盛事》卷上所載）
上推二十年，爲宣和元年（1119），當是道謙於是年出家。——道
謙出家後，北遊東都，先後問法於長靈守卓、圓悟克勤，無所省發，
乃師大慧宗杲。——紹興四年（1134）道謙隨宗杲入閩。——其與
劉子羽、劉子翬、劉勉之等相識大約即在紹興四年入閩之時。宗杲
途經崇安嘗於開善寺昇座說法。《朱子語類》卷一百二十六云：「昔

〔註23〕《佛祖歷代通載》卷三十。
〔註24〕《景紫堂全書‧二》，頁41。

日病翁（屏山）見妙喜（宗杲），於遺面前，要逞自家話。渠於開
善升坐，卻云：『彥沖（子翬）修行，卻不會禪，賓學（子羽）會
禪，卻不修行。』」──因開善爲道謙出家之寺，故成宗杲入閩第
一住院。其後宗杲在泉南雲門，適逢子羽來知泉州當更可與道謙過
從相識。──紹興十六年（1146），劉子羽請道謙出世開善寺。─
─朱熹〈祭開善謙禪師文〉：「丙寅（紹興十六）之秋，師來拱辰─
─不及一年，師以謗去。」則道謙來主開善（五夫里拱辰山下）在
紹興十六年秋，未及一年，約在十七年春，即以謗而去。其時宗杲、
張九成以訕朝廷遠貶，劉子羽、曾開、呂本中等罷廢，而道謙均與
之交好，其遭謗或即因此。──道謙於紹興二十（1150）年歸密庵，
後二年即卒。朱熹〈祭開善謙禪師文〉云：「未及一年，師以謗去。
我以行役，不得安住。往還之間，見師者三。見必欸留，朝夕咨參。
──別其三月，中秋一書，已非手筆，知疾可虞。前日僧來，爲欲
往見。我喜作書，曰此良便。書已遣矣，僕夫遄言，同舟之人告以
訃傳。」〔註25〕

依上之言，知紹興二十年道謙猶在衡陽，紹興二十三年（1153）朱已赴
福建同安任職，以「別其三月」、「爲欲往見」等觀之，其時朱熹尚在五夫里，
未赴同安，而道謙在密庵（按朱熹住内五夫里，道謙之密庵在外五夫里，乃
在朱熹潭溪宅南面。），乃可作此語，故可斷定道謙卒於紹興二十一年（1151）
至二十二年之間。而其時朱熹時與道謙相酬唱，集中多有遊密庵詩可證。《居
士分燈錄》卷下載：「熹嘗致書道謙曰：『向蒙妙喜（宗杲）開示，從前記持
文字，心識計較，不得置絲毫許在胸中，但以狗子話時時提撕。願投一語，
警所不逮。』謙答曰：『某二十年不能到無疑之地，然忽知非勇猛直前，便是
一刀兩段，把這一念提撕狗子話頭，不要商量，不要穿鑿，不要去知見，不
要強承當。』熹於言下有省，有〈久雨齋居誦經〉詩云：『端居獨無事，聊披
釋氏書。暫息塵累牽，超然與道居。門掩竹林幽，禽鳴山雨餘，了此無爲法，
身心同晏如。』」〔註26〕

若此類詩作，如〈杜門〉：「杜門守貞操，養素安沖淡。寂寂悶林園，心空
境無作。」及〈晨登雲際閣〉：「暫釋川塗念，憩此煙雲巢。聊欲托僧宇，歲晏

〔註25〕束景南《朱熹年譜長編》卷上，頁94。
〔註26〕同上，頁95。

結蓬茅。」又〈夏日二首〉：「抱疴守窮廬，釋志懷幽禪。即此窮日夕，寧爲外務牽。」、「望山懷釋侶，盥手閱仙經。誰懷出塵意，來此俱無營。」〔註27〕由是亦知朱子未識延平（即二十四歲）以前，釋老之念仍存胸中，後日得二氏影響亦非少。

至於夏炘〈讀朱子答汪尚書第二書〉所引釋僧皆指宗杲一人，所云：「汪尚書聖錫與呂居仁、張子韶，皆從僧宗杲遊；又勸焦援登徑山見宗杲，其於釋氏之學，眞所謂師其人尊其道也。」〔註28〕於事實恐有未符。

即以《朱文公文集》卷六〈游書寒以茂林脩竹清流激湍分韻賦詩得竹字〉一詩載：「仙洲幾千仞，下有雲一谷。道人何年來，借地結茅屋。想應厭塵網。架亭俯清湍，開徑玩飛瀑。交遊得名勝，還往有篇牘。杖履或鼎來，共此巖下宿。夜燈照奇語，曉策散游目。茗椀共甘寒，蘭皋薦清馥。至今壁間字，來者必三讀。再拜仰高山，憬然心神肅。我生雖已後，久此寄齋粥。孤興屢呻吟，群遊幾追逐。十年落塵土，尚幸不遠復。」此詩云「仙洲幾千仞，下有一雲谷」，仙洲方山、尖山聳峙的幽谷；「茅屋」指密庵。嘉靖《建寧府志》卷三：「仙洲山，有兩峰，一尖一方，下爲密庵」。「架亭」指清湍亭。「道人」則指道謙。詩作實爲對當年師事道謙學禪的回憶。「齋粥」本指出家人之午食與朝餐，《釋門正統》卷三：「粥則見於手中文，齋則過午不食」。此則留住在密庵學禪。「十年落塵土」者，追悔其早歲出入佛老，則所云釋僧非宗杲而爲道謙明矣。

二、佛老之學即禪道之學

朱子學佛者，乃學其禪理，而其老氏之學，非爲老莊之《道德經》、《南華經》，而爲道教之流的道經。以前者言，夏炘亦肯定朱子的學佛即是參禪，參禪在於明心見性，而明心見性融入理境，當有助於儒學。故其〈朱子出入二氏論上〉即謂：

> 朱子窮理之學，實得之於性。其喜讀禪學文字，凡出入二氏十餘年，與讀聖賢書齊頭並進者，雖不免爲高明之累，然亦即朱子格物致知之功也。格致之學自身心性命，以至天地之高深，鬼神之幽隱，一草一木之瑣細皆當格，而況釋老之學。〔註29〕

〔註27〕《朱文公文集》卷八十四，〈題袁機仲所校參同契後〉。
〔註28〕《景紫堂全書·二》，頁34～35。
〔註29〕同上，頁45。

夏炘僅云朱子喜禪學，若其禪意之來，則語焉而未詳。實則朱子之禪，得自於道謙者甚多。釋曉瑩《雲臥紀談》卷下云：

> 謙後歸建陽，結茅於仙洲山，聞其風者，悅而歸之。如曾侍郎天游、呂舍人居仁、劉寶學彥修、朱提刑元晦，以書牘問道，時至山中。有〈答元晦〉，其略曰：「十二時中，有事時，隨事應變；無事時，便向這一念子上提撕『狗子還有佛性也無，趙州也無』，將這話頭只管提撕，不要思量，不要穿鑿，不要生知見，不要強承當。如合眼跳黃河，莫問跳得過跳不過，盡十分氣力打一跳。若眞箇跳得這一跳，便百了千當也；若跳未過，但管跳，莫論得失，莫顧危亡，勇猛向前，更休擬議。若遲疑動念，便沒交涉也。」〔註30〕

此一念提撕，當是禪的說法，若人佛性強，便不必遲疑，當下能解即解，不要錯過那份力量，這同於儒家劍及履及的精神意脈，是人氣力之發，自無玄妙可言。

又如朱子所訂《牧齋淨稿》之作亦其受禪知之一證。蓋《牧齋淨稿》爲《牧齋記》下之詩稿，而「牧齋」乃朱子所建齋室之名。朱子自同安歸後，乃名其燕居之室爲「困學」，後改名爲「牧齋」。《牧齋記》未標著作年，記中之《淨稿》則名標始於紹興二十一年（1151）詮賦歸來之後，讀經自牧之作。據《牧齋記》云：「余爲是齋而居之三年矣」，則是記應作在紹興二十三年（1153）。此三年朱子侍次在家無俸祿，乃其生平最貧病交加之時（同安歸來則奉祠有半祿），觀《牧齋淨稿》中所寫勞生行役、抱痾守窮廬、貧悴長譏之況，與《牧齋記》所云「饑寒危迫」、「道路行李之勞」、「疾病之憂」全合，其時朱子的窘困可知。

而朱子將齋室名「牧齋」，及將此一時期所作詩集名爲《牧齋淨稿》，實同其師事道謙學禪有關。蓋書齋之名「牧」與禪師之名「謙」，二者同出《周易·謙卦》。〈謙卦〉象云：「謙謙君子，卑以自牧也。」〈彖〉云：「謙，亨，天道下而光明，地道卑而上行。天道虧盈而益謙，地道變盈而流謙，鬼神害盈而福謙，人道惡盈而好謙。」「牧」與「謙」的意義相同，朱子的牧齋亦即師事道謙修禪之意。程頤《易傳》云：「謙謙，謙之至也。謂君子以謙卑之道自牧也。自牧，自處也。」劉子翬《聖傳論》云：「善牧心者，攝思慮於未崩

〔註30〕《雲臥紀談》釋曉瑩作於紹熙間，此稱「朱提刑元晦」，爲淳熙中作，〈答元晦書〉當是曉瑩得自道謙。

之時——此君子平居自牧，常持以謙之功也。」自佛家言，「牧」，亦爲佛教修煉功夫，其以牧牛喻牧人；《阿含經》即有「牧牛十二法」，又有「十牛圖序」，謂「心地之修治」有十種修煉境界。譙定〔註31〕嘗作〈牧牛圖〉，劉勉之特爲作注。《朱子語類》卷六十七：「譙作〈牧牛圖〉，其序略云：『學所以明心，禮所以行敬；明心則性斯見，行敬則誠斯至。』草堂劉致中爲作傳，甚詳。」又道謙有師兄「忠和尙」，號「牧庵」，《大慧宗杲語錄》載宗杲作〈牧庵忠和尙贊〉，闡「牧」之義云：「內心寂靜，外緣屛絕。悟處諦當，用處親切。一棒一條痕，一摑一掌血。」所謂從裏面体認，即指此種自牧工夫。故由《牧齋淨稿》可見朱子牧齋三年生活，正是其出入佛老的高潮時期。

再以文集記載，朱子二十三歲（紹興二十二年壬申，1152）正月曾往武夷山「沖佑觀」訪道，齋心焚修。有〈客舍聽雨〉、〈宿武夷觀妙堂二首〉詩作：

〈客舍聽雨〉

沈沈蒼山郭，暮景含餘清。春靄起林際，滿空寒雨生。

投莊即虛館，簷響通夕鳴。遙想山齋夜，蕭蕭木葉聲。

〈宿武夷觀妙堂〉二首：

其一

陰靄除已盡，山深夜還冷。獨臥一齋空，不眠思耿耿。

閒來生道心，妄遣慕眞境。稽首仰高靈，塵緣誓當屛。

其二

清晨叩高殿，緩步繞虛廊。齋心啓眞祕。焚香散十方。

出門戀仙境，仰首雲峰蒼。躑躅野水際，頻將塵慮忘。

束景南考云：觀妙堂在武夷山沖佑觀。董天工《武夷山志》卷五：「觀妙堂，在沖佑觀，壁間有李忠肅（彌遜）詩，朱文公嘗宿於此。」武夷山沖佑觀在天王峰南麓，爲宋東南著名道觀。〈客居聽雨〉所云「虛館」者，即指沖佑觀。是詩應是朱子投裝赴武夷山沖佑觀途中住宿時所作。其云「閒來生道心，妄遣慕眞境」，明是朱子齋居自牧自修有得，遂往赴武夷山沖佑觀齋心證道。所云「齋心啓眞秘，焚香散十方」，乃指道教的焚香修道，道士修齋，用步虛聲吟詠，焚香歌誦而「委心香煙」、「行道心至，所願尋香煙已御太上」。可見朱子此次之往

〔註31〕按：《宋史·譙定傳》定少喜學佛，析其理歸於儒，後不知所終。樵夫牧僮往往見之，世傳以爲仙，始學《易》於郭襄氏，後見程子於洛，盡棄其學而學焉。

—66—

沖佑觀，實爲參加武夷山道士的焚修儀式，其耽迷仙道之深由此可見。

又朱子於歸後，一秋齋居，迷讀道書，其時所作詩皆充滿道氣。〈讀書作六首〉即表達此間消息：

其一

　　岩居秉貞操，所慕在玄虛。清夜眠齋宇，終朝觀道書。
　　形忘氣自沖，性達理不餘。於道雖未庶，已超名跡拘。
　　至樂在襟懷，山水非所娛，寄語狂馳子，營營竟焉如。

其二

　　失志墮塵網，浩思屬滄洲。靈芝不可得，歲月逐江流。
　　碧草晚未凋，悲風颯已秋。仰首鸞鶴期，白雲但悠悠。

其三

　　白露墜秋節，碧陰生夕涼。起步廣庭內，仰見天蒼蒼。
　　東華綠髮翁，授我不死方。願言勤脩學，接景三玄鄉。

其四

　　四山起秋雲，白日照長道。西風何蕭索，極目但煙草。
　　不學非仙術，日日成醜老。空瞻王子喬，吹笙碧天杪。

其五

　　鬱羅聳空上，青冥風露淒。聊乘白玉鸞，上與九霄期。
　　激烈玉簫聲，天矯餐霞姿。一回流星盼，千載空相思

其六

　　王喬吹笙去，列子御風還，至人絕華念。出入有無間。
　　千載但聞名，不見冰玉顏。長嘯空宇碧，何許蓬萊山。

諸詩皆充滿長生飛仙之術，所謂王子喬其人，爲古之得道成仙之流，而列子亦御風飛行之輩；又所謂三玄鄉、蓬萊山皆縹緲不可知之處。朱子述此，心亦嚮往。再者，齋居修道之外，朱子亦闢一焚修室，焚修學道，迥異常人。其〈作室爲焚修之所擬步虛辭〉及〈寄題咸清輝精舍清暉堂〉二詩可爲一證。

〈作室爲焚修之所擬步虛辭〉：

　　歸命仰璇極，寥陽太帝居。翛翛列羽幢，八景騰飛輿。
　　願傾無極光，回駕俯塵區。受我焚香禮，同彼浮黎都。

〈寄題咸清輝精舍清輝堂〉：

山川佳麗地，結宇娛朝昏。朝昏有奇變，超忽難具論。

千嵐蔽夕陰，百嶂明晨曔。穹林擢遙景，回澗盪秋氛。

覽極慚未周，窮深遂忘喧。欲將身世遺，況托玄虛門。

境空乘化往，理妙觸目存。珍重忘言子，高唱絕塵紛。〔註32〕

則朱子由佛而道，前則往武夷山沖佑觀焚修，後則自作齋室焚修矣。而上二詩又作於冬間，以冬間所作詩道氣更濃。其中「珍重忘言子，高唱絕塵紛」，所云之子，應是致黃銖（子厚）。〔註33〕《牧齋淨稿》中凡言「忘言子」，均指黃銖，如〈懷子厚〉「眷彼忘言子，鬱鬱西齋居」。〈雨中示魏悼夫兼懷黃子厚二首〉「欲將沖靜趣，與子俱忘言」。〈夜賦〉「遙憶忘言之，一寫山水音」。則朱子與道士相往互修，殆可知矣。

依上之述，則朱子早年耽於道釋，師道謙，遊武夷，然以其出入釋老，後又潛研六經，而後省察存養，而後日覃研儒學，乃知釋老之學，恰足以增益其後日的學養，故夏炘於〈朱子出入二氏下〉亦贊云：

聖人於異端之學，必身親其地，足履其庭，實知其無益之弊，以求

其心之所安，其用意之微密，豈末學所能測？〔註34〕

則夏炘亦肯定朱子的出入佛老且辨其同異，乃有益於儒學。如進一步言，朱子後來理學之深邃精湛，實亦得力於前修的釋老之道。相同之語，夏炘〈朱子出入二氏論〉亦言：「朱子所以能辨釋老之學，正以其曾讀釋老之書故也。使不讀其書，而徒深斥其學，近於道聽塗說，不惟無以服釋老之心，即返之吾心，亦大有不安者，故曰：此即朱子格致之功也」〔註35〕此所謂入之於內而出之於外者也。因之，朱子十五至二十四歲間，雖耽溺於釋老，然亦能擺脫其中牽累，不可不謂其學之精進與用力之專，是以謂朱子「格致之功」之意，想亦當然。

第三節　朱子見延平先生以後學術考

一、博習親師由釋轉儒

紹興二十三年（癸酉，1153，二十四歲）五月，朱子赴福建泉州任同安

〔註32〕《朱文公文集》卷一。

〔註33〕黃銖好道，自號穀城子，乃取秦隱士黃石公死後化為穀城山下石之意。

〔註34〕《景紫堂全書·二》，頁46。

〔註35〕同上，頁45。

縣主簿，赴任前夕，以〈牧齋記〉自況，回顧牧齋生活之境遇。

> 余爲是齋而居之三年矣。饑寒危迫之慮，未嘗弛於其心，非有道路
> 行李之勞，疾病之憂，則無一日不取《六經》百氏之書以誦之於茲
> 也。──夫挾其饑寒危迫之慮，以從事於聖人之門，而又雜以道路
> 行李之勞，疾病之憂，有事物之累，無優游之樂，其於理之精微，
> 索之有不得盡，其事之是非、古今成敗興廢之故，考之有不得其詳
> 矣。況古人之學所以漸涵而持養之者，固未嘗得施諸其心而錯諸其
> 躬也。如此，則凡所爲早夜孜孜以冀事業之成而紹道德之進者，亦
> 可謂妄矣。然古之君子一簞食瓢飲，而處之泰然，未嘗有戚戚乎其
> 心而汲汲乎其言者，彼其窮於當世有甚於余矣，而有自得於己者如
> 此，必其所以用心者或異於予矣。孔子曰：「貧而樂。」又曰：「古
> 之學者爲己。」其然也，豈以饑寒者動其志，豈以挾策讀書者而謂
> 之學哉？予方務此，以自達於聖人也。因述其所以，而書其辭於壁
> 以爲記。〔註36〕

是未仕前之三年，朱子於牧齋之居，抱窮處貧，景況頗爲窘困，惟一寄
託，乃以聖人之道自期，此時心境大抵已能自釋老脫離出來。故其赴同安任
見延平時，心境亦已極大改易，劉述先即謂此乃朱子思想之轉變：

> 值得注意的一件事是，在這一年（紹興二十四年甲戌，1154）和下
> 年乙亥（紹興二十五年，1155）之詩量銳減，此下進入詩集第二卷，
> 詩風乃與第一卷中詩大異。大概就是在這兩年間，朱子且將聖人書
> 來讀，覺得聖賢言語漸漸有味，逐漸歸嚮儒學，釋老的情調越來越
> 少，故詩吟特少。〔註37〕

「詩吟特少，釋老情調越來越少，而覺聖賢言語漸漸有味，逐漸歸嚮儒
學。」之語，知朱子已漸離釋老之迷惑，而其中延平李侗當爲朱子思想撥亂
反正之啓蒙者。

李默《朱熹年譜》載：

> 初，龜山先生倡道東南，從遊甚眾，語其潛思力行，任重詣極者，
> 羅公仲素一人而已。李先生諱侗，受學羅公，實得其傳，同門皆以
> 爲不及，然樂道不仕，人罕知之。沙縣鄧迪（天啓）嘗曰：「愿中（李

〔註36〕《朱子文集》卷七十七。
〔註37〕劉述先《朱子哲學思想的發展與完成》，頁21。

侗）如冰壺秋月，瑩徹無瑕。」韋齋深以爲言。先生少耳熟焉，至
是將赴同安，特往見之。

李默謂朱子「少耳熟焉」。據朱子繫年考之，朱子幼年對李侗言，僅趨拜
非耳熟其學，本句或有愆誤。又「至是將赴同安，特往見之。」之語爲非，
蓋朱子五月赴同安，乃途今南劍時往見，時當在五月。又《福建通志・名勝
志》卷二十五：「李侗宅，在（南平）城南崇仁里樟林。有和靖庵別業，子孫
散徙，故址爲樵牧之區。」朱子之見李侗即在樟林。至於以「冰壺秋月，瑩
徹無瑕」稱李侗，則其人之光風霽月可知。

李方子《紫陽年譜》：

> 初，先生學歷常師，出入於經傳，泛濫於釋老，亦既有年。及見延平，
> 洞明要道，頓悟異端之非，盡能掊擊其失。由是專精致誠，剖微窮深，
> 晝夜不懈，至忘寢食，而道統之傳始有所歸矣。先生常言：「爲學始
> 就平實，乃知向日從事於釋氏之説皆非。」又云：「初見延平，説得
> 無限道理，也曾去學禪，李先生曰：『公恁地懸空理會得許多道理，
> 而面前事卻理會不下。道亦無他玄妙，只在日用間著實作工夫處，便
> 自見得。』後來方曉他説，故今日不至於無理會耳。」〔註38〕

《朱子語類》卷一百零四：

> 後赴同安任，時年二十四五矣，始見李先生。與他説，李先生只説
> 不是。某卻倒疑李先生理會未得，再三質問。李先生爲人簡重，卻
> 是不甚會説，只教看聖賢言語，某遂將那禪來權倚閣起。意中道，
> 禪亦自在，且將聖人書來讀。讀來讀去，一日復一日，覺得聖賢言
> 語漸漸有味。卻回頭看釋氏之説，漸漸破綻，罅漏百出。

又：

> 某少時有知，亦曾學禪，只李先生極言其不是。後來考究，卻是這
> 邊味長。

又：

> 初師屏山、籍溪。籍溪學於文定，又好佛老，以文定之學爲問治道
> 則可，而道未至。然於佛老亦未有見。屏山少年能爲舉業者，官蒲
> 田，接塔下一僧，能入定數日。後乃見「了老」（僧），歸家讀儒書，

〔註38〕李方子《西山讀書記》卷三十。

以爲與佛合，故作《聖傳論》。其後屏山先亡，籍溪在。某自見於此道未有所得，乃見延平。

「某自見於此道未有所得，乃見延平。」句待商榷。其時朱子自以爲學道有得，乃見延平，大談佛理，說無限道理，當非於釋道無所探究。

趙師夏〈跋延平問答〉：

文公幼孤，從屏山劉公學問。及壯，以父執事延平而已，至於論學蓋未之契，而文公每誦其所聞，延平亦莫之許也。文公領簿同安，反復延平之言，若有所得，於是盡棄所學而師焉，則此編所錄，蓋自同安既歸之後也。文公嘗謂師夏曰：「余之始學，亦務爲儱侗宏闊之言，好同而惡異，喜大而恥於小，於延平之言，則以爲何多事若是，心疑而不服。同安官餘，反復思之，始知其不我欺矣。」蓋延平之言：「吾儒之學所以異於異端者，理一分殊也。理不患其不一，所難者分殊耳。」此其要也。

朱子〈延平先生行狀〉云：「嘗語問者曰：『講學切在深潛縝密，然後氣味深長，蹊徑不差。若概以理一，而不察乎其分之殊，此學者所以流於疑似亂眞之說而不自知也。』其開端示人大要類此。」〔註39〕此同於趙師夏〈跋延平問答〉所云。而金履祥《仁山集》卷五記朱子初見李侗，李侗云：「天下理一而分殊，今君於何處騰空處理會得一個大道理，更不去分殊上體認？」則即朱子初見李侗時的答問。至於「理一分殊」之說，溯其源本，當自張載的〈西銘〉。謂理者，即宇宙萬物基本之理，故云「一」；而自然之況與人事現象則爲分殊，故云「多」，多由一而生，一因多而成，故曰「理一分殊」。此論亦在說述「道與器」、「理與氣」體與用之關係。程頤〈答楊時論西銘書〉云：「〈西銘〉之爲書，推理以存義，擴前聖所未發，與孟子性善養氣之論同功，豈墨氏之比哉！〈西銘〉明理一而分殊，墨氏則二本而無分，分殊之蔽，私勝而失仁；無分之罪，兼愛而無義。分立而推理一，以止私勝之流，仁之方也；無別而迷兼愛，至於無父之極，義之賊也。」然則程子的評墨氏，相對亦評佛氏，而所謂「無別而迷兼愛，至於無父之極」者，蓋即延平語朱子之義，實則亦闢釋氏之說也。而如此番之說，夏炘則歸結云：

炘按：「日復一日，聖賢言語漸漸有味，釋氏之說漸漸破綻者。」即

〔註39〕《朱文公文集》卷九十七。

所謂後年歲間開始覺其非也。朱子一生屏黜異端，干城吾道，實自
見延平始，且始於初見之一二年。故〈延平答問〉所載，自丁丑（1157）
至癸未（1163）無專辨釋氏之書。蓋朱子癸酉（1152）甲戌（1153）
之間，已瞭然於儒釋之辨而無所惑矣。又〈延平行狀〉云：「異端之
學，無所入其心，然一聞其說，則知詖淫邪遁之所以然者。」蓋辨
之於緇銖杪忽之間，而儒釋之邪正分，非朱子得力於延平者，烏能
爲是言哉。〔註40〕

是朱子之由釋轉儒，思想之一變，非延平之誨，亦莫如是。則延平其人，必
有可道之處。

二、儒門風采氣象別具

夏炘《述朱質疑》〈朱子見延平先生以後學術考〉特指明延平學術之淵源
及論學之精要，蓋亦以爲朱子之得於延平，當必有其源頭活水，而此活水之
源爲來自孔門氣象。

夏炘云：

延平受學於豫章，豫章受學於龜山，龜山受學於河南（二程）。推其
原流，遠有岩緒。朱子以遺命稟學於建安三先生（屏山等），自云於
道未有所得，及見延平，盡棄異學，純一不雜矣。自癸酉（紹興二
十三年，1153，二十四歲）至壬午（紹興三十二年，1161，三十三
歲），十年之間，摳衣負笈寓止西林者，動輒數月，雖求中未發之旨，
一間未達，而入道之次第得於指授者最眞；卒之晚年，所見益親，
所造益粹，光大師門之業，直帙豫章、龜山而上之，而其本原不可
沒也。〔註41〕

乃知夏炘以爲朱子後來之光大儒門，溯源而上，爲延平，爲豫章，爲龜
山，關鍵之人，當爲延平。

《朱子年譜》云：

初，龜山先生倡道東南，從遊甚眾。語其潛思力行，任重詣極者，
羅公仲素一人而已。李先生諱侗，字愿中，受學羅公，實得其傳，
同門皆以爲不及。然樂道不仕，人罕知之。

〔註40〕《景紫堂全書・二》，頁51。
〔註41〕《景紫堂全書・二》卷二，頁47。

則延平姓李，名侗，字愿中，從學於豫章羅先生從彥（仲素）之門，出於龜山（楊時）道南一脈可知。再以豫章其人，《宋元學案》載：

豫章篤志好學，推研義理，必欲到聖人止宿處。遂從龜山遊，摳衣侍席，二十餘載。

其尊師有如此。又云：

先生嚴毅清苦，在楊門爲獨得其傳。

《宋元學案》並引黃宗羲言：

龜山三傳得朱子，而其道益光。豫章在及門中最無氣燄，而傳道卒賴之。

最無氣燄，故能傳道。此無氣燄推之延平，亦復如是。朱子〈延平行狀〉云：

已而聞郡人羅仲素先生得河洛之學於龜山楊文靖公之門，遂往學焉。羅公清介絕俗，雖里人鮮克知之。見先生從遊受業，或不聞。從之累年，受《春秋》、《中庸》、《語》、《孟》之說，從容潛玩，有會於心，盡得其所傳之奧。羅公少可，亟稱許焉。於是退而屏居山田，結茅水竹之間，謝絕世故。餘四十年，簞瓢屢空，怡然自適。

所謂「從容潛玩，有會於心。」乃能盡得所傳；而「屏居山田，結茅水竹之間。」及「簞瓢屢空，怡然自適。」即是尋得生命的本眞，以如此眞純不雜的生命用之於學，學焉不立。而延平之從學豫章，亦在求生命之眞，此眞者，即在得本心也。

《宋元學案》載延平早歲與豫章之信，云：

先生服膺龜山之講席有年矣。侗之愚鄙，徒以習舉子業，不得服役於門下。而今日拳拳欲求教者，以謂所求有大於利祿也。抑侗聞之，道可以治心，猶食之充飢，衣之禦寒也。人有迫於飢寒之患者，皇皇焉爲衣食之謀，造次顛沛，未嘗忘也。至於心之不治，有沒世不知慮，豈愛心不若口體哉？弗思甚矣。

人有迫於飢寒者，知皇皇求之；心之不治，則有沒世不知慮者，此義利之辨，亦存養省察是否之別也。故儒者於學，在學養心，心安則慮明，慮明則澄澈而左右源，而此乃須從靜中体會其端倪。如從豫章學：

先生令侗靜中看喜怒哀樂之謂中，未發時作何氣象；不惟於進學有方，亦是養心之要。

而養心之要，在默坐澄心始有得。朱子〈延平行狀〉云：

先生既從之（羅豫章）學，講誦之餘，危坐終日，以驗夫喜怒哀樂未發之前氣象爲如何，而求所謂中者。若是蓋久之而知天下大本眞有在乎是者也。——其接後學答問，窮晝夜不倦。隨人深淺，誘之各不同，而要以反身自得，而可以入於聖賢之域。故其言曰：「學問之道不在多言，但默坐澄心，体認天理。」若見，雖一毫私欲之發亦退聽矣。久久用力於此，庶幾漸明，講學始有力耳。又嘗曰：「學者之病，在於未有洒然冰解凍釋處。縱有力持守，不過苟免顯然尤悔而已。若此者，恐未足道也。」——蓋嘗曰：「讀書者知其所言莫非吾事，而即吾身以求之，則凡聖賢所至，而吾未至者，皆可勉而進矣。若直以文字求之，悦其詞義，以資誦説，其不爲玩物喪志者幾希。」以故未嘗講解文書。然其辨析精微，毫厘畢察。〔註42〕

此延平以儒載道，與屏山、籍溪之好佛老，學風迥然有異。其反身自得，而可以入聖賢之域，本不必在空、無之間求之；因之，朱子少年之出入佛老之見，自不爲延平所印可，而朱子後來之疑道未有所得之語，及見延平，始渙然而冰釋，則延平可謂爲朱子的啓蒙之師矣。

至於延平之學所謂「默坐澄心」者，端在靜處體會天理，然此「靜」非是寂然的靜，乃是涵養穩熟後體貼之靜，亦觀物凝慮有得之靜。如示朱子之〈丁丑書〉（1157）云：

承喻涵養用力處，足見近來好學之篤。孟子有夜氣之説，更熟翫之，當見涵養用力處也，於涵養處著力，正是學者之要。

又〈戊寅書〉（1158）云：

孟子發此夜氣之説，於學者極有益，若欲涵養，須於此持守耳。

又〈己卯書〉（1159）云：

今學者之患，在於未有灑然冰解凍處。

又〈庚辰書〉（1160）云：

唯存養熟、理道明，習氣漸爾銷鑠，道理油然而生。

又〈與劉平甫書〉云：

學問之道不在多言，但默坐澄心，體認天理，若見一毫私欲之發，亦自退聽矣。

夏炘云：

〔註42〕《朱文公文集》卷九十七。

以上皆延平涵養用力，默坐澄心，期於灑然冰解之說。

炘按：延平之學最重涵養，其默坐澄心者，乃涵養之方；其洒然解釋者，乃涵養熟後自然之驗。朱子己丑（乾道五年，1169，年四十）以後，與張敬夫諸書，專主先涵養，蓋宗延平及程子之說。但朱子之涵養重在敬，延平之涵養重在靜，其旨趣微不同耳。〔註43〕

然則謂「默坐澄心者，乃涵養之方。」者，人能默坐而能澄心，心必不亂，雜慮亦不起，自能專壹己志，周流天地；而謂「洒然解釋者，乃涵養熟後自然之驗」者，必其天真清朗，無所罣礙，來去之間，從容優遊，《論語》〈風乎舞雩〉章，孔子「吾與點也」之句，亦讚曾點的洒脫，而曾點的洒脫在乎得生命之真且穩熟之謂。惟夏炘以為同為涵養，延平與朱子微有差異，延平主靜，故整日默坐亦為非；朱子主敬，敬而無適，主一而外，復見本心的純然。惟敬之與靜者，朱子則以為敬即是靜，然靜非是敬；〔註44〕此即為靜者，雖默坐之間，靜中仍有物，必得如延平所謂澄心無慮乃能無雜，然此非人人能及；而敬者，恭己於心，由內自省，敬後自然得靜，是為略別之義。

至於延平之靜，當然亦非靜坐之靜，如純然靜坐，冥而不思，則與釋氏的靜默亦無不同，與延平之意必然未合，蓋延平之靜，乃就未發、已發之氣象言。

夏炘引〈楊若海錄〉云：

李延平教學者於靜坐時，看喜怒哀樂未發之象為何？如伊川謂既思即是已發。道夫謂李先生之言，主於體認；程先生之言，專在涵養；其大要實相表裏，然於此不能無疑：夫所謂體認者，若曰體之於心而識之，猶所謂默會也；信如斯言，則未發自是一心，體認又是一心，以此一心認彼一心，不亦擾乎！李先生之言決不至是。

又〈陳純錄〉云：

問延平欲於未發之前觀其氣象，此與楊氏體驗於未發者異同何如？曰：這箇亦有些病，那體驗字是有箇思量了，便是已發；若觀時惕著意看，便也是已發。

又錄：

〔註43〕《景紫堂全書·二》卷二，頁62～63。
〔註44〕《朱子語類》卷九十六載：「問：靜中有物如何？曰：有聞見之理在，即是靜中有物。問：敬莫是靜否？曰：敬則自然靜，不可將靜來喚作敬。」

> 或問延平先生：何故驗於喜怒哀樂之前而求所謂中？曰：只是要見
> 氣象。或曰：持守良久，亦可見未發氣象。曰：延平即是此意，若
> 一向這裏，又差向釋氏去。〔註45〕

亦知延平已發未發之「靜」義，乃自《中庸》體會而來。然延平只是說，卻未將道理再細述。今如就《中庸》所云：「喜怒哀樂之未發謂之中，發而中節謂之和」觀之，則若朱子《中庸章句》所謂：「喜怒哀樂，情也；其未發則性也。無所偏倚，故謂之中。」惟僅云喜怒哀樂謂之情，而未發者即謂之性，實無由見出已發未發之意；故於此章之前，《中庸》有謂：「莫見乎隱，莫顯乎微，故君子慎其獨也。」之句，或較能申發已發未發之說。

今者，《中庸》注云：「隱，暗處也；微，細事也。獨者，人所不知而己所獨知之地也。言幽暗之中，微細之事，跡雖未形，而幾則已動；人雖不知而己獨知，則是天下之事無有著見明顯過於此者。是以君子既常戒懼，而於此尤加謹焉，所以遏人欲於將萌，不使其滋長於隱微之中，以至離道之遠也。」

趙順孫《四書纂疏》則依條陳述：如「隱，暗處也；微，細事也。」條：

> 《語錄》載陸氏曰：前後說者一衰，說了更不驗切體處，今如此分
> 別，卻是使人點檢處。

「使人點檢處」，便是暗處與細事，看是隱微，卻自有一番體驗，如暗室中之己，雖不見光，然己知之。

又「言幽暗之中，微細之事，跡雖粹形而幾則已動，人雖不知而己獨知之，則是天下之事無有著見明顯而過於此者。」條：

> 《語錄》曰：聞莫見莫顯，則已是先形了，如何卻說跡未形而幾已
> 動？曰：莫見乎隱，莫顯乎微，這是大綱說。黃氏曰：莫見莫顯，
> 不特指他人之聞見，只是吾所獨知已是十分顯見了，況人亦未有不
> 知者乎。須是認得章句兩轉意。〔註46〕

此句甚是要緊。如朱子章句所云：「⋯⋯道固無所不在，而幽隱之閒乃他人之所不見而己所獨見；道固無時不然，而細微之事乃他人之所不聞而己所獨聞，是皆常情所忽，以為可以欺天罔人，而不必謹者，而不知吾心之靈皎如日月。既已知之，則其毫髮之間無所潛遁，又有甚於他人之知矣；又況既有是心，藏伏之間，發於行事施為之實，必有暴著而不可揜者，又不止於念

〔註45〕 《景紫堂全書・二》卷二，頁67～68。
〔註46〕 《中庸纂疏》，頁284～285。

慮之差而已也。」〔註47〕蓋隱微顯著未嘗有異，豈怠於顯而偏於獨哉。乃獨者致用之源，而人所易忽於此而必謹焉，則亦無所不謹矣。且而幽暗之中，微細之事，其是非善惡皆不能逃乎此心之靈，所以當此之時，尤爲昭灼顯著也。若發之既遠，爲之既力，則在他人十目所視，十手所指，雖甚昭灼，而在我者心意方注於事爲，精神方運於酬酢，其是非得失，反有不自覺矣。此所以獨於隱微之際，尤爲顯著，於此之時，而能加省察之助，則凡不善之萌，其見之也明，其回之也易，不至潛藏隱伏於其中而不自知也。

又「君子既常戒懼，而於此尤加謹焉。」條：

> 《語錄》曰：戒謹恐懼，是僕說到得隱微之間，人所易忽，又更用謹，這箇卻是喚起說。又曰：是從見聞處至不睹不聞處，皆戒謹了；又就其中於獨處更加謹也。是無所不謹，而謹處更加謹也。陳氏曰：雖是平時已常戒懼，至此又當十分加謹，纔加謹所發便是善，不加謹則所發便流於惡去。

未發者，即「不睹不聞處」；已發者，即「見聞處」。自不睹不聞處至見聞處，或自見聞處自不睹不聞處，皆宜戒謹；尤以獨處而人所不知，更宜戒謹；如平常已戒謹，至人所不知處更當十分戒謹，則所發便是善，否則不加謹了，便流於惡。故朱子云：「君子必謹其獨者，所以言隱微之間，人所不見而己獨知之，則事之纖悉無不顯著，又有甚於他人之知者。學者當隨其念之方萌而致察焉，以謹其善惡之幾也。」〔註48〕然則善惡之幾者，在已發未發之間，所宜深慎。

又「所以遏人欲於將萌」條：

> 《文集》曰：人欲云者，正天理之反耳。天理中本無人欲，惟其流之有差，是以生出人欲來。問未發之前無一豪私意之雜，此處無走作，只是存天理而已，未說到遏人欲處。已發之初，天理人欲由是而分，此處不放過，即是遏人欲，天理之存有不待言者。曰：此說分得好，然又須見不可分處，如兵家攻守相似，各是一事，而實相爲用也。〔註49〕

天理、人欲，在乎一心。人欲之來，在私意之雜，私欲未雜之前，已先

〔註47〕《中庸纂疏》，頁 288～289。
〔註48〕同上，頁 287。
〔註49〕同上，頁 285。

有了知會，知如何克制，如何於念頭發動之時已先抑止，則欲念不生，天理乃存；惟人為情感動物，如好色之念，動之於前，如何箇克制，亦是一難題，如延平、朱子亦勸人存天理、去人欲，然如何存、如何去，亦未嘗全然落實；此有待深思！

依上所述，「默坐澄心」、「未發、已發」之說，當亦影響朱子，只是朱子後來對延平之論，稍有未契之感，故於隆興元年（1163，年三十四）見得張南軒後，與南軒兩月討論後，乃「決然捨去延平中未發之教而折從南軒」，〔註50〕然如自根源論，未嘗非得力於延平之磬欬。

三、親炙師訓得遵教誨

朱子遊於延平之門，得其親炙，其間亦有年限，故仍應將之釐清。而《年譜》所謂朱子聞道而戚戚在心者，其年蓋在二十四之上下。

> 季譜（年譜）：朱子學無常師，出入於經傳、泛濫於釋老者幾十年。年二十四，見李延平，洞明道要，頓悟異學之非，盡能掊擊其失，繇是專精致誠，剖微窮幽，晝夜不懈，至忘寢食，而道統之傳，始有所歸矣。

夏炘云：

> 按《季譜》并不取後年歲間，始覺其非之說，直截了當，以二十四歲為斷，可以息羣喙矣。〔註51〕

果如前所述，則紹興二十三年癸酉（1153），朱子二十四歲之年，可謂思想轉捩期，而延平之誨言，蓋亦直入朱子底心坎深處。惟此時朱子思想雖有所轉捩，其時仍初見延平，並未拜師。戊寅（紹興二十八年1158，年二十九）再往，至庚辰（紹興三十年 1160，年三十一）始正式受學，壬午（紹興二十二年1162，年三十三），至於隆興元年（1163）癸未而延平作古，總計四次，前後歷十一年頭，得自延平之誨示者必為豐厚，由此亦知延平學行的博廣與精微。惟朱子從遊延平，其間是否必定為遊學之年，此又需有所認證。

〔註50〕錢穆《朱子新學案・二》，頁 239。此載乾道五年（1169）己丑，朱子年四十，始悟中和舊說之非，羿年與楊方語及此番經過，云「是時覺無安居處，常怲地忙」。又曰：「卻不知未發時靜亦有動，已發後動亦有靜。理感非已發，理安即未發」。此皆中和舊說後之新悟。

〔註51〕同上，頁 49。

至於夏炘〈書趙師夏延平答問跋後〉則以爲趙師夏以「癸酉（1153）見延平僅修通家子之禮，至戊寅（1158）復見，始以師禮事之，何其謬與！」〔註52〕夏炘以爲趙師夏所謂朱子二十四歲見延平僅修家子之禮，師事延平則二十九歲之說，爲誤謬不合誼。又謂「王白田懋竑遂自癸酉至庚辰（紹興三十年，1160）……而以庚辰爲受學之始，較師夏之所跋，而又遲二年矣。凡此揣擬之詞，皆不過朱子入禪之深，久而後悟，爲談異學者張之幟而已。」所謂「遲二年」者，即王懋竑的《朱子年譜》載朱子受教延平之時爲三十一歲，較趙師夏所載的二十九歲晚二年。則夏炘既云趙師夏所採之年爲誤謬不合誼，而王懋田的遲二年之語必更不合誼；因之，夏炘以「爲談異學者張之幟」之言以諷之。其次，夏炘再舉朱子〈祭延平文〉作引證云：

> 某也小生卯角趨拜，謂十四歲以前，韋齋尚在時也。又云：從遊十年，誘掖諄至。謂自癸酉至壬午（紹興三十二年，1162，年三十二）凡十年也。輓延平詩亦云：「一言資善誘，十載笑徒勞。」其言可謂深切著明矣。又〈延平行狀〉云：「諸孤以某承事之久。」又云：「某蒙被教育，不爲不久。」若如師夏所跋，則師事者僅五年；如白田所考，則師事者僅三年，可得謂之久乎！師夏爲朱子孫婿，此跋作於嘉定甲戌，其朱子之卒僅十四年，而舛謬若此。〔註53〕

夏炘謂趙師夏、王懋竑所云朱子師事延平之年爲非，且謂〈延平答問跋〉之作頗爲舛謬，以爲朱子師事延平之年必不若是之短，而爲癸酉至壬午之十年。然如前諸段所引《朱子年譜》之載，紹興二十三年癸酉，朱子年二十四歲，將赴福建同安，始往見李延平。是年秋七月至同安。至二十七年丁丑罷歸。而《朱子語類》一零四卷載「後赴同安任，時年二十四五矣。」之語未肯定，則如夏炘所謂：「此非朱子記憶不清，實以此兩年間，乃學問大轉關大節目也。」〔註54〕次如前引趙師夏〈跋延平答問〉延平答以：「吾儒之學，所以異於異端者，理一分殊也。」之語，顯見朱子初見延平而至同安，雖爲其早年學術之一變，其時趨嚮猶未定，蓋自同安罷歸再見延平，而後規模始立。《朱子文集》卷三十七載〈與范直閣書〉云：

〔註52〕　《景紫堂全書・二》，頁76。
〔註53〕　同上。
〔註54〕　此段文字於前之〈朱子出入老釋者十餘季考〉已延引，再次提出，乃純就朱子十餘年遊學生涯作一考辨。

熹頃至延平，見李愿中丈，問以一貫忠恕之說，與鄙意不約而合。

此時猶稱丈，而不稱先生，至庚辰（1160，年三十一）始稱先生，並朝夕受教，乃其確證。

又曰：

李丈名侗，師事羅仲素先生，李丈獨深得其閫奧，經學純明，涵養精粹，延平士人甚尊事之，蔚然君子人也。先生與之遊，數十年，道誼之契甚深。

《朱子文集》〈與范直閣書〉凡四，末書云：「去歲在同安，獨居幾閱歲。」乃指紹興二十八年（1158）丁丑，朱子年二十九，在同安候代；則〈與范直閣書〉應在翌年戊寅（紹興二十九年，1159）。〔註55〕而王懋竑《朱子年譜》載：「是年春正月，朱子見李先生於延平。」知此是同安歸後往再見也。其與范直書所稱「李丈」，又僅言「先生與之遊，道誼之契甚深。」則必趙師夏所謂「以父執事延平」，至是尚未正式定師弟子之禮。而黃勉齋〈朱子行狀〉亦謂：

延平於韋齋為同門友，先生歸自同安，不違數百里，徒步往從之。

延平稱之曰：樂善好義，鮮與倫比。又曰：穎悟絕人，力行可畏。

其所論難，體認切至。自是從遊累年，精思實體，而學之所造者益深矣。

此亦指戊寅同安歸後再見。再以《朱子文集》卷二〈再題西林可師達觀軒〉一絕，前有小序，云：

紹興庚辰（紹興三十年1160）冬，予來謁隴西先生，退而寓於西林院，以朝夕往來受教焉。閱數月而後去。壬午（紹興三十二年1162）春，復拜先生於建安，而從以來，又舍於此者幾月。

則王懋竑《朱子年譜》定紹興庚辰朱子三十一歲時，為始受學於延平之年。觀其稱「先生」，又稱「朝夕受教」可證。次者，再以師夏言，師夏為朱子孫婿，其〈跋〉作於嘉定甲戌（1214），去朱子卒十四年，所言應有來歷。此與朱子從遊十年之說，事不相背，言各有當。則夏炘之述，顯為拘執。〔註56〕

〔註55〕按：《朱子文集》載朱子此年作《存齋記》云：「人之所以位天地之中，而為萬物之靈者，心而已矣。然心之為體，不可以見聞得，不可以思慮求，謂之有物，則不得於言；謂之無物，則日用之間，無適而非是也。君子於此，亦將何所用其力哉！」云云，亦近陸九淵之禪趣。

〔註56〕錢穆《朱子新學案》第三冊，頁4～5。

再者，《朱子文集》前十卷爲詩集，其第一卷〈題謝少卿藥園二首〉題下
小注所謂：「自此詩至卷終，先生手編，謂之《牧齋淨稿》。」〔註57〕此稿起
自辛未（紹興二十一年，1151）迄乙亥（紹興二十五年，1155），前後共五年。
而如前所述，朱子二十二歲時授同安縣主簿，二十四歲夏始見延平，是年秋
乃至同安。此一卷詩之所詠，至值朱子初見延平之前後。至於夏炘所舉〈朱
子答江元適薛士龍書考〉則謂：

> 書中云：日者誤蒙收召，造朝之際，輒以所聞於師友者一二陳之。
> 是癸未（隆興元年 1163，年三十四）入對垂拱殿後書也。王白田（懋
> 竑）以爲甲申（隆興二年，1164），非。〔註58〕

是年（隆興元年）十月延平卒，此書當在其前。則夏炘的考證較王懋竑
合誼。再者，同卷〈答薛士龍〉亦云：

> 某自少愚鈍，事事不能及人，顧嘗側聞先生君子之餘，贙知有志於
> 學，而求之不得其術，蓋舍近求遠，處下窺高，馳心空妙之域者二
> 十餘年。

夏炘云：

> 此書陳清瀾列之庚寅（乾道六年，1170），王白田列之壬辰（乾道八
> 年，1172）書中云：雖昨來奉親之日，急於甘旨之奉，猶不敢自強其
> 所不足，以犯世患。矧今孤露餘生，形神凋瘵，誠不敢復爲影纓結綬
> 之計，以重不孝之罪。是己丑（乾道五年，1169）母憂以後書也。薛
> 季宣卒於七年辛卯（乾道七年，1711）九月戊寅。《呂東萊集》〈薛常
> 州墓銘〉可考。則壬辰不得有書，似《通辨》庚寅爲有據。〔註59〕

薛季宣卒於辛卯（1171），壬辰（1172）不得有書。則王白田之說較無據，
此夏炘有以辨正者也。而「馳心空妙之域者二十餘年」之「二」字，及「先生
君子」之「生」字，疑爲衍文，於《牧齋淨稿》第一卷詩中，正可獲得其消息。

〔註57〕按：此是朱熹之子朱在編訂《朱文公文集》時所注，其時當有《牧齋淨稿》
　　　手編本在也。《牧齋淨稿》起自紹興二十一年（1151）辛未秋，終於紹興二十
　　　五年（1155）乙亥秋，而其紹興二十五年以後在同安所作詩均不收，則可知
　　　《牧齋淨稿》必當編訂在是年秋後無疑。束景南《朱熹年譜長編上》，頁 200，
　　　謂《牧齋淨稿》乃收其〈牧齋〉謙謙自牧，出入老佛之詩（與師事道謙學禪
　　　有關），至是年十月秦檜死，程學解禁，其於老佛亦始有悟（於《策問》可見），
　　　故將其牧齋自牧所作之詩編訂成集，意在總結，告別過去也。
〔註58〕《景紫堂全書·二》，頁 16。
〔註59〕同上，頁 20。

至於朱子十年間四謁延平〔註60〕進學之梗概,與其所謂「盡棄所學而師事」的經過,錢穆〈朱子從遊延平始末〉有引詩文言述,然未按年月相繫,其得之延平之教者,仍未能明確知曉,故今仍依朱子晉見延平之年,依年以繫,或較能知見朱子爲學之進路。

1. 丁丑（紹興二十七年,1157,年二十八）

始有致延平李侗書,六月二十六日,李侗有答書,勉朱子於涵養處用力。從學延平李侗於是乎始。

〈延平答問〉上:

> 承諭涵養用力處,足見近來好學之篤也,甚慰,甚慰。但當存此心,
> 勿爲他事所勝,即欲慮非僻之念自不作矣。孟子有「夜氣」之說,
> 更熟味之,常見涵養用力處已物也。於涵養處著力,正是學者之要,
> 若不如此存養,終不爲也,更望勉之。

李侗此箚作於是年六月二十六日,其中所謂「承諭論涵養用力處」,知朱子先有問書致李侗,此爲李侗答書,以延平、同安書箚往返計算,當是朱子三月到同安後不久即寄書李侗。按朱熹紹興二十三年（1153）以後與李侗五年音訊隔絕,無有往來,朱子在投書之前應先與李侗聯係,各知行踪,二人方能互爲通問,則朱子春間自崇安赴延平必當嘗一見李侗。此蓋朱子官餘讀經反思已悟釋氏之非,〔註61〕知李侗之言不我欺,遂轉而再往見李侗,欣然受教,固乃必然。又黃榦〈朱熹行狀〉云「先生歸自同安,不遠數百里徒不往從之」,疑實即指是年之往延平見李侗,朱子正式師事李侗即自此始。由是知一部〈延平答問〉乃朱子師事李侗終始之錄,而朱子以李侗是年六月二十六日書作爲〈延平答問〉之首,顯意以是書標志從學延平之始。至若王懋竑《朱子年譜》謂「紹興三十年庚辰（1160,年三十）,冬見李先生於延平,始受學

〔註60〕 參考錢穆《朱子新學案・三》,頁1～56

〔註61〕 紹興二十六年（1156）朱子奉檄往外邑體究公事。至福建德化縣,宿劇頭舖,寒夜苦讀《論語》,頓悟「子夏之門人小子章」。《朱子語類》卷四十九:「一日夜坐,聞子規聲。先生曰:『舊爲同安簿時,下鄉宿僧寺中,衾薄不能寐。是時正思量〈子夏之門人小子〉章,聞子規聲甚切。思量此章,理會不得。橫解豎解,更解不行,又被杜鵑叫不住聲。今才聞子規聲,便記得是時。』」又《語類》卷一百零四:「某往年在同安日,因差出體究公事處,夜寒不能寐,因看得子夏論學一段分明。後官滿,在郡中等批書,已遣行李,無文字看,於館人處借得《孟子》一冊熟讀,方曉得『養氣』一章語脈。」

焉」，時間差距過大，顯非。〔註62〕

2. 戊寅（紹興二十八年，1158，年二十九）

春正月，徒步往見李侗於延平，問忠恕一貫之旨，至三月而返，有題〈西
林院壁〉詩二首。

> 《朱文公文集》卷三十七〈與范（如圭）直閣書〉一：
>
> 熹頃至延平，見李愿中丈，問以一貫忠恕之說，見謂：「忠恕正曾子
> 見處，及門人有問，則亦以其所見諭之而已，豈有二言哉。」熹復
> 以近世儒者之說如何，曰：「如此，則道有二致矣，非也。」其言適
> 與卑意不約而合，謹以布聞。

《朱文公文集》卷三十七中〈與范直閣〉四書，其中書三與書二順序顛
倒，一望可知。四書所作時間，書三有云：「前日因平甫遣人，亦嘗拜狀矣，
不審已達台聽否？」即指書一，知書一作於三月二十九日。書三有云：「今日
方聞伯崇欲以初三四日行，迫遽，未暇抄錄所記。」知書三作於四月二日。
書二有云：「信後暑雨」、「時序向熱」，則約作在五月間。書四有云：「今再錄
近所訓義一段拜呈……其間疑處極多，筆札不能載以求教」，此即書安所謂「他
疑義尚多……迫遽，未暇抄錄所記，俟暇日料理，有便即附行也」，知書四亦
約作於五月間。書一作於三月底，則朱子自延平歸崇安約在三月下旬。《朱文
公文集》卷二有〈還家即事〉：「獻歲事行役，徂春始還歸。昔往草未芳，今
來翠成帷。扶疏滿園陰，時禽互翻飛，叢萱亦已秀，丹萉耀晨輝。即事誰與
娛，淹留自忘機。日暮復出門，悵然心事違。古人不可見，獨掩荒園扉。」
然則「獻歲」指歲初，「徂春」則在三月末，「古人」者，乃指延平李侗也。

至於朱子〈與范直閣書〉書一之外，書二、書三、書四，皆與胡憲、范
如圭書箚往返，時間雖有先後，所論則為《論語》「忠恕」一貫之旨，與李延
平理一分殊思想相合，故宜就〈忠恕〉之說一併提出。〈與范直閣〉：

書二：

> 山間深僻，亦可觀書，又得胡丈（憲）來歸，朝夕有就正之所——
> 熹所謂「忠恕」者，乃曾子「一貫」之語默有所契，因門人之問，
> 故於所見道體之中，指此二事日用最切者，以明道之無所不在；所
> 謂「已矣」者，又以見隨寓各足，無非全體也。「忠恕」兩字，在聖

〔註62〕參考束景南《朱子年譜長編》卷上，頁225～226。

人有聖人之用，在學者有學者之用，如曾子所言，則聖人忠恕也。

書三：

> 熹前書所論忠恕則一，而在聖人、在學者則不能無異……蓋曾子專爲
> 發明聖人「一貫」之旨，所謂「由忠恕行」者也；子思專爲指示學者
> 入德之方，所謂「行忠恕」者也。所指既殊，安得不以爲二？然核其
> 所以爲忠恕者，則其本體蓋未嘗不同也。……蓋「忠恕」二字，自眾
> 人觀之，於聖人分上極爲小事，然聖人分上無非極致。蓋既曰一貫，
> 則無小大之殊故也。猶天道至教，四時行，百物生，莫非造化之神，
> 不可專以太虛無形爲道體，而判形而下者爲粗跡也。

書四：

> 熹向嘗以忠恕一貫之說質疑於函丈……比因玩索，歲於舊說益有發
> 明……今再錄近所訓義一段拜呈……

〈忠恕說〉

> 曾子之學，主於誠身，其於聖人之日用觀省而服習之，蓋已熟矣。
> 惟未能即此以見夫道之全體，則不免疑其有二也；然用力之久，亦
> 將自得矣。故夫子以一貫之理告之，蓋當其可也。曾子於是默契其
> 旨，然後知向之所從事者，莫非道之全體，雖變化萬殊，而所以貫
> 之者，未嘗不一也。——然門人有問，而以忠恕告之者，蓋以夫子
> 之道不離乎日用之間，自其盡己而言，則謂之忠；自其及物而言，
> 則謂之恕。本末上下，皆所以爲一貫，惟下學而上達焉，則知其未
> 嘗有二也。〔註63〕

〈范直閣書〉所云：「今再錄近所訓義一段」，即此〈忠恕說〉。《朱子語
類》卷一百零四云：「與范直閣說忠恕，是三十歲（實是二十九歲），大概也
是，然說得不似，而今看得又較別。」亦指〈忠恕說〉。又《朱文公文集》卷
三十九〈答柯國材〉書四云：「示論忠恕之說甚詳，舊說似是如此。」此書作
於隆興二年甲申（1164，年三十五），所指「舊說」亦即此〈忠恕說〉。再以義
理思維論，則李侗以理一分殊劃判儒、釋以教朱熹逃禪歸儒。此之反復論述
忠恕一貫，實即論理一分殊者也。故朱子後來之《論語集注》即以理一分殊
注釋忠恕一貫，所謂「蓋至誠無息者，道之體也；萬殊之所以一本也，萬物

〔註63〕《朱文公文集》卷六十七。

各得其所者，道之用也，一本之所以萬殊也。以此觀之，一以貫之之實可見矣。」〔註64〕其說實得之延平李侗之言。

又戊寅七月：讀《春秋》、《孟子》，有與李侗論學答問書

〈延平答問〉上：

> 戊寅七月十七日書云：「某村居一切只如舊，有不可不應接處，又難廢墮，但靳靳度日爾。……《春秋》且將諸家熟看，以胡文定（寅）解爲準，玩味久，必自有會心處，卒看不得也。伊川先生云：《春秋》大義數十，炳如日星，所易見也；惟微辭奧旨時措，從宜者所難知爾。更須詳考其事，又完味所書抑揚予奪之處看如何，積道理多，庶漸見之。

又九月，作〈存齋記〉遺許升。〔註65〕

> 予吏同安而游於其學，嘗私以所聞語其士之與予遊者，於是得許生升之爲人而敬愛之。比予之辭吏也，請與俱歸，以共卒其講業焉。……因念與生相從於今六七年，視其學專用心於內，而世之所屑一毫不以介於其間，嘗竊以爲生之學蓋有意乎孟氏所謂存其心者，於是以「存」名其齋……抑嘗聞之，人之所以位天地之中而爲萬物之靈者，心而已矣。然心之爲體，不可以聞見得，不可以思慮求。謂之有物，則不得於言，謂之無物，則日用之間無適而非是也。君子於此，亦將何所所用其力哉？必有事焉，而勿正，心勿忘，勿助長，則存之之道。如是而存，存而久，久而熟，心之爲體，必將瞭然有見乎參倚之間，而無一息之不存矣。此予所以名齋之說……紹興二十八年（1158）九月甲申，新安朱熹記。

朱子此記，全然發揮李侗思想。《李延平集》卷三：「必有事焉，而勿正，心勿忘，勿助長。熹舊日理會道理，亦有此病，後見李先生說，今去聖經中求義，遂刻意經學，推見實理，始信前日諸人之誤也。」又「昔聞延平先生之教，以爲爲學之初，且當常存此心，勿爲他事所勝。凡遇一事，即當且就此事反復推尋，以究其理。待此一事融釋脫落，然後循序少進，而別窮一事。

〔註64〕朱熹《論語集注》卷二〈里仁篇〉。

〔註65〕許升爲朱子於同安縣之弟子。《道南源委》載許升，字順之，別號存齋，同安人。生長華宗，視紛華勢利無足動心，獨有聖賢之道。朱子稱其恬澹靜退，無物欲之累。著《孟子說》、《禮記文解》、《易解》等書。

如此既久，積累之多，胸中自當有灑然處，非文字言語之所及也。」疑朱子於是年春間見李侗時已聞此說，故於記中發之。〔註66〕

又十一月，有與李侗論學問答諸書，再論忠恕一貫之旨與灑然融釋之說。

〈延平答問〉上：

> 戊寅冬至前二日書云：「伊川先生有言曰：『維天之命，於穆不已，忠也；乾道變化，各正性命，恕也。體會於一人之身，不過只是盡己及物之心而已。』……但合內外之道，使之體用一源，顯微無間，精粗不二，袞同盡是此理，則非聖人不能是也。」

又：

> （戊寅）十一月十三日書云：所謂「但敬而不明於理，則敬特出於勉強，而無灑落自得之功，意不誠矣」。灑落自得氣象，其地位甚高，恐前數說方是言學者下工夫處，不如此則失道矣。由此持守之，漸漸融釋，使之不見有制之於外，持敬之心，理與心為一，庶幾灑落爾。

朱子與延平論學，所謂一貫之旨者，在乎盡己及物，而其順遂通達之道，仍在體用一源而合內外，正所謂「顯微無間，精粗不二」之意；若其灑然氣象，則在持敬之心，出於自然；既為自然，則非出勉強，其理與一當能相合，庶幾融釋契接，而為灑落無痕矣。

朱子與李侗論學外，亦名其居室曰「困學」，此困學者，有詩為憑，所謂困而知學，蓋亦有得於延平之教。

〈困學恐聞編序〉云：

> 孔子曰：「生而知之者，上也；學而知之者，次也；困而知之者，又其次也；困而不學，民斯為下矣。」夫生知者，堯、舜、孔子也；學知者，禹、稷、顏回也。困也者，行有不得之謂也。知其困而學焉，以增益其所不能，此困而學之之事也，亦以卑矣。然能從事於斯，則其成猶不在善人君子之後，不能從事於斯，則靡然流於下民而不知反。均之困耳。……予嘗以「困學」名予燕居之室，而來吾室者，亦未嘗不以此告之……〔註67〕

〈困學二首〉

〔註66〕參見束景南《朱熹年譜長編》，頁236。

〔註67〕《朱文公文集》卷七十五。

舊喜安心苦覓心，捐書絕學費追尋。困衡此日安無地，始覺從前枉寸陰。困學工夫豈易成，斯名獨恐是虛稱。傍人莫笑標題誤，庸行庸言實未能。〔註68〕

此二詩所云實有別，詩一乃取《孟子・告子下》「困於心，衡於慮，而後作。」蓋取困心衡慮，竭慮思考之謂。詩二乃取《論語・季氏》「困而學之，又其次也。」蓋取困學而勉之謂。若朱子名其燕居之室爲「困學」而作〈困學〉之詩，與其編訂《困學恐聞編》而作序，當非同時。王懋竑云：「朱子以『困學』名其燕居之室必在同安既歸之後；〈困學〉詩之作則在《恐聞》成編之前，蓋戊寅（1158）、己卯（1159）間也。」〔註69〕而〈延平答問〉上有戊寅十一月（冬至前二日）書問困學，李侗答云：「聖人之道中庸，立言常以中人爲說，必十年乃一進者，若始困而知學，積十年之久，日孳孳而不倦，是亦可以變化氣質而必一進也……聖人非不可及也，不知更有此意否？」是朱子困而知學乃受李侗激發，而名其燕居之室曰「困學」亦在此時。其詩「舊喜安心苦覓心，捐書絕學費追尋。」乃用達摩、慧可故事稱己十餘年出入佛禪；而「困衡此日安無地，始決從前枉寸陰。」乃謂己舍佛禪而返歸儒學正途。再者，同安官餘讀經反思，是所謂「困衡」；是年自同安歸，徒步見李侗受學，是所謂「始覺」。若在紹興二十九年（1159）以後，則不得謂「始覺」矣。

3. 己卯（紹興二十九年，1159，年三十歲）春正月

有書予友劉玶（平甫），勸其讀書講學，並抄寄〈二商說〉商討《詩》學，始作《詩集解》，其〈答劉平甫〉：

書一：

> 新年人事幾日而定？定後進業恐不可廢。……愚意講學幹蠱之外，挽弓鳴琴，抄書讎校之類皆可且罷，此等不惟廢讀書，亦妨幹也。

書二：

> 前日奉聞，可且自觀書，恐眾說紛紜，未能自決，即且理舊書如何？〈二南說〉未編次，可及今爲之，它（他）日相聚裁定也。

書四：

> 昨因聽兒輩誦《詩》，偶得此義，可以補橫渠（張載）說之遺，謾錄

〔註68〕〈訓蒙絕句〉亦有此二詩，一作〈困心衡慮〉，一作〈困學〉。
〔註69〕王懋竑《朱子年譜考異》卷一。

去，可於疑義簿上錄之：一章言后妃志於求賢審官，又知臣下之勤
勞，故采卷耳，備酒漿，雖后妃之職，然及其有懷也，則不盈頃筐，
而棄置之於周行之道矣。言其憂之切至也。二章、三章皆臣下勤勞
之甚，思欲酌酒以自解之辭。凡言「我」者，皆臣下自我也。此則
述其所憂，又見不得不汲汲於采卷耳也。四章甚言臣下之勤勞也。
又〈定之方中〉「匪直人也」云云，言非特人化其德，而有塞淵之美，
至於物被其功，亦眾多之盛也。

書五：

〈關雎〉章句亦方疑之，當作四章，三章章四句，一章章八句，乃
安。但於舊說俱不合，莫可兼存之否？「好逑」，如字乃安。毛公自
不作「好」字說，更檢〈兔罝〉「好仇」處，看音如何，恐不須點破
也。蘇黃門併〈載馳〉詩中兩章四句作一章八句，文意亦似。〈關雎〉
末後兩章「琴瑟友之」、「鐘鼓樂之」，作一章八句，依故訓說亦得。

由此數書，知朱子研讀經書，覃研其間，綴之不輟。故其六月二十二日有
與李侗書云：「聞不輟留意於經書中，縱未深自得，亦可以驅遣俗累，氣象自安
閑也。」〔註70〕以「不輟留意於經書中」，乃指綴意於《詩經》、《論語》、《孟子》
諸書，蓋此時朱子乃用心於撰作《詩集解》、《論語集解》、《孟子集解》諸書，
其答劉平甫書，亦在自勉勉人；而與李侗書，亦在言為學之進度耳。

4. 庚辰（紹興三十年，1160，年三十一）五月

研讀《論語》、《孟子》與《太極通書》，搜輯周敦頤遺文寄李侗，有與李
侗論學答問書，旨為論主靜存養與灑然融釋之說。

〈延平答問〉上：

五月八日書云：「……某曩時從羅先生學問，終日相對靜坐，只說文
字，未嘗及一雜語。先生極好靜坐，某時未有知，退入室中，亦只
靜坐而已。先生令靜中看喜怒哀樂未發之謂中，未發時作何氣象。
此意不惟於進學有力，兼亦是養心之要。……承惠示濂溪遺文與潁
濱《語》、《孟》，極荷愛厚，不敢忘、不敢忘。《通書》向亦曾見一
二，但不曾得全本，今乃得一觀，殊慰卑抱也。二蘇《語》、《孟》
說儘有可商論處，俟他日見面論之。嘗愛黃魯直作〈濂溪詩序〉云：

〔註70〕〈延平答問〉上。

『春陵周茂叔人品甚高，胸中灑落，如光風霽月。』此句形容有道者氣象絕佳。胸中灑落，即作爲盡灑落矣。學者至此雖甚遠，亦不可常存此體段在胸中，庶幾遇事廓然，於道理方少進。願更存養如此。」

又〈周子通書後記〉：

《通書》者……本號《易通》，與《太極圖說》并出程氏……熹自蚤歲即幸得其編而伏讀之，初蓋茫然不知所謂，而甚或不能以句。壯歲獲遊延平先生之門，然後始得聞其說之一二……〔註71〕

胸懷灑落如周敦頤者，其光風霽月之姿，悠游自然，盡得高尚。朱子所以景仰周子，亦在其高尚之節風；如周子的儒者氣象淵淵流露，廓然大公，如鳶飛如魚躍，極盡善美的人生，不惟朱子所求，亦後來之人心之所嚮。

七月，又有與李侗論學書，兼論《語》、《孟》。

〈延平答問〉上：

……四五十年間，每遇情意不可堪處，即猛省提掇……而迄於今更無進步處，常竊靜坐思之，疑於持守及日用儘有未合處，或更有關鍵，未能融釋也。所云「見《語錄》中有『仁者渾然與物同體』一句，即認得〈西銘〉意旨」，所路脈甚正，宜以是推廣求之。然要見一視同仁氣象卻不難，須是理會分殊，雖毫髮不可失，方是儒者氣象。又云「因看『必有事焉，而勿正，心勿忘，勿助長』數句，偶見全在日用間非著意不著意處，方有毫髮私意，更沒交涉。」此意亦好。但未知用處卻如何，須喫緊理會這裏始得。……據孟子說必有事焉至於助長不耘之意，似皆是言道體處，來諭乃體認出來，學者正要如此。但未知用時如何，吻合渾然，體用無間乃是。……承諭「心與氣合」及所注小字，意若逐一理會心與氣即不可。〔註72〕某鄙意止是形容到此，解會融釋，不如此，不見所謂氣，所謂心渾然一體流浹也。到此田地，若更分別那個是心，那個是氣，即勞攘爾。不知可以如此否？不然，即成語病無疑。

「心與氣合」，即不見勞攘。若只在分出那個是心那個是氣，便是眞正勞攘。讀《論語》、《孟子》要心氣渾然一體，渾然一體，即周流浹適，便可徹

─────────────────
〔註71〕《朱文公文集》卷八十一。
〔註72〕《朱文公文集》卷二。

上徹下，直通無礙，此是朱子之得，亦延平之教。

十月，於延平見李侗，寓西林院惟可師之舍，受教閱數月而歸。有題西林寺惟可達觀軒詩。

〈題西林可師達軒〉

> 窈窕雲房深復深，層軒俄此快登臨。卷簾一目遙山碧，底是高人達觀心。

同上，再題：

> 紹興庚辰（1160）冬，予來謁隴西先生，退而寓於西林院惟可師之舍，以朝夕往來受教焉。閱數月而後去。可師始嘗爲一室於其居之左，軒其東南，以徙倚瞻眺，而今鉛山尉李兄端父名之曰「達觀軒」，蓋取賈子所謂「達人大觀，物無不可」云者。予嘗戲爲之詩，以示可師。既去而遂忘之。

束景南先生以爲「再題」所云「閱數月而後去」之句。依《朱文公文集》卷七十七載〈歸樂亭記〉末署「紹興三十年（1160）十二月乙卯（十一日）」，則朱子當在十二月上旬由延平歸，而其往見李侗必在十月無疑。再以朱子原擬九月秋涼來見李侗，即李侗答書所云「承欲秋涼一來」，後因范如圭葬事，推遲至十月。此次受教所論，據李侗五月書云：「二蘇《語》、《孟》儘有可商論處，俟見面論之」。七月書云「疑於持守及日用儘有未合處，或更有關鍵未能融釋也……當俟他日相見劇論可知」，「恐於融釋而脫落處，非言說可及也……承欲秋涼一來……」。受教歸後書云「孟子『養氣』一章，向者雖蒙曲折面誨……」可知是次相見乃論灑然融釋及《論》、《孟》之注解。〈延平答問〉李侗書云「聖人廓然明達，無所不可，非道大德宏，不能爾也。」廓然明達者，即灑然融釋也。此李侗對「達觀」之解，朱子之題達觀軒詩，意亦在此。〔註73〕

5. 辛巳（紹興三十一年，1161，年三十二）

二月，有與李侗論學，論周敦頤之《太極圖說》等

〈延平答問〉上：

> 辛巳（1161）二月二十四日書云：「示下所疑，極荷不外。……」問：太極動而生陽。先生嘗曰：「此只是理，做已發看不得。」熹疑既言動而生陽，即與〈復卦〉一陽生而見天地之心何異？竊恐動而生陽，

〔註73〕束景南《朱熹年譜長編》上，頁260

即天地之喜怒哀樂發處，於此即見天地之心；二氣交感，化生萬物，即人物之喜怒哀樂發處，於此即見人物之心。如此做兩節看，不知得否？」先生曰：「太極動而生陽，至理之源，只是動靜闔闢，至於終萬物，始萬物，亦只是此理一貫也。到得二氣交感，化生萬物時，又就人物上推，亦只是此。《中庸》以喜怒哀樂未發、已發言之，又就人身上推尋。至於見得大本達道處，又衮同只是此理。此理就人身上推尋，若不於未發、已發處看，即何緣知之？蓋就天地之本源與人物上推來，不得不異，此所以於動而生陽難以爲喜怒哀樂已發言之，在天地只是理也。今欲作兩節看，切恐差了。〈復卦〉見天地之心，先儒以爲靜見天地之心，伊川先生以爲動乃見，此恐便是動而生陽之理。然於〈復卦〉發出此一段示人，又於初爻以顏子不遠復爲之，此只要示人無間斷之意，人與天理一也。就此理上皆收攝來，與天地合其德，與日月合其明，與四時合其序，與鬼神合其吉凶，皆其度內爾。妄測度如此，未知元晦以爲如何？」

朱子〈周子通書後記〉謂：「熹自蚤歲即幸得其遺編而伏讀之，初蓋茫然不知其所謂，而甚或不能以句。壯歲獲遊延平之門，然後始得聞其說之一二。」此所謂壯歲遊延平之門聞其說之一二者，必朱子有得於延平，而於〈太極圖說〉得所舒解，則延平之於朱子，亦師亦友，其論學之精謹，蓋影響朱子深鉅。

五月，有與李侗論學，論《論語》等。李侗贊朱子之漸灑然融釋。

〈延平答問〉上：

> 辛巳（1161）五月二十六日書云：「……承諭近日學履甚適，向所耽戀不灑落處，今已漸融釋，此便是道理進之之效，甚善，甚善。思索有窒礙及於日用動靜之間有拂戾處，便於此致思，求其所以然者，久之自循理爾。」

循理致思，久之自善。以思索若有窒礙，學必不得，積漸既久，鍥而不舍，假以時日，必然通達，皆在乎爲學之堅持與勤勉。

又李方子《紫陽年譜》載：

> 延平與其友羅博文（宗禮）書曰：「元晦進學甚力，樂善畏義，吾黨鮮有。晚得此人商量所疑，甚慰。」又云：「此人極穎悟，力行可畏，講學極造其微處。論辨某，因此追求有所省。渠所論難處，皆是操

戈入室，須從原頭體認來，所以好說話。某嘗於羅先生得入處，後
無朋友，幾放倒了，得渠如此，極有益。渠初從謙開善處下工夫來，
故皆就裏面體認。今既論難，見儒者路脈，極能指其差微之處，自
見羅先生來，未見如此者。」又云：「此子別無他事，一味潛心於此。
初講學時，頗為道理所縛。今漸能融釋，於日用處一意下工夫。若
如此漸熟，則體用合矣。此道理全在日用處熟，若靜處有而動用處
無，則非矣。」〔註74〕

延平謂朱子「初講學時，頗為道理所縛。今漸能融釋，於日用處一意下
工夫。」亦知朱子之學非為蹈空，乃心知與日用云為的相合，如其穩熟，則
體用相契，得下學上達之道，學之臻於至善，當亦可知。

6. 壬午（紹興三十二年，1162，年三十三）

春正月，於建安拜謁李侗，遂與俱歸延平，寓西林寺受教，至三月而歸。
有題達觀軒與示可師之詩。

〈再題達觀軒〉：

紹興庚辰（1160）冬，予來謁隴西先生，退而寓於西林院惟可師之
舍……壬午（1162）春，復拜先生於建安，而從以來，又舍于此者
幾月。師不予厭也，且欲予書其本末置壁間。因取舊詩讀之，則歲
月逝矣，而予心之所至者未尺寸進焉，為之三歎自廢，顧師請之勤
勤不得辭，於是手書授之，而又敘其所以然者如此。雖其辭鄙陋，
若無足稽，然予之往來師門，蓋未憖也。異時復至，又將假館于此，
仰視屋壁，因舊題以尋歲月，而惕然乎其終未有聞也。然則是詩之
不沒，亦予所以自勵者。可師嘗遊諸方，聞佛法大意，未倦而歸，
尚有以識予意也。三月九日，熹書。〔註75〕

題「三月九日」，知朱子之造訪西林院為暮春時節，距庚辰之時，忽忽已
二年，所云「因取舊詩讀之，則歲月逝矣，而予心之所至者未尺寸進焉，為
之三歎自廢。」其自警有如此。觀其詩云「古寺重來感慨深，小軒仍是舊窺
臨。向來妙處今遺恨，萬古長空一片心。」又則悟道未有得，總是一片悵憾，
勤學向道之精神，足資仰贊。

〔註74〕《西山讀書記》卷三十一。
〔註75〕《朱文公文集》卷二。

又〈答何叔京書〉：

> 李先生教人，大抵令於靜中體認大本未發時氣象分明，即處事應物
> 自然中節。此乃龜山門下相傳指訣。然當時親炙之時，貪聽講論，
> 又方竊好章句訓詁之習，不得盡心於此。

又書四：

> 昔聞之師，以為當於未發、已發之幾，默識而心契焉，然後文義事理
> 觸類可通，莫非此理之所出，不待區區求之於章句訓詁之間也。向聞
> 此而莫測其所謂，由今觀之，始知其為切要至當之説。〔註76〕

《朱文公文集》卷三載〈答許順之〉書四云：「伯崇去年間得書，問《論
語》數段，其說甚高妙，因以呈李先生，李先生以為不然，令其慤實做工夫。
後來便別。」此書作於隆興元年（1163），「去年」即指紹興三十二年（1162），
「後來便別」指三月別李侗歸。意指朱子正月初得范伯崇論《論語》書，遂
攜往呈李侗，亦見師生相互論學之誠摯。

四月，有與李侗論學書

〈延平答問〉上：

> 壬午（1162）四月二十二日書云：「……若欲盡此學，須是盡放棄平
> 日習氣，更鞭飭所不及處，使之脱然有自得處，始是道理少進。承
> 諭『應接少暇即體究，方知以前皆是低看了道理』。此乃知學之效，
> 更在勉之。」

讀書人之所以學而不進，在習氣薰染過甚。有如清鄭燮〈寄弟墨書〉所言「一
捧書本，便想中舉，便想做官，便想造大房屋，置多田產」之類；進學之道，
纏繞層層枷瑣，即不進反退；莫若淡化名利，去其旁騖，則習染自退，學即
有進。

五月，與李侗論學書。

> 壬午（1162）五月十四日書云：「承諭『處事擾擾，便似內外離絕，
> 不相賅貫』。此病可於靜坐時收攝，將來看是如何，便如此就偏著處
> 理會，久之知覺，即漸漸可就道理矣。更望勉之。」

處事擾擾，胸臆竟是不安，便是雜念頻來，內內外外，必不得寧謐。又
六月，與李侗論學書，論仁學與理一分殊者。

〔註76〕《朱文公文集》卷四十。

〈延平答問〉云：

> 壬午（1162）六月十一日書云：「承諭仁一字條陳所推測處……來諭
> 以謂：『仁是心之正理，能發能用二個端緒，如胎育包涵其中，生氣
> 無不純備，而流動發生之機又無頃刻停息，憤盈發洩，觸處貫通，
> 體用相循，初無間斷。』此說推廣得甚好。但又云：『人之所以爲人
> 而異乎禽獸者，以是而已。若犬之性、牛之性，則不得而與焉』若
> 不此說，恐有礙。蓋天地中所生物本源則一，雖禽獸草木生理亦無
> 頃刻停息間斷者。但人得其而最靈，五常之中和之氣所聚，禽獸得
> 其偏而已……又云『須體認到此純一不雜處，方見渾然與物同體氣
> 象』一段，語卻無病。又云：『從此推出分殊合宜處，便是義。以下
> 數句莫不由此，而仁一以貫之，蓋五常百行，無往而非仁也。』此
> 說大概是。然細推之，卻似不曾體認得伊川所謂『理一分殊』、龜山
> 云『知其理一，所以爲仁；知其分殊，所以爲義』之意，蓋全在知
> 字上用著力也。……此正是本源體用兼舉處，人道之立，正在於此。」

人與禽獸之別，端在仁之與義。仁者，存之於心；義者，施之於外。仁
義互行，自反而縮，必理直氣壯，無有不可行者。此即龜山所謂「知其理一，
所以爲仁；知其分殊，所以爲義」者也。故謂理一而分殊，卻在於明体而達
用，體明用達，使仁義行，則日用云爲皆合理義，其人安得不善，又安有作
姦犯科之事，此是道德修養之事，亦人禽之辨。至於「仁學」與「理一分殊」
之說，是月，朱子仍有與李侗答問此理。

〈延平答問〉云：

> 問：「熹昨妄謂仁之一字，乃人之所以爲人而異乎禽獸者，先生不以
> 爲然。……熹竊謂天地生萬物，本乎一源，人與禽獸草木之生莫不
> 具有此理，其一體之中即無絲毫欠剩，」

十月，與李侗論學，仍論仁學。

〈延平答問〉上：

> 十月朔（一）日書云：「承諭『近日看仁一字頗有見處，乍喧乍靜，
> 乍明則暗，子細點檢，儘有勞攘處。』詳此，足見潛心體認用力之
> 效。蓋須自見得病痛窒礙處，然後可進。因此而修治之，推測自可
> 見，甚慰，甚慰！孟子曰：『夫仁，亦在乎熟之而已。』乍明乍暗，
> 乍喧乍靜，皆未熟之病也。更望勉之，至祝，至祝！」

仁，在乎穩熟。喧靜明暗，皆境之遷移；穩而能熟，則境之喧靜明暗即不足縈其心，如此，體仁道義，即能順之而行，便無窒礙。是朱子十月十八日為表兄丘義《論語纂訓》作序，亦持此意。

〈論語纂訓序〉：

> 《論語纂訓》書無卷，第合一篇。凡古今《論語》訓義見錄者十四家，而大抵宗程氏。蓋熹外兄丘子野所述，子野亦以意附見，其是非取舍之說，熹讀之，其不合於聖人者寡矣。……蓋聖人之書，其微意微，其為辭約，苟不明乎其宗而識乎其本，多見其以私見臆說亂之也。昔之大儒其猶有不免乎此者，況後世之紛紛乎！此其所以難也。抑又有甚難者焉。孔子曰：「文，莫吾猶人也：躬行君子，則吾未之有得。」此其所以為難者也。……則是書之作，亦將以明乎其所以難者，求至乎其所甚難而已，其可已乎？故其求之博，取之能審，推是言之，其寡過矣。孟子曰：「博學而詳說之，將以反說約也。」此之謂已。……紹興三十二年（1162）十月十八日序。〔註77〕

此序恰足補上段之說。謂體仁道義者，在躬行實踐，君子躬行實踐，時刻存養，則無大過；再以博學詳說，反約自省，則學日進，學行無礙，善之臻於極至可知。

7. 癸未（隆興元年，1163，年三十四）

六月，李侗過武夷，與朱子見，論禪學之未當。

〈延平答問〉上：

> 癸未（1163）六月十六日書云：「昔聞之羅先生云：橫渠教人，且令留意『神』、『化』二字。所存者神，便能所過者化，私吝盡無，即渾是道理，即所過自然化矣。更望以此二說於靜默時及日用處下工夫，看如何。吾輩今日所以差池，道理不進者，只為多有坐此境界中爾。禪學則不然，渠亦有此病，卻只要絕念不採，以是為息滅，殊非吾儒就事上各有條理也。元晦試更以是思之如何。」

延平舉張載之說，謂「所過者化，所存者神。」意在人之私吝盡去，於靜默日用處皆存是理，無有渣滓貫乎其中，則凡慮不起，計較之念不生，口耳爭伐為之止息，心即澄明朗澈，當如日月之照，江河之行，而能徹上徹下，行

〔註77〕《朱文公文集》卷七十五。

其所當行，止其所不止，與禪門之終日靜慮畢竟有別，此延平儒釋之判也。
而其時朱子亦成《論語要義》及《論語訓蒙口義》，於義理、訓詁諸多發抒。
〈論語要義目錄序〉：

> 熹年十三四時，受其說於先君，未通大義，而先君棄諸孤。中間歷
> 訪師友，以為未足。於是遍求古今諸儒之說，合而編之。誦習既久，
> 益以迷眩。晚親有道，竊有所聞，然後知其穿鑿支離者，固無足取；
> 至於其餘，或引據精密，或解析通明，非無一辭一句之可觀，顧其
> 於聖人之微意，則非程氏之傳矣。隆興（1163）改元，屏居無事，
> 與同志一二人從事於此，慨然發憤，盡刪餘說及門人朋友數家之說，
> 補緝訂正，以為一書，目之曰《論語要義》。蓋以為學者之讀是書，
> 其文義名物之詳，當求之注疏，有不可略者，若其要義，則於此其
> 庶幾焉。〔註78〕

所謂同志者，依《朱文公文集》卷三十九〈答許順之〉書四，知為時賢
范念德、柯翰、劉玶、魏掞之、程洵、許升等人。而《論語要義》於名物之
詳，求之注疏外，若其要義，則本書庶幾可得。

又〈論語訓蒙口義序〉：

> 予既序次《論語要義》，以備觀覽，暇日又為兒輩讀之。大抵諸老先
> 生之為說本非為童子設也，故其訓詁略而義理詳……非啟蒙之要。
> 因為刪錄以成此編。本之注疏，以通其訓詁，參之釋文，以正其音
> 讀；然後會之於諸老先生之說，以發其精微。一句之義，繫之本句
> 之下；一章之指，列之本章之左；又以平生所聞於師友而得於心思
> 者，附見一二條焉。本末精粗，大小詳略，無或敢偏廢也。然本其
> 所以作，取便於童子之習而已，故名之曰《訓蒙口義》。蓋將藏之家
> 塾，俾兒童學焉，非敢為他人發也。

如朱子所言「本其所以作，取便於童子之習」者，即《訓蒙口義》之作。
其用義亦在「俾兒童學焉」；則朱子之發心，乃自兒童之教始，童蒙有所啟，
由少迄長，循序潛研，因勢利導，其啟發童蒙之知者豈少哉！此亦若小樹一
株，園丁黽勉沾溉，後日成參天之木信必可知。再者，撰《論語要義》及《論
語訓蒙口義》，朱子《毛詩集解》亦於此時成稿。

〔註78〕《朱文公文集》卷七十五。

〈答范伯崇〉書二：

> 蘇氏「陳靈以後未嘗無詩」之說，似可取而有病。蓋先儒所謂無詩
> 者，固非謂詩不復作也，但謂夫子不取耳。康節先生云「自從刪後
> 更無詩」者，亦是此意。蘇氏非之，亦不察之甚矣。故熹於《集傳》
> 中引蘇氏之說，而繫之曰：「愚謂伯樂之所不顧，則謂之無馬可矣；
> 夫子之所不取，則謂之無詩可矣。」正發明先儒之意也。大抵二蘇
> 議論皆失之太快，無先儒惇實氣象，不耐咀嚼，所長固不可廢，然
> 亦不可不知失也。十五《國風》次序，恐未必有意，而先儒及近世
> 諸先生皆言之，故《集傳》中不敢提起，蓋詭隨非所安，而辨論非
> 所敢也。歐陽公《本末論》甚佳，熹亦收在《後語》中矣。似此等
> 且當闕之，而先其所急，乃為得耳。〔註79〕

　　此所云《集傳》，即《毛詩集傳》初稿，乃早年主毛序之《詩集傳》，非
後來黜〈毛序〉的《詩集傳》。束景南考證以為朱了〈答范伯崇〉書一下注「癸
未（1163）」作，其中云：「前書所詢『民可使由之』一段……」，而〈答范伯
崇〉書二則云：「『不可使知之』，謂凡民耳……」知二書先後相及，作在同年，
由此書知其時《毛詩集解》已成。〔註80〕至若書中所論「二蘇議論皆失之太
快，無先儒惇實氣象。」者，在於《詩》之義，非著急以讀，乃在細細咀嚼，
細嚼而後體會，詩義自然汨汨而出，所謂溫柔敦厚之意亦得其蘊藉之美矣。
七月，有與李侗學書，論奏事所言。

〈延平答問〉上：

> 七月二十八日書云：「今日三綱不振，義利不分。緣三綱不振，故人
> 心邪僻不堪，用是致上下之氣間隔，而中國之道衰，四裔盛，皆由
> 此來也。義利不分，自王安石用事，陷溺人心，至今不自知覺。如
> 前日有旨有升擢差遣之類，緣有此利誘，故人只趨利而不顧義，而
> 主勢孤。此二事皆今日之急者，欲人主如此留意二者；苟不爾，則
> 是『雖有粟，吾得而食諸』也。」

　　雖義利之辨，人禽之別。然人心陷溺，皆不免趨利忘義。故為義之論，
形而上猶可說，若形而下者，為驅利而忘身者，亦比比皆是矣。故李侗雖評
王安石之以利為誘而陷溺人心，然自事實言，若非道德陳義高者，否則皆易

〔註79〕《朱文公文集》卷三十九。
〔註80〕《朱子年譜長編》卷上，頁299。

為利所誘，此誠無可奈何。

八月，編訂〈延平答問〉。

〈答羅參議〉書五：

> 先生（李侗）諸書，想熟觀之矣。平日講論甚是如此，奇論所未及者。
>
> 別後（八月）始以書請之，故其說止此，然其大概可知矣。〔註81〕

朱子〈答羅參議〉書作於隆興二年（1164）。所云「別後始以書請之，故其說止此」，指朱子於八月與其相見，別後請編〈延平答問〉一書，亦僅編至七月二十八日一箚為止。若王懋竑《朱子年譜考異》謂：「〈延平答問〉之錄，自丁丑（1157）至癸未（1163），其成編必在甲申（隆興二年，1164）後，但無序文可考耳。」則其說非真。

又十月十五日，李侗卒於福州。

朱子〈延平先生李公行狀〉云：

> 閩帥玉山汪公以書禮車乘來迎，蓋將相與講所疑焉。先生因往見之。
>
> 至之日疾作，遂卒於府治之館舍。是年七十有一矣，隆興元年（1163）
>
> 十月十有五日也。

綜上之述，則延平雖逝，其論學之思影響及於朱子者可謂匪淺。錢穆先生以為朱子所獲於延平者有三綱：

> 一曰：須於日用人生上融會。
>
> 一曰：須看古聖經義。
>
> 一曰：理一分殊，所難不在理一處，乃在分殊處。〔註82〕

則朱子是真能體會延平之學者。而延平於隆興元年（1163）十月十五日卒，朱子以十一月歸，明年甲申（1164）正月往哭之。越三年，乾道三年（1167）丁亥，朱子始訪張南軒於衡山。至是朱子之學又得一新開展。

〔註81〕《朱文公文集續集》卷五。
〔註82〕錢穆《朱子新學案》第三冊，頁40。

第五章　述朱質疑（中）

緣　起

夏炘治學義理、考證兼之。於年代考證皆甚用心，如朱子往問南軒之癸未考，呂東萊之與朱子相見考、朱子中和舊說在乙卯、丙戌間考，及己丑以後辨南軒「先察識後涵養考」諸作，皆舉歲時以證，其意或在駁王懋竑《朱子考異》之非，然論斷之間，是非得失，偶不免憑個人之意，或流於武斷，故言述之間，於其舉證之是否，宜若干辨正。

第一節　癸未與甲申之辨

夏炘《述朱質疑》卷三載〈朱子往問張南軒﹝註1﹞在癸未（1163）考〉，謂朱子之與張南軒（栻）相往返，在癸未（1163）之年，與王懋竑（白田）所載之甲申（1164）有異，而以王說為非。顯見夏炘以為朱子與南軒之論學關係甚大，雖癸未（1163）、甲申（1164）一年之別，卻有甚多差異，故仍待分釐。

中和舊說序：「余蚤從延平李先生遊，受《中庸》之書，求喜怒哀樂
未發之旨未達而先生殤；聞張欽夫（栻）得衡山胡氏（五峰）學，

﹝註1﹞　按：張南軒即張栻（1133～1180）南宋理學家。字敬夫，號南軒，綿竹（四川）人，後遷居衡陽（湖南），為江淮都督張浚之子。少時穎悟，成長後研究理學，師事胡宏，與朱熹、呂祖謙相為師友，時稱東南三賢。歷任撫州、嚴州知州，累官吏部郎，兼侍講，卒諡「宣」。宣揚「禮者天之理」、「明理居敬」之思想。著《南軒易說》、《癸巳論語解》、《癸巳孟子說》、《伊川粹言》、《南軒集》諸書。見《宋史・張浚傳》。

則往從而問焉。欽夫告余以所聞，余亦未之有省也。退而沉思，殆忘寢食。……一日自悟已發未發」云云。

然則朱子於延平逝後，往見南軒。〈中和舊說序〉只說「往從而問焉」，未載何時何地。《朱子年譜》載丁亥（乾道三年，1167，年三十八），往潭州（即今之長沙）之後；王懋竑《朱子考異》則謂朱子自悟已發未發之說，在丙戌（乾道二年，1166，年三十八），未往潭州之前。此朱子之見南軒爲潭州之前抑潭州之後，《朱子年譜》與《朱子考異》之說有別；夏炘則據《朱文公文集》所載「丁亥（1167）之冬，風雪南山，解裝（重衣）櫧州，今十五年（文集有誤，字今改正）」判定朱子往從南軒問學，不自潭州始。至於王懋竑以爲此年爲甲申（1164），夏炘則以爲非是。且云：

> 王氏謂甲申送魏公（張浚）匶（柩），與南軒相遇，自是乙酉（1165）丙戌（1166）書問往來，則往從而問焉。蓋指甲申（1164）以後言之，則又非也。魏公新棄世，南軒扶櫬歸葬，朱子至豫章（即今之江西南昌）往送，此果何時，而於舟中娓娓論學乎！朱張二公皆守禮不越者，斷不若此之疏。〔註2〕

據《宋史·張浚傳》張栻（南軒）之父張浚於甲申（隆興二年1164）八月二十八日卒於餘干。九月，朱子赴豫章哭祭張浚，觀朱子〈答羅參議〉書二云：「九月廿日至豫章，及魏公之舟而哭之。云亡之歎，豈特吾人共之，海內有識之所同也。自豫章送之豐城，舟中與欽夫得三日之款。其名質甚敏，學問甚正，若充養不置，何可量也。但云頃在富陽，與尊兄辨論甚苦，是時左右似未以外學（老佛）爲不然，卻以前次相聚時所聞小異，何耶？……」〔註3〕則此書作於歸途經餘干之時，其到家爲九月底，而其赴豫章則在九月中旬。故此年在甲申（1164），當非癸未（1163）。

至如夏炘則以爲朱子之往問南軒必定在癸未（1163），其舉證謂：

> 朱子跋胡五峰詩云：紹興庚辰（1160），余臥病山間，親友仕於朝者以書見招，某戲以兩詩代書，或傳以語胡子，子謂其學者張敬夫曰：吾未識此人，然觀其詩，知其庶幾能有進矣。特其言有體而無用，吾爲是詩以警之，又四年（1164）某始見欽夫而後獲聞之。庚辰（1160）至癸未（1163）未適四年，既曰：「始見」，則前此未見，其證一。

〔註2〕 《景紫堂全書·二》卷三，頁82。
〔註3〕 《朱文公文集續集》卷五。

所謂庚辰（1160）之後又四年者，乃在甲申（1164）年，而夏炘謂此年爲
癸未（1163），似有差異。

又：

> 延平卒於癸未（1163）十月，朱子見敬夫於臨安係十一月，雖朱子
> 是時未聞延平之訃，然總在延平既殤之後，其證二。

延平於癸未（1163）十月十五卒於福州，前已言敘。朱子見南軒（敬夫）
於臨安，惟此時朱子南軒雖見面相識，所談仍在兵事。《朱子語類》卷一百三
十一、一百零三可證：

《朱子語類》卷一百三十一：

> 張魏公被召入相，議北征。某時亦被召，辭歸，嘗見欽夫與說：「若
> 相公（張浚）誠欲出作，則當請旨盡以其事付己，拔擢英雄智謀之
> 士，一任諸己，然後可爲。若欲與湯進之（思退）同作，決定做不
> 成。」後來果如此。然那時又除湯爲左相，卻把魏公作右相。

《朱子語類》卷一百零三：

> 上初召魏公，先召南軒來。某亦赴召至行在，語南軒曰：「湯進之不
> 去，事不可爲。莫擔負了他底，至於敗事！」某待得見魏公時，親
> 與之說。度住不得，一二日去矣。及魏公來，湯左相，張右相，都
> 不可商量事。……召南軒，上在一幄中，外無一人，說話甚款。南
> 軒開陳臨安不可居，乞移蹕健康，然宮禁左右且少帶人，又百司之
> 類亦且帶緊要底去。上曰：「朕獨行后妃宮禁之類，全不帶一人去。
> 臨安淫侈之甚，如何居！」南軒祝上未須與人說，相將又奏。上曰：
> 「朕不言，卿不須漏洩。」上因曰：「待朕取一文字與傾看。」上顧
> 左右無人使，遂曰：「卿且待。」上自起去取。南軒見幄外皆是宮人，
> 深懼所言皆爲彼聞之矣。少頃上來，忘其文字。其後與宰相議用兵
> 事，湯固力爭。上曰：「朕旦夕親往建康。」未幾，外面闐闐地，謂
> 上往建康。南軒見上問曰：「陛下嘗祝臣勿言。聞陛下對宰執言之，
> 何也？」上曰：「被他撓人，故以此激之。」南軒出入甚親密，滿朝
> 忌之。一日，往見周葵，政府諸人在，次第逐報南軒來。周指之曰：
> 「吾輩進退，皆在此郎之手。」是時南軒少年，又處得地位不是，
> 而人情皆如此，何以成得事！南軒亦間至太上處理會事之類，太上
> 曰：「尚記得卿父娶時如何事，卿今如此。」臨辭去，乃曰：「與卿

父說，不如和好。」湯在相時，有御札出來罵，亦有「秦檜不如」之語。然竟用之，不可曉，恐是太上意。

《建炎以來朝野雜記》甲集卷二十〈癸未甲申和戰本末〉云：「又翌日（十一月十五日），上朝德壽宮（十五日壬寅），因奏知遣使通問事。上皇甚喜，諭上以欲自備一番禮物。魏公（張浚）在揚州聞之，遣敬夫（張栻）夫人奏盧仲賢辱國無狀，上始怒，操又論仲賢不應擅許四郡，下大理削其官，召魏公赴行在（十一月十九日丙午）。」知張栻奏事在（癸未，1163）十一月十九日，其到都下約在十八日。朱子所記，皆其在都下親見親聞。由是知，癸未（1163）朱子雖與張南軒相見，所言乃在用兵之事，未道及學問始末。

由以上二證，則夏炘所引證據似嫌薄弱。因之，夏炘又舉第三證以述：

> 朱子再祭南軒文云：蓋有我之所是，而兄以爲非；亦有兄之所然，而我之所議，蓋繳紛往反者幾十餘年，末乃同歸而一致。朱子與南軒辨難，如論「知言」、論「論語解」、論「知覺爲仁」、論「觀過」等義，皆條舉件繫，非大節目，惟「先察識後涵養」之旨，南軒本之五峰，持論最堅。己丑（乾道五年1169）之春，雖印可朱子更定中和之說，而察識涵養之先後，齟齬不合凡五年，至癸亥（按：應爲癸巳1173）而後定，以癸未（1163）計之，適十一年，其證三。
>
> 然則朱子之往問南軒，必在癸未（1163）無疑也。〔註4〕

錢穆云：「此證更無理。朱子原文，乃謂兩人間每有異見，輒書問往反，達十餘年而終歸一致，並非專指辨識涵養先後之一事。若專指辨此一事適十一年，依文理當云逾十年，不當云『幾十餘年』。」〔註5〕如以己丑（1169）年爲標的，朱子南軒往返論辨之時計五年相距，加減之間，其數恰爲甲申（1164），而非癸未（1163），以時爲計，夏炘所引之年或爲愆誤。

再者，如《朱文公文集》卷三十〈答張欽夫〉書一〔註6〕所云「頃在豫章」之句，即指和南軒之相見，文中所謂「侯仲良《論語說》」當即南軒所贈；而

〔註4〕《景紫堂全書・二》，頁84。
〔註5〕錢穆《朱子新學案・二》〈朱子論未發與已發〉，頁287。
〔註6〕〈答張欽夫〉書一所謂：「侯子（侯仲良字師聖，有《論語說》。抄畢內上。其間誤字顯然者，已輒爲正知矣。但其語時有不瑩，豈其不長於文字而然耶？亦別有以也？頃在豫章，見阜卿所傳《語錄》，有尹和靖所稱伊川語云：『侯師正議論只好隔壁聽。』詳味此言，以驗此書，竊謂其學大抵明白勁正，而無深潛縝密、沈浸醲郁之味，故於精微曲折之際，不免疏略。」

即甲申（1164）也。由是知，夏炘用以駁王懋竑甲申（1164），而冠以癸未（1163），且舉證以述之說，依朱子與南軒相往年代觀之，其說似較強辭，亦較不易引人信服。

第二節　中和舊說年代之論定

「中和舊說」論性之已發未發，為朱子發揮李侗之學重要之論。而此文何時寫成，則待乎辨正。夏炘以此說撰作之時無法判定，故其「中和舊說考」即言約在乙酉、丙戌之間，此二年，一為乾道元年（1165），時朱子三十六歲；一為乾道二年（1166），時朱子三十七歲。然則究為乙酉之乾道元年，亦丙戌之乾道二年，二者必居其一，故有待釐清。

夏炘〈朱子中和舊說約在乙酉丙戌考〉云：

> 中和舊說，以性為未發，心為已發，雖誤執程子已改之說，亦延平觀未發時氣象有以啟之也。何則？心統性情者也。未發之性，即心而具；已發之情，根心而出。心一也，寂然不動，則未發也；感而遂通天下之故，則已發也。未發已發，雖分性情言之，而無非此心也。於靜坐時觀未發氣象，而求所謂中，曰「觀」、曰「求」，非已發乎是與！程子凡言心者皆為已發，以已發之心觀未發之性，即默坐涵養，亦涵養此已發之心，於是自斯須以至終身，無非擾擾於已發；而所謂性者，不過流行於此心已發之中，故曰無分段時節先後之可言也。當日往還諸稿，彙為一編，今已盡失，而僅存〈答張敬夫〉四書，及他書一二及之，得以粗卮（知）梗概，其答書第四篇係丙戌（1166）之秋，前三書無可考，故曰在乙酉、丙戌之間也。〔註7〕

夏炘「中和舊說」考，初則略敘心性已發未發之氣象，末之所言，則言及該文撰作之年代，且謂〈答張敬夫書〉係丙戌（1166）之秋所作，其餘三書則無可考，故以「在乙酉（1165）丙戌（1166）之間」存疑。

今如以朱子〈張欽夫〉及〈答張敬夫〉書三、書四觀之，則：

〈答張欽夫〉書三：

> 人自有主，即有知識，事物交來，應接不暇，念念遷革，以至於死，其間初無頃刻停息，舉世皆然也然聖賢之言，則所謂「未發之中，

〔註7〕《景紫堂全書・二》，頁86。

寂然不動」者。夫豈以日用流行者爲「已發」，而指夫暫而休息，不與事接之際爲「未發」時耶？嘗試以此求之，則泯然無覺之中，邪暗鬱塞，似非虛明應物之體；而幾微之際，一有覺焉，則又便爲已發，而非寂然之謂。蓋愈求而愈不可見。於是退而驗之於日用之間，則凡感之而通，觸之而覺，蓋有渾然全體應物而不窮者，是乃天命流行、生生不已之機。雖一日之間萬起萬滅，而其寂然之本體則未嘗不寂然也。所謂「未發」，如是而已，夫豈別有一物，限於一時，拘於一處，而可謂之中哉？然則天理本眞，隨處發見，不少停息者，其體用固如是，而豈物欲之所能壅遏而梏亡之哉！〔註8〕

按：此爲論「中和」第一箚。

〈與張欽夫〉書四：

自今觀之，只一念間，已具體用。發者方往，而未發者方來，了無間短斷隔截處，夫豈別有物可指而名之哉？然天理無窮，而人之所見有遠近深淺之不一。不審如此見得，又果無差否？……所謂龜山《中庸》可疑處，鄙意近亦謂然，又如所謂「學者於喜怒哀樂未發之際，以心驗之，則中之體自見」，亦未爲盡善。大抵此事渾然無分段時節先後之可言，今著一「時」字、一「際」字，便是病痛。當時只云寂然不動之體，又不知如何？《語錄》亦嘗疑一處說「存養於未發之時」一句，及問者謂「當中之時，耳目無所見聞」，而答語殊不痛快。……向見所著《中論》有云：「未發之前，心妙乎性；既發，則性行乎心之用矣」，於竊亦有疑。蓋性無時不行乎心之用，但不妨常有未行乎用之性耳。今下一「前」字，亦微有前後隔截氣象，如何、如何？熟玩《中庸》，只消著一「未」字，便是活處，此豈有一息停住時耶？只是來得無窮，便常有箇未發底耳。若無此物，則天命有已時，生物有盡處，氣化斷絕，有古無今矣。此所謂天下之大本，若不眞的見得，亦無揣摸處也。

按：此爲論「中和」第二箚。

〈答張敬夫〉書三：

大抵目前所見，累書所陳者，只是儱侗地見箇大本達道底影象，便

〔註8〕《朱文公文集》卷三十。

執認以爲是了，卻於「致中和」一句，全不曾人思議。所以累蒙教
告，以求仁之爲急，而自覺殊無立腳下工夫處，蓋只見得簡直截根
源、傾瀉倒海底氣象。日間但覺爲大化所驅，如在洪濤巨浪之中，
不容少頃停泊。蓋其所見一向如是，以故應事接物處，但覺粗属勇
果增倍於前，而寬裕雍容之氣略無毫髮，雖竊病之，而不知其所自
來也。而今而後，乃知浩浩大化之中，一家自有一個安宅，正是自
家安身立命、主宰知覺處，所以立大本、行達道之樞要。所謂體用
一源，顯微無間者，乃在於此。而前此方往方來之說，正是手忙足
亂無著身處，道邇求遠，乃至於是，亦可笑矣。〔註9〕

按：此爲論「中和」第三箚。

〈答張敬夫〉書四：

前書手稟寂然未發之旨，良心發見之端，自以爲有小異於疇昔偏滯之
見，但其間語病尚多，未爲精確。比遺書後，累日潛玩，其於實體似
益精明，因復取凡聖賢之書，以及近世諸老先生之遺語，讀而驗之，
則又無一不合。蓋平日所疑而未白者，今皆不待安排，往往自見灑落
處。始竊自信以爲天下之理，其果在是，而致知格物、居敬精義之功，
自是其有所施之矣。……蓋通天下只是一個天機活物，流行發用無間
容息，據其已發者，而指其未發者，則已發者人心、而未發者皆其性
也，亦無一物不備矣。夫豈別有一物，拘於一時，限於一處，而名之
哉？即夫日用之間，渾然全體，如川流之不息，天運之不窮耳。此其
所以體用、精粗、動靜、本末洞然無一毫之間，而鳶飛魚躍處朗然也。
存者存此而已，養者養此而已。必有事焉，而勿正，心勿忘，勿助長
也。從前是做多少安排沒頓著處，今覺得如水到船浮，解維正柂，而
沿洄上下，惟意所適矣，豈不易哉！始信明道所謂「未嘗致纖毫之力」
者，眞不浪語。而此一段事，程門先達惟上蔡謝公所見透徹，無隔礙
處，自餘雖不敢妄有指議，然味其言，亦可見矣。……

按：此爲論「中和」第四箚。

　　是言及此四書，即所謂〈論中和舊說〉四箚，撰作之年所述向來有異。
束景南以爲朱子集中卷四十〈答何叔京（鎬）〉共三十通，均按時間先後編次，
其中書一、二、三、四正與此〈論中和舊說〉四箚之時相並行，如答何書三

〈論中和〉云「若果見得分明，則天性人心、未發已發渾然一致，更無別物，由是而克己居敬，以終其業，則日用之間，亦無適而非此事矣。《中庸》之書，要當以是為主。……」正與中和舊說第四箚吻合，可確證答何四書與中和舊說四箚作於同時。即以朱子答何叔京四書考之，則四書均言及朱子寄何叔京以《孟子集解》，何叔京寄朱子以《遺說》，朱子編輯欲刻二程《語錄》，何叔京訪朱子之寄《聞見錄》等，四書先後相接。如書一言何叔京欲「秋涼」相訪；書三則云「惠然枉顧，得以奉教累日」，則應作於九月末十月初之間，書中正有「農收乏人」之句。又書二言「《語錄》頃來收拾數家……當奉其摩本以獻。」而書四則云「《語錄》比因再閱，尚有合整頓處……近亦修改未定，又忙不暇拜呈，并俟他日。」此書四中言及「《雜學辨》出於妄作，乃蒙品題」。何鎬之跋《雜學辨》作於「乾道丙戌（1166）孟冬晦日」，則書四作於乾道二年（丙戌，1166）冬之十一月，蓋必九月何鎬來訪，遂得《雜學辨》歸而作跋。又書二云「《孟子集解》本欲自備……當悉訂定以求教」，書三則云「《孟子集解》當悉以過目，有差繆處，切望痛加刊削」，則必是何鎬先以書求《孟子集解》未得，遂於九月來訪得攜此書歸閱。故至書四則云「《孟子集解》重蒙頒示，以《遺說》一編見教」。由此確朱子答何鎬之書一作於乾道二年（1166）五月十八日，書二作於七月間（「伯崇過此，講論踰月」），書三作於十月間，書四則作於十一月間。中和舊說四箚亦必作於乾道二年（1166），〔註10〕而此年為丙戌之年，則夏炘〈朱子中和舊說約在乙酉丙戌之間〉之述，宜確定為丙戌，亦及即乾道二年（1166）也。

第三節　中和舊說之義理疏解

「中和舊說」年代已如上述，為乙酉抑丙戌之年亦有定論，此可抒解夏炘所謂「約在乙酉丙戌之間」之疑，於朱子三十七歲之治學亦有一體認。惟「中和舊說」年代得抒解，此是考證之事；其內容為何，又為義理之事。故宜就義理之事作一疏解。

朱子三十七歲與張南軒論中和之說，其書一、書二、書三、書四，亦已如前言。而其中二書有朱子四十三歲（乾道八年，1172，壬辰）所加之自注語，言舊說之非。此四信為同一時連續之作，《朱文公文集》分別編於卷三十及卷

〔註10〕束景南《朱子年譜長編上》，頁 358～359。

三十二。王懋竑詳檢文集，連同是年朱子答何叔京三書、答羅參議二書、答許順之一書，重予類次，節錄於《朱子年譜》三十七歲下，對理解朱子參究中和問題之原委，較夏炘為過之。此中和問題即前所述之〈論中和〉第一箚、第二箚、第三箚及第四箚，今重新整理，就其要項再抒發如下：

（一）「第一書」要項，乃以「天命流行，生生不已之機」為「未發之中體」。此中體亦可云「天理本真」，亦可云「良心」或本心。所謂工夫即是由「良心萌蘗、因事發見」而「致察而操存之」。致察，即察此良心之發見；操存，即存此良心。

　　此中義理，可作如下之述：〔註11〕

　　（1）「天命流行，生生不已之機」，乃本於「維天之命，於穆不已」而言。「天命流行之體」亦即「生生不已之機」（機是機竅，意即轉捩點）。機竅發動，萬物乃得以生生不息。朱子泛讀北宋各家之作，自有所聞，此時即以「天命流行之體」說「中」。

　　（2）「未發之中，寂然不動」。由已發未發而推至「寂然不動，感而遂通」。朱子由天命流行之體說未發之中，順而思及寂感，思及「心」義，故有「虛明應物之體」之語。

　　（3）「致察而操存，則可貫乎大本達道之全體，而復其初。如此言工夫，實是孟子「求放心」之路。孟子之後，明道言「先識仁……識得此理，以誠敬存之，五峰言「先識仁之體」，五峰門下言「觀過知仁」、「先有知識」，皆以為致察操存之工夫，唯是落在本心呈現上用。因而有「先察識後涵養」。〔註12〕朱子此時所論，實亦指此進路。

　　惟朱子雖發抒此三要項，後日對此第一書之自注語則云：「此書非是，但存之以見議論本末耳，下篇同此。」實者，朱子所言不差。所以判為「非是」者，蓋以朱子此時僅在辭語上如此說，而諸辭語之義涵，則朱子無真切之體悟，欲有所知，必等數年後，著實磨練而建立新說時，便覺舊說「非是」矣。

（二）「第二書」首即提及「前書所稟寂然未發之旨，良心發見之端」云云，又言「比遣書後，累日潛玩，其於實體似益精明」。此明顯於第一書發後，復反覆玩索，覺己之體悟益發精明可信，故重申受用之意，繼前書而復

〔註11〕參考蔡仁厚《宋明理學·南宋篇》，頁80。
〔註12〕按：夏炘有〈朱子丁亥戊子從張南軒先察識後涵養考〉之說，謹再另闢一節以述。

發此書，因之，文中無酬對語亦無自注語。〔註13〕再因第一書自注語末句已云「下篇同此」。所謂「下篇」者，即指此書。且此書義旨亦與第一書同，大要不出三點

（1）言未發已發之無間，故曰「天機活物，流行發用」〔註14〕

（2）「據其已發者而指其未發者，則已發者人心，而未發者皆其性也。」此同於第三書就「常有一個未發底」說中說性，而就發出來底說心。將已發未發之發與「良心發見」之發混而為一。

（3）「存者存此而已，養者養此而已。」在此亦可添加一句謂「致察者致察此而已。」此仍是「良心萌櫱因事而發見，學者於致察而操存之」之義。

（三）「第三書」乃因張南軒致疑第一書（亦函第二書），以為「尚有認為兩物之弊」，朱子則進一步自天命流行之體自身述「已發未發」之無間，故曰：「只一念間已具此體用，發者方往，而未發方來，了無間斷隔截處」。實則第一書「渾然全體應物而不窮」與「天理本真隨處發見，不少停息」二語，已可表示「了無間斷隔截」之意。寂然之體動發而未已，只是一體之流行，並無「兩物」之嫌。故張南軒之致疑，實可不必。問題關鍵端在：

（1）對此「天命流行之體」真見到否？真有相應之契悟否？

（2）此「天命流行之體」如何能落實於《中庸》原文，而形成所謂「致中」。對此，夏炘則又一說，其引「附延平答問二條」為言：

問云：太極動而生陽。先生嘗曰：此只是理作已發看不得。熹疑既言動而生陽，即與〈復卦〉一陽生而見天地之心何異？竊恐動而生

〔註13〕按：據《年譜》載第二書之末曾論及五峰知言「性不可以善惡名」之義，似亦有酬對之意。此如何得說？曰：朱子三十五歲秋九月至豫章（江西南昌）舟中哭弔南軒之父（張浚），並隨舟伴送南軒至豐城，「與欽夫得三日歇」（此前已言敘）。而書所謂「自非老兄抽關啟鍵，直發其私，誨之諄諄，不以愚昧而舍置之，何以得此？其何感幸如之。」此數句蓋即就二年前豫章舟次之晤敘而致意。當時或曾論及「知言」，故亦因致書之便而附及之。

〔註14〕按：《朱文公文集》卷三十九〈答許順之〉書十云「此間窮陋，夏秋間伯崇來相聚，得數十日講論，稍有所契。自其去，此間幾絕講矣。幸秋來老人粗健，心閒無事，得一意體驗，比之舊日漸覺明快，方有下工夫處。目前真是一目引眾盲耳，其說在石丈（塾）書中，更不縷縷，試取觀之為如何，卻一語也。更有一絕云：『半畝方塘一鑑開，天光雲影共徘徊。問渠那得清如許？為有源頭活水來。』試舉似石丈如何？湖南之行，勸止者多，然其說不一，獨吾友之言為當，然亦有未盡處。後來劉帥（珙）遣到人時已熟，遂報行。要之，亦是不索性也。」

陽，即天地之喜怒哀樂發處，於此即見天地之心，二氣交感，化生
萬物，即人物之喜怒哀樂發處，於此即見人物之心，如此做兩節看，
不知得否！先生曰：太極動而生陽，至理之源，只是動靜闔闢，至
於終萬物始萬物，亦只是此理一毋也。到得二氣交感化生萬物時，
又就人物上推，亦只是理。《中庸》以喜怒哀樂未發已發言之，又就
人身上推尋，至於見得大本達道處，又衰同只是此理；此理就人身
上推尋，若不於未發已發處看，即何緣知之！蓋就天地之本源與人
物上推來，不得不異，此所以於動而生陽難以爲喜怒哀樂已發言之，
在天地只是理也。今雖作兩節看，切恐差了。〈復卦〉見天地之心，
先儒以爲靜見天地之心；伊川先生以爲動乃見，此恐便是動而生陽
之理，然於〈復卦〉發出此一段示人，又於初爻以顏子不遠復爲之，
此只要示人無間斷之意，人與天理一也。

又書云：

> 元晦以肫肫其仁、淵淵其淵、浩浩其天即全體，是未發底道理，惟
> 聖人盡性能然。若如此看，即於全體何處不是此氣象，第恐無甚氣
> 味爾。某竊以爲肫肫其仁以下三句乃是體認到此達天德之效處；就
> 喜怒哀樂未發時存養，至見此氣象，儘有地位也。

夏炘云：

> 按：〈中和舊說序〉云：從延平李先生受《中庸》之書，求喜怒哀樂
> 未發之旨未達，而先生殂。今《延平答問》中僅存二條，皆朱子極
> 力推求而延平不以爲然者也，錄出以備學者參考。

又云：

> 朱子所問，細繹之，是認太極爲未發固不差，但動而生陽，尚在兩
> 儀未立之先，二氣交感，尚在人物化生之始，謂爲已發，求之不遠
> 乎！至肫肫其仁三句，乃從經綸大經立大本、知化育推出至誠之全
> 體與天合德處，無所謂已發未發。學者去此地位尚覺遙遠，以是而
> 求未發不又太高而無所湊泊乎！〔註15〕

　　然則夏炘引朱子之說，所謂肫仁淵淵之意，所謂立大本知化育之意，亦皆
爲「致中和」之解析，惟夏炘對朱子之言，詮釋未見清晰，故仍圍繞於未發已
發之間而已。而其實，中和之道，爲相應於「天命流行之體」，再以「天命流行

〔註15〕《景紫堂全書・二》，頁99～100。

之體」落實於《中庸》之述，之後，乃有「致中和」圓融之理境。然此境朱子一時亦未能做到，即中和新說成立之後，亦一直未做到。朱子此時所說，似只著重於「流行之跡」以解「天命流行之體」。殊不知此所謂「流行」乃剋就「於穆不已」言，而「於穆不已」乃承上而剋就「天命」自身說。從「於穆不已」之天命而說爲「天命流行之體」，此體自身實無所謂「流行」；說「流行」，只是帶引此體所發體用不離之生化大用，以見凡有氣化流行處皆無非天命之作用而已。若只著於氣化不息之跡上，而認此氣化不息之跡即是「天命流行之體」，則非是。朱子於此未能清澈明透，只是儱侗見個影象。而朱子又不安於儱侗，故終於通過一己的參究而達於另一境的清澈明透；〔註16〕如以此點論，則夏炘於朱子之述或未深入其理境，故只能從立大本知化育處言說而已。

至於第二問題，所謂「天命流行之體」如何落實於《中庸》原文而形成「致中和」之解析，朱子亦未有明透之解答。其明透之解答當指後來中和新說所呈現之義理，而非此舊說所指向之義理。其實，對「天命流行之體」若有相應之契悟，則依舊說之義理以解中和，亦自成路數：

（1）本體宇宙論地說，此體即中體。中體呈現，引生氣化，且主宰氣化；氣化無不節合度，無不順適條暢，此即所謂達道之和。

（2）若自道德實踐而言，此中體即是吾人之性體，亦即本心。本心呈現，創生德行，則凡喜怒哀樂之發，四肢百體之動，皆有本心律則以調節之，亦在本心之潤澤中而得其順遂，此所謂睟面盎背，亦即所謂發而中節達道之和。

由此亦知，道德實踐之端倪，在於如何使中體呈現而致達道之和，此即致中和之本義，亦是第一書「於良心萌蘗之發見，致察而操存之」之意。惟朱子對此理解並不眞切，故終於放棄依舊說以解中和之路數。

（四）「第四書」，若僅就單篇看亦甚好。惟如明瞭前三書之說，則可看出朱子此書之反省仍未明澈問題之所在。譬云「浩浩大化之中，一家自有一個安宅，正是自家安身立命，主宰知覺處」，卻又不說「安宅」爲何。須知天命流行之體、中體、性體、本心仁體正是自家之安宅，正是自家安身立命、主宰自覺處。今乃謂「而今而後，乃知浩浩大化中，一家自有一個安宅」，似若前三書所云「天命流行之體」之外，復另有一安宅。由此知朱子對前書所函之義理說述仍未明確。此中關鍵乃在：

〔註16〕參考蔡仁厚《宋明理學・南宋篇》，頁82，所引牟宗三之説。

（1）對於「天命流行之體」是否能明澈知其爲理、爲心、爲神？

（2）中體、性體、本心是否能一？

（3）喜怒哀樂未發已發之發與良心發見之發並不同，於此，是否能明澈
　　地知「先察識而後涵養」於實踐工夫眞切之意與本質之意？

此三「能否」之問，果其「能」，即爲徹上徹下之明澈連結；果其「不能」，
則朱子之中和舊說亦必由中和新說之靜思而凝攝。

第四節　先察識後涵養之考辨

朱子三十八歲（乾道三年，1167）秋冬之際，訪張南軒於潭州（長沙）
復相偕遊南嶽，前後約二月之久。二先生諮商內容無從詳悉，王懋竑《年譜
考異》僅提及「心爲已發，性爲未發」，云「兩先生於此無議論」。所謂「無
異論」，恐只是表面相合。朱子誤混未發已發與良心發見之發爲一，而儱侗相
混；南軒則以五峰就良心發見而警覺體證爲背景，故二說自形式論，是無異
處。夏炘〈朱子丁亥戊子從張南軒先察後涵養考〉〔註17〕云：

> 張南軒「先察識後涵養」之說受之於胡五峰，胡五峰之說本之於謝
> 上蔡；上蔡之說則原於明道而不得其意者也。朱子中和舊說，凡言
> 心者，皆指已發而言，與胡五峰同，則以察識嵩倪爲初下手處，功
> 夫較爲直捷，故丁亥（乾道三年，1167，年三十八）至潭州（長沙）
> 與南軒同主此說。

李方子《紫陽年譜》：

> 乾道三年（1167）八月，如湖南見南軒先生。二先生講論之語，無
> 從考見。按：南軒贈行詩有曰：遺經得紬繹，心事兩綢繆。超然會
> 太極，眼底無全牛。先生答曰：「昔我抱冰炭，從君識乾坤。始知太
> 極蘊（夏炘注：白田云：太極謂未發也），要妙難具論。謂有寧有跡？
> 謂無復何存？惟應酬酢處，特達見本根。萬化自此流，千聖同茲源。」
> 以二詩觀之，則其往復而深相契者，太極之旨。〔註18〕

夏炘注云：

> 按：「唯應（一本作茲）酬酢處，特達見本相。後朱子所謂南軒之學

〔註17〕《景紫堂全書・二》，頁100。
〔註18〕《西山讀書記》卷三十一。

皆於鬧處承當也。」〔註19〕

蓋謂酬酢之間，朱子與南軒相與講論，然彼此仍有歧見。即南軒意寧言敬，不喜言靜，朱子則謂敬字工夫雖兼動靜，而仍必以靜爲本。故夏炘〈朱子己丑（1169）以後辨張南軒先察識後涵養考〉亦云：

朱子丙戌（1166）中和之說，與南軒往復通書，辨晰詳盡，南軒雖以延平默坐澄心爲不然，而於朱子之論中和，則無不合，及朱子至潭州（長沙），又從南軒先察識後涵養之說，南軒贈詩所謂「遺經得紬繹，心事兩綢繆」也。及朱子己丑（1169）更定舊說，始書與南軒論之，南軒亦欣然改從，惟「先察識後涵養」執之尚堅。朱子既與南軒結辨，又與當時同主此縮者極言之。

李子方《紫陽年譜》所載與夏炘所引之「遺經得紬繹，心事兩綢繆」皆南軒所贈朱子之作。二氏問學之篤，殆可知見。而朱子與南軒之談「敬」意，於涵養察識之工夫有所不同，此如後文所謂「一動一靜互爲根，敬義夾持不容間斷之意，則雖下靜字，元非死物。」〔註20〕此即朱子所堅持而與南軒不同者。故李默《朱熹年譜》記云：「是時范念德（伯崇）侍行，嘗言二先生論《中庸》之義，三日夜而不能合。」如就敬之動靜義申述，言亦大抵可信，惟云三日夜不合者，似若牽強。然所以如此，概以：（1）對朱子之中和舊說，南軒本就有所致疑。（2）朱子當時所悟，與五峰之學並非全相同。（3）舊說各書亦實有不少儱侗顢頇之見；故談論之間，自難一時合同。再者，「先察識後涵養」乃五峰學之本質，南軒意見雖尚保留，對此義則一直執守不偏，由是因敬之動靜而言「性」，此南軒之「性」爲無對之本體，與朱子性無不善說相異，故有所論辯耳。

至於察識與涵養之先後，南軒始終堅持「先察識後涵養」，若《文集》所載〈答林擇之〉即云：「近得南軒書，諸說皆相然諾，但先察識，後涵養，執之尚堅。」〔註21〕即夏炘亦舉〈張南軒艮齋銘〉所謂：

艮齋，建安魏元履燕居之室也，自《易》〈艮〉爲止止其所也。栻（南軒）嘗考《大學》始終之序，以知止爲始，得其所止爲終，而知止則有道矣。《易》與《大學》其義一也，敬爲之銘。物之感人，其端

〔註19〕《景紫堂全書‧二》，頁102。
〔註20〕《朱文公文集》卷三十二，〈答張敬夫十八書之第十八〉。
〔註21〕《朱文公文集》卷四十三。

無窮。人爲物誘，欲動乎中。不能反躬，殆滅天理。聖昭厥猷，在知所止。天心粹然，道義俱全。是曰至善，萬化之源。人所固在，曷爲違之。求之有道，夫何遠而。四端之著，我則察之。豈惟慮思，躬以達之。工深力到，大體可明。匪由外鑠，如春發生。知既至矣，必由其知，造次克念，戰兢自持。動靜以時，光明篤實。艮止之妙，於斯爲得。……〔註22〕

然則此四端之知與知止之知，淺深判然不同，而躬以達之，如「知止之道」，「知止爲始」，即以察識爲先而後操存之。其宗旨蓋以心爲已發，以性爲未發，要從已發處識得未發。然朱子自湖湘歸後，未共守此箇工夫之宗旨，。因之黃梨洲（宗羲）《宋元學案》〈南軒學案〉之案語即云：「南軒早知持養是本，省察所以成其持養，朱子缺卻平日一段涵養工夫，至晚年而後悟。」〔註23〕此言亦可補夏炘之說。〔註24〕由此知自胡五峰以來之湖湘學派皆主先察識，後涵養，南軒亦然。而朱子捨延平從南軒，始有《中和舊說》之曲折。再者，南軒之學，乃以平正主之，所謂「戰兢自持」、「光明篤實」者，皆在言其端正之貌象。此即黃梨洲〈南軒學案〉又一案語所云：「湖南一派，大端發露，無從容不迫氣象。自南軒出而與考亭相講究，去短集長，其言語之過於正者裁之以歸於平正，『有子，考無咎』，其南軒之謂與。」而錢穆則謂：「此條敘述南軒、朱子兩家切磋之間，頗近實情。

然『大端發露，無從容不迫氣象』，正爲其主張察識先乎持養而然。」〔註25〕則「無從容不迫氣象」言南軒之平正可知。

再以戊子（乾道四年，1168，年三十九）朱子有〈與何叔京（鎬）〉及石子重二書：

〔註22〕按《朱文公文集》卷四十一〈答程允夫〉書五，亦贊夫〈艮齋銘〉，且云：「去冬走湖湘，講論之益不少。然此事須是自做工夫於日用行住坐臥處，方自有見處；然後從此操存，以至於極，方物爾。敬夫所見超詣卓然，非所及。近文甚多，未暇錄，且令寫此一銘（〈艮齋銘〉）去，此尤勝他文也……〈艮齋銘〉便是做工夫底節次，近日相與考證古聖所傳門庭，建立此箇宗旨，相與守之。」此知朱子固贊此道，惟自然未守耳。

〔註23〕黃宗羲《宋元學案》之〈南軒學案〉。

〔註24〕《景紫堂全書・二》，頁104載〈張南軒艮齋銘〉夏炘案謂：「四耑之著，我則察之。即孟子知皆擴而充之也，與知止之知，淺深判然不同，比而同之，宜朱子不久而即悟其失也。」

〔註25〕錢穆《朱子新學案・二》，頁272。

〈與何叔京書（鎬）〉云：

> 但因其良心發現之微，猛省提撕，使心不昧，則是做工夫底本領，本領既得，自然下學而上達矣。若不察於良心發現處，即渺渺茫茫，終無下手處也。欽夫之學，所以超脱自在，見得分明，終是本領是當，非吾輩所及，但詳觀所論自可見矣。〔註26〕

與石子重（墩）書云：

> 去秋走長沙敬夫見處，卓然不可及。又云：敬字之説，深契鄙懷，只如《大學》次敍，亦須如此看始得，非格物致知全不用正心誠意；及其誠意正心卻都不用致知格物，但下學處須是密察，見得後便泰然行將去，此有始終之異耳。其實始終是箇「敬」字，但敬中須有體察功夫方能行著習察，不然，兀然持敬，亦無進步處也。

夏炘云：

> 涵養須用敬，進學在致知，二者雖齊頭並進，而涵養實爲致知之本，
>
> 此書就子重言敬，分別以察識爲先，用敬夫之説也。〔註27〕

前書爲朱子〈答何叔京書〉第三十二書之第十一書。所云「因其良心發見之徵，猛省提撕，使心不昧，則是做工夫底本領」，此仍是舊說第一書「於良心發見處，致察而操存之」之義。此確是道德實踐最本質之關鍵，亦即朱子所謂「做工夫的本領」。若「本領是當」，則如與石子重書所云「下學而上達」，而下學處須是密察，則泛觀博覽亦可有交待，而無所謂「支離」。反之，本領不立，徒知泛觀博覽，縱使兀然持敬，亦必支離歧出，而與聖道工夫不相干，此即夏炘所云「涵養實爲致知之本」之意。

至於「敬」字意，其時朱子與張南軒（栻）、何叔京（鎬）、石子重（墩）、許順之（升）等論及敬之存養工夫，概以由李延平之「主敬」轉而爲程頤之「主敬」，已昭示其自中和舊說向中和新說發展之契機。此意見夏炘引朱子〈附答羅參議張敬夫書〉云：

> 乙酉（1165）〈答羅參議書云〉（延平先生卒於癸未（1163）十月，

〔註26〕按：朱子斯書，王陽明採爲〈朱子晚年定論〉。陳建《學蔀通辨》，頁3，則駁斥謂：「據《年譜》，朱子四十歲，丁母祝孺人憂。此書『有奉親遣日之』云，則祝無恙時所答。朱子年猶未四十，學方日新未已，與象山猶未相識，得爲晚年定論乎！其顚倒誣誑，莫斯爲甚」。雖夏炘於陳建之言多所訾議，然其《通辨》之言，應屬公允，未可爲非也。

〔註27〕《景紫堂全書・二》，頁105。

則此爲乙酉（1165）十月後書也。）：欽夫時收安問警益甚多，大抵
衡山（湖湘）之學，只就操存辨察，本末一致，尤易見功，近乃覺
知如此，非面未易究也。

此雖朱子子三十六歲之作，夏炘引之，概亦見朱子思想之轉換也。因之，
夏炘特別注謂：

> 南軒先察識之説，朱子未往衡湘以前，書問往來，早已論及，朱子
> 守延平涵養本原之教，久不達中和之旨，忽聞此論，喜其尤易見功，
> 則欲從之，志已萌芽於乙酉（1165）之冬矣。不曰「辨察操存」，而
> 曰「操存辨察」，語尚疑而未決，故云非面未易究也。〔註28〕

由是知朱子之「久不達中和之旨」者，蓋對敬字之義有所遲疑，如延續
上列之說，則朱子中和之已發未發之說，關鍵不亦在敬之持守乎！故於敬之
解，所謂：「敬有死敬，有活敬若只守著主一之敬，遇事不濟之以義，以辨是
非，則不活。」

則此心之已發，即非只守主一之敬即爲敬，當遇事而濟之以義，使眞辨
是非而不迷茫不妄爲，方爲活敬。此朱子之意，亦夏炘所欲闡明者。

然此間亦有一問題，即何以朱子思想後來竟由舊說轉爲新說之路走，此
問題朱子三十七歲前後舊說諸書均未提及，惟在四十歲（乾道五年，1169，乙
丑）之〈中和舊說序〉言及與門人蔡元定（季通）講學，而有穎悟。

〈中和舊說序〉云：

> 余早年從延平李先失，受《中庸》之書，求喜怒哀樂未發之旨未達，
> 而先生沒。……聞張欽夫得衡山胡氏學，則往從而問焉。欽夫告予
> 以所聞，予亦未之省也。退而沈思，殆忘寢食。一日喟然歎曰：「人
> 自嬰而以至老死，雖其語默動靜之不同，然其大體莫非已發，特其
> 未發者未嘗發爾。」自此不復有疑，以爲《中庸》之旨，果不外乎
> 此矣。……乾道己丑（1169）之春，爲友人蔡季通（元定）言之，
> 問辨之際，予忽自疑：斯理也，雖吾之所默識，然亦未有不可以告
> 人者。今析之如此其紛糾而難明也，聽之如此其冥迷而難喻也，意
> 者乾坤易簡之理，人心所同然者，殆不如是；而程子之言出其門人
> 高弟子之手，亦不應一切謬誤，以至於此。然則予之所自信者，其

無乃反自誤乎？則復取程氏書，虛心平氣而徐讀之，未及數行，凍解冰釋，然後知情性之本然，聖賢之微旨，適足以自誤而已。至於推類究極，反求諸身，則又見其為害之大，蓋不但名言之失而已也。於是又竊自懼，亟以書報欽夫及嘗同為此論者。惟欽夫復深書以為然，其餘則或信或疑，或至於今累年而未定也。夫忽近求遠，厭常喜新，其弊乃至於此，可不戒哉！〔註29〕

朱子之悟中和新說，為受門蔡元定（季通）之啟發，《慶元黨禁》載：「熹嘗講《中庸》已發未發之旨，以為人自嬰兒至老死，雖語默動靜之不同，然大體莫非已發。元定不以為是，獨引程氏說，以為『敬而無失，便是喜怒哀樂未發之中』。後十年，熹再與元定辨論，始悟其說而悉反之，由是益奇元定。」〔註30〕惟此中云「後十年」者，恐非。再者，《文集》亦載朱子〈已發未發說〉：

《中庸》未發已發之義，前次認得此心流行之體，又因程子凡言之者，皆指已發之云，遂目心為已發，而以性為未發之中，自以為安矣。比觀程子《文集》、《遺書》，見其所論多不符合，因再思之，乃知前日之說，雖於心性之實未始有差，而未發、已發命各未當，且於日用之際欠卻本領一段工夫。蓋所失者，不但文義之間而已。因條其語而附以己見，告於朋友，願相與講焉。……

又：

據此諸說，皆以思慮未萌、事物未至之時為喜怒哀樂之未發，當此之時，即是心體流行、寂然不動之處。而天命之性，體段具焉，以其無過不及，不偏不倚，故謂之「中」，然已是就心體流行處見，故直謂之「性」則不可。呂博士論此，大概得之。特以中即是性，赤子之心即是未發，則大失之。故程子正之。（原注：解中亦有求中之意，蓋答書時，未暇辨耳。）蓋赤子之心動靜無常，非寂然不動之謂。故不可謂之中。然無營欲智巧之思，故為未遠乎中耳。未發之中，本體自然，不須窮索，但當此之時，敬以持之，使此氣象常存而不失，則自此而發者，其必中節矣。此日用之際本領工夫，其曰「卻於已發之際觀之」者，所以察其端倪之動，而敢擴充之功也。一不中，則非性之本然，而心之道或幾於息矣。故程子於此，每以

〔註29〕《朱文公文集》卷七十五。
〔註30〕 束景南《朱熹年譜長編》卷上，頁407。

「敬而無失」爲言。又云：「入道莫如敬，未有能致知而不敬者。」
又曰：「涵養須是敬，進學則在致知」。以事言之，則有動靜，以心
言之，則周流貫澈，其工夫初無間斷也。但以靜爲本爾。（原注：周
子所謂主靜者，亦是此意，但言靜則偏，故程子又說敬）。向來講論
思索，直以心爲已發，而所論致知格物，亦以察識端倪爲下手處，
以故缺卻平日涵養壹段工夫。其日用意趣常偏於動，無復深潛純一
之味，而其發之言語事爲之間，亦常躁迫浮露，無古聖賢氣象，由
所見之偏然爾。程子所謂「凡言心者，皆指已發而言。」此卻指心
體流行而言，非謂事物思慮之交也，然與《中庸》本文不合，故以
爲未當而復正之，固不可執其已改之言，而盡疑論說之誤，又不可
遂以爲（未）當，（脫「未」字）而不究其所指之殊也。周子曰：「無
極而太極」。程子（明道）又曰：「人生而靜以上不容說，纔說時，
便已不是性矣」。蓋聖賢論性，無不因心而發。若欲專言之，設所謂
無極而不容言者，亦無體段之可名矣。未審諸君子以爲如何〔註31〕

又〈與湖南諸公論中和第一書〉：

按《文集》、《遺書》諸說，似皆以思慮未萌、事物未至之時爲喜怒
哀樂之未發，當此之時，即是此心寂然不動之體，而天命之性當體
具焉，以其無過無無不及，不偏不倚，故謂之「中」，及其感而遂通
天下之故，則喜怒哀樂之性發焉，而心之用可見，以其無不中節，
無所乖戾，故謂之「和」。此則人心之正，而情性之德然也。然未發
之前不可尋覓，已覺之後不容安排，但平日莊敬涵養之功至，而無
人欲之私以亂之，則其未發也鏡明水止，而其發也無不中節矣。此
是日用本領工夫。至於隨事省察，即物推明，亦必以是爲本，而於
已發之際觀之，則其具於未發之前者固可默識。……〔註32〕

〈已發未發說〉及〈與湖南諸公論中和第一書〉二文無殊區別，以〈與
湖南諸公論中和第一書〉觀之，因是寄湖湘學者，乃針就湖湘之說論駁之，
故用語少緩，且所言皆專論中和、察識涵養、心性之說，可見此書乃就〈已
發未發說〉修改而成。至於就義理之思言，朱子所以必然地轉折向新說走，
其中決定性之關鍵，厥在伊川〈已發未發說〉所云「凡言心者皆指已發而言」。

〔註31〕《朱文公文集》卷六十七。
〔註32〕《景紫堂全書・二》卷四，頁166～168所引《朱文公文集》之卷六十四。

蓋以朱子自三十七歲起之三數年間，雖已言及「致察於良心之發見」爲「做工夫底本領」，然卻（1）未切實體會此義所以成立之根源；（2）未切實體會孟子之本心、求放心、先立其大諸義；（3）未切實體會明道「須先識仁」之義；（4）未正視上蔡以覺訓仁及五峰「須先識仁之體」之義；（5）未切實體會「天命流行之體」之義；（6）未切實體會濂溪之誠體、神體、寂感眞幾，以會通太極；（7）未切實體會明道「只心便是天，盡心便知性，知性便知天，當處便認取，更不可外求」之一本論；而只膠著於伊川「凡言心者皆指已發而言」之語，以求其所謂中庸之旨，本末輕重遂爲之顚倒矣。

然朱子以爲「程子（伊川）所謂『凡言心者，皆指已發而言』，此卻指心體流行而言，非謂事物思慮之交也，然與《中庸》本文不合，故以爲未當。」之「未當」之言，使朱子反不能悟入「致察於良心發見」一路所函蘊之深遠義理，亦未能眞切體認此一「做工夫底本領」之警策處；故而當其發現以「已發爲心，未發爲性」之說爲未妥時，相對地亦拋棄「致察於良心發見」一路之義理，作一大轉向，而順伊川學之綱領以思，此即朱子過轉至中和新說關鍵之所在。

第五節　中和新說之發端與間架

朱子四十歲（乾道五年，1169，乙丑）之春，與門人蔡元定（季通）言未發之旨，問辨之際，忽然自疑，遂急轉而下，而有上述之〈中和舊說序〉、〈已發未發說〉、〈與湖南諸公論中和第一書〉乃至〈答張欽夫〉之長書，皆爲中和新說建立之重要文獻。〔註33〕夏炘亦舉此諸篇，而以〈朱子己丑以後更定中和舊說考〉概之，且云：

> 朱子畢生之學，大定於己丑（1169）以後，豈天欲使之爲百世之師，立儒宗之極，故多其途徑，俾之紆迴曲折，無微不至，而後豁然貫通，遂有以衍濂洛之心傳，紹洙泗之道脈哉。夫理莫精於中和，而未發已發，乃中和之界限，舊說以未發屬性，已發爲心，雖未爲大失，而儱侗界限不分，於是審幾用力之地，必有非所據而據者，是學術之憂也。〔註34〕

〔註33〕《景紫堂全書・二》卷四，163～172。
〔註34〕同上，頁159。

　　則夏炘亦以朱子中和舊說有未盡周延之處，然其肯定朱子之學大定於四十歲以後，概亦知朱子思想有所轉也。至於朱子思想之迴轉，究竟如何？仍宜再就《文集》所論，作一抒解。

一、已發未發說；中和新說之端倪

　　朱子之「已發未發說」，首言及舊說「心爲已發、性爲未發」，乃命名未當。經存養省察後，以爲伊川所言「皆以思慮未萌、事物未至之時，爲喜怒哀樂之未發」爲《中庸》道體之本然。此「未發」之「中」直指「心」說，而同時亦復顯一超越之體，此即是「性」。

夏炘引《文集》云：

　　　　中即道也。又曰：道無不中，故以中形道。

　　　　又云：中即性也，此語極未安。中也者所以狀性之體段，如天圓地
　　　　　　　方。

　　　　又云：中之爲義自過不及立名。若只以中爲性，則中與性不合。

　　　　又云：性道不可合一而言。中止可言體，而不可與性同德、

　　　　又云：中者性之德，此爲近之。又云：不若謂之性中。

　　　　又云：喜怒哀樂之未發謂之中。赤子之心發而未遠乎中。若便謂之
　　　　　　　中，是不識大本也。

　　　　又云：赤子之心可以謂之和，不可謂之中。

　　　　遺書云：只喜怒哀樂不發便是中。

　　　　又云：既思，便是已發，喜怒哀樂一般。

　　　　又云：當中之時耳無聞，目無見，然見聞之理在始得。

　　　　又云：未發之前謂之靜則可，靜中須有物始得。這裏最是難處。能
　　　　　　　敬，則自知此矣。

　　　　又云：敬而無失，便是喜怒哀樂未發謂之中也。敬不可謂之中，但
　　　　　　　敬而無失，即所以中也。

　　　　又云：中者，天下之大本，天地間亭亭當當直上直下之正理。出則
　　　　　　　不是，惟敬而無失最盡。〔註35〕

　　　　又云：存養於未發之前則可，求中於未發之前則不可。

〔註35〕按：此條爲明道語，非伊川語。

又云：未發更怎生求？只平日涵養便是，涵養久，則喜怒哀樂發而
　　　中節。

又云：善觀者卻於已發之際觀之。〔註36〕

如再就前引朱子〈已發未發說〉相觀，則中和新說已發未發之端倪，必較
易豁顯。今者，未發之「中」直指「心」而言，心之外，復顯一超越之「性」。
則「中」字可以二指：一曰心，二曰性（惟「中」未等同於任一面，故不直說
中即心或中即性）。而人之情變未發時，「即是心體流行、寂然不動處，而天命
之性、體段具焉」。故謂性者，乃就心體流行處見，因而有體段可言。此體段即
如中和新書所謂「一性渾然，道義全具」，然則「渾然道義全具」即是此時性之
體段也。若離開「心體流行、寂然不動」，則性亦無此體段之可言，乃是所謂「無
極而不容言者」。如此，則心與性平行（性之體段因心而見）而為二體（性是理，
心不即是理），而「中」字是個狀詞，被理解為二：(1) 其直接所狀者，是心之
寂然不動。(2) 若就其所狀所涉而為一超越實體言，則其體應為「性」而非「心」。
由心之寂然而言其為「體」者，乃針就其感發之「用」而言。惟其感發非必然
即是中節之和，且節之準繩亦非在心，故心自身雖有體有用，仍不能表示其必
可為超越之體。此因惟在靜時所見之寂然（心）與渾然（性），無可窮索，亦無
可尋覓，因而不能施以察識之功，而只能蘊之以涵養或存養耳。故曰：「但平日
莊敬涵養之功至，而無人欲之私以亂之，則其未發也，鏡明水止，而其發也，
無不中矣。此是日用本領工夫。至於隨事省察，即物推明，亦必以是為本。至
於已發之際觀之，則其於未發之前者亦可默識。」以是知此「涵養於未發」而
「察識於已發」之靜養、動察之屬，乃承接伊川與蘇元定論中和之語而言。若
靜養者，則承接「若言存養於喜怒哀樂未發之時則可，若言求中於喜怒哀樂未
發之前則不可」及「未發更怎生求，只涵養便是」之語而說；而動察者，則承
接「善觀者不如此，卻於喜怒哀樂已發之際觀之」之語而說。靜養動察既有分
屬，此朱子即以未發時之「莊敬涵養」為「日用本領工夫」，而以為舊說所論「止
以察識端倪為最初下手處，以故缺卻平日涵養一段工夫」。畢竟往時「直以心為
已發」，故僅重動察，而缺卻涵養；今知心有已發時，亦有未發時，則未發時之
莊敬涵養，乃有所凸顯矣。

朱子如此反省，實因其對「察於良心之發見」一路之工夫有所差誤，而差
誤在「自來講論思索，直以心為已發，而所論致知格物亦以察識端倪為初下手

〔註36〕《景紫堂全書·二》卷四，頁164～166引朱子語。

處，以故缺卻平日涵養一段工夫，其日用意趣常偏於動，無復深潛純一之味，而其發之言語事爲之間，亦常躁迫浮露，無聖賢氣象，由所見之偏而然爾。」相對於中和舊說，則知朱子已見及己病根之所在。此因朱子生命本質偏於動察之面，是以追索延平遺教，終無所得，求中於未發之路，亦始終無法湊泊。既通過南軒而湖湘之學，有一表面之相合，乃以「致察」爲功夫之進路，而無需默坐澄心走超越體證之路。但依五峰，則致察尚是本心之察識，所重則純就內在體證而已！即以戊子（1168）朱子〈答何叔京書〉所言「若不察於良心發見處，即渺渺茫茫，恐無下手處也。」此處之良心應指本心而言，本心既立，豈有涵養無安頓處之感？然相隔一年，於己丑（1169）時，朱子即言「以察識端倪爲初下手處，以故缺卻平日涵養一段工夫」。由此知朱子所謂之心實非本心，而僅爲一平常實然之心而非應然義理當然之心。而此心就其已發處致察，當即呈顯躁迫浮露之味。明乎此，乃即知新說之有進於舊說，亦夏炘所謂中和新說「亦己丑（1169）春更定舊說後之所作，朱子之論已發未發各有界限，非如舊說之儱侗囫圇矣。」〔註37〕由是而知朱子已然了解此心之周流貫澈當非僅止於已發，即未發之時，於寂然不動處，亦爲心體之流行，而天命之性體段具焉，以其無過不及，不偏不倚，乃謂之中。〔註38〕而已發之處可以察識，未發之中，本體自然，不須窮索，只敬以持之，使此氣象常持而不失，則自此而發者，其必中節矣。由是朱子承接伊川之路數，即所謂之「涵養須用敬，進學則在致知」。伊川更明言：「存養於未發之前則可，求中於未發之前則不可。」又云：「未發更怎生求？只平日涵養便是。涵養久，則喜怒哀樂發而中節。」如此「靜養動察，敬貫動靜」。朱子一則以靜爲本，一則以言靜爲過偏，故隨伊川說敬，其意乃以爲既可避免平日動察過度之缺失，亦不致落入偏於過靜之流弊。故而涵養於未發，察識於已發，如此動靜二者皆可以心爲工夫，此即合於粹然之中節。

　　至若已發未發之後段，朱子言及「聖賢論性，無不因心而發。若專言之，則是所謂無極而不容言者，亦無體段之可名矣」。「因心而發」，猶言「因心而見」。言發者，即發爲論說之意，如離開心而專就性之自體言，即是「無極而太極」

〔註37〕《景紫堂全書・二》卷四，頁168。

〔註38〕蔡仁厚《宋明理學・南宋篇》，頁90～91所云：「當初伊川說『凡言心者皆指已發而言』，經與呂與叔（祖謙）之致詰，承認『未當』，而改云：『心一也，有指體而言者，寂然不動也；有指用而言者，感而遂通天下之故是也』。朱子到此時方著實見到伊川改後之說法，遂覺舊說『以心爲已發』之言爲非是，乃有此已發未發之分說。」即此意思。

之無極，乃不容說者，因而亦無體段之可言。須得「因心而發」始有體段之可言，此因心之寂然不動而見得「一性渾然，道義全具」，且因心之感而遂通而見性理粲然明著之表現，是此渾然即是性之體段，皆因心而見者。朱子此義，亦即中和新說開端所謂「以心爲主而論之」之意。此意即函「心」與「性」相互之關係。以心爲言，朱子所體會之心大底爲一經驗實然之心，此心可與理相合，亦未必一定與理相合。因之非超越的本心，概以本心爲禮義之源，心即理，兩下無相違之可能；朱子所體會者既爲一經驗實然之心，由經驗實然之心而昇華爲超然之本心，乃即朱子「因心而發」體段之展現。而自性說，中和舊說乃從「只是來得無窮，便常有箇未發底」說性，「據其已發者而指其未發者，已發者皆人心，未發者皆其性」，此義乃據其倏往倏來無間而發之體悟而來。然此未發已發一路而下，二者之間既無差異，則必無貞定之處。至新說而上接伊川之思路，謂「性即理也」。性體與心體略有差異，質亦有別，其爲經驗實然之心通過後天之修養而與性體所涵之理相合，至此階段，朱子自亦可說「心即理」。惟心之與性非同一，乃平行關係。心之寂然可以涵性之渾然而道義全具，然亦非必然如此；性具眾理，此理即是性體之內容；心具眾理，即爲修養之結果，如是朱子之思路即朝一心性平行、理氣分屬之靜攝系統以去。今，心性既爲平行，則寂然之心與渾然之性既無可窮索，自只能施涵養之功，而致察至此乃明指動察，如此動靜個有分屬，心之周流貫澈動靜，如此，朱子數年苦思不得善解之難題乃得解決，似乎既無湖湘一派之流弊，又不似延平的只偏於靜。然此時朱子思想似已離開明道以降之縱貫系統，而是順延伊川思想而完成一靜攝之系統。故最後所謂「無極而不容言」者，乃明性「因心而發」始有體段可言，如此纔由心之寂然以見性之渾然而道義全具矣。

二、中和之論定：新說之完成

順著朱子自身之思陸，只要下後天修養工夫，則心之寂然可以相應於性之渾然；未發之中可以導向已發之和，在心性平行理解之下，可以說是「寂而常感，感而常寂」之類的圓融話頭，此是朱子數年歷經疑難之後所把握之最後理境。而如以書論言，則朱子四十歲之〈答張欽夫書〉，亦可標爲「中和新說書」。〔註39〕

〔註39〕牟宗三《心體與性體》第三冊第二章第六節之論。

夏炘引朱子〈答張欽夫書〉云：

> 諸說例蒙印可，而未發之旨尤其樞要。既無異論，何慰如之！然比觀舊說，卻覺無甚綱領。因復體察，覺得此理須以心爲主而論之，則性情之德，中和之妙，皆有條而不紊矣。然人之一身，知覺運用，莫非心之所爲，則心固所以主於身，而無動靜語默之間者也。然方其靜也，事物未至，思慮未萌，而一性渾然，道義全具，其所謂中，是乃心之所以爲體，而寂然不動者也。及其動也，事物交至，思慮萌焉，則七情迭用，各有攸主，其所謂和，是乃心之所以爲用，感而遂通者也。然性之靜也，而不能不動，情之動也，而必有節焉，是則心之所以寂然感通，周流貫澈，而體用未始相離者也。然人有是心，而或不仁，則無以著此心之妙。人雖欲仁，而或不敬，無以致求仁之功。蓋心主乎一身，而無動靜語默之間，是以君子之於敬，亦無動靜語默而不用其力焉。未發之前是敬也，固已立乎存之實，已發之際是敬也，又常行於省察之間。方其存也，思慮未萌，而知覺不昧，是則靜中之動，復之所以見天地之心也。及其察也，事物紛糾，而品節不差，是則動中之靜，艮之所以不獲其身，不見其人也。有以主乎靜中之動，是以寂而未嘗不感。有以察乎動中之靜，是以感而未嘗不寂。寂而常感，感而常寂，此心之所以周流貫澈，而無一息之不仁也。然則君子之所以致中和，而天地位，萬物育者，在此而已。〔註40〕蓋主於身而無動靜語默之間者，心也。仁則心之道，而敬則貞也。此澈上澈下之道，聖學之本統。明乎此，則性情之德，中和之妙，可一言而盡矣。〔註41〕

此爲朱子答〈張欽夫書〉十八書之第十八書，所錄爲前半篇。書直陳己意，極有條理。所論亦較「已發未發說」、「與湖南諸公論中和第一書」爲明澈。而書信起始即標出「見得此理須以心爲而論之」。此如何把握心體以爲後天修養工夫，自始至終即爲朱子所潛研之思慮。而此思慮忽明忽昧，追索多年，自此纔有一眞正熟穩且精準之解答。由是朱子終於悟得心之所以周流貫

〔註40〕按《景紫堂全書・二》卷四，頁171～173只錄朱子之言至此，後之書則缺微，謹依朱子原文補足。

〔註41〕此爲《朱文公文集》卷三十二，〈答張敬（欽）夫書〉十八書之第十八，上之前半篇。

澈，而通貫於已發未發、動靜語默間之理。

再以此信，朱子明白指出：心之寂然乃相應於性之渾然、道義全具。心性平行，眞正超越的實體在性不在心。雖則此函朱子尙未提出「性即理」的思想，隱然之際則已涵蘊其中之思。至於「性之靜也而能不動」云云，恐是因襲「人生而靜，感於物而動，性之欲也」之說而來，如依朱子自身思想推論，則性即理者，實無所謂之動，其動只是藉氣之動而顯現，自身乃是氣動之所以然之理，惟朱子常不自覺地將己之思想比附於古典，表面似相合，依次下去，則非完全相合。靜養動察，敬貫動靜，朱子今已解決未發時如何用工夫之問題，且知已有未發之中然後有已發之和，基本上乃可承接濂溪、明道以來一貫以靜爲本之說，同時亦照應著延平之遺教；至於之前答何叔京書所云「若不察於良心發處，即渺渺茫茫，恐無下手處」，如今卻云「且從初不曾存養，便欲隨事察識，竊恐浩浩茫茫，無下手處」，由此亦見朱子致察於良心之思路實不相應，〔註42〕乃迴轉成爲隨事察識之動察，至此乃必須顛倒察識存養之次序，則朱子亦已能掌握一己之進路而解決思想之窒礙。

朱子既已明澈把握一己之思路，因之回答南軒疑難即無任何窒礙。而其實由函中語氣可以見出南軒終未同意改變先察識後存養之次序，此在前節已論述，只是南軒無法將師門及其思想論述周延，以致主客易位，是而常隨朱子意見而流轉。如〈又祭張敬夫殿撰文〉所云：「唯我之與兄，朐志同而心契，或面講而未窮，又書傳而不置。蓋有我之所是，而兄以爲非，亦有兄之所然，而我之所議。又有始所共鄉而終悟其偏，亦有早所同嚌，而晚得其味，蓋繽紛往反者幾十餘年，末乃同歸一致。」〔註43〕此朱子謂南軒之末乃同其所同，然就理論依歸則未必盡同，只是南軒較隨和，肯承認朱子觀點，是以二人友誼終其生而不衰。

前半篇之意已說述如上，後半篇則爲朱子對張南軒的答辯，此答辯之說，夏炘之文，未見取用，實則爲前後一貫之作，宜一併舉出：

> 熹向來之說，固未及此。而來諭曲折，雖多所發明，然於提綱振領處，似亦有未盡。又如所謂「學者須先察識端倪之發，然後可知存養之功」。則熹於此不能無疑。蓋發處固當察識，但人自有未發時，此處便合存養：豈可必待發而後察，察而後存耶？且從初不曾存養，

〔註42〕劉述先《朱子哲學思想的發展與完成》，頁108。
〔註43〕《朱文公文集》卷八十七。

便欲隨事察識，竊恐浩浩茫茫，無下手處。而毫釐之差，千里之謬，
將有不可勝言者。此程子每言「孟子才高，學之無可爲據，人須是
學顏子之學，則入聖爲近，有用力處」。其微意亦可見矣。且如灑掃
應對進退，此存養之事也。不知將先於此而後察識耶？抑將先察識
而後存養耶？以此觀之，則用力之先後，判然可觀矣。

此後半篇之述，爲對張南軒之答辯。首即致疑於南軒「先察識端倪之發，
然後可加存養之功」一語。實則朱子三十九歲答何叔京書已言「若不察於良
心發見，即渺渺茫茫，恐無下手處」。今忽倒轉過來而云「且從初不曾存養，
便欲隨事察識，竊恐浩浩茫茫，無下手處」。據此亦可知新說爲甚大之轉變。
朱子轉變後之意，於「與湖南諸公書」中業已辨解詳明，而南軒見後仍主「先
察識端倪之發」，則必以爲此中本即有問題，如夏炘引朱子己丑（1169）答〈林
擇之〉所云：「近得南軒書，諸說皆相然諾，但先察識後涵養之說，執之甚堅。」
〔註44〕然而南軒之「察於已發，隨事察識」之察識亦未能取代靜復以見體之
體證，此南軒於此似未通透眞切。至於文中又引程子所謂「孟子才高」云云，
則並非相干之論。今所討論乃道德實踐之本質問題，豈可以「孟子才高」遂
忽視孟子工夫之路乎？

又載：

來教又謂「動中涵靜，所謂復見天地之心」，亦所未喻。熹前以復爲
靜中之動者，蓋觀卦象，便自可見。而伊川先生之意似亦如此。來
教又謂「言靜、則溺於虛無」，此固所當深慮。然此二字，如佛者之
論，則誠有此患。若以天理觀之，則動之不能無靜，由靜之不能無
動也，靜之不能無養，猶動之不可不察也。但見得一動一靜，互爲
其根、敬義夾持、不容間斷之意，則雖下一靜字，元非死物。至靜
之中，蓋有動之端焉，是乃所以見天地之心者。而先王之所以至日
閉關，蓋當此之時，則安靜以養乎此爾。固非遠事絕物，閉目兀坐，
而偏於靜之謂。但未接物時，便有敬以主乎其中，則事至物來、善
端昭著，而所以察之者益精明爾。伊川先生所謂「卻於已發之際觀
之」者，正謂未發則只有存養而已，發則方有可觀也。

南軒由「動中見靜」說「復見天地之心」，並無不是。由動而逆反於靜，
淵然有所存主，此便是復見天地之心。朱子則專就靜時而又推進一層，以「心

體之靈昭不昧爲動」而說復，故以「靜中之動」爲「復」。靜中之動非動時之動，乃剋就心體自身之靈昭不昧說。此當本於伊川「動而復見天地之心」而來。實則二人之說皆不誤，要義皆在「靜」字。南軒爲關聯已成之動而說靜，朱子則斷自靜而又移就心體自身之不昧以說動，二人所說不同，而皆可通。其次，朱子又辨「言靜則溺於虛無」之意，言皆明當。至於伊川「於已發之際觀之」一語，以言存養於未發、觀省於已發，則是朱子所謂「先涵養後察識」之義。

又載：

> 周子之言主靜，乃就中正仁義而言。以正對中，則中爲重；以仁配義，則仁爲本爾。非四者之外，則有主靜一段事也。來教又謂熹言以靜爲本，不若遂言以敬爲本。此固然也。然敬字工夫通貫動靜，而必以靜爲本。故熹向來輒有是語。今若遂易爲敬，雖若完全，然卻不見敬之所施有先有後，則亦未得爲諦當也。

「以靜爲本」，即以靜時之涵養爲本，此正是「先涵養後察識」之義。而非以動靜相對之靜時或靜事爲本。如自時與事而言，則動靜無端而互爲其根，自不能只「以靜爲本」。朱子上段之辨已甚詳明。朱子之意，乃以敬所施之「靜時的涵養工夫」爲先爲本。而「敬之所施，有先有後」，未可直曰「以敬爲本」。又周子言「主靜以立人極」，是靜復以立體之意，而非以靜時涵養工夫爲本，亦非先涵養後察識之論。朱子「已發未發說」中有「但以靜爲本爾」一語，自注云：「周子所謂主靜者，亦是此意。但言靜則偏，故程子又說敬」。朱子之注，只是順便提醒，使人想到程子說敬，卻非要人以程子之「敬」替代「以靜時涵養工夫爲本」之義。惟朱子以爲周子言主靜亦同於己所謂以靜時之涵養，此則不切；注中又言「但言靜則偏」，經此一提，則語意又脫離涵養工夫而僅指動靜之靜，就動靜之時而主靜，當然有偏，故須提起敬字；但以靜時涵養工夫爲本，則是靜養動察，則於先涵養後察識之義，自亦無所偏。

又載：

> 至如來教所謂「要須察夫動以見靜之所存，靜以涵動之所本，動靜相須，體用不離，而後爲無滲漏也」。此數句卓然，意語俱到。謹以書之座右，出入觀省。然上兩句次序似未甚安。意謂易而置之，乃有可行之實。不審尊意以爲如何？

此爲最後之段。南軒「動以見靜之所存，靜以涵動之所本」二語，極爲

朱子所稱賞。此因依朱子之思路：

（1）「動以見靜之所存」，意即動時見靜時之所存養，而所存養者即是「中」之體，亦即心之「知覺不昧」而「一性渾然」。

（2）「靜以涵動之所本」，意即靜時之存養足以涵動時所依據之體，使動而不妄動，而所依據之體乃是「中」之體，乃是「知覺不昧」而「一性渾然」。

二者亦爲交互平說，所謂「動靜相須，體用不離」者，其歸攝仍在「以靜時之涵養爲本」之義。〔註45〕由此亦知朱子是明澈把握住一己之思路，故終則南軒順隨朱之意而走，有如上之所引〈又祭張敬夫殿撰文〉之「蓋繽紛往反者幾十餘年，末乃同歸而一致」。允爲合誼。

第六節　中和新說下之書函與辨議

朱子四十歲之年，（乾道五年，己丑，1169）爲其中和新說確立之時期，重要書函如前所述〈與湖南諸公論中和第一書〉及〈答張敬夫十八書之第十八書〉外，亦有致林擇之數封書信，皆攸關中和新說之論。如己丑〈答林擇之書〉云：

（夏炘注：篇首云：「某侍旁如昨，祠官再請。」故知爲己丑九月前之書）近得南軒書，諸說皆相然諾，但先察識後涵養之說，執之尚堅。〔註46〕

夏炘云：

炘按：擇之名用中，古田人。丁亥（1167）歲，朱子招至崇安教子，偕朱子至長沙，同登南嶽，十一月，自儲州別南軒，又偕朱子東歸，實與聞先察識後涵養之說者。

此信應是〈與湖南諸公書〉之後接南軒復信所作，所述新舊之事甚顯明，而南軒此時顯未棄其一貫立場以附和朱子先涵養後察識之說。

又〈答林擇之書〉云：

近看南軒文字，大抵都無前面一截功（工），心體通有無該動靜，方

〔註45〕參見蔡仁厚《宋明理學‧南宋篇》，頁98～101
〔註46〕《景紫堂全書‧二》卷四頁133；又見《朱文公文集》卷三十四，〈答林擇之三十三書之第三書〉。

無透漏。若必待其發而後察，察而後存，則工夫之所不至多矣。惟
涵養於未發之前，則其發處自然中節者多，不中節者少，體察之際，
亦易明審，易為著力，與異時無本可據之說，大不同矣。

又〈答林擇之書〉云：

今且論涵養一節，疑古人直自小學涵養成就，所以大學之道只從格物
做起，但今人從前無此功（工）夫，但見《大學》以格物為先，便欲
只以思慮知識求之，更不於操存處用力，縱始窺測得十分，亦無實地
可據。大抵敬字是徹上徹下之意，物格致知乃其間節次進步勿耳。

又〈答林擇之書〉云：

義理，人心之固有，苟得其養而無物欲之昏，則自然發見明著，不
假別求，格物致知亦因明而明之耳。今乃謂不先察識耑倪則涵養箇
甚底，不亦太急乎！

夏炘云：

按以上三書無季可考，大約亦在己丑（1169）庚寅（1170）之間耳。
〔註47〕

此三書朱子未標示何年之作，夏炘云或朱子四十、四十一歲間所作。其
實如「近看南軒文字」云云，為朱子〈答林擇之書〉三十三書之第二十二書，
亦不必在意定為何之作，要緊地在於由此諸信函，朱子尋得其安適工夫；且
亦由此諸信函朱子知由已發通貫至未發，而能貫乎有無，該乎動靜，達到無
滲漏之境，方為有味，否則僅考其年代，泥於節骨之眼，恐為不當。至於朱
子答林擇之之書，關乎中和新說而《景紫堂全書》未列者，宜為如下諸書，
一併舉出：

又〈答林擇之書〉：

（上略）昨日書中論未發者，看得如何？兩日思之，疑舊來所說，
於心性之實未有差，而未發已發字頓放得未甚穩當。疑未發只是思
慮事物之未接時，於此便可見性之體段，故可謂之中，而不可謂之
性也。發而中節，是思慮已交之際皆得其理，故可謂之和，而不可
謂之心。心則通貫乎已發未發之間，乃大易生生流行，一動一靜之
全體也。云云。舊疑遺書所記不審，今以此勘之，無一不合。信乎

〔註47〕《景紫堂全書·二》卷四，頁 133～134。

天下之書未可輕讀，聖賢旨趣未易明，道體精微未易究也。〔註48〕

此信之意同於「已發未發說」，應為朱子四十歲後所寫，〔註49〕此書於中和說之新舊轉變甚清楚，於考據朱子撰作年代極有價值，夏炘未錄，即王懋竑之《朱子考異》亦未錄，劉述先云：「王懋竑不知為何未錄，十分可異。」〔註50〕又〈答林擇之書〉：

> 所引「人生而靜」，不知如何看靜字？恐此亦指未感物而言耳。蓋當此之時，此心渾然天理全具。所謂中者狀性之體，正於此見之。但《中庸》、〈樂記〉之言有疎密之異。《中庸》澈頭澈尾說箇謹獨工夫，即所謂「敬而無失」、「平日涵養」之意。〈樂記〉卻直到好惡無節處，方說不能反躬，天理滅矣。殊不知未感物時，若無主宰，則亦不能安其靜，只此便昏了天性，不待物之引，然後差也。蓋中和二字皆（乃）道之體用。以人言之，則已發未發之謂。但不能慎獨，則雖事物未至，固已紛綸膠擾，無復未發之時，既無以致夫所謂中，而其發必乖，又無以致夫所謂和。惟其戒謹恐懼，不敢須臾離，然後中和可致，而大本達道乃在我矣。此道也，二先生蓋屢言之。而龜山所謂「未發之際能體所謂中，已發之際能得所謂和」，此語為近之。然未免有病。舊聞李先生論此最詳。後來所見不同，遂不復致思。今乃知其為人深切，然恨已不能盡記其曲折矣。如云：「人固有無所喜怒哀樂之時，然謂之未發則不可，有無主也」。又云：「敬字如致師之致」。又如「先言慎獨，然後及中和」，此意亦嘗言之，但當時既不領略，後來又不深思，遂成磋過，孤負此翁耳。……〔註51〕

朱子基本思路為「心具眾理」，此與「心即理」之思顯有距離。蓋以朱子所重在後天修養，其所謂之心為一實然的心而非本心，且此心要通過莊敬涵養工夫纔能抒發其理，否則理亦無所得。

〔註48〕《朱文公文集》卷四十三，〈答林擇之第三十三書之第六書〉。

〔註49〕《朱文公文集・別集》卷六亦有〈答林擇之〉書六，云：「某所請未報。元履傳聞有添差台學之除……《祭儀》稿本納呈，未可示人，且煩仔細考究。」是書言魏彈掞之除台州學教授，作於乾道五年己丑（1169），時朱子四十歲，而卷四十三之〈答林擇之書之六〉，當亦在此時。

〔註50〕劉述先《朱子哲學思想的發展與完成》，頁113。

〔註51〕《朱文公文集》卷四十三，〈答林擇之三十三書之第二十書〉。

再以《中庸》之講慎獨，由龜山、延平一脈思路，正要在不覩不聞，於喜怒哀樂未發時體驗一超越之性體。此與朱子所云涵養有別，故朱子雖由南軒而折返於延平，實則與延平頗有距離，只是當時朱子未覺耳。故晚年語錄對延平之說不無微詞，然自涵養工夫言，朱子確是由追思延平遺教而仍感靜養工夫之不可廢，因之，須得在一己思想系統中尋得一定位，如此纔能於自我架構中凝就成熟之思想。至於此後天涵養，朱子於〈答林擇之書〉之第二十一書，亦有所闡釋：

> 古人只從「幼子常視（示）毋誑」以上，灑掃應對進退之間，便是做涵養底工夫了。此豈特先識端倪而後加涵養哉？但從此涵養中，漸漸體出這端倪來，則一一便為己物。又只如平常地涵養將去，自然純熟。今曰：「即日所學便當察此端倪自加涵養之功」，似非古人為學之序也。……蓋義理，人心之固有。苟得其養，而無物欲之昏，則自然發見明著，不待別求。格物致知亦因其明明之爾。今乃謂「不先察識端倪，則涵養個甚底」，不亦太急迫乎？敬字通貫動靜。但未發時，則渾然是敬之體，非是知其未發，方下敬底工夫也。既發，則隨事省察，而敬之用行焉。然非其體素立，則省察之功亦無自而施也。故敬義非兩截事。必有事焉而勿正，心勿忘，勿助長，則此心卓然通貫動靜，敬立義行，無適而非天理之正矣。……

由此信知朱子所謂涵養已非延平默坐澄心之說。朱子對教育程序應循步驟雖有見地，然未理解所謂「先識端倪而後涵養」乃自覺地作道德實踐之層次，與教育程序未可相混；且而若本心不立，則道德實踐即缺乏穩固基礎。朱子之論，優處端在事上磨練，使心不致流於空疏，缺則自覺之心究竟挺拔不開，難免支離之病。然朱子之重做後天之修養工夫終仍必得自此方向走，與科學之致知又顯非一事。以是知由朱子自身之架構，而敬貫動靜，亦可達其涵養之圓融與體會，只是進路與思維系統與延平等有別耳。再者，夏炘亦引朱子〈答胡廣仲〉云：

> 近來覺得敬之一字，真聖學始終之要。向來之論，謂必先致其知，然後有以用力於此，疑若未安。蓋古人由小學而進於大學，其於灑掃應對進退之間，持守堅定，涵養純熟，固已久矣。是以大學之序，特因小學已成之功，而以格物致知為始。今人未嘗一日從事於小學，而曰必先致其知然後敬有所施，則未知其以何為主而格物以致知也。

此乃謂就小學言則先涵養，就大學言當先窮理致知。今既缺卻平日小學一段涵養工夫，故朱子有時又言涵養在先也。

又〈答胡廣仲〉云：

> 來教所謂正要此處識得眞妄，然須是平日有涵養之功，臨事方能識得。若茫然都無主宰，事至然後安排，則以緩而不及於事矣。

夏炘按云：

> 胡廣仲，名實，文定公二弟安止之子。文定公世家建州之崇安，至文定宦遊荊楚，徙家衡嶽之下，故遂爲楚人。廣仲不及事文定，受業於從兄五峰之門，與張南軒爲同門友，蓋皆受五峰先察識後涵養之說者，朱子謂湖南諸公，廣仲其一也。〔註52〕

由此知胡廣仲與張南軒皆自胡五峰而來，所重之先察識而後涵養，與朱子之見或未相合。《文集》又載〈答胡廣仲〉之另一書函：

> 不務涵養而專於致知，此固前日受病之原。而所知不精，害於涵養，此又今日切身之病也。若但欲守今日之知而加涵養之功以補其所不足，竊恐終未免夫有病，而非所以合內外之道。必也盡棄今日之所已知，而兩進夫涵養格物之功焉，則庶乎其可耳。〔註53〕

以此書與上諸書互相比讀，乃可見朱子之終極意向。此諸書乃與同一人，先後時間相隔不遠，涵養致知固不必泥著先後先後，然其輕重緩急之間，朱子之意皎然明白。蓋分涵養與省察言，朱子意似較重於涵養；但分涵養與窮理言，朱子意又似較重於窮理，然亦只能言其偏較偏重，朱子之意，則不贊同偏此而輕彼，亦即偏重了一邊而偏輕了一邊。

而己丑〈答程允夫〉云：

> 紙尾之意，以爲須先有所見，方有下手用心處，則又未然。夫持敬用功處，伊川言之詳矣，只云：「但莊整齊處，則心便一，一則自無非僻之于。」又云：「但動容貌，整思處，則自然生敬。」只此便是下手用功處，不待先有所見而後能也。須是如此，方能窮理而有所見。惟其有所見，則可欲之幾暸然在目，自然樂於從事，欲罷不能，而其敬日躋矣。伊川又言：「涵養須用敬，進學則在致知。」又言：「入道

〔註52〕《景紫堂全書·二》卷四，頁147。
〔註53〕《朱文公文集》卷四十二。

莫如敬，未有致知而不在敬者。」考之聖賢之言，如此類者亦眾，是
知聖門之學，別無要妙，徹頭徹尾，只是箇敬字而已。〔註54〕

夏炘云：「據朱程答問本，是十一月書。」則夏炘以爲此書當己丑（1169）
十一月所作。又云：「炘按：允夫名洵，婺源（江西）人。朱子之內弟，未
嘗爲五峰之學，又未嘗與南軒相見；前朱子自潭州（長沙）歸，曾寄書與論
南軒之學，卓然不可及，允夫至今守其說不變，此時朱子又詒書辨之也。」
〔註55〕是允夫之景仰朱子可知。至如言此「敬」字，自亦包括致知與涵養者
言。允夫來信，言須先有所見方有下手用心處，是亦先致知之意，然似有所
等待而不明致知涵養之必交相發，故朱子以此糾之。若據此等處，以爲朱子
實重先涵養後致知，則又失之。〔註56〕

再者，夏炘引朱子〈答程允夫〉書外，復引〈答吳晦叔〉書：

> 大學之書，雖以格物致知爲用力之始，然非謂初不涵養履踐而直從
> 事於此也；又非謂物未格、知未致則意可以不誠，心可以不正，身
> 家可以不修且齊也。但以爲必知之至，然後所以治己治人者，始有
> 以盡其道耳。又自注云：按五峰作〈復齋記〉，有立志、居敬、身親、
> 格之之說，蓋深得乎此者。但知言所論，於知之淺深不甚區別，而
> 一以知先行後概之，則有所未安耳。

夏炘云：

> 炘按：晦叔名翌世，爲建陽人。踰冠，遊學衡山，師事胡先生五鋒。
> 五峰沒，又與先生之從弟廣仲、伯逢門人張敬夫遊。其學大要以胡
> 氏爲宗，故於察識後涵養之說亦持之甚堅也，此又湖南諸公之一人
> 也。〔註57〕

吳晦叔亦同於張南軒，皆承胡五峰脈絡以下，而主先察識後涵養之說，
與朱子意未必相合。故《文集》亦載另一〈答吳晦叔〉書：

> 泛論知行之理，而就一事之中以觀之，則知之爲先，行之爲後，無
> 可疑者。然合夫知之淺深，行之大小而言，則非有以成乎其小，亦
> 將何以馴致乎其大。蓋古人之教，自孩幼而教之以孝悌誠敬之實。

〔註54〕《景紫堂全書·二》卷四，頁148；又見《朱文公文集》卷四十一。
〔註55〕《景紫堂全書·二》卷四，頁149。
〔註56〕參見錢穆《朱子新學案·二》，頁318。
〔註57〕《景紫堂全書·二》卷四，頁148。

及其少長，而博之以《詩》、《書》禮樂之文。皆所以使之即夫一事一物之間，各有以知其義理之所在而致涵養踐履之功也。及其十五成童，學於大學，則其灑掃應對之間，禮樂射御之際，所以涵養踐履之者略已小成矣。於是不離乎此而教之以格物以致其知焉。致知云者，因其所已知者推而致之，以及其所未知者而極其至也。是必至於舉天地萬物之理而一以貫之，然後爲知之至。而所謂誠意、正心、修身、齊家、治國、平天下者，至是而無所不盡其道焉。今就其一事之中而論之，則先知後行，固各有其序矣。誠欲因夫小學之成以進乎大學之始，則非涵養踐履之有素，亦豈能居然以夫雜亂紛糾之心而格物以致其知哉。故《大學》之書，雖以格物致知爲用力之始，然非謂初不涵養履踐而宜直從事於此也。

此書申論更爲透切。朱子雖謂涵養居敬乃聖學徹頭徹尾工夫，然若謂只是居敬涵養，不復進窮理致知，以爲便可由此直達聖域，以爲大學之道亦即在此，則斷斷非朱子之意。而若乎格物致知者，亦必以涵養踐履爲途轍，由本而循序以進，方能格其物而致其知，否則無本而脫序，大學之道亦莫由可至。類若此間言語，如甲午（1174）〈邵州復舊學記〉亦云：

嘗考先王所以建學造士之本意，蓋將使士者所以講明夫仁義禮智之彝，以明夫君臣、父子、兄弟、夫婦、朋友之倫，以之脩身、齊家、治國、平天下，其事甚大矣！而爲之則有其序，教之則有其方，故必先使之從事於小學，習乎六藝之節，講乎爲弟爲子之職，而躬乎灑掃應對進退之事，周旋乎俎豆羽籥之間，優游乎絃歌誦讀之際，有以固其肌膚之會，筋骸之束，齊其耳目，一其心志，所謂大學之道，格物致知者，由是可以進焉。〔註58〕

由涵養居敬而窮理致知，此是工夫的循序漸進，是爲合序；故大學所云「格物致知」者，非在空談理念，乃在由日用云爲之修身齊家而臻治國平天下之理想，此是步步做去，方爲有本有序。

〔註58〕同上，頁153。

第六章　述朱質疑（下）

緣　起

　　居敬窮理，涵養致知，此是修爲之事。然居敬涵養，窮理致知，宜合爲一體。如只是窮理而心不居敬，或者本無敬意卻一心窮理，到底還是困難，是朱子之敬，不偏作主靜工夫，乃順程門之敬而通貫動靜。夏炘云朱子之敬，蓋亦以敬通貫動靜。故〈朱子己丑（1169）以後專發明程子敬字考〉〔註1〕即專就朱子之言敬有所抒發，而敬之與靜，敬之與仁，又爲言述朱子思想立論之所在，本章即依此立論，分節闡述。

第一節　朱子之論敬

　　如前所述，言及涵養者，則朱子之所謂涵養與延平所謂涵養顯有不同。延平是通過涵養去體證中體，而朱子追隨伊川所講之涵養居敬卻僅止於平常，未有確定之實質內容；故而仍須另做致知窮理之工夫。若以敬言，敬則私欲不生，此心湛然，不流放開去，自然萬理畢顯。因之，在朱子思想系統之下，亦可說涵養本源，自作主宰。如此靜坐亦不失爲令此心定下來之一方法，惟此靜當非陣日不動之靜，當須明辨。由是知朱子之涵養不再是默坐澄心，而是小學作敬的工夫。然而如僅兀然持敬必無實得，一定要心靜理明，撲捉得實理，方纔是眞正之貞定處。是夏炘〈朱子己丑（1169）以後專發明程子敬字考〉即云：

〔註1〕《景紫堂全書・二》卷五，頁199。

自古聖人曠代相繼，立言垂教，各有不同，究其旨歸，一而已矣。一者何？敬是也。秦漢以來，儒術之士詮釋文義，鮮究斯旨。即一二與聞道統諸公亦粗識門徑，發揮梗概精微之蘊，蓋闕如也。有宋程子躬行心得，開示後學，敬為之綱，謂「入道莫如敬」，謂「涵養須用敬」，謂「主一謂敬」；謂未有致知而不在敬，洞達詳備，可謂擴先儒所未發矣。將樂傳河南之統，延平衍豫章之緒，其求未發、觀氣象，必以默坐澄心言之，似於涵養用敬之義，微有差別。此楊子直錄所謂言敬不分明也。朱子己丑（1169）悟未發之微旨，實悟持敬之妙諦，何則？心統性情而敬貫動靜者也。寂然不動之心，敬以養之而中之，無所偏倚者，所以宅於靜而不淪於靜也。感而遂通之心敬以察之而和之無所乖戾者，所以著於動而不淆於動也。前此認心為已發，固有其用而無其體，即以性為未發似矣。然性具於因，非虛懸而無薄，不以心之敬養之，而曰澄曰默，難免虛寂之偏，即曰觀曰求，早入已發之境，故己丑（1169）之悟，自朱子自謂得之於程子之書，實得之於程子書中之言敬也。觀於已發未發說，答湖南諸公及張欽夫書，詳哉其言之矣。白田王氏謂朱子己丑（1169）之悟，仍守延平之說，則未發之旨尚不得而悟也，豈非為朱子多一關捩乎！

由此知夏炘所謂朱子己丑（1169）之悟，乃悟得涵養之敬與默坐澄心已有不同。心統性情而敬貫動靜，確承伊川一脈而來，此較王懋竑所謂朱子四十歲（己丑）時仍守延平默坐澄心之說者顯為高明。然則朱子四十之年確為其學問生命之轉捩點也。

再以敬之理義言，此敬於平常態度雖可以通貫動靜，然必窮理到豁然貫通處，纔可以達到《大學補傳》中所云之至高境界。此故朱子必要求二方面齊頭並進，亦即先存心而後理見，且只有理纔是真正客觀形上之根據，是於心上做工夫即是要去攝推理，而此攝推之理必於涵養、致知中纔能得其要。若此敬之諸例，夏炘所引亦多，條舉如下：

已發未發說引程子曰：「未發之前謂之靜則可，靜中須有物始得，這裏甚是難處，能敬，則自知此矣。」

又云：「敬而無失，便是喜怒哀樂謂之中也；敬不可謂之中，但敬而無失，即所以中也。」

又云：「中者天下之大本。天地間亭亭當當，直上直下，出則不是，惟敬而無失最盡。」

說曰：故程子於此，美以敬而無失爲言。

又曰：入道莫如敬，未有致知而不在敬者。

又曰：涵養須用敬，進學則在致知。以事言之，則有動靜；以心言之，則周流貫澈，其工夫初無間斷也。〔註2〕

又如：

尹氏曰：先生教人，專是用敬以直內。習之既久，自然有得也。

程子曰：入道莫如敬。未有致知而不在敬者。

又曰：動容思貌，整思慮，則自然生敬；存此久之，則自然天理明。

又曰：敬只是涵養一事。必有事焉，須當集義，只知用敬，不知集義，卻是都無事也。

又如：

〈程子觀養說〉云：程子存養於未發之前則可。

又曰：善觀者卻於已發之際觀之，何也？曰：此持敬之功，通乎動靜之際者也。就程子此章論之，方其未發，必有事焉，是乃所謂靜中之知覺復所以見天地之心也；及其已發，隨事觀省者，是乃所謂動上求靜，艮之所以止其所也。然則靜中之動，非敬孰能形之；動中之靜，非敬其孰能察之！故又曰：莫若先理會敬，能敬，亦自知此矣。

夏炘云：

炘按：以上皆己丑（1169）之春，悟已發未發之旨，更定舊說後一時之作，其發揮敬字，亦可謂深切著明矣。

所謂「悟已發未發之旨」者，其實即專主程子涵養用敬之說。而動容思貌，肅整思慮，及自然生敬，唯敬之念，存誠久之，天理自明。因之，由敬以觀物，物未嘗不見其形；而由敬而靜慮，則孰物不能察之。

又如：

己丑（1169）十一月〈答程允夫〉別楮云：能持敬則欲自寡，此語甚當。（九月十九日允夫與朱子書有：能「能敬則欲自寡」語。）但

〔註2〕《景紫堂全書・二》卷五，頁190～191。

紙尾之意以爲預先有所見，方有下手用功處。（九月允夫書云：大約此學須中有所見，然後知味；知味則樂於從事而欲罷不能也。）則又未然。夫持敬用功處，伊川言之詳矣。只云：但整齊嚴肅，則心便一，一則自無非僻之干。又云：但動容貌、整思慮，則自然生敬，只此便是下手用功處，不待先有所見而後能也。須是如此，方能窮理而有所見，惟其有所見，則可欲之幾瞭然在目，自然樂於從事，欲罷不能而其敬日躋矣。伊川又言：涵養須用敬，進學則在致知。又言：入道莫如敬，未有致知而不在敬者。考之聖人之言如此類者亦眾，是之聖門之學別無要妙，徹頭徹尾只是箇敬字而已。

夏炘云：

〈朱程答問〉程資注云：見先世遺墨及大全集，乃乾道五年（1169）書。炘按：祝儒人以己丑（1169）九月五日卒，此十一月告哀之別楮，答程允夫九月之所問也。發揮敬字，可謂無餘蘊矣。

又按：已發未發之界限，分於一敬。敬則能保其所謂中而不失其所謂和。朱子己丑（1169）之悟，實從程子之言敬悟入。故凡言已發未發必推原於程子之言敬，此朱子之得力最親切處，亦即其教人最親切處。王氏必謂己丑尚未及敬字，不識所悟已發未發者果何在也。〔註3〕

夏炘所引朱子之言，徹頭徹尾只在重一敬字，然此敬字涵義何在，夏炘未舉相同義例以證。實則朱子己丑（1169）之悟，宜分教育與修養二進路言之：以教育言，則明顯涵養在先，然涵養者，須心先定，所思之理方能透見，蓋必致知窮理纔能力行，如力行不得，又如何涵養；而就修養言，當然涵養爲本，然自義理層面觀之，則其立基仍在性理，而窮理之要則在格物，此須得有所分釐。否則僅言「發揮敬字，可謂無餘蘊」之說，恐亦無法知悉朱子悟敬之意。

再者，只言敬而不知敬之義涵，於敬之涵蘊殆亦無所抒發，錢穆則謹就朱子論敬之字，歸約爲如下諸義：

一、敬略如畏而字相似

《朱子語類》卷十二云：

敬只是一箇畏字。

〔註3〕 《景紫堂全書・二》卷五，頁 196～197。

〈卷六十二〉十二云：云：

> 問：「《中庸》戒懼是敬否？」曰：「說著敬已多了一字，但略略收拾
> 來，便在這裏。」

又：

> 問：「致中是未動之前，然謂之戒懼，卻字動了。」曰：「公莫看得
> 戒謹恐懼太重了。此是略省一省，不是恁驚惶震懼。略是箇敬模樣
> 如此。然道著敬字已是重了，只略略收拾來，便在這裏。伊川所謂
> 『這箇敬字，也不大段用得力。』」

「敬只是一箇畏字。」在其持謹持恐之意。亦即心意未動之前，已先有
箇謹慎之念，不踰越尺度，待心念已動，則仍然謹慎自守，不致有犯份脫序
之舉，事事亦皆合於理趣，便是一份安適。而所謂「略略收拾」也者，其實
即言持謹已存之在胸，意念稍微發動，敬謹畏懼之心即瞬焉而起，不須言語
叮嚀，自然安排切當。至於言此畏字，非謂經常惶惑不安之意，乃於遇事之
前，先有箇衡量，不過急，不偏頗，而能量度合宜，此畏纔是敬之圓熟處，
正如伊川所云：「這箇敬字，也不大段用得力。」蓋為得之。

二、敬是收斂其心不容一物

《朱子語類》卷十二云：

> 敬字工夫乃聖門第一義，徹頭徹尾，不可頃刻間斷。
>
> 只敬則心便一。
>
> 敬只是此心自作主宰處。
>
> 人能存得敬則吾心湛然，天理粲然，無一分著力處，亦無一分不著
> 力處。
>
> 敬則天理常明，自然人欲懲窒消治。
>
> 敬非是塊然兀坐，耳無所聞，目無所見，心無所思，而後謂之敬。
> 只是有所畏謹，不敢放縱，如此則身心收斂，如有所畏。常常如此，
> 氣象自別。存得此心，乃可以為學。
>
> 程老先生所以有功於後學者，最是敬之一字有力。人之心性，敬則
> 常存，不敬則不存。如釋老等人，卻是能持敬。但是它只知得那上
> 面一截事，卻沒下面一截事。覺而今恁地做工夫，卻是有下面一截，

又怕沒那上面一截。那上面一截卻是箇根本底爲學有大要。程子推出一箇敬字與學者說，要且將箇敬字收斂箇身心放在模匣子裏面，不走作了，然後逐事逐物看道理。常愛古人說得「學有緝熙光明」。蓋心地本自光明，只被利欲昏了。今所以爲學者，要令其光明處轉光明，所以下緝熙字。緝，連緝不已之意。熙則訓明字。心地光明，則此事有此理，此物有此理，自然見得。

今說此話，卻似險，難說。故周先生只說「一者無欲也」。然這話頭高，卒急難湊泊，尋常人如何便得無欲。故伊川只說箇敬字，教人只就這敬字上捱去，庶幾執捉得定，有箇下手處。縱不得，亦不至失。要之，皆只要人於此心上見得分明，自然有得爾。然今之言敬者，乃皆裝點外事，不知直捷於心上求功，退覺累墜，不快活。不若眼下於求放心處有功，則尤省力也。

錢穆云：「此條余大雅錄，朱子年四十九（1178，淳熙五年，戊戌），似有以孟子求放心三字代替二程敬字意。蓋敬字工夫易使人轉向外面去，求放心則是直捷在心上用功也。」〔註4〕錢氏以爲只是講敬字，未見心之篤定；或者只是一味拘謹，卻是無法自我安頓，則敬的體驗亦只是外轉，裝點久之，恐成虛飾或造假，畢竟僅是門面的應付，無由見其內在的誠摯。而如承接孟子的求放心，心無外逸，敦篤誠懇，則敬之所發，必然中矩合宜，即無所謂裝點之虛飾。此夏炘引朱子〈附答何叔京論敬書二首〉之一，即云：

丁亥（1167，乾道三年）云：躁妄之病所以有此者，殆居敬之功有所未至。故心不能宰氣，氣有以動志而致然耳。若使主一不貳，臨事接物之際，眞心現前，卓然而不可亂，則又安有此患哉！或謂子程子曰：「心術最難持執，如何而可？」子曰：「敬」。又嘗曰：「操約者，敬而已矣。」惟其敬足以直內，故其義有以方外，義集而氣得所養，則夫喜怒哀樂之發不中節者寡矣。孟子論養吾浩然之氣，以爲集義所生，而繼之曰：「必有事焉，而勿正，心勿忘，勿助長也。」蓋又以居敬爲集義之本也。

夏炘云：

炘按：丁亥（1167）尚守中和舊說，以心爲已發。故論敬專於已發

〔註4〕 錢穆《朱子新學案》第二冊，頁436。

言之，而有眞心現般之語，無涵養來發之功也。〔註5〕

　　夏炘引朱子丁亥（1167）之書，言朱子論敬專於已發處言，有眞心之語無涵養之功，說爲簡易。其實敬之字，以心爲專，有事無事，皆要有箇專一，若遇這事，心想那事；或心想無事，卻又念念有事，心成二路，便是收斂不緊，如何而有敬義可言。《朱子語類》卷十六亦載：「人心如一箇鏡，先未有一箇影像。有事物來，方始照見妍醜。若先有一箇影像在裏，如何照得。人心本是湛然虛明，事物之來，隨感而應，自然見得高下輕重。事過便當依前恁地虛方得。若事未來，先有一箇忿懥、好樂、恐懼、憂患之心在這裏，及忿懥、好樂、恐懼、憂患之事到來，又以這心相與衰合，便失其正。事了，又只苦在這裏，如何得正？」此即承程門論敬所云「其心收斂容一物」的正解。是心從無處發，無處即虛處。故而敬則虛靜，惟朱子有時不喜用虛靜字，又謂「不可把虛靜喚作敬」，乃以爲敬者在於徹底實踐之謂。因之，同卷亦載：「聖人之心瑩然虛明，無纖毫形跡。一看事物之來，若小若大，四方八面，莫不隨物隨應，此心元不曾有這箇物事。且如敬以事君之時，此心極其敬。當時更有親在面前，也須敬其親。終不成敬君但只敬君，親便不須管得。事事都如此。聖人心體廣大虛明，物物無遺。」則親在前，即便事君，仍當敬親，此是隨物隨應，纔是集義之敬。

三、敬是隨事專一且主一無適

　　主一無適，心乃能敬。故敬也者，在乎隨事專一，如此，則不旁騖，雜慮不起，即無姦宄之事，無姦宄之事，人乃得其善。

《朱子語類》卷一一五載：

　　問：「有事時應事，無事時心如何？」

　　曰：「無事時只得無事。有事時也如無事時模樣，只要此心常在。所謂『動亦定，靜亦定』也。」

　　問程子言：「未有致知而不在敬者」。曰：「心若走作不定，何緣見得道理。如理會這一件事未了，又要去理會那事，少間都成無理會。須是理會這事了，方好去理會那事，須是主一。」

　　問：「思慮難一，如何？」

曰：「徒然思慮，濟得甚事。若見得道理分曉，自無閑雜思慮。」

問：「程子常教人靜坐，如何？」

曰：「亦是他見人要多慮，且教人收拾此心耳，初學亦當如此。」

心有主則自閑定。所謂主，是主於理。心廣大如天地，故無事不可容；虛明如日月，亦無理不可照。縱外物紛雜而至，心主一理，則心自一；心自一，自常定；隨事而應，豈不甚閑。而如閉門學坐求靜，事來急求排遣，外面儘無事，心下卻甚忙，此謂之無主。既云無主，則煩煩躁躁，凡事皆做，凡事皆差，卻是甚不安定；故謂心閑者，非紛紜變動，乃其有所主，而能安然順適；否則，表面要閑，心卻不閑，隨物走了，如何能閑？要緊的在主一無旁騖，做一事未了，不要做別事；目不能兩視而明，耳不能兩聽而聰，即是此意。

再如：

伊川說：「人心有主則實，無主則虛」。又一說卻曰：「有主則虛，無主則實」。公且說，看是如何？或答：「有主則實，謂人具此實然之理，故實。無主則實，謂人心無主，私欲為主，故實。」先生曰：「心虛則理實，心實則理虛。『有主則實』，此實字是好，蓋指理而言也。『無主則實』，此實字是不好，蓋指私欲而言也。以理為主，則此心虛明，一毫私欲著不得。譬如一泓清水，有少許砂土便見。」〔註6〕

主一乃是以理為主，此理是清清澈澈，一清見底，即有少許砂土也看得明明白白。以是知此理為心之主宰，非憑空覓來一理以為心之主；且而理必於事上見，心能虛，則可於事事上見理；一有私欲心即不虛，理亦不得見。

又〈答呂子約書〉云：

所論主一主事之不同，恐亦未然。主一只是專一。無事則湛然安靜而不騖於動，有事則隨事應變而不及乎他。是所謂主事者，乃所以為主一者也。若是有所係戀，則必有事已過而心未忘，身在此而心在彼者，此其支離畔援，與主一無適非但不同，直是相反。惟其不察於此，是以未能專一，而已有固必矜持之戒。身心彼此，實有係戀之病，而反不自知其非。凡前後所言，類皆瞻前顧後，一前一卻，不曾坦然蕡直行得數步，此亦一箇大病根株，恐當痛下工夫刊削，不可悠悠。〔註7〕

〔註6〕《朱子語類》卷一一三。

〔註7〕《朱文公文集》卷四十七。

主於事則主於一，無事即此心主於無事，無事亦即是一事。而事過即過，不必係戀，如有所係戀，即是心懸掛於此，則時時煩惱，時時糾結，便是支離忿懥，就無法放得開去，甚而至於身心俱疲，便是一大懊喪。故而人能安順其心，主事而一，係戀即不起，就能專心於日用云爲，不致偏離而漫漶矣。

《朱子語類》卷二十三云：

> 問：「夫子答子游、子夏問孝，意雖不同，然自今觀之，奉養而無狎恩恃愛之失，主敬而無嚴恭儼恪之偏，儘是難。」曰：「既知二失，則中間須自有箇處之之理。愛而不敬，非眞愛也；敬而不愛，非眞敬也。敬非嚴恭儼恪之謂，以此爲敬則誤矣。只把做件事，小心畏謹，便是敬。」

事之有無，皆有一當然之理。主於事，即主於理。推而廣之，孝敬父母，亦同是一理。孝必本於愛，無愛便不成孝。靜者，只是一心主於此事，亦是一心主於此理。敬只是一箇心理之狀態，只是精神集中，所謂「其心收斂，不容一物」者是。譬如孝父母，即此心集中在一愛上，遇無事時，則此心集中在此無事上。在外看去，整齊嚴肅，恭謹儼恪；在內則是心理集中，始終敬順；由是此心集中在孝在愛，形之於外，則表現出一番和氣愉悅的婉容，此和氣愉悅的婉容即是一番溫敬，亦是一番懇摯；溫敬是溫敬，卻未可說溫敬即是和氣愉色的婉容，此因婉容是一怡態，是敬之展現，是敬之部份，非敬之包涵是也。就此題旨，夏炘亦有〈敬偏一言則一事，專言則包全德說〉，臚列於下：

> 沙隨程氏迥曰：聖門無單說敬字時，只是敬君敬親敬長，方著箇敬字，何其言之不思若是也。夫敬偏言之，則各有一敬，如敬君、敬親、敬長之類是也。至於專言之，則堯之欽明，舜之勅命，禹之祇台，惕之日躋，文王之緝熙，孔子之恭安，顏子之視聽言動，曾子之履薄臨深，孟子之勿忘勿助，周子之無欲故靜，明道之揚休山立，伊川之繩直準平，朱子之從容禮法，伊古聖賢，何一非敬德之所形乎！至於出門如賓，使民如祭，則仁以敬而成；禮以行之，遜以出之，則義以敬而立。儀不及物，惟曰：不享。則禮以敬而行；仁能守之，不莊以涖之，民猶不敬，則知以敬而善。舜命契曰：敬敷五教。則君臣、父子、夫婦、昆弟、朋友之倫，無非一敬之所彌綸也。箕子陳範曰：敬用五事。則恭敬從乂，明哲聰謀，睿聖之官，無一非敬之所貫徹也。理莫精於未發已發，自戒慎恐懼以至慎其獨，則

立大本、體達道者惟敬，功莫大於時雍於變，自修己以至安人安百姓，則治國平天下者惟敬，業莫敬於效天法地，自曰明曰旦，以至出王游衍，則毋戲渝毋馳驅者惟敬，故敬者德之聚，非僅一事之謂也。朱子曰：敬字工夫徹頭徹尾不可頃刻間斷。又曰：敬之一字，真聖學之綱領，存養之要法。又曰：敬勝百邪，敬則萬理具在，其示人之意切矣。昔程子謂仁偏言則一事，專言則包四德。余亦曰：敬偏言則一事，專言則包四德，庶不為異說所奪云。〔註8〕

夏炘之意，一在以敬而修己安人、治國平天；一在以敬而勝百邪、包四德。然則敬之義蓋亦無所不包矣。如以義理言之，則敬似未能兼具所有之德，畢竟敬者為一理，主一理乃為敬，而若以敬而包攝諸德，則孔仁孟義之說，或將有所不足，且而出門如賓，使民如祭，謂仁以敬而行；禮以行之，遜以出之，謂義以敬而立，乃形於外者，故云以敬而統諸仁義，本末之際，或有所顛倒，惟無論如何，言敬而溫婉，推而至於日用云為之道，其意亦甚明。

四、主靜無欲即主敬

主敬則心澄然，心澄然，則安寧靜謐，不為物遷。然主敬非靜虛蹈空，乃能敬而能靜，靜而能思，思而專注凝慮，自然誠敬敦篤。故夏炘有〈周子主靜即主敬說〉、〈朱子以靜為本說〉即抒此意。

〈周子主靜即主敬說〉

周（敦頤）子之作〈太極圖說〉，明造化之樞紐，推品彙之蕃變，而以聖人立人極為之準。既曰：聖人定之以中正仁義而主靜。又自注曰：無欲故靜。朱子直以敬字釋敬。（程端蒙錄：濂溪言主靜，靜字只好作敬字看。故又言：無欲故靜。若以為靜虛，則恐入釋老去。廖德明錄：程子卻說箇敬，云敬則自靜虛，須如此做工夫。）又謂《通書》「一者，無欲也。」語高難湊泊。伊川只說敬，使人有下手處，其言果何謂也？蓋太極之有動，靜也，氣也；動根於靜，靜根於動，動靜之無耑者，亙古以來莫能窮其所自始也。然春之生藏於冬，貞之固以起元，不專一則不能直遂；不翕聚則不能發散則靜又為動之本焉。聖人全太極之體，法陰陽之撰，不動而敬，不言而信，

〔註8〕　《景紫堂全書・二》卷五，頁207～209。

無爲而成，主靜之效，與天地參，故曰：立人極。夫靜非槁木死灰
終日面壁之謂也。人生而靜，天之性；感物而動，性之欲；有欲則
恆動，無欲則恆靜；聖人之靜，無欲而已矣。然果何以能無欲哉！
今夫耳目之欲，聲色也；口鼻之欲，臭味也；四肢之欲，安佚也。
肆焉而聽其所之，則擾擾者誘於外，憧憧者應於中，不特物交物而
引，即清夜寤寐之間，亦奔馳徵逐而不能安其所止，而吾性之仁義
中正鮮不潰乎其防矣。惟敬以涵養於未發之先，而耳目口鼻四肢之
欲寂然於中，其靜以裕動者，既有以爲動之本，敬以省察於已發之
頃，而耳目口鼻四肢之欲不踰乎矩，其動而仍靜者又不淆乎靜之源，
於是仁義中正之性無往而不定矣。其在恭而安者，渾然不見敬之跡，
無往非敬之神，聖人之所以立其極也，其在毋不敬者，欲未動而敬
有以端其本，欲既動而敬有以協於則，君子之所以修之吉也。朱子
曰：敬則寡欲而理明，寡之又寡，以至於無，則靜虛動直，而聖可
學矣。其示人之意，不亦深乎！〔註9〕

有欲即恆動，無欲即恆靜。聖人之靜，在乎無欲。然此無欲，非全無欲
念之謂，在無聲色犬馬之累，於耳目口鼻之徵逐中，不爲所牽，而能順處其
間，安適自然之謂。而敬以涵養，雖耳目口鼻之欲，然寂然於中，靜以裕動，
既有以爲動之本，而敬以省察於已發之項，雖耳目口鼻之欲，則仍不踰矩。
且而雖動而仍靜者，其靜之本源無所雲擾，則仁義中正之性必無往而不定，
無往而不定，其人者乃謙恭安和，清明在躬，渾然不見敬之跡，而無往無非
敬矣。是動亦敬，靜亦敬，修爲言行毋不敬，亦無處無非善矣。

〈周子主靜即主敬說〉外，夏炘亦有〈朱子以靜爲本說〉，云：

朱子之教學者多言敬，少言靜，所以防末流之失，所謂「禹之慮民
深也。」《學庸章句或問》、《論孟集注》乃朱子斟酌盡善之書，未嘗
有一語推本於靜，即延平爲朱子師，其教學者靜坐，猶諄諄爲廖子
晦辨之，若深恐其或滋之弊者，其杜漸防微之意可不謂深乎！惟已
發未發一說，爲朱子學術道脈之大關，獨云以靜爲，未免啓後世學
者之疑，不知朱子此說專爲救先察識後涵養之弊言之也。朱子自潭
州（長沙）歸後，從南軒先察識後涵養之說，守之者幾兩年，及壬

辰（1172，乾道八年，四十三歲）之春，悟已發未發之各有界限，宜有工夫，然後知南軒之學專於鬧處承當，而靜存之功闕而不備，譬之無原之水、根之木，其何以流行而滋長乎！當時與南軒共講此學者，如胡廣林、林擇之輩，皆未能悟及，不過於動時察識其峕倪而已。說中既備引程子之說而結之曰：「但以靜爲本耳。」又恐學者之或偏於靜也，復自注之曰：「周子所謂主靜，亦是此意，但言靜則偏，程子又改言敬。」其深切著明爲何如乎！蓋嘗統已發未發而論之：凡已發未發云者，皆指喜怒哀樂言也，既云喜怒哀樂則皆心也；心有靜時有動時，靜則爲未發，乃心體流行寂然不動之際，故直謂之性不可，而但可謂之中。中者所以形容不偏不倚之體於盤兆未萌之中，雖程子云靜中須有物始得，然不得不謂之靜矣，及其動而爲已發則情也。然中節之情盎然保合，無所乖戾，故可以謂之和而不可謂之情；情統動而之善惡，言之和則動而中節者也。若必先察識而後涵養，則是先和而後中，先情而後性，既無以養夫未發之靜，又何以致察於已發之動，此朱子必申明之曰：以靜爲本也，且此意也。朱子即於說中明著之矣。其言曰：向來講論思索，直以心摧已發，而所論致知格物亦以察識峕倪爲初下手處，以故闕卻平日涵養一段工夫，其日用意趣常偏於動，無復深潛純一之味，而其發之言動事爲之間亦常躁迫浮動，無古聖賢氣象，由所見之偏而然耳。朱子之痛懲前失如此，遂以此說及答廣仲擇之諸書一例致疑，不惟不能深究朱子立言之意，其於朱子之書始終前後，亦未免讀之不熟而考之欠詳矣。〔註10〕

　　夏炘〈朱子以靜爲本說〉文稍長，故分爲上下二段落，此爲上論之段。此上論於靜與敬之道，言之較詳。依夏炘之意，朱子主靜之說，乃「專爲救先察識後涵養之弊言之」。蓋云南軒之學，專於鬧處承當，而靜存之功，闕焉不備。是先察識云者，只在動中處求，於靜處之際，則亦無法安其所安、定其所定；不若先涵養之靜處安然，不牽囿外物，則發而爲察識，自然心澄理明；否則，無涵養之積累，只於察識間求之，動而無靜，終必躁急迫切，流於險遠，至漫羨無所歸心；然如一味順周敦頤之說，只以主靜爲本，便又過於虛寂，甚而流於佛禪，是所謂偏於靜之闕，故由靜之字，朱子改之以程伊

〔註10〕《景紫堂全書·二》卷五，頁209～212。

川之敬，乃以敬爲涵養所出，較言靜爲深切著明；而由靜之語敬，則靜有動有靜，有已發未發，而已發未發動靜云者，皆指喜怒哀樂而言之，然此喜怒哀樂亦皆心之所發，乃心體流行而寂然不動之謂，故謂之「中」可，謂之「性」則不可。而中者，在其不偏不倚發而合節，亦即機兆未萌之先，已有所節，此即程子所云「盎然保合，無所乖戾」；然則推根究抵，亦在寡欲之謂，欲寡則雜念難生，不爲物所役，亦無聲色犬馬之牽誘，則其靜乃由澹然之靜發而爲誠然之敬矣。

五、敬須隨事檢點

夏炘云敬乃主一無適，主靜無欲，乃至敬貫動靜，皆就心言；然心存之於內，仍須發之於外，內外相合，道德之根乃能確立。故欲發揮朱子之敬義，言心之外，言行之間亦甚緊要。惟《景紫堂全書》云此者稍少，今謹就《朱文公文集》所載，言敬之工夫云者，作一補充。

〈答周舜弼〉云：

> 所論敬字工夫，於應事處用力爲難，此亦常理。但看聖賢說「行篤敬」，「執事敬」，則敬字本不爲默然無爲時設。須向難處力加持守，庶幾動靜如一耳。〔註11〕

〈答廖子晦〉亦云：

> 二先生所論敬字，須該貫動靜看方得。夫方其無事而存主不懈者，固敬也。及其應物而酬酢不亂者，亦敬也。故曰「毋不敬，儼若思」。又曰「事思敬」，「執事敬」。豈必以攝心坐禪而謂之敬哉。禮樂固必相須，然所謂樂者，亦不過胸中無事而和樂耳。非是著意放開一路而欲其和樂也。然欲胸中無事，非敬不能。故程子曰：「敬則自然和樂。」而周子亦以禮先而樂後，此可見也。「既得後須放開，不然卻只是守」者，此言既自得之後，則自然心與理會，不爲禮法所拘而自中節也。若未能如此，則是未有所自得，纔方是守禮法之人爾。亦非謂既自得之，又卻須放教開也。克己復禮，固非易事，然顏子用力，乃在於視聽言動禮與非禮之間，未敢便道是得其本心而了無一事也。此其所謂「先難而後獲」歟。〔註12〕

〔註11〕《朱文公文集》卷五十。
〔註12〕同上，卷四十五。

此為朱子隨子晦來書而逐項答之。其所謂敬之工夫，即行篤敬，執事敬。而謂之篤者，在誠誠懇懇始終如一，雖遇難處，亦動靜如一；此即有事無事皆誠懇篤實，無有放肆。而此敬字發展開來，惟在胸中無事而自然和樂，然此無事非無所事事，乃臨事時，放得下胸臆之念，平平坦坦，洒然磊落，即有難處，亦力加持守，未有窒礙；此方謂之自得，自得者，居之即安；居之安，資之乃深；資之深，左右即逢源而無往不達，此即《論語》所云：「雖蠻貊之鄉行矣」。且而篤敬行事，一切規矩合宜，非禮之行不至，事事合乎中節，云為舉措，皆合矩範，而事事順利了然暢邃，則天清地朗，所見自明矣。

《朱子語類》亦載：

> 敬亦不可混淪說，須是每事上檢點。論其大要，只是不放過耳。〔註13〕

每事上檢點，即在穩守大要，不有一絲放過，此是精當工夫，未可馬虎敷衍；若乎在人者，則謹身節用；在事者，則按步就班，持恆以進，不致魯莽草率有所失措。

《朱子語類》又載：

> 敬有死敬，有活敬。若只守著主一之敬，遇事不濟之以義，辨其是非，則不活。若熟後，敬便有義，義便有敬。靜則察其敬與不敬，動則察其義與不義。如「出門如見大賓，使民如承大祭」，不敬時如何。「坐如尸，立如齊」，不敬時如何。須敬義夾持，循環無端，則內外透徹。〔註14〕

敬與義須表裏一致。靜時察其敬，動時察其義，動靜之間，有敬有義，此纔合存養省察之功。譬若學問之道，自須日用間持敬存義，念念省察，學問方有進益，如只是主一以敬，而不勉力以行，成效亦不見安好，要緊在於時刻存敬，而能黽勉以繼，纔能內外合一，通透徹達；此亦如人底兩腳，立定是敬，才行是義；又如人底雙眼，合目是敬，開眼見物便是義，如此，相協相契，方能為是。因之，若人時刻存得敬義，心必純正而湛然，亦必能存其天理，去其人欲，檢點防邪，殃即不至矣。

總之，論及敬之工夫，則自始至終，都要保持心之常明。若夫主一之敬，敬貫動靜，乃或敬義相持者，無非此心之所發；且若此心不光明，迷茫漫漶，

〔註13〕《朱子語類》卷八。
〔註14〕《朱子語類》卷十二。

其敬之工夫即無從下手；以是知心明則天理明，心與理一，非是二事。有此境界，纔有此工夫；亦有此工夫，纔能到此境界。敬字可謂之工夫，亦可謂之境界，皆在人之清明醒覺耳。

第二節　朱子之論仁

　　《景紫堂全書》言朱子論敬義，抒論甚多，以敬為涵諸德。然若自朱子思想觀之，敬字只可為一德，未必皆涵諸德；如以朱子承儒家之學而言，則仁之德信必為諸德之始，而夏炘以敬義而通貫仁德，所謂「敬不須言仁，敬則仁自在其中矣。」〔註15〕之說，略有闕微，依劉述先之說，謂王懋竑《朱子年譜》正文於朱子仁說隻字不提，甚為可異；即錢穆《朱子新學案》亦不錄仁說之文，不知何因；〔註16〕其實，錢穆《朱子新學案》有〈朱子論仁〉之作，分載於學案之一、二冊，只是就大體論列，未述及朱子仁說論辨之由來；而王懋竑之《朱子年譜》僅錄及中和舊說之文獻，於仁說之論辨，是為闕略；夏炘之敘，則如前述，語敬之義為多，論仁之說則少，此對探究朱子思想者，究竟有所不足，今則參閱朱子《文集》、《語類》及諸家之說作一整理，庶幾有裨於夏炘之學。

一、朱子仁說論辯之醞釀

　　朱子四十歲（己丑，1169）撰中和新說，再經數年之浸潤與議論，進之撰〈仁說〉，此說觸發與張南軒的湖湘學者攸關仁論之論辯。

　　以〈仁說〉而論，朱子似數易其稿，待定稿後，其論心性情之格局已然大定。因之，此番論辯對朱子後來思想之趨向影響甚大。而諸家之說，前如夏炘、王懋竑對仁說者未提，近如錢穆之新學案亦未列〈仁說〉的正文，皆有未足，此前已言敘。於是朱子中年以後之思想系統則似若「恍惚搖蕩而莫能明辨」〔註17〕。而學人中，則牟宗三先生慧眼獨具，輯錄相關文獻，詳加詮釋，其《心體與性體》第三冊嘗以二百餘頁之篇幅，〔註18〕對此一論辯內

〔註15〕《景紫堂全書・二》卷五，頁203。
〔註16〕劉述先《朱子哲學思想的發展與完成》，頁139。
〔註17〕蔡仁厚《宋明理學・南宋篇》〈朱子學綱脈之疏導〉，頁107。
〔註18〕牟宗三《心體與性體》第三冊第四章：中和新說後關於〈仁說〉之論辯，頁229～354。

容作一疏導，意最賅備，亦最精當。然據牟先生之推斷：「關此之論辯大體開始於四十三（1173）歲，其結束當在四十六（1176）、七之間」，〔註19〕時間約爲四年。而考其實，論辯諸函多在同時，集中討論之問題不出壬辰（1172）、癸巳（1173）二年，且現行〈仁說〉改定於癸巳（1173），時年朱子四十四歲，此正同於中和舊說之在戊子（1168），新說則在己丑（1169），其論中和問題不過二年耳。再以乙未（1175）年朱子四十六歲，呂伯恭（東萊）來訪，二人合編《近思錄》，同年復有和陸象山鵝湖之會，其用心已轉移；次年（1176）更往婺源修祖墳，夫人亦卒於同年之冬，此時恐亦無法作關於〈仁說〉之論辯。〔註20〕以是知〈仁說〉撰於朱子四十三、四歲間，似較合宜。

再者，朱子蘊釀仁之理念與中和說之反省應爲同時。

《朱子語類》卷一零三載：

> 問：先生舊與南軒反覆論仁，後來畢竟合否？曰：亦有一二處未合，敬夫說本出胡氏。胡氏之說，惟敬夫獨得之。其餘門人皆不曉，但云當守師之說。向來往長沙，正與敬夫辨此。

由此段記載，知朱子三十八歲（1167）往潭州（長沙）晤南軒時，雖論中和問題，兼亦論仁之問題，惟中和問題較明確，仁之問題隱而未顯耳。而仁說之論辯大體自壬辰（1172）始，當時論辯甚是熱烈，有如朱子自云：「某嘗說仁主乎愛，仁須用愛字說，被諸友四面攻道不是」。〔註21〕而此段文字夏炘未引用，或爲疏忽。如以《景紫堂全書》二、三冊所錄，朱子答張敬夫、呂伯恭、林擇之、呂子約、胡廣仲（胡五峰從弟）、吳晦叔（胡五峰弟子）、程允夫等有關信函，即可見出朱子對仁之主愛說，乃是把仁分離爲心性情三者，而以「心之德、愛之理」貫之，而與湖湘學者有所未合。如《朱文公文集別集》卷六〈答林擇之〉書十及《朱文公文集》卷四十二〈答吳晦叔〉書七，可爲證明：

〈答林擇之〉書十

> 午節在近，想須歸省古田……《精義》印造未辦，辦即如所喻也。……彪德美赴省城回，過此相見，得一夕歡。只是舊時議論，且云：「欽夫見大本未明，所以被人轉卻。」

〔註19〕同上，頁 230。

〔註20〕參考劉述先《朱子哲學思想的發展與完成》〈朱子對於仁的理解與有關仁說的論辯〉，頁 139。

〔註21〕《朱子語類》卷二十。

　　所謂「《精義》印造未辦」者，指《語孟精義》於乾道八年（1172）正月成，至其時尚未付梓。故可確知此書作於乾道八年（1172）五月初。

又〈答吳晦叔書〉書七：

> 前書所論觀過之說，時彪丈行速，匆遽草率，不能盡所懷，然其大者亦可見，不知當否如何。其未盡者，今又見於廣仲、伯逢書中，可取一觀……大抵向來之說，皆是苦心極力要識「仁」字……聖門垂教之意，卻是要人躬行實踐，直內勝私……吾之本心渾厚慈良、公平正大之體，常存而不失，便是仁處；其用功著力隨人深淺，各有次第，要之須是力行久熟，實到此地，方能知此意味……近因南軒寄示《言仁錄》，亦嘗再以書論所疑大概如此，而後書所論「仁」、「智」兩字，尤爲明白，想皆已見矣。

　　時彪居正、吳翌（晦叔）、胡實（廣仲）、胡大原（伯逢）等仍固守衡山（五峰）之說，唯張栻（南軒）思想已有所轉變，故彪居正稱其被人轉卻，蓋指朱子也。則論仁之說，朱子於壬辰（1172）年確已提出，且與湖湘學者有所論辯。而較合理之作，則爲〈克齋記〉〔註22〕之文，標題乃書壬辰（1172）所撰，〔註23〕茲錄如下：

> 性情之德，無所不備，而一言足以盡其妙，曰仁而已。所以求仁者蓋亦多術，而一言足以舉其要，曰克己復禮而已。蓋仁也者，天地所以生物之心，而人物之所得以爲心者也。惟其得夫天地生物之心以爲心，是以未發之前四德具焉，曰仁義禮智，而仁無不統。已發之際，四端著焉，曰惻隱、羞惡、辭讓、是非，而惻隱之心無所不通。此仁之體用所以涵育渾全，周流貫澈，專一心之妙，而爲眾善之長也。然人有是身，則有耳目口鼻四肢之欲，而或不能無害夫仁。人既不仁，則其所以滅天理而窮人欲者，將益無所至，此君子之學所以汲汲於求仁，而求仁之要亦曰去其所以害仁者而已。蓋非禮而欲之所以害仁者在是，於是乎有以拔其本而塞其源，克之克之，以至於一旦豁然欲盡而理純，則其胸中之

〔註22〕《朱子文集》卷七十七。

〔註23〕〈克齋記〉僅題「乾道壬辰（1192）月日，新安朱熹謹記。」未署日月。束景南《朱子年譜長編》，頁 478，則以爲朱子將〈克齋記〉與〈仁說〉同寄張南軒，蓋爲壬辰（1172）之歲。

所存者，豈不粹然天地生物之心，而藹然其若春陽之溫哉？默而成之，固無一理之不具，而無一物之不該也。感而通焉則無事之不得於理，而無物之不被其愛矣。嗚乎！此仁之爲德所以一言而可以盡性情之妙，而其所以求之之要，則夫子之所以告顏淵者亦可謂一言而舉也與？……

現行〈仁說〉體旨同於〈克齋記〉。〈克齋記〉是朱子爲石子重（墩）所作，時年四十三歲。據《朱子文集》卷三十二所載，朱子與張欽夫四論仁說有云：「熹向所呈似仁說，其見不免尚有此意，方欲改之而未暇，來教以爲不如克齋之云是也。然於此卻有未察。」由此知〈仁說〉初稿乃作於〈克齋記〉以前，現行定稿則在壬辰（1172）之後，是朱子與張欽夫之辨仁亦在壬辰之後，且而與胡廣仲、胡伯逢、吳晦叔等湖湘學者之論辯亦應在同時；因之，朱子四十三歲確爲〈仁說〉撰作之年。然而〈仁說〉改定又在何年？仍須再作一番探討：

朱子〈答呂伯恭〉云：

仁說近再改定，比舊分明詳密，已復錄呈矣。此說固太淺，少含蓄。然竊意此等名義，古人已教自其小學之時，已有白直分明訓說，而未有後世許多淺陋玄空、上下走作之弊。故其學者皆以求仁爲務。蓋皆已略曉其名義，而求實造其地位也。若似今人茫然理會不得，則其所汲汲以求者，乃其平繩所不識之物，復何所向望愛說（悅），而知所以用其力耶？故今日之言比之古人，誠爲淺露，然其有所不得已者，其實亦只是祖述伊川仁性愛情之說，但別得名義稍分界分、脈絡，有條理，免得學者枉費心神，胡亂揣摸，喚東喚西爾。若不實下恭敬存養、克己復禮之功，則此說雖精，亦與彼有何干涉耶？故卻謂此說正所以爲學者向望之標準，而初未嘗侵過學者用功地步。明者試一思之，以爲如何？似不必深以爲疑也。自己功夫與語人之法固不同。然如此說，卻似有王氏所論高明中庸之弊也。須更究其曲折，略與彼說破，乃佳。〔註24〕

此信爲朱子言仁之所由，亦動機之所在，乃以仁爲體，分而爲仁性愛情，是概念的分解；由此分解，而爲恭敬存養，克己復禮；然此信究何時所寫，如能釐清，則〈仁說〉時間即可確定。

〔註24〕《朱子文集》卷三十三，〈答呂伯恭〉四十九書之第二十四書。

今再以《朱子文集》考證。《朱子文集・別集》卷六〈答林擇之〉書十一云：「得婺州報，云薛士龍物故……去歲〈仁說〉、答欽夫數書欲寫去……」薛士龍（季宣）卒於乾道九年（1173）七月，以「去歲」之語推論，知朱子〈仁說〉作於於乾道八年（1172），亦即壬辰；《呂東萊文集》卷三〈與朱元晦〉書十七云：「〈仁說〉、〈克齋記〉及長沙之往來論議，皆嘗詳閱。」是書「春序過半」云者，則作於乾道九年（1173）二月，由是朱子寄〈仁說〉約在八年（1172）冬間。而朱子〈答呂伯恭四十九書之第二十三書〉即同卷二十四書之前一書有云：「欽夫近答書，寄語解數段，亦頗有未合處，然比之向來，收斂慤實，則已多矣。言仁諸說錄呈。渠別寄〈仁說〉來，比亦答之，並錄去，有未安處，幸指誨也。」云云，據王懋竑《朱子年譜》則繫之癸巳（1173），以是知關於仁之論辯乃延伸至癸巳（1173）。再以同卷稍前又有一書云：

> 仁字之說欽夫得書云，已無疑矣。所論愛之理，猶曰動之端，生之道云爾者，似頗未親。蓋仁者愛之理，此理字重。動之端，端字卻輕。試更以此意秤停之，即無侵過用處之嫌矣。如何？……欲作《淵源錄》一書，盡載周程以來諸君子行實文字，正苦未有此及永嘉諸人事跡首末。因書士龍告爲託其搜訪見寄也。〔註25〕

《伊洛淵源錄》成於癸巳（1173），〔註26〕此書即繫於癸巳（1173），而此時《淵源錄》尚在搜訪材料中〔註27〕朱子未必等薛士龍所輯資料而後成書，士龍是否迅即寄交朱子亦未所知。因之，依上列諸證，已可斷定〈仁說〉係改定於癸巳（1173），亦即乾道九年，朱子四十四歲之時也。至於此說之醞釀及論辯，夏炘《景紫堂全書》未刊錄，或注意未及，爲之補闕，或有裨於〈述

〔註25〕同上〈答呂伯恭〉四十九書之十八書。

〔註26〕朱子最早言及作《伊洛淵源錄》在乾道八年（1172），《續集》卷二〈答蔡季通〉書十四云：「今日略走寒泉，晚即還此，治《淵源》、《言行錄》等書。」至九年（1173）四月有書告呂祖謙，載於《朱子文集》卷三十三，〈答呂伯恭〉書十八：「欲作《淵源錄》一書，盡載周、程以來諸君子行實文字。正苦未有此及永嘉諸人事跡，因書士龍，告爲託其搜訪見寄也。」又〈答呂伯恭〉書二十七云：「《淵源錄》許爲序引，甚善。」而書中有「即此歲除」，知在癸巳（1173）年十二月末也。

〔註27〕按：朱子寫成《淵源錄》草本寄呂祖謙約在十一月（十月往政和）。〈答呂伯恭〉書三十一則云：「《外書》、《淵源》二書頗有緒否？幸早留意。」而呂祖謙卒未寫序；又《朱子文集》卷三十三〈答呂伯恭〉書三十六云：「《淵源》、《外書》，皆如所喻，但亦須目下不住尋訪，乃有成書之日耳，別紙所論，更俟參訂。」云云者，皆知《淵源錄》尚在搜訪中。

朱質疑〉者。

二、〈仁說〉義理之疏解

關於〈仁說〉之述，朱子與張南軒於壬辰（1172）、癸巳（1173）二年，展開熱烈之論辯，其間朱子有〈答張敬夫〉書六、書八、書九之作；〔註 28〕張南軒亦有〈答朱元晦秘書〉書五、書十三之作，〔註 29〕於此見朱、張二先生對仁之意見。分別載錄如下：

朱子〈答張敬夫〉書六：

> 類聚孔孟言仁處，以求乎仁之說，程子為人之意可謂深切。……大抵二先生之前，學者全不知有仁字，凡聖賢說仁處，不過只作愛字勘了。自二先生以來，學者始知理會仁字不敢只作愛說，然其流復不免有弊者，蓋專務說仁，而於操存涵泳之功不免有所忽略……熹竊嘗謂若實欲求仁，固莫若力行之近……若主敬知仁交相為助，則自無此弊矣。……今此錄所以釋《論語》之言，而首章曰「仁其可知」，次章曰「仁之義可得而求」，其後多所以明仁之義云者，愚竊恐非聖賢發言之本意也。又如首章雖列二先生說，而所解實用上（謝）上蔡之意……恐當更究之也。

又書八：

> 細看〈言仁序〉云：「雖欲竭力以為仁，而善之不明，其弊有不可勝言者。」此數句似未安，為仁固是須當明善，然仁之主意不如此，所以孔子每以仁、智對言之也。近年說得仁與智字都無分別……

又書九：

> 類聚言仁……所類諸說，其中下學上達之方，蓋已無所不具，苟能深玩而力行之，則又安有此弊……今蒙來喻，始悟前說之非……不知可以更作一後序，略采此意以警後之學者否？不然，或只盡載此諸往返議論以附其後，亦庶乎其有益耳。……

而張南軒〈答朱元晦秘書〉書五：

> 忠恕之說如來諭，〈精義序引〉亦已亡疑。〈言仁〉已載往返議論於後，今錄呈。

〔註28〕皆見《朱文公文集》卷三十一。
〔註29〕皆見《張南軒先生文集》卷二十。

又書十三：

〈洙泗言仁〉中，當仁不讓於師之義，舊已改。孝悌爲仁之本，巧
言令色鮮仁之義，今亦已正。并〈序〉中後來亦多換，卻納一冊去
上呈。

張南軒《洙泗言仁錄》一書，據《張南軒年譜》以爲成於乾道六年（1170），
乃誤。依此《年譜》所據，而《朱文公文集》卷三十五〈答張敬夫〉書四有云：
「又以講席延造膝之規」，「筵中現講何書」之語，知南軒除侍講在乾道六年
（1170），開經筵則在乾道七年（1171）二月，朱子作此書必在乾道七年（1171）
無疑。再據《張南軒先生文集》卷一〈答胡季隨〉書三云：「歸來所作〈洙泗言
仁序〉、〈主一箴〉錄去」。「歸來」即指乾道七年（1171）六月出知袁州，十二
月歸長沙。朱子之得〈言仁錄〉已在乾道八年（1172），即壬辰之歲，乃可知之。

由上之說，亦知朱子〈仁說〉之撰，雖如前述，改作於乾道九年（1173）
癸巳之歲，然書函之論辯亦已長久矣。至於今本〈仁說〉義理如何？亦待乎
疏解，茲先錄其全文如下：

天地以生物爲心者也，而人物之生又各得夫天地之心以爲心者也。
故語心之德，雖其總攝貫通、無所不備，然一言以蔽之，則曰仁而
已矣！請試詳之。蓋天地之心，其德有四，曰元亨利貞，而元無不
統。其運行焉，則爲春夏秋冬之序，而春生之氣無所不通。故人之
爲心，其德亦有四，曰仁義禮智，而仁無不包。其發用焉，則爲愛
恭宜別之情而惻隱之心無所不貫。故論天地之心者，則曰乾元坤元，
則四德之體用不待悉數而足。論人心之妙者，則曰仁人心也，則四
德之體用亦不待遍舉而賅。蓋仁之爲道，乃天地生物之心即物而在。
情之未發而此體已具；情之既發，而其用不窮。誠能體而存之，則
眾善之源、百行之本，莫不在是。此孔門之教所以必使學者汲汲於
求仁也。其言有曰：克己復禮爲仁，言能克去己私，復夫天理，則
此心之體無不在，而此心之用無不行也。又曰：居處恭，執事敬，
與人忠，則亦所以存此心也。又曰：事親孝、事兄弟、及物恕，則
亦所以行此心也。又曰：求仁得仁，則以讓國而逃，諫伐而餓，爲
能不失乎此心也。又曰：殺身成仁，則以欲甚於生、惡甚於死，爲
能不害乎此心也。此心何心也？在天地則塊然生物之心，在人則溫
然愛人利物之心，包四德而貫四端者也。

或曰：若子之言，則程子（伊川）所謂愛情仁性，不可以愛爲仁歟？
曰：不然。程子之所訶，以愛之發而名仁者也。吾之所論，以愛之
理而名仁者也。蓋所謂情性者，雖其分域之不同，然其脈絡之通，
各有攸屬者，則曷嘗判然離絕而不相管哉？吾方病夫學者誦程子之
言而不求其意，遂至於判然離愛而言仁。故特論此以發明其遺意，
而子顧以爲異乎程子之說，不亦誤哉？或曰：程氏之徒言仁多矣。
蓋有謂愛非仁，而以萬物與我爲一爲仁之體者矣。亦有謂愛非仁，
而以心有知覺釋仁之名者矣。今子之言若是，然則彼皆非歟？曰：
彼謂物我爲一者，可以見仁之無不愛矣，而非仁之所以爲體之眞也。
彼謂心有心有知覺者，可以見仁之包智矣，而非仁之所以得名之實
也。觀孔子答子貢博施濟眾之問，與程子所謂覺不可以訓仁者，則
可見矣。子尚安得復以此而論仁哉？抑泛言同體者，使人含胡昏緩
而無警切之功。其弊或至於認物爲己者有之矣。專言知覺者，使人
張皇迫躁而無沉潛之味，其弊或至於認欲爲理者有之矣。一忘一助，
二者蓋胥皆失之，而知覺之云者，於聖門所示樂山能守之氣象尤不
相似。子尚安得復以此而論仁哉？因並記其語，作仁說。〔註30〕

此篇〈仁說〉前半直陳己意，圓整而富條理。今再就其段落逐一析論。

（一）天地以生物爲心者也。而人物之生，又個夫天地之心以爲心者也。故
　　　語心之德，雖其總攝貫通，無所不備，然一言以蔽之，則曰仁而已矣。

蔡仁厚云：「在朱子之義理間架中，『心』並不能自持其自己以成爲一實
體性之本心、天心，而是落在氣化上以形氣看心（心是氣之靈，是隨形氣而
有始終的、實然的心）」〔註31〕然則此「心」乃是虛說之心，是象徵義，而非
外在實體的心。如《朱子語類》卷二十七所載：「天之生物之心，無停無息，
春生冬藏，其理未嘗間斷。到那萬物各得其所時，便是物物如此。乾道變化，
各正性命。各正性命，是那一草一木，各得其理。變化是個渾全底。」則天
地生物之心即天心，此心生生不已而爲理之定然；若人者得此氣以成形，其
動靜語默，知覺之用，皆無非心之所爲，故云：「人物之生，各得夫天地之心
以爲心」。是天者，由氣化流行以生物；於此見天地之心。〔註32〕人者，由動

〔註30〕《朱文公文集》卷六十七。
〔註31〕《宋明理學・南宋篇》〈朱子學綱脈之疏導〉，頁108。
〔註32〕言天地之心者，《朱子語類》卷七十一載：「康節云：一陽初動處，萬物未生

靜語默而理寓其中以成德；於此見人之心。理不寓則不成德，而德之大者（統貫諸德者），則曰「仁」。〔註33〕

（二）請試詳之。蓋天地之心，其德有四，曰元亨利貞，而元無不統。其運
行焉，則爲春夏秋冬之序，而春生之氣無所不通。故人之爲心，其德
亦有四，曰仁義禮智，而仁無所不包。其發用焉，則爲愛、恭、宜、
別之情，而惻隱之心無所不貫。故論天地之心者，則曰乾元坤元，則
四德之體用、不待悉數而足。論人心之妙者，則曰仁人心也，則四德
之體用，亦不遍舉而賅。

謂心之德有四，曰仁義禮智。雖順應孟子文句而說，然朱子心中隱涵之
義理實與孟子不同。孟子云「惻隱之心仁也」，又云「仁義禮智根於心」，皆
自「仁義內在」之進路而來；所指乃道德超越之本心，亦指內在本質所具之
德性。所以謂惻隱之心、不忍人之心者，即是仁。而此仁之德乃貫通於心，
且與心合而爲一。此與伊川、朱子之仁性愛情、心統性情、心性情三分之說
未必相同。

而在朱子者，言「仁者心之德、愛之理。」之陳述，當非無道理。然卻
是自伊川「陰陽，氣也；所以陰陽，理也。」之意涵蓋而來，而謂氣爲形而
下，理爲形而上；如是，心之概念一轉爲形而下，成爲氣之事。由是惻隱、
羞惡、辭讓、是非之心亦皆形而下，皆爲氣之事，此顯然與孟子本意不合。

若朱子所謂「仁者，心之德、愛之理」者，即謂仁是愛之所以然之理，
而爲澄明之心所靜攝，亦即心靜理明是也；人常默識仁理之超然，即足以引
發凝聚之心氣而向上，使其心氣發爲「溫然愛人利物」之行；如此，則心氣
即融攝此理而成自身之德，故亦可云：仁者，愛之所以然之理，而爲心所當
具之德也。

仁德之心，既如上述，而所謂「天地之心，其德有四，曰元亨利貞，而
元無不統」者，其義理與《易傳》又非相應。蓋以天地之心既以融貫爲理氣，
則元亨利貞四德即無著落，亦只落於氣化上說；由是，則元亨利貞非天地之
心所涵之四德，卻成氣化流行之四德；而此四德，朱子將之類比爲春夏秋冬，

時。蓋萬物未生時，此心非不見也。但天地之心悉已布散叢雜，無非此理呈
露，倒了難見。若會看者能於此觀之，則所見無非天地之心矣。惟是復時
萬物皆未生，只有一個天地之心昭然著見在這裏，所以易看也。」
〔註33〕此《朱子語類》亦載：「得此生意以有生，然後有禮智義信。以先後言之，則
仁爲先；以大小言之，則仁爲大。」

即所謂四德之體用，不遍舉而賅備是也。

（三）蓋仁之爲道，乃天地生物之心即物而在。情之未發，而此體已具，情
之既發，而其用不窮。誠能體而存之，則眾善之源，百行之本，莫不
在是。此孔門之教所以必使學者汲汲於求仁也。其言有曰：「克己復禮
爲仁」，言克去己私，復乎天理，則此心之體無不在，而此心之用無不
行也。又曰：「居處恭，執事敬，與人忠」，則亦所以存此心也。又曰
事親孝、事兄弟、及物恕，則亦所以行此心也。又曰「求仁得仁」，則
以讓國而逃，諫伐而餓，爲能不失乎此心也。又曰「殺身成仁」，則以
欲甚於生，惡甚於死，而能不害乎此心也。此心何也？在天地，則塊
然生物之心；在人，則溫然愛人之心，包四德而貫四端者也。

云「克己復禮」、「居處恭、執事敬，與人忠。」、「求仁得仁」諸義，皆
申述孔子求仁之意。而「仁之爲道，乃天地生物之心即物而在」，人者「體而
存之」，則「眾善之源，百行之本」，莫不在是。至於此天地之心，朱子既云
其爲非實然之心，則所述「愛之所以然之理、心之所當具之德」之心者，亦
非實然之仁心；故而此仁心之意與孔子所云仁之內蘊，本質上當不相應，蓋
孔子之仁乃愛人如己之實然非虛說之謂；故朱子雖引《論語》之語，與孔子
之說到底仍未契合。

（四）或曰：若子之言，則程子（伊川）所謂「愛情仁性，不可以愛爲仁」
者，非與？曰：不然。程子所訶，以愛之發而名仁者也；吾之所論，
以愛之理而名仁者也。蓋所謂性情者，雖其分域之不同，然其脈絡之
通，各有攸屬者，則曷嘗判然離絕而不相管哉？吾方病夫學者誦程子
之言而不求其意，遂至於判然離愛而言仁，特此論此以發明其遺意，
而子顧以爲異於程子之說，不亦誤哉？

依朱子之意，仁是心之德，只是虛說；然若云仁是愛之理，則爲實說；
故嚴格言之，仁乃性之德，此即伊川所謂「仁性」之微意。且朱子又由統分
之理路來看心之德，愛之理。《朱子語類》卷二十載：「心之德即是統言。愛
之理是就仁義禮智上分說。如義便是宜之理，禮便是別之理，智便是知之理。
但理會得愛之理，便理會得心之德。又曰：愛雖是情，愛之理是仁也。仁者、
愛之理；愛者、仁之事；仁者、愛之體，愛者、仁之用。」此是朱子爲仁了
解的實義。再以朱子云未違背伊川「愛情仁性、不可以愛爲仁」之說，亦是
實情。自經驗實然層面上說，愛當然不即是仁，伊川以愛爲情，以仁爲性，

其實凸顯仁是屬於一超越之層面；朱子以仁爲愛之理，恰是表明同一意思。但另一方面朱子又反對切割仁與愛，愛情之發若中理，即表現仁之用；仁既超越而內在，與愛情之具體關連既不切斷，乃似有一親切之體會。此伊川到朱子所表現者，皆一明確之理路，然與孟子到明道一貫之思想卻不類。孟子講惻隱之心，講良知，四端之萌，擴而充之，沛然莫之能禦，是爲一本之論，卻非伊川、朱子的說法。〔註34〕

朱子紹承伊川之理路，而曰「吾之所論，以愛之理而名仁者也」云云，即是將一誠摯惻怛本心之仁體，析解爲心、性、情不同之分域而「各有攸屬」。且另一方面，言「愛之理」，即表示然者與所以然者相互的關聯：言「心之德」，即表示心與知靜攝的關聯；而言「心統性情」則表示統與攝間彼此的關聯；此即是所謂「脈絡之通」，而非「判然離絕」。故此「分域不同」而又非「判然離絕」之義理架構，顯然不同孟子之言本心的骨幹，所以然者，乃是一析解式之「漸教」、「重智」的道德系統。

（五）或曰：程子之徒言仁者多矣。蓋有謂愛非仁，而以「萬物與我爲一」爲仁之體者矣。亦有謂愛非仁，而以「心有知覺」釋仁之名者矣。今子之言若是，然則彼皆非與？曰：彼謂「物我爲一」者，可以見仁之無不愛矣，而非仁之所以爲體之眞也。彼謂「心有知覺」者，可以見仁之包乎智矣，而非仁之所以得名實也。觀孔子答子貢博施濟眾之問，與程子（伊川）所謂「覺不可以訓仁」者，則可見矣。子尚安得復以此而論仁哉！

所謂「程子之徒言仁者多矣」之語，蓋指明道而言。有如《二程語錄》所載明道之語，若「仁者渾然與物同體」、「仁者以天地萬物爲一體，莫非己也。」、「醫書言手足痿痺爲不仁，此言最善名狀。」、「學者識得仁體，實有諸己，只要義理栽培。」、「切脈最可體仁」、「觀雞雛，此可觀仁。」、「觀天地生物氣象」、「萬物之生意最可觀，此元者善之長也，斯可謂仁也。」云云者，皆就「物我爲一」與「以覺訓仁」而說；以「物我爲一」，乃指楊龜山而

〔註34〕如伊川言：「惻隱，固是愛也。愛自是情，仁自是性。豈可專以愛爲仁？孟子言惻隱爲仁，蓋謂前已言惻隱之心，仁之端也；既曰仁之端，則不可便謂之仁。」惻隱之心當然含愛之表現，但其心卻並等於愛。伊川一見「惻隱」便以爲愛，又以「端」爲愛所發之情，而以仁爲所以發之理。因之，仁只是一普遍之理，而愛與惻隱乃至孝弟，則視爲普遍之理所發的特殊表現，當然，所表現者必然不是理。由是，「仁」成形上之性與理，「惻隱」則爲形下之愛與情，成爲異質之兩層，此當非孟子的本意。

言，若「以覺訓仁」，乃只謝上蔡而言；實則皆就明道而語。在明道，「物我爲一」與「以覺訓仁」實即一義。明道之由「醫書言手足痿痺爲不仁」倒而爲「不痿痺」與「莫非己」指點仁，視仁爲眞生命，且由「覺」者而識仁爲眞實道德創造之源；此般感通無隔、遍潤無方、與萬物爲一體之眞諦，乃是「仁之所以爲體之眞」者也。然朱子則持相反之見，言「彼謂物我爲一者，可以見仁之無不愛矣，而非仁之所以爲體之眞也。」。實則「與物同體」、「以天地萬物爲一體」，乃相應仁體之實然而說，此乃是仁體眞正的內容，其爲仁之本質乃可知矣，而朱子一定以「博施、濟眾」視爲「物我爲一」，乃就外延而言，是所謂量者，故與明道之說，信必隔閡，此爲可知。

至於「以覺訓仁」之說，朱子謂「彼謂心有知覺者，可以見仁之包乎智矣，而非仁之所以得名之實也」。則其「覺」者，乃爲知覺之覺，卻非明道、上蔡所云道德眞情寂感之覺；蓋明道、上蔡之「覺」，乃指惻然有所覺之覺，爲一不安不忍道德眞情之覺，是仁心覺情之覺，而非糝乎理智之覺；此固朱子直以知覺處訓覺，與仁心覺情之覺必爲相逆，殆乎顯然。

（六）抑泛言「同體」者，使人含糊昏緩，而無警切之功，其弊或至於認物爲己者有之矣。專言「知覺」者，使人張皇迫躁，而無沉潛之味，其弊或至於認欲爲理者有之矣。一忘一助，二者蓋胥失之。而知覺之云者，於聖門所示樂山能守之氣象，尤不相似，子尚安得以此而論仁哉？因並記其語，作仁說。

所謂「同體」者，乃由感潤無隔而至物我一體，即現示生命之警策與眞心之流，則何至於「使人含糊昏緩，而無警切之功」，又何至於「其弊或至於認物爲己」？此頗矛盾！而「物我爲一」者，即合內外、通物我，與天地合流，此是向上警策之最高境界，當非昏糊而忘者之所能至，而朱子謂爲「含糊昏緩」且「無警切之功」，前後之意，即無法自圓；次者，如前段所言，不麻木、不痿痺、惻然有所覺，乃爲一眞誠惻怛心之流露，其不該則不該，不忍則不忍，有爲則爲之，有守則守之，能久處約，亦能長處樂，徹理徹外，唯是天心仁體的貞定，當何至「張皇迫躁，而無沉潛之味」，何至「其弊或至認欲爲理」？又何至「於聖門所示樂山能守之氣象，尤不相似」？此朱子言同體者爲「忘」，知覺者爲「助」，所取之論，不免失第而意思糢糊矣。

要之，孔門言仁，謂仁者，乃一切德性之根源，爲「純亦不已」眞誠之生命，亦爲道德創造之實體；推之極至，仁乃「盡得道體」之本然；而就孟

子言，雖仁義禮智並舉，論其歸趨，則爲直指本心，本心即理，非分仁爲心性情，專限於愛而爲愛之理。故孔孟之仁，乃是創生的道體，是實然而非虛說的「天地生物之心」，此與朱子所體之仁路徑已然未同；亦見初朱子之仁已另成一系統。

總括朱子之仁，即爲「仁者，愛之所以然之理，而爲心所當具之德」。其義則：

（1）仁非是心，而是心之德；非是愛，而爲愛之理。

（2）仁是理是性，爲形而上；心、情皆是氣，爲形而下。此即理氣二分之說。

（3）心知之明靜攝仁理，而此理乃使心氣凝聚成爲切當之行；此即因理而生氣。

由是朱子之仁乃爲「有而不在」、「普遍而不具體」、「超越而不內在」者，〔註35〕與孔孟之仁即有不同，其與張南軒，乃至與湖湘學者胡廣仲、胡伯逢、吳晦叔等之論辯，途轍未同，歸趨非一致，亦未見得孰是孰非也。

第三節 朱子之師道與事功論

朱子之學，博廣深邃。夏炘《景紫堂全書》於朱子之論已發未發、論涵養、論敬、論仁說之後，即未再述及其他。故本論文仍以夏炘之說爲要，《景紫堂全書》未述者，則概闕如，此蓋忠於原書之意。因之，朱子承程子而來之性論、理氣論、乃至晚年之定論，其非夏炘言談所及者，即不再贅述。是本節所論，乃依夏炘所敘，言及朱子之師道與事功，其實二者之述，亦夏炘〈述朱質疑〉之總結。

一、朱子之師道論

夏炘對朱子之學贊譽有加，直言朱子爲繼孔子後之聖賢。其〈朱子之學得之艱苦所以爲百世之師論〉即云：

> 自古立師道之極者無如孔子。夫孔子僅生知安行之聖也，其自十五志學，以至七十不踰矩，平生履歷之境，一一自道其所至，是以集群聖之大成，於斯道之曲折精微，無所不用其極，而因材樂育，亦

〔註35〕蔡仁厚《宋明理學・南宋篇》，頁119引牟宗三語。

各就其人之所至，而成之無遺憾，傳之無流弊也。朱子生於南宋之世，士大夫多騖於異學。十四而孤，以遺命稟學於籍溪胡公屏山、兩劉公之門。三君子之學皆未盡醇，而籍溪之號佛老尤篤，故朱子因之，亦遂出入於老釋間。李延平得龜山之傳，於是往而受業。延平雖極辨釋老之非，而令驗喜怒哀樂未發之中，求聖人灑然脫落之趣，其虛實之旨趣，固與釋老判若天淵，而毫釐之差偶不加察，則亦不能無疑似之嫌。十年之間，進謁者四。寓西林者，動輒數月，而中和之旨終未能達，及癸未（1163）之冬而延平逝矣；其時建陽之間，老成凋謝，張敬夫（栻）崛起衡山，爲胡五峰高第弟子。朱子奏事延和，適孝宗召敬夫至行在，與之歡曲。甲申（1164）自豫章（江西）送魏公（浚）柩至豐城，與敬夫舟中相聚者三日。數年之間，書問往來，商榷議論。朱子自悟入自有生以後皆爲已發；其未發者，特其渾然之體流行不息，竝無分段時節之可言。以爲向之聞於西林而未契者，今無復有纖芥之疑矣。及丁亥（1167）至潭州（長沙），留長沙者兩越，語敬夫辯論之語，今已無傳。大抵敬夫守其師先察識後涵養之說，從動處下功夫，與延平默坐澄心體認未發，正兩相反；而朱子既以心爲已發，性爲未發，似從動處著力較爲直捷；雖心亦疑其少偏而不敢遽以爲非，姑且從之者又兩年。壬辰（1172）之春，因與蔡季通（元定）辯論而有疑焉。於是復求之程子之書，然後知事物未至、思慮未萌之時，皆爲未發；而天命之性，體段具焉。回溯夫向之目心已發、性爲未發者，不惟命名之未當，而亦欠涵養之全功。自是以後，既力辨先察識之非，又知延平求中之說不能無弊，一守程子涵養用敬、進學致知之說，以虛明靜一養其心，以整齊嚴肅飭其體，以條分縷析辨其理，以身修力行踐其實，辨異端似是之非，定吾道指歸之正。迨七十之年，德尊望重，門牆俊傑濟濟如林。雖其造就之純非後學所能窺測，然亦幾幾乎孔子之不踰矩矣。或曰：朱子之學艱苦如此，向使總角之年得延平以爲師，何至有釋老之出入、更得二程以爲師？又何至瓾於高明？而余謂不然。今夫山吾知其爲高，不歷太行之險，烏知羊腸之詰屈訏衍乎；今夫海，吾知其爲深，然不經滄溟之島，烏知洲嶼之幽深盤鬱乎；今夫天，吾知日月星辰之所躔次，然不經星官疇人之細測，烏知黃

赤距度，古今之差異乎；今夫地，吾知土石岳寶之所淳崿，然不經
軺車使節之征闢，烏知蠻陌絕域風俗之奇詭乎！然則朱子之所以能
辨異端、屏邪說、集諸儒之大成，而爲百世之宗師者，一一皆從艱
苦中來者也。程子：參也！竟以魯得之。吾亦曰：朱子竟以艱苦得
之。然則世之爲，其可以不必矜高明而誇捷獲矣。〔註36〕

　　本文堪稱洋洋灑灑，所欲述者，在朱子成爲百代之宗師者，爲其辨異端，
屏邪說，集諸儒之大成者也；而所以如此，皆從艱苦中來也；然則人若不歷
盡艱苦，又何能成大事業！此天降大任者，必苦其心志，勞其筋骨，空乏其
身，亦皆爲當然；即孔子爲萬世師表、爲道統之尊者，栖栖皇皇，亦甚艱辛，
然以其艱辛，故成就萬世之事業。朱子亦復如此，自少迄老，詆排釋老，擯
斥姦佞，朝廷且目之爲僞學，諸事云云者，不亦在增益其憂患，而使後日有
所成！故夏炘以太行之險爲喻，而言詰詘訏衍；以滄溟之島爲喻，而言幽深
盤鬱；乃至日月星辰、土石岳寶之喻，皆說述憂患於人之撼動；則爲師爲儒
如朱子者，爲後世景仰可知。

　　次者，就義理層面言，儒家理想之實現必貫注於人倫日用之間。然眞正
之儒者，其志之所在，當非只在博取一功名，或做一貌似循規蹈矩的縉紳之
士。其人胸襟所至，即在澄清天下之大志，否則如無法克制胸中私念，終仍
不免陷入利欲之糾轕中，由此亦見出眞儒與鄉愿之別。故而儒者思想是既超
越又內在，必得超越，內在含藏之光澤始能透出；亦始能見道之既眞且廣；
是以儒者於道也者，乃須臾而不離，所肯定者即爲恢宏之人生意義與價值；
此在朱子言，即理一而分殊之意，當不必如釋老之高蹈避世，枯槁而寂滅；
因之，儒者之教，必自小學始，由灑掃應對進退而至人生理念，雖或徒知其
然而不知其所以然，然至一階層，必至一境界之轉換，所謂「獨上高樓，望
盡天涯路」之體會是也。如此眼界寬，心志立，磨礪久之，自然由絢爛歸於
平淡，乃可以如孔子所云「隨心所欲不踰矩」之境。如此，則超越與內在之
間得一完美之平衡，此生亦可無撼矣。

　　若乎朱子者，其生命意念當在此，而夏炘所謂「於斯道之曲折精微，無
所不用其極，而因材樂育，亦各就其人之所至，而成之無遺撼，傳之無流弊。」
之說，非僅指孔子，不亦乃指朱子乎！

　　至若就師道之義言，則朱子終身職志，其實可以歸約爲二者，一在言闢

〔註36〕《景紫堂全書・二》卷五，頁215～219。

老釋，一在樹立道統；就前者言，老莊釋佛思想，亦由內在而超越，是以修內聖之學之儒與修道佛者，歸趨所至，實爲一十分相似之路；通觀宋明儒者之傳，幾乎皆出入老釋數十年；然老釋之途最是相似，即一去而未能返回，終乃未能自本質上肯定人倫日用之意義與價值；而儒者由超越而回歸於內在，是完成一整個的圓周；此是儒者與老釋之最大歧異，亦朱子之所以排闢者也；再以道統之樹立言，朱子所承乃允執厥中之價值者；而其實朱子之所承與其他宋儒爲有異，乃爲由堯舜而二程之一貫道統，對漢唐諸儒則在排斥之列，此亦須知者也。今再就闢釋老與言繼道統二者，言述如下：

（一）闢佛之論

朱子年少之時，曾一度好佛，亦曾以禪宗之意答卷中舉，此事前已言說，不再贅敘。而於延平之教後，始辨明儒佛之分疏。王懋竑《朱子年譜考異》定爲庚辰（1160，紹興三十年），朱子三十一歲之年；夏炘則以爲非是，然無法說出年歲，〔註37〕或有未足；今則不再考證闢佛之年代，而自《語類》中論述朱子言佛之見。

《朱子語類》卷八云：

> 佛家一向撤去許多事，只理會自身己。其教雖不是，其意思卻是要自理會，所以它那下常有人，自家這下自無人。今世儒者能守經者，理會講解而已；看史傳計較利害而已。那人直是要理會身己，從自家身己做去，不理會身己，說甚別人長短。

又卷四云：

> 某見名寺中我畫諸祖師人物，皆魁偉雄傑，宜其傑然有立如此。所以妙喜贊某禪師曰：當初若非這箇，定是做箇渠魁，觀之信然。其氣貌如此，則世之所謂富貴利達、聲色貨利，如何籠絡得他住？他視之亦無足以動其心者。或問：若非佛氏收拾去，能從吾儒之教，不知如何？曰：他又也未是雖無文王猶興底。只是也須做箇特立獨行底人，所爲必可觀。若使有聖人收拾去，可知大段好。只是當時

〔註37〕《景紫堂全書・二》〈與胡玫卿論白草堂雜著書〉卷五，頁222；評王懋竑（白田）謂：「……若云庚辰（1160）繞出釋學，則自十五歲數起，已十七年。餘字所該，不應如是之久。而《年譜》所謂頓悟釋老之非，相懸至七八季之遠，使朱子出入之跡界限不清，是一大轇轕也。」雖云王氏之記年爲轇轕，然卻無法解說朱子悟釋老之年，或爲不足。

吾道黑淬淬地，只有些章句詞章之學，他如龍如虎，這些藝解都束
縛他不住，必決去無疑。也煞被他引去了好人。可畏可畏。

又〈讀大紀論釋氏〉云：

以其有空寂之說而不累於物欲也，則世之所謂賢者好之矣。以其有
玄妙之說而不滯於形器也，則世之所謂智者悅之矣。以其有生死輪
回之說而自謂可以不淪於罪苦也，則天下之傭奴爨婢勍髡盜賊亦匍
匐而歸之矣。此其為說所以張皇輝赫、震耀千古。而為吾徒者方且
蠢焉鞠躬屏氣，為之奔走服役之不暇也。〔註38〕

禪佛之學，所以顯赫，非為無因。如朱子所言「有空寂之說而不累於物
欲」、「有玄妙之說而不滯於形器」、「有生死輪回之說而自謂可以淪於罪苦」；
則俗人大眾莫不為之而牽引；再以名寺諸祖師皆魁偉雄傑，卓然自立，所為
所行亦高於世俗之詞章記誦之學，乃至遠超過現實利祿之追逐者；如此，則
凡大為之趨嚮，即雅士高第為其所迷者亦多，類若程門弟子如游（酢）、楊
（時），亦以參禪禮佛為平生之事。此《朱子語類》卷二十四即云：

問：程子：佛氏之言近理，所以害甚於楊墨。看來為我疑於義，兼
愛疑於仁，其禍已不勝言，佛氏如何又卻甚焉？曰：楊墨只是硬恁
地做。佛氏最有精微動得人處。本朝許多極好人無不陷焉。

此佛氏之精微動人處，在其寂滅之生死觀外，復有一精謹的修養工夫以
及一周密系統的理論架構；是目為士大夫之流都不免為其吸引，雖若其間有
闢佛如唐之韓愈，宋之歐陽修者，皆不過自文化觀點反對釋佛，惟皆未能切
中其弊。因之，朱子以為如欲闢佛，仍宜知其本源及其根抵之所在，如此，
尋根探源，方能知其弊而去其弊，否則，僅在枝葉處爭議，到底不能解佛之
弊矣。故朱子云：

今之闢佛者皆以義利辨之，此是第二義。正如唐人檄高麗之不能守
鴨綠之險，高麗遂守之。今之闢佛者類是。佛以空為見，其見已錯，
義利又何足以為辨。舊嘗參究後頗疑其不是。及見李先生之言，初
亦信未及。亦且背一壁放，且理會學問看如何。後年歲間，漸見其
非。〔註39〕

所謂「後年歲間，漸見其非」者，即朱子以為禪佛乃老莊楊朱列子一路

〔註38〕《朱文公文集》卷七十。
〔註39〕《朱子語類》卷一二六。

而下極端之思想，而此極端思想，其源皆在於「厭」與「巧」厭者，厭薄世故而盡欲空了一切，佛氏之謂；巧者，關機巧便盡天下之術數，老氏之謂。故朱子直云：

> 味道問：只說釋氏，不說楊墨，如何？曰：楊墨為我兼愛，做出來也淡而不能惑人。只為釋氏最能惑人。初見他說出來自有道理，從他說愈深，愈是害人。

又云：

> 問：《集注》何以言佛不言老。曰：老便只是楊氏。人嘗以孟子當時只闢楊墨，不闢老，不知闢楊墨便是闢老。如後世有隱遯長往而不來者，皆是老之流。他本不是學老，只是自執所見，與此相似。〔註40〕

又云：

> 釋氏書其初只有四十二章經，所言甚鄙俚。後來日添月益，皆是中華文士相助撰集。……筆之於書，轉相欺誑，大抵多是剽竊老子列子意思，變換推衍，以文其說。……佛學其初只說空，後來說動靜，支蔓既甚，達摩遂脫然不立文字，只是默然端坐，便心靜見理。此說一行，前面許多皆不足道，老氏亦難為抗衡了。今日釋氏其聖極矣。但程先生所謂攻之者執理反出其下，吾儒執理既自卑汙，宜乎攻之而不勝也。〔註41〕

朱子謂佛者剽竊老莊列子之意，其說依源流觀之，必然不符；蓋以佛學源遠流長，由印度而傳入中國，其間經論之傳抄自是千迴百折，其經格義階段亦為必然，由是經中國文士潤色采椽亦無可議；然如據之即謂佛氏剽竊老莊列子，則其理義當然無法令人心服；實則朱子亦知佛氏之空與老莊之無本無相契，根本即為不同之義理系統；惟朱子將佛老相提並論，以為佛氏空寂之論更趨於滅沒而與儒家思想相對立，纔是其立論之根本。然由此亦知朱子對佛家義理並未深入理解，只憑直覺論定儒釋思想彼此不容；故朱子所見之儒與佛老之歧異，僅在日用人倫、文明禮法消極與否定之判別，其他則未必深入探究，此在彼此思想的衡斷上，似應言其為偏而不得言其為正。至如最後之判定，則儒者僅能以所存者神及道體之生生不已與佛釋之空、老莊之無相別異而已。

〔註40〕同上，卷二四。
〔註41〕同上，卷一二六。

　　進一步言，則朱子以爲儒家乃入世之思，其日用人倫所見爲實質；釋老則遁入林泉與滅沒枯寂，所行乃虛；其一虛一實，又爲二者之差別。朱子云：

> 釋氏虛，吾儒實。釋氏二，吾儒一。釋氏以事理爲不緊要而不理會。……釋氏只要空，聖人只要實。釋氏所謂敬以直內，只是空豁豁地更無一物，卻不會方外。聖人所謂敬以直內，則湛然虛明，萬理具足，方能義以方外。……吾儒心雖虛而理則實，若釋氏則一向歸空寂去了。〔註42〕

又云：

> 吾以心與理爲一，彼以心與理爲二。亦非固欲如此，乃是見處不同。彼見得心空而無理，此見得心雖空而萬理咸備也。雖說心與理一，不察乎氣稟物欲之私，是見得不眞，故有此病，大學所以貴物也。
> 〔註43〕

又云：

> 釋氏合下見得一箇道理空虛不實，故要得超脫，盡去物類累，方是無漏。爲佛地立。其他有惡趣者，皆是眾生餓鬼。只能順有所修爲者，猶是菩薩地位，未能作佛也。若吾儒合下見得箇道理便實了，故首尾與之不合。〔註44〕

　　依朱子說法，佛氏是根本即有誤，故雖於修養處下工夫，畢竟仍無所得；且而心爲虛空，不察氣稟物欲之私，所見自不眞，乃不若大學之貴物。故同卷又云：

> 學佛氏語曰，千種言、萬般解，只要教君長不昧，此說極好。問：
> 程子曰：佛氏之言近理，所以爲害尤甚，所謂近理，指此等處否？
> 曰：然。它只是守得這些子光明，全不識道理，所以用處七顛八倒。
> 吾儒之學則居敬爲本，而窮理以充之，其本原不同處在此。

　　朱子以儒者居敬窮理，以佛氏知守光明不識道理，作爲儒釋的分野：其實仍在修養處說，於佛理根本則未透入，然則儒者可以居敬窮理，焉知佛者不能居敬窮理？又如言佛者不識道理，則儒者是否即識道理？此皆須理解，

〔註42〕《朱子語類》卷一二六。
〔註43〕　同上。
〔註44〕　同上

只是朱子於此未作說明，值得再思。而居敬窮理外，心性之論，亦是緊要。
同卷又云：

> 禪只是一箇呆守法，如麻三斤，乾屎橛，他道理初不在這上，只是
> 教他麻了心，只思量這一路，專一積久，忽有見處，便是悟。大要
> 只是把定一心，不令散亂，久後光明自發，所以不識字底人才悟後
> 便作得偈頌。悟後所見雖同，然亦有深淺。某舊來愛問參禪處，其
> 說只是如此。其間有會說者，卻吹噓得大，如果佛氏之徒，自是氣
> 魄大，所以能鼓動一世，如張子韶注聖錫輩，皆北面之。

又云：

> 釋氏去棄了道心，卻取人心之危者而作用之。遺其精者，取其粗者
> 以為道。如以仁義禮智為非性，而以眼前作用為性是也。此只是源
> 頭處錯了。〔註45〕

朱子將禪宗「明心見性」之意解為告子「生之謂性」，立論顯為未當。畢
竟明心見性亦在心之澄明，為自我的朗照映現，與告子生之謂性的耳目官能
到底不同，勉強合而為一，差距即甚遠；此亦朱子於禪宗思想未能通貫者。
亦知儒家如朱子思想所重乃在分殊，與禪宗之心量無限本質當有所別異；且
而禪宗體認者乃一切皆空，其隨緣安住，不作虛妄分別，即無適而非道，與
儒家形上形下之道是未相合，亦即儒家言理，在言之有物，而非空寂虛無。
再者，釋、儒言內聖之學，皆在心上做工夫，雖皆言心，實質卻有差別，大
抵儒家的心在窮理盡性，釋佛的心在寂然空無。

〈答吳斗南〉云：

> 佛學之與吾儒雖有略相似處，然正所謂貌同心異、似是而非者，不
> 可不審。明道先生所謂句句同事事合然而不同者，真是有味，非是
> 見得親切，如何敢如此判斷耶。聖門所謂聞道，聞只是見聞，玩索
> 而自得之之謂道。只是君臣父子日用常行當然之理，非有玄妙奇特
> 不可測知，如釋氏所云豁然大悟、通身汗出之說也。如今更不可別
> 求用力處，只是持敬以窮理而已。參前倚衡，今人多錯說了，故每
> 流於釋氏之說。先聖言此，只是說言必忠信、行必篤敬，念念不忘，

〔註45〕《朱子語類》卷一二六：相同之說，亦見於《朱文公文集》卷七十四〈孟子綱
領〉：「性之為體，正以仁義禮智之未發者而言，不但為視聽作用之本而已也。
明乎此，則吾之所謂性者，彼佛氏固未嘗得窺其彷彿，而何足以亂吾之真哉？」

到處常若見此兩事，不離心目之間耳。如言見堯於羹，見堯於牆，豈是以我之心還見我心，別為一物而在身外耶？無思無為，是心體本然，未感於物時，有此本領，則感而遂通天下之故矣，恐亦非如所論之云云也。所云禪學悟入，乃是心思路絕，天理盡見，此尤不然。心思之正便是天理。流行運用，無非天理之發見，豈待心思路絕而後天理乃見耶？且所謂天理，復是何物？仁義禮智豈不是天理？君臣父子兄弟夫婦豈不是天理？若使釋氏果見天理，則亦何必如此悖亂，殄滅一切，昏迷其本心而不自知耶？凡此皆近世淪陷邪說之大病，不謂明者亦未能免俗而有此言也。〔註46〕

此言所重乃在「君臣父子兄弟夫婦豈不是天理？若使釋氏果見天理，則亦何必如此悖亂。」則所謂天理者，非殄滅一切，壹在君臣父子兄弟夫婦之倫常；佛釋之悟空門，乃在去倫常於不顧，與儒家天理說明顯違逆，則敦篤誠樸之儒者必然有所駁斥。同樣之語，亦見：

〈讀大紀〉：

宇宙之間一理而已。天得之而為天，地得之而為地，而凡生於天地之間者，又各得之以為性，其張之為三綱，其紀之為五常，蓋皆此理之流行，無所適而不在。……若夫釋氏則自其因地之初而與此理已背馳矣。乃欲其所見之不差所行之不謬，則豈可得哉！若夫釋氏則自其因地之初而與此理已背馳矣。乃欲其所見之不差、所行之不謬，則豈可得哉！蓋其所以為學之本心，正為惡此理之充塞無間，而後己不得一席無理之地以自安；厭此理之流行不息，而使己不得一息無理之時以自肆也。是以叛君親、棄妻子、入山林、捐軀命，以求其所謂空無寂滅之地而逃焉。其量亦已隘，而其勢亦已逆矣。然以其立心之堅苦，用力之精專，亦有以大過人者，故能卒如所欲而實有見焉。但以其言行求之，則其所見雖自以為至玄極妙，有不可以思慮言語到者，而於吾之所謂窮天地、亙古今、本然不可易之實理，則反瞢然其一無所觀也。雖自以為直指人心而實不識心；自以為見性成佛而實不識性。是以殄滅彝倫、墮禽獸之域而不知其有罪，蓋其實見之差有以陷之，非其心之不然而故欲為是以惑世而罔

〔註46〕《朱文公文集》卷五十九，〈答吳斗南四書之第三書〉。

人也。至其爲說之窮，然後乃有不舍一法之論，則似始有爲是遁詞以蓋前失之意。然亦眞秉彝之善有終不可得而殄滅者，是以剪伐之餘而猶有此之僅存。又以牢於實見之差，是以有其意而無其理，能言之而卒不能有以踐其言也。〔註47〕

謂佛釋者，「叛君親、棄妻子、入山林、捐軀命，以求其所謂空無寂滅之地而逃焉」；又所謂「自以爲直指人心而實不識心：自以爲見性成佛而實不識性。」則朱子之視佛爲異端可知，且甚於孟子之別楊墨者流；準此，劉述先先生即直云：「朱子是要嚴儒佛之分別者。朱子對於佛說並無深刻研究或造詣，但他的確看過當時流行的一些佛書，也知道禪家接人的一些方法，可能是當時儒者對於佛氏比較有理解者。」又云：「他對於禪佛的批評以其剽竊老子列子，作用見性之說近於告子之類，都未見中肯。然當時學者極少有作純學術性的客觀研究者，所以我們對於朱子也實難有所苛求。但朱子在直覺上清楚地把握到儒佛有根本分疏處，這是不錯的。」〔註48〕劉氏之說，簡捷而合宜。對朱子之判別佛釋說法頗爲客觀，其實朱子於佛之認識未必深入，故所述較亦自直覺言說，所見亦直就佛門遁世而論，於佛釋之經論則未提及。《年譜》載朱子六十二歲時，以葉適（正則）於荊州就讀佛書，而致書評其好佛。且謂：「如來書所謂『在荊州無事，看得佛書，乃知世外瑰奇之說，本不能與治道相亂，所以參雜辨事爭，亦是讀者不深考爾』。此殊可駭，不謂正則乃作如此語話也！中間得君舉書，亦深以講究辨切爲不然。此蓋無他，只是自家不曾見得親切，端的不容有毫釐之差，故作此見耳……若見得道理分明，便無事殺決，不暇讀佛書，若偶讀之，亦須便見得其亂道誤人處愈親切，不至爲此言矣。」〔註49〕言佛者「亂道誤人處愈親切」，則對佛釋之苛責已溢於言表。今如以虛實判分儒釋二者，於理論間似嫌疏略；實際而言，佛釋之空理與儒家之實理確爲二處不同的進路，即崇佛之人亦肯認二者之分野；由是儒佛之源頭及踐履之道，本質即有差異，雖彼此容有共法相通，然涂轍分殊，相距仍遠，勉強折衷，更增雲擾。因之朱子於其時拒絕跟風，一定嚴別儒釋之畛域，絕非僅止爲意氣之爭，實有一基本之慧識爲其背景，識見自遠超於當時之倡導和會者；此論夏炘雖不及言說，然由朱子文集循根溯源，則大抵能知曉。

〔註47〕 《朱文公文集》卷七十。
〔註48〕 劉述先《朱子哲學思想的發展與完成》，頁 412～413。
〔註49〕 《朱文公文集》卷五十六〈答葉正則〉書四。

（二）道統之論

夏炘〈朱子之學得之艱苦所以爲百世之師論〉師道論所述：一在闢佛老，一在繼道統；闢佛老，已如上述，蓋謂朱子之所以能辨異端、屛邪說而爲百世宗師者，在自艱苦得來；至如繼道統者，乃謂朱子爲承孔子而來，而其道有若孔子。孔子者，「自十五志學以至七十不踰矩，平生履歷之境，一一自道其所至，是以集群聖之大成，於斯道之曲折精微，無所不用其極，而因材樂育，亦各就其人之所至而成之無遺憾，傳之無流弊」。而朱子者，「一守程子涵養用敬、進學致知之說，以虛明靜一養其心，以整齊飭其體，以條分縷析辨其理，以身修力行踐其實；辨異端似是之非，定吾道指歸之正，迨至七十之年，德尊望重，門牆俊傑濟濟如林，雖其造就之純非後學所能窺測，亦幾乎孔子之不踰矩矣」。〔註50〕此贊語，當是夏炘之贊，然亦見其對朱子之景仰。而孔子之學，爲自堯、舜、禹、湯而來，亦孟子之道統；此道統也者，又爲華族淵源流長之文化命脈。是夏炘謂朱子承孔子者，一則爲師道之尊，再則爲流長之文化淵源，則朱子於斯道之肩負可謂重責大任，而夏炘以「艱苦」目之，蓋亦謂朱子繼道之艱苦也；而此艱苦必爲朱子衛道之艱辛，凡與道之不合者，必若孟子之滔然以辯，乃有道之所在不得已也之信念，是此載道精神當亦爲夏炘所推贊，其〈呂成公論〉即云：

> 朱子之於群儒必侃侃明辨者非與？是又不然。朱子傳注六經，纘承斯道，爲往聖明正軌，爲萬世絕異趨，毫釐之差，千里之謬，不直則道不見，此禹之慮民深也。〔註51〕

以是知朱子之侃侃明辨，壹在纘承道統，而其意則在「爲往聖明正軌，爲萬世絕異趨」。亦如大禹之聖，慮民深而憂民遠，則無天縱之資者，焉能若是。而在朱子者，其道統所淵自，乃在直承二程而上，與韓愈、李翱之載道是爲有異。此可於〈中庸章句序〉及〈大學章句序〉見之：

〈中庸章句序〉云：

> 道統之傳有自來矣。其見於經，則允執厥中者，堯之所以授舜也。
> 人心惟危，道心惟微，惟精惟一，允執厥中者，舜之所以授禹也。……
> 自是以來，聖聖相傳，若成湯文武之爲君，皋陶伊傅周召之爲臣，
> 既皆以此而接夫道統之傳。若吾夫子則雖不得其位，而所以繼往聖

〔註50〕《景紫堂全書・二》卷五，頁 217～218。
〔註51〕《景紫堂全書・三》卷九，頁 65。

開來學，其功反有賢於堯舜者。然當是時，見而知之者，惟顏氏曾氏之傳得其宗。即曾子之再傳，而復得夫子之孫子思。……又再傳以得孟氏。……及其沒而遂失其傳焉。……故程夫子兄弟者出，得有所考，以續夫千載不傳之緒。〔註52〕

〈大學章句序〉云：

河南程氏兩夫子出，而有以接乎孟氏之傳。……雖以熹之不敏，亦幸私淑，而與有聞焉。

則朱子所謂之道統，乃由堯舜而二程一貫而來，朱子即肩負二程之使命，以續承道統爲己任，其意亦在直承周孔之聖道於不墜。門人黃榦〈朱先生行狀〉即統合云：

竊謂道之正統，待人而後傳。自周以來，任傳道之責，得統之正者，不過數人，而能使斯道章（彰）章較著者，一二人而止耳。由孔子而後，曾子、子思繼其微，至孟子而始著。由孟子而後，周、程、張子繼其絕，至先生而始著。蓋千有餘年之間，孔孟之徒，所以推明是道者，既以煨燼殘闕，離析穿鑿，而微言幾絕矣。周、程、張子崛起於斯文湮塞之後，扶持植立，厥功偉然。未及百年，踳駁尤甚。先生出，而自周以來聖賢相傳之道，一旦豁然，如大明中天，昭晰呈露，則摭其言行，又可略歟？……〔註53〕

惟朱子之道統，事實仍斥漢唐之儒，而獨尊宋儒。此如黃榦〈行狀〉所言「由孔子而後，曾子、子思繼其微，至孟子而始著。由孟子而後，周、程、張子繼其絕，至先生而始著。」則孔孟以下，倏至宋儒，而漢唐儒者不與焉；即以宋儒言，朱子則特尊二程，首標周子，旁置張子，而不及邵子，蓋以邵（雍）子天道之哲思與二程不同故也。〔註54〕至於朱子由宋儒一躍而至先秦之儒，以及宋儒所樹立道統之觀念能否成立，亦是一頗值討論之問題。

今如純就考據觀點視之，其實宋儒道統觀念顯然難以成立。譬如朱子〈中庸章句序〉所追溯道統之根源引「危微精一」十六字心傳，經清儒閻若璩考證，謂其出至《僞古文尚書》而《詩經·大雅》之「維天之命，於穆不已」

〔註52〕《朱文公文集》卷七十六。

〔註53〕《勉齋先生黃文肅公文集》卷三十四。

〔註54〕錢穆《朱子新學案》卷三，頁82～96，指出朱子亦尊信邵雍（康節）之先天圖，且推尊康節，康節與二程道不同，故不收於《伊洛淵源錄》之中。

亦未必包涵性與天道之理；再以子思是否即《中庸》作者仍待商榷；且而近世學者如勞思光等亦多以《中庸》成書乃在《孟子》之後其次，再依考古觀點視之，則中國信史斷自商代起，上古聖哲如伏羲、黃帝、堯、舜尚屬神話傳說時代，是否確有其人，仍待詳徵；諸如此類事項，皆值懷疑。而道統之說則根據甚多未證實傳說所形成的主觀信念，當然未足採信。

而如自歷史淵源論，則宋儒與先秦儒之統系仍有其一貫之相連。即以先秦儒為言，所謂「仲尼祖述堯舜，憲章文武。」是也。而由「夏禮吾能言之，杞不足徵也；殷禮吾能言之，宋不足徵也。」其實孔子已清楚知悉文獻不足徵之問題，三代史實尚不得徵，況為堯舜！而孔子卻信其中自有一條脈絡相承之線索；即所謂殷因於夏禮，所損益可知；周因於殷禮，所損益可知；如此，代代推衍而下，雖十世亦可知。孔子之後，孟子更演繹出五百年必有王者興之歷史哲學觀；此觀點延至宋儒，即持之以為道統之連貫；故至清儒戴震《孟子字義疏證》即衍出：何以朱子生孔子千年之後，而能知孔子心中所想？若夫尊信宋學者，其回答當是：聖賢相傳，只是此心，以心印心，聖人立意自知；如依《論語》所示，則以孔子為人，必不至如今文學家所言故意虛構一古代理想圖畫而託古改制，其「述而不作」，「信而好古」，確是孔子真心嚮往之堯舜理境，承繼者亦為文武周公之理想；終竟即將此道德理想融入現實政治之中。而在朱子，所崇信亦同樣理想，雖不免過度理想遠古歷史，然其堅信之理念則在千聖相傳之心，以及此心所含攝的實理；而此心之量義，以切問近思之法體認，即能徹上徹下，上通今古，亦能追溯至淵遠久長之上古史跡；因之，謂道統之建基在於此心此理的體證又何不可！譬如今之崇伏羲、黃帝，乃因道之具見於伏羲、黃帝，而為一共相而已！其實朱子〈中庸章句序〉已然點出「若吾夫子則雖不得其位，其功反有賢於堯舜者。」由此亦知，師道之尊猶有甚於君道，亦即教育文化之開拓遠甚於現實之政治；由此觀之，則縱使伏羲、黃帝，乃至堯、舜之功雖與人源流長遠之景象，亦凝成所謂欲創新自有傳承的概念；而此概念，即為道統的傳承；如以真生命之情操而論，則道統映現之人物無疑即為孔子；故依宋儒觀點，孔子是較先聖先王親切明白地顯現斯道，之後，纔有孟子繼孔子之道而推衍，而宋儒所承繼者，又為此推衍之薪火相傳。

再者，如以一語概括宋儒中心理念，則吾人可以謂宋儒之理念乃以生生之仁為天道與人道的根本，然此根本於孔孟之說中，是否亦能尋出同樣之根

據！若依文字言詮，則生生之仁始於程子（伊川），並不見於先秦典籍，只可說爲宋儒之創見；同爲此點，則孟子之道性善，爲孟子之創見，亦未爲《論語》所載；故其中關鍵乃在於後儒之創發，精神上是否與先儒一貫？此待乎解決。

論及孔子所以在儒家佔一特殊地位，在於首先提出以仁爲全德的概念，有此概念，明顯爲儒家生命樹立一明確之方向。孔子雖不曾爲仁下一定義，但謂君子不可終食之間違仁，造次必於是、顛沛必於是；仁顯然爲孔子終極關懷之所在。故孔子雖未言明一貫之道究竟爲何，而仁顯然即爲其一貫之道。曾子以忠恕釋之，朱子則解爲盡己之謂忠、推己之謂恕，二者顯爲仁之一體兩面，似乎不失曾子的原意；進一層言，盡己可與明明德相合，推己可與親民相合；亦知《大學》顯亦爲發揚孔子思想之一重要典籍。其次，孔子箇人雖未明言性善，但點出禮後乎之意，肯定禮儀在人性中自然之基礎；由孔子一生學之不厭、教之不倦，則示人以人性中均寓深度之潛能以向善；是孔子以仁爲善端，由仁及義，皆內在非外爍；至孟子則仁義並舉，明言仁義內在，性由心顯；因之，宋儒之歸本於孔子且奉孟子爲正統，絕非偶然。

而再就生生之體證言。《論語》雖甚少關於性與天道之議論，然子貢「不可得而聞也」之語亦能凸顯孔子性與天道之觀點。孔子自述學修的過程即明言五十而知天命，又謂「朝聞道夕死可矣」云云者，知孔子於道體亦非無所見。且而孔子在川上言逝者如斯夫，而有所謂「天何言哉！四時行焉，百物生焉」之贊，其亦相信天地間自有一無窮之力在馳越，而與大易生生思想彼此相呼應。故此踐仁知天之思，正所謂生生躍動的姿采，由《論語》而《十翼》是有其上下相承之關連；此關連衍至孟子，則以「盡其心，知其性；知其性，知其天。」指出一道更明確之進路；由是，宋儒順此進路推去，於生生之意，得其順遂與暢發。

復次，言及《學、庸》。《禮記》篇章大都爲儒門後學所作，然或以爲《大學》所講定靜安慮得未必即儒家思想；此說之誤，在把儒家思想僅止於一靜謐之常體，實際上儒家思想均在不斷發展變化中，自然受其他思想影響，亦自然汲取其他思想之靈泉；故謂之定靜安慮得者，亦其他思想之融入與昇華，不可定言其非儒家思想。同理，《中庸》所講「天命之謂性」，及「誠」之天道觀，本質亦屬於儒家思想，與孔孟學脈自有相承的線索；《易傳》內容雖甚蕪雜，然「天地之大德曰生」；「一陰一陽之謂道，繼之者善也，成之者性也」；

與儒家天道觀皆甚吻合；以是宋儒之因此而發展出「理」、「太極」之創新意念，謂之後出轉精者，亦是當然。

至若朱子將《學庸》與《論孟》相合而爲四書，確爲慧識卓見。四書之說原不始於朱子，然朱子依一貫哲思組合諸書，且化極大心血爲之集註，〔註55〕使之成一整體，此是朱子於學術史之功勞；而朱子之立道統，顯然是以內聖之學爲根基，故於孔門特重顏曾，並謂孟子沒後遂失其傳焉；且以爲漢魏以來，世之儒者只是傳經而已！歷代大儒如董仲舒、揚雄、文中子、韓愈輩，均於內聖之學無貢獻，故不包括道統之內。直至明道、伊川二兄弟，提「天理二字，卻是自家體貼出來。」之說，，言學貴自得，始爲宋儒尊爲道之正統。惟朱子於二程之先又推尊濂溪，此則爲其煞費苦心處。蓋以二程缺乏宇宙論之興趣，中心雖牢固，然缺乏集大成之意味；濂溪則別立蹊徑，以《通書》及《太極圖》貫串《易》、《庸》間之通路，而歸本於孔顏，此是儒學開展之一途徑。再者，橫渠之〈西銘〉雖二程所推尊，於其〈正蒙〉則不無微詞。橫渠分德性之知、見聞之知；天地之性、氣質之性；固無乖於正道，然其所銷融之清、虛、一、大之觀念則不免歧出，思想表達亦不完全圓熟，僅能列於輔翼地位；若夫康節則重象數，其思想偏於道家，故既未採入《近思錄》，亦不見於《伊洛淵源錄》，〔註56〕然僅於哲學觀點之異，非朱子即不重邵子；同理，朱子亦非不重司馬溫公，只以溫公爲史家，故不包括於道統中。《文集》卷八十五，有六先生畫像贊，即將康節、二程、橫渠諸先生平列，由此亦見朱子識見之寬，格局之廣與取捨之分明、法度之謹嚴矣。

總之，宋儒至朱子，由思想淵源觀之，其與先秦儒之間，確乎有本質之繫聯；亦可謂承孔孟基本精神一脈而下之思想，然其末梢則與漢唐儒有別，此爲一不爭之事實；且亦可謂在佛老衝擊之下，突出於漢唐儒者之新儒家思想；而其學之內蘊，不重章句之餖飣考究，乃在中心之體證，此爲朱子道統之論耳。故夏炘特贊云：

> 朱子生濂洛之後，力肩道統，出學庸於戴記，配論語、孟子而爲四
> 書，又爲章句集注，以闡其蘊，元明及今，家絃戶誦，人人得聞孔

───────────────

〔註55〕淳熙九年（1182）壬寅，朱子五十三歲。於時年將《大學章句》、《中庸章句》、《論語集注》、《孟子集注》集爲一編，刊刻於婺州，是爲《四書集注》，經學史「四書」之名始於此。

〔註56〕錢穆《朱子新學案》卷三，頁94～95；此說前已提及，朱子《近思錄》雖未列邵子之作，是因哲學觀點之異，惟仍推尊邵子之先天圖，非完全不尊邵子。

　　孟之傳，黃勉齋（榦）稱爲集諸儒之大成者也。〔註57〕
則朱子賡續之道統，於後世影響之深遠可知。

二、朱子之事功贊

（一）立朝政績引論

　　儒家者流，所行之道，內聖而外，外王之途，亦是一要緊工夫。徒有內
聖之修己，無有外王之及人，則所謂之修己亦僅止個人內蘊之昇華，當無關
於國計民生，雖爲明明德，但未親民，則亦無法止於至善；故而必求內之明
明德，然後推於外之親民，終乃能期於至善，此是儒者之爲，亦朱子一生言
行之祈嚮。因之，師道之統序外，朱子更推而進之於爲民安民，其言事之功
效，可謂由近及遠，立己而及人矣。

　　論及立人之道，夏炘《景紫堂全書・三》〈述朱質疑〉卷十一至十四，直
以朱子在朝及爲民之務言述，或封事，或奏箚，或書疏，皆能見出朱子忠藎
爲民之行狀，由此行狀，亦見朱子雖僇力於國事，惟以不得名君之青睞，遂
不得見用，故其一生，在野時多，七十一年間，歷事四朝，仕於外者僅九年，
立於朝者四十日而已，然憂國之誠，則始終不衰，即遇元祐學術（伊川被誣
坐貶）及慶元黨禍，〔註58〕亦皆彌勵不輟，蓋其壹以講學，闡揚大道爲己任，

〔註57〕　《景紫堂全書・三》卷十，頁88。
〔註58〕　按宋孝宗崩，光宗禪位，由寧宗繼位。時趙汝愚爲相，薦朱子爲侍講。而其
　　　　　時韓侂冑用事，朱子憂其害政，上疏斥言竊柄之失，遂觸侂冑之忌，任侍講
　　　　　僅四十餘日即被免職。一干小人群起而攻朱學爲僞學，朱黨爲逆黨，甚而有
　　　　　誣朱子爲窺伺神器，主張將其斬首，此令朱子及同道頗受莫大打擊，是爲「慶
　　　　　元黨禍」。而其史料可考者，則在宋寧宗慶元二年（1196）丙辰，朱子六十七
　　　　　歲之時。其〈慶元黨禁〉載：「二月，省闈知貢舉葉翥、倪思、劉德秀奏論文
　　　　　弊，上言僞學之魁以匹夫竊人主之柄，鼓動天下，故文風未能丕變。乞將《語
　　　　　錄》之類，并行除毀。是科取士，稍涉義理悉見黜落，《六經》、《語》、《孟》、
　　　　　《大學》、《中庸》之書，爲世大禁。」《文獻通考》卷三十二〈選舉〉五亦載：
　　　　　「寧宗慶元二年（1196），以亮陰，不親策省試進士，得正奏名鄒應龍等……
　　　　　劉德秀在省闈，奏疏至云：『僞學之魁以匹夫竊人主之柄，鼓動天下，故文風
　　　　　未能丕變。請將《語錄》之類，并行除毀。』既而葉翥上言：『士狃於僞學，
　　　　　專習《語錄》詭誕之説，《中庸》、《大學》之書，以文其非。有葉適〈進卷〉、
　　　　　陳傅良《待遇集》，士人傳誦其文，每用輒效。請內自太學，外自州軍學，各
　　　　　以月試合格者前三名程文上御史臺，考察太學以月，諸路以季，其有舊習不
　　　　　改，則坐學宮、提學司之罪。』是舉也，語涉道學者皆不預選。」則小人當
　　　　　道有如此。《宋會要輯稿》第一百零九冊〈選舉五〉更載：「慶元二年（1169）

故雖權臣當道，私欲肆虐，公義不行之時，仍能笑談風生，〔註59〕不爲所動，
其胸臆之穩熟，意念之剛毅，確爲一干庸碌之輩所難及。夏炘〈朱子難進易
退譜〉即載朱子用事之諸般遭遇，於此遭遇中，雖諸多挫折，然亦由此諸挫
折，使朱子生命更具韌性，亦更輝煌。

夏炘〈朱子難進易退譜〉載：

> 自古行道濟世之志，莫切於聖賢；而難進易退之風，亦莫高於聖賢。
> 孔子坐席不暇煖，孟子傳食於諸侯，可不謂之栖栖皇皇乎！然而孔
> 子命駕於衛，接淅於齊，不稅冕於魯；孟子始於梁，久於齊，老於
> 客卿之位，而未嘗少貶其節。蓋不如是，則道不伸；道不伸，則雖
> 有憂君之心而所以待吾君者，非堯舜之主，雖有憂民之志，而所以
> 待吾民者，非三代之直，是豈人臣之所敢出乎！而況枉己者未有能
> 直人者也。朱子一生，誦法孔孟，七十一年之間歷事四朝，孝宗知
> 之最深而不能盡用其言，且時間以小人之說；趙文定、周文忠、胡
> 忠簡、劉忠宣諸君子，薦之雖篤而不能一衷諸道，甚者不免疑貳之
> 心，是以仕於外者僅九載，立於朝者僅四十日。至於慶元之初群小
> 互相排觝，而朱子落職矣！然而朱子雖屈而道則伸也。觀於一生之
> 授官進秩，而未嘗不辭晚年之受謗被誣，而未嘗怨；古人三揖而進、
> 一辭而退之風，猶存於後世。宋代最敦名節，然未有進禮退義如朱
> 子之盛者也。輯以譜之，以爲後之講出處者，樹之圭臬焉。〔註60〕

三月十一日，吏部尚書葉翥等言：『二十年來，士子狃於僞學，汨喪良心，以
《六經》子史爲不足觀，以刑名度數爲不足考，專習《語錄》詭誕之說，以
蓋其空疏不當之陋，雜以禪語，遂可欺人。三歲大比，上庠校定，爲其徒者
專用怪語暗號，私相識認，輒寘前列，遂使其眞才實能反擯不取，臣等熟識
其弊。比知貢舉，試取經史之疑以質之，多不能對，觀其文理，亦有可採，
而怪誕尤甚、深可憐憫。蓋由溺習之久，不自知其非。欲望因今之弊，特詔
有司風諭士子，以孔孟爲師，以六經子史爲習，毋得復傳《語錄》，以滋其盜
名欺世之僞。更乞內自太學，外自州軍學，各以月試取到前三名程文申御史
臺，考察太學三月，諸路以季。太學則學官徑申，諸路則提學類申。如仍前
不改，則坐學官、提學司之罪。如此，何憂文風之不變，士習之不革哉！』
從之。」則程朱之學，於此時受擯斥，是無可奈何。

〔註59〕黃榦〈朱先生行狀〉載：「……繩趨尺步，稍以儒名者，無所容其身。從遊之
　　　士，特立不顧者，屏伏丘壑，依異懦者，更名他師，過門不入，甚至變易衣
　　　冠，狎游市場，以自別其非黨。先生日與諸生講學竹林精舍，有勸以謝遣生
　　　徒者，笑而不答。」蓋先生胸有定見矣。

〔註60〕《景紫堂全書・三》卷十二，頁187～188。

　　此段文字，亦上述說之總結。乃可見朱子一則憂君，一則憂民；而對群小之排觝，爲是憤懣難平。尤以〈戊申（淳熙十五年，1188，年五十九）封事〉於群小之肆無忌憚，更是痛詆斥責。緣於本文過長，今謹擇其中要段以見：

朱子〈戊午封事〉擇要云：

> ……臣之輒以陛下之心爲天下之大本者何也？天下之事，千變萬化，其端無窮，而無一不本於人主之心者，此自然之理也。故人主之心正，則天下之事無一不出於正；人主之心不正，則天下之事無一得由於正。……是以人主以眇然之身，居深宮之中，其心之邪正若不可得而窺者，而其符驗之著於外者，常若十目所視，十手所指，而不可掩。此大舜所以有「惟精惟一」之戒，孔子所以有「克己復禮」之云，皆所以正吾此心，而爲天下萬事之本也。此心既正，則視明聽聰，周旋中禮，而身無不正，是以所行無過不及，雖以天下之大而無一人不歸之仁者。

按：此爲諫君之言，以心正則天下歸仁規之。

又：

> 故自匹夫而言，則以一家爲私而不得以通乎其鄉；自鄉人而言，則以一鄉爲私而不得以通乎其國；自諸侯而言，則以一國爲私而不得以通乎天下。至於天子，則際天之所覆，極地之所載，莫非己分之所有，而無外之不通矣，又何以私爲哉？今以不能勝其一念之邪，而至於有私心，以不能正其家人近習之故，而至於有私人。以私心用私人，則不能無私費，於是內損經費之入，外納羨餘之獻，而至於有私財。陛下爲皇上之所子，使其無有私而不公之處，其所以與我者亦不細矣，乃能充其大，而自爲割裂以狹小之，使天下萬事之弊，莫不由此出，是豈不可惜也哉！

　　針就此段文字，朱子自注云：「臣竊聞太祖皇帝改營大內，既成，躬御正殿，洞開大門，顧謂侍臣曰：『此如我心，少有邪曲，人皆見之。』臣謂太祖皇帝不爲文字言語之學，而其方寸之地，正大光明，直與堯舜之心如合符節，此其所以肇造區夏，而垂裕無疆也。伏惟陛下遠稽前聖，而近以皇祖之訓爲法則，則一心克正，而遠近莫敢不一於正矣，伏乞聖照。」則此以宋太祖爲訓，蓋勉孝宗以正大光明之心治國也。

又：

> ……一有剛毅正直，守道循理之士出乎其間，則群讒眾排，指爲「道
> 學」之人，而加以矯激之罪，上惑聖聽，下鼓流俗。蓋自朝廷之上
> 以及閭里之間，十數年來，以此二字禁錮天下之賢人君子，復如崇、
> 宣之間所謂元祐學術者，排擯詆辱、必使無所容措其身而後已。

小人當道，遂使君子無所容而措其身，此亦朝政敗壞之緣由，爲君者當
明察。朱子之言，實爲剴切。

又：

> 論者又或以爲陛下深於老佛之學，而得其識心見性之妙，於古先聖王
> 之道，蓋有不約而自合者。是以不悅於世儒之常談死法，而於當世之
> 務，則寧以管、商一切功利之說爲可取，今乃以其所厭飫鄙薄者陳於
> 其前，亦見其言愈多而愈不合也。臣以爲此似是而非之論，非所以進
> 盛德於日新也。彼老子、浮屠之說，固有所謂寂然不動者，萬理粲然
> 於其中，而民彝物則無一之不具，所謂感而遂通天下之故，則必須其
> 事，必循其法，而無一事之或差。彼以爲空，則徒知寂滅爲樂，而不
> 知其爲實理之原；徒知應物見形，而不知其有眞妄之別也。是以自吾
> 之說而修之，則體用一原，顯微無間，而治心修身，齊家治國，無一
> 事之非理。由彼之說，則其本末橫分，中外斷絕，雖有所謂朗澈靈通、
> 虛靜明妙者，而無所救於滅理亂倫之罪、顚倒運用之失也。〔註61〕

闢儒闢佛老，乃朱子念茲在茲者，亦以此規諫孝宗以儒爲道，而非以佛
老爲務。老臣口吻，足資明鑑。

王懋竑《朱子年譜》亦引〈行狀〉云：

> 先生當孝宗朝，陛對者三，上封事者三。其初，固以講學窮理爲出
> 治之大原，其後，則指天理人欲之分，精一克復之義。其初，固以
> 當世急務一二爲言，其後，封事之上，則心術宮禁，時政風俗，披
> 肝瀝膽，極其忠鯁，蓋所望於君父者愈深，而其言愈切。故於封事
> 之末，有曰：『日月逾邁（按：一作歲月逾邁），如川之流，一往而
> 不復反，不獨（按：一作不惟）臣之蒼顏白髮，已迫遲暮，而竊仰
> 天顏，亦覺非昔時矣。』忠誠懇惻，至今讀者，猶爲之涕下。先生

進疏唯切，孝宗亦開懷容納。……先生之盡忠，孝宗之受盡言，亦不爲不遇也。然先生進言皆痛詆大臣近習，孝宗之眷愈厚，而嫉者愈深，是以不能一日安身於朝廷之上，而孝宗內禪矣。

則其文章之奇，規諫之忱，有甚於諸葛亮之對劉禪；然孝宗雖有賞鑑朱子之心，惜朝臣嫉之者多，終不見用，而告老還鄉，此所謂「遭時不遇，有志未伸」之意；恰同於孔孟之不得用世，而栖栖皇皇於終朝，亦可哀矣。

次者，如王懋竑所言：「孝宗亦開懷容納」，何以終未能用朱子之言者，此夏炘於〈書戊申（1188）十一月封事後〉一文剖析甚明，列之於下：

楊信齋言曰：先生當孝宗初政，囊封陛對，皆陳恢復之義，其後乃置而不論，何哉！竊觀〈戊申（1188）封事〉有曰：「此事之失，已在隆興（1163）之初，遂使宴安酖毒之日滋日長；臥薪嘗膽之，日遠日忘，是以數年以來，綱維懈弛，蘖孽萌生，區區東南，猶有不勝慮者，何可恢復之可言乎！」炘按：恢復必有恢復之資，則實倉廩、儲邊備是也；又必有恢復之人，則選將帥、勵士卒是也；又必中外一心，不奪以讒間游移之口，則親君子、遠小人是也。六者一不備，何恢復之有？今觀〈戊申（1188）封事〉所陳，自虞允文之爲相也，盡取版籍歲入窠名之必可指擬者，號爲歲終羨餘之數，而輸之內帑，認爲私財，典以私人，日銷月削，以奉燕私之費。自曾懷破祖宗舊法，盡刷州縣舊欠，悉行拘催，懷以此取宰相，而生靈受害，冤痛日深，政煩賦重，民卒流亡，則彼時內外之倉廩可知矣。屯田者，邊備之所以儲也，封事中極論當日屯田之弊，不肯募其願耕者以行，而彊其不能者以往。至屯，則偃蹇不耕，反爲民田之害。使者又力不能制，是以欲爲之切，而久不德成，則彼時之邊備可知矣。名將大帥，雖無張魏公、岳武穆、劉武穆其人，然草野之中，豈竟乏忠勇誠確、曉習韜略之彥？顧上所以求之者何如耳！封事則言當日諸將之求進也，必先殖私財，以給朝廷之私人，，私人以姓名付於貴將，貴將具爲奏牘而言之，諧價輸錢，無異晚唐之債帥，其選置之方，乖剌如此，而爲軍士者，未嘗得一溫飽，甚者採薪織屨，掇拾糞壤以度朝夕；又甚者，至使妻妾盛塗澤、倚市門以求食，則彼之將帥士卒可知矣！往者淵覬說扞之徒更迭用事，勢燄薰灼，至戊申（1188）上封事時，甘昇猶存侍從之臣，或反出門下，謂之

能親君子、遠小人可乎！此朱子不急急於言恢復，而以天下之大本與今日之急務言之也。語錄謂言規於紹興（1131～1162）之間爲正，言規恢於乾道（1165～1173）以後爲邪，旨深矣。〔註62〕

所謂「言規恢於紹興（1131～1162）之間者爲正，言規恢於乾道（1165～1173）以後爲邪」者，蓋以高宗前後爲基點，高宗之時，雖欽徽之難，尚有清虜之志；高宗之後，則小人當道，國勢日蹙，正是危急存亡之時，故夏炘以「正、邪」目之，蓋深有所感；而其時朱子之上封事，亦感於孝宗之有所爲，惜乎「君子憂心忡忡，慍于群小」，亦空自呼天而已！

錢穆先生謂：

凡朱子指陳當時形勢，規劃兵財大計，不作高論，不落虛談，坐而言，皆可起而行，其一切見解，多從史學中來，惜其一生出仕時少，其仕亦在州郡，身居朝廷不到百日。凡遺所言，雖皆指陳精要，恰中機宜，然亦迄未見用。至謂興起之事不可一日緩，維持之事只有漸正之，此乃最切實之言。故其畢生惟以講學爲急，其論時事，則除明快把捉恢復時機外，在勢不符，機會不到中，仍亦有一一有其維持漸正之方。史學理學會合使用，此在千古大儒中，實亦難其匹儔。後人乃謂伊洛無救於靖康之難，朱子無救於南宋之亡，則孔子亦何補於春秋，孟子亦何補於戰國，正爲不治史學，乃爲此孟浪之談。〔註63〕

則「後人乃謂伊洛無救於靖康之難，朱子無救於南宋之亡，則孔子亦何補於春秋，孟子何補於戰國」者，又烏見儒學之無補於世道與治道哉！至於朱子如孔孟之不得見用於世，則是不逢明主，非學術之罪也。

〈戊申（1188）封事〉後，己酉（淳熙十六年 1189）之歲，二月二日，孝宗內禪，光宗即位。朱子草奏疏，欲再上封事，以爲新政之助，然不果上。而此封事，究竟書於淳熙十五年（1188）亦或淳熙十六年（1189），須有一交待。

黃榦〈朱熹（先生）行狀〉云：

先生嘗草奏疏，言講學正心，修身以齊家，遠便嬖以近忠直，抑私恩以抗公道，明義理以絕神奸，擇師傅以輔皇儲，精選任以明體統，

〔註62〕《景紫堂全書‧三》卷十一，頁 157～160。
〔註63〕錢穆《朱子新學案‧一》，頁 202～203。

振紀綱以屬風俗，節財用以固邦本，修軍政以攘寇敵，凡十事，欲
以爲新政之助。會執政有指道學爲邪氣者，力辭新命，除秘閣修撰，
仍奉外祠，遂不果上。

此奏疏稱〈己酉擬上封事〉，當作於淳熙十六年（1189）。惟黃榦〈行狀〉
將其敘於孝宗內禪之前，王懋竑《朱子年譜》遂將其繫於淳熙十五年（1188）
之下，夏炘亦謂此乃戊申（1188）冬之作。其〈書己酉擬上封事後〉云：

此封事雖題曰〈己酉擬上〉，實非己酉（1189）所作，蓋在戊申之冬
矣。何以明之？戊申（1188）冬十一月上封事之後，除主管太乙宮，
兼崇政殿說書。〈行狀〉云：「時上有倦勤之意，將爲燕翼之謀。先
生嘗草奏疏十事，欲以爲新政之助，會執政有指道學爲邪氣者，力
辭新命（即崇政殿說書之命。《文集》有辭免崇政殿說書奏狀）除秘
閣修撰，仍奉外祠。（十六年己酉（1189）正月除秘閣修撰，依舊主
管西京崇福宮）遂不果上」孝宗以己酉二月朔（初一）內禪。倦勤
之意，前一年戊申（1188）中外皆以知之。（是年皇太子庶務於議事
堂）朱子於崇政殿說書命下後，即草此封事，欲俟光宗新政上之，
因道學邪氣之論發於執政，知時未必可爲，而除說書之命，而果除
秘閣修撰，仍奉外祠。其時己酉（1189）正月，光宗尚未即位也。
題曰「己酉」，因光宗己酉（1189）即位之故。其實封事之擬，實在
前一年戊申（1188）之冬，〈行狀〉所敘，最爲明白。〔註64〕

夏炘與王懋竑所據皆黃榦之〈行狀〉，惟〈行狀〉未明年歲，王氏依孝宗
內禪之說將其歲繫於戊申（1188）；夏炘則以光宗趙惇於二月即位，則所擬封
事當爲戊申（1188）之冬，然此說或爲推測之詞。今據〈己酉擬上封事〉所云
光宗「養德春宮，垂二十年，一旦受命」，及「今者陛下自儲貳而履至尊，由
監撫而專聽斷」。則此封事顯然書於光宗即位不久，蓋爲趙惇新政之助也。而
《宋史·光宗紀》「淳熙十六年（1189）二月壬申（十二日），詔內外臣僚陳時
政闕失，四方獻歌頌者勿收。」則朱子依此詔書而作封事似較合誼。〔註65〕

次者，〈行狀〉有謂「會執政有指道學爲邪氣者」之語，所指「執政」，
究爲何人，亦須辨明。王懋竑《朱子年譜考異》以爲此執政爲反道學之施師
點與蕭燧，夏炘則以爲另有其人，且云：

〔註64〕 《景紫堂全書·三》卷十一，頁 161～162。
〔註65〕 束景南《朱熹年譜長編》卷下，頁 954。所持證據，較夏炘之說合理。

〈行狀〉所言之執政，不知何指。按《宋史》：戊申（1188），留正參知政事，兼同知樞密院事黃洽知樞密院事，蕭燧參知政事；三人皆賢者，不應指道學爲邪氣。惟留公引何澹爲御史，至攻道學，或者不能無疑。《道命錄》有一條云：王丞相（淮）罷。留丞相爲次輔（十六年正月），與周益公（必大）不合，擢何澹爲諫長，攻益公罷之。益公之門多佳士，相繼去國者眾。太學博士沈有開爲留丞相所厚，力勸以拔用知名之士，留丞相從之，自是一時善類多聚於朝。然則留公引用何澹之時，或不能無惑於何澹之言、指道學爲邪氣；後因沈有開之說復引名士。於是朱子江南東路轉運副使之除，及改知漳州，皆留公薦之。固有先後志趣之不同者，不必盡爲留公諱也。總之，大臣立身持己，好善必堅，絕惡必嚴，行政用人之間，如青天白日，自不開後人以擬議之端，否則稍留罅隙，而物論乘之，可不愼哉！可不愼哉！〔註66〕

　　據《宋史·孝宗紀》：「十六年春正月己亥，以周必大爲左丞相，留正爲右丞相，蕭燧兼權知樞密院事，禮部尚書王藺參知政事，刑部尚書葛邲同知樞密院事。乙巳，蕭燧罷。」是蕭燧於正月乙巳已罷去。施師點則早於淳熙十五年（1188）春以資政殿大學士出知泉州，旋提舉臨安府洞霄宮，恰爲王淮黨冷世光所劾罷。則蕭燧、施師點等不應指爲反道學之執政，是此人必留正無疑。蓋其時留正正急攻周必大黨，欲樹其威權，勢必反道學。故夏炘引《道命錄》卷六所云：「王丞相（淮）罷，留丞相（正）爲次輔，與益公（周必大）不合，擢何澹爲諫長，攻益公罷之。益公門多佳士，相繼去國者眾。」而《慶元黨禁》亦載：「澹始以留正爲薦，自權兵部侍郎除右諫議大夫，首擊周必大罷之。未幾，遷中執法，一時名士，排擊殆盡。」此亦夏炘所謂「留公引用何澹之時，或不能無惑於何澹之言，指道學爲邪氣。」者也。故留正後來之由反道學而轉向用道學當在周必大罷相之後。故夏炘又云：「後因沈有開之說復引用名士。於是朱子江南東路轉運副使之除，及改知漳州，皆留公薦之。」而結語云：「人固有先與後志趣之不同者，不必盡爲留公諱也。」然則留正之前反道學，之後擁道學，雖有可議，其對朱子則前後如一，蓋以一時爲何澹之流所惑耳。

　　至於紹熙五年（甲寅，1194）朱子六十五之時。其年七月五日，光宗趙

惇內禪，寧宗趙擴即位。十一日，以趙汝愚首薦，召赴行在奏事。此載：

《宋史・朱熹傳》

寧宗即位，趙汝愚首薦熹及陳傅良，有旨赴行在奏事。

又《宋史》卷二十八：

秋七月庚午，召秘閣修撰、知潭州朱熹赴行在奏事。上在嘉邸，聞熹名德，每恨不得爲本宮講官，至是首加召用。先是黃裳爲嘉王府翊善，講說開導上學頓進，上皇宣諭曰：「嘉王進學，皆卿之功。」裳再拜謝。因進曰：「若欲進德修業，追蹤古先哲王，則須尋天下第一等人乃可。」上問爲誰，裳以熹對。彭龜年繼爲官僚，因講魯莊公不能制其母，云：「母不可制，當制其侍御僕從。」上問曰：「此誰之說？」對曰：「朱熹之說。」自後每講，必問熹說如何。蓋傾心已久，故即位首加迅召，皆出上意也。

則寧宗之於朱子「傾心已久」，似應多所重用，惜以年幼登基，倖近當道，乃有「親小人，遠賢臣」之舉，此黃榦〈朱熹（先生）行狀〉引朱子「陛下嗣位之初，方將一新庶政，所宜愛惜名器，若使倖門一開，其弊豈可復塞？」之言，知寧宗非明主之君也。且而其時寧宗復納韓侂胄而逐宰相留正，，更令朱子憂心不已。此《慶元黨禁》與《朱子語類》分載其事：

《慶元黨禁》載：

寧宗皇帝之登極也，丞相趙汝愚時知樞密院，求能通意於慈福者。有知閣門韓侂胄，自詭於太皇太后爲親屬，請效力。遣入白，不許，出遇內侍關禮於門，告之。禮請獨入，泣涕固請，太皇許之，命侂胄復入，使喻意於汝愚，其論遂定。侂胄繇此自謂有定策功，且依託肺腑，出入宮掖，居中用事。時汝愚方收四方之士，聚於本朝，海內引領以觀新政，而事已多從中出。初，上在潛邸聞朱熹名，每恨不得爲本宮講官。踐阼之日，以煥章閣侍制召於長沙（潭州）。熹在先朝累召不至，至輒不留，至是即日上道，惕然以時事爲憂，於免牘已寓其意，云：「陛下嗣位之初，方將一新庶政，所宜愛惜名器，不可輕以假人。若使僥倖之門一開，其弊豈可復塞？」未幾，內批逐首相留正。熹至上饒（江西）聞之，益有憂色。

又《朱子語類》載：

上即位踰月，留（正）揆以一二事忤旨，特批逐之，人方服其英斷。

先生被罩至上饒，聞之，有憂色，曰：「人心易驕如此，某今方知可懼。」黃問曰：「某人專恣當逐，何懼之有？」曰：「大臣進退，亦當存其禮貌，豈宜如此？」又問：「恐是廟堂諸公難其去，故以此勸上逐之。」曰：「亦不可如此。何不使其徒諭之以物論，不惟恐丞相久勞機務，或欲均佚？俟其請去而後許之，則善矣。幼主新立，豈可導之以輕逐大臣耶？且如陳源之徒，論其罪惡，須是斬之乃善。然人主新立，復教以殺人，某亦不敢如此做也。」〔註67〕

　　朱子之憂，蓋憂新君即位，而小人倖進君子遠去；雖容有一番愛君事君之心，然現實境況之不允許，亦只能憂心而徒呼莫可如何而已！此君子之歎，蓋歎道之不行也。而夏炘〈書甲寅（1194，紹熙五年，年六十五）行宮便殿奏箚一後〉亦爲朱子之憂，而有所不平。

夏炘云：

> 人主設宰輔執政，臺諫侍從之臣以共理天下事。凡人才之進退，官方之黜陟，皆公視並聽，與在朝諸臣共之，苟有不當，宰相可以繳還詞頭，知制誥可以不草詔旨，凡以士天下之大公也。朱子自潭州（長沙）詣闕，行至饒州（江西），聞以內批逐留丞相（正），有憂色。學者問其故，朱子曰：「大臣進退，亦當存其體貌，豈宜如此。」蓋是時近習用事，御筆指揮，皆已有端，故朱子憂之，及辛卯（1171，乾道七年，四十二歲）奏事行宮，便殿第一箚即云：「必使發號施令，無一不出乎朝廷；進退人才無一不合公論；不爲偏聽以啓私門，則聖德日新，聖治日起，而天人之應不得違，釁孽之萌不得作矣。」蓋懲內批之弊，而痛切言之，厥後閏月甲子（1204～？）朱子上祧廟議，丁卯（1207～？）日對賜食，上於榻後，取文書一卷曰：「此卿所奏廟議也。」命總陳其說，上再三稱善，即命於榻前撰數語，徑批施行。朱子方懲內批之弊，因乞降出箚再令臣僚集議，孰意他日朱子之黜去經筵，仍以內批行之哉！斯時趙忠定、陳君舉、劉德修、樓大防、鄧千里諸君子俱爭之，不能得，然後知朱子先事之慮深矣。〔註68〕

　　夏炘言朱子之憂，在居上者任事非出諸公而有所私，說甚切當。惟於年

〔註67〕《朱子語類》卷一百二十七。
〔註68〕《景紫堂全書·三》卷十二，頁167～168。

歲則似有小誤。如言便殿之第一箚載於辛卯（1171），惟據《朱文公集》卷十四，則當爲甲寅（1194），辛卯之年，朱子四十二歲；甲寅之年，朱子六十五歲。而所云「必使發號施令……」之語，蓋載於《慶元黨禁》，而有內批逐留正之事，此辛卯（1171）未嘗載也。又朱子於慶元六年（1200，庚申，年七十一）三月辭世，而夏炘謂朱子於甲子（1204）上祧廟議，丁卯（1207）日對賜食，此二年已在朱子身後，實則亦甲寅（1194）之歲也。至於朱子祧廟議，其意爲何！《朱子語類》則載云：

> 祧僖祖之議，始於禮官許及之、曾三復，永嘉諸公合爲一辭。先生獨建不可祧之議。陳君舉力以爲不然，趙揆亦右陳說。文字既上，有旨，次日引見。上出所進字，云：「高宗不敢祧，壽皇不敢祧，朕安敢祧。」再班以不祧爲是。既退，而政府持之甚堅，竟不行。唯謝中丞入文字，右先生之說，乞且依禮官初議。爲樓大防（鑰）所繳，卒祧僖祖云。〔註69〕

夏炘云：

> 宋議祧廟，有謂禧祖之廟當祧，有謂僖祖之廟不當祧。自北宋以至南渡，爭持不已，而主之者，皆一時大賢君子。謂僖祖之廟當祧者：北宋則孫周、韓維、司馬光；南渡則趙汝愚、樓鑰、陳傅良諸君子。謂僖祖之廟不當祧者，北宋則伊川程子，南宋則晦庵朱子兩大賢是也。以僖祖之廟當祧者，繁稱博引，不過援祖有德而宗有功之文，謂僖祖並無功德可稱，非契敷五教，稷粒蒸民之比，故必正藝祖祫祭東向之位，爲百世不遷之始祖，始足以報肇造區夏之功，其言似覈而實非也。夫禮之敷易陳，而其義難知也。以其度數延言之，則僖祖之功烈不著於後世，比之殷周之契稷，實非其倫。以其義言之，則僖祖固藝祖之高祖，僖祖以上世數已不可知，則即宋之始祖也。藝祖膺圖受命，首推僖祖而尊其廟號，則藝祖之孝思可以默會，一旦遽黜而祧之，恐非善述善繼之子孫所敢出也。是以朱子議引《中庸》曰：「踐其位，行其禮，奏其樂，敬其所尊，愛其所親，事死如事生，事亡如事存，孝之至也。」今天子既踐太祖之位，行太祖之禮，奏太祖之樂，則當愛太祖之親，敬太祖之所尊，所以事太祖者無以異於生存之時，乃爲至孝。而議者顧欲黜其所尊之祖志之他所，

〔註69〕《朱子語類》卷一百零七。

而又未有一定之處，是豈所謂愛敬其所親尊，而事之如生存之時乎！可謂扶禮之精義矣。夫論其有功德與無功德，在後世之儒者則可，而在當日之子孫則不可；僖祖之賢固不及后稷，然爲宋之始祖，與爲周之始祖無以異也。藝祖之聖固不及周之文武，然宋人默體藝祖之孝思，與周人默體文武之孝思無以異也，何必無故黜一藝祖所尊之僖祖，以伸藝祖之獨尊哉！且宋茂陵之時何時也？中原久遭淪沒，踽踽偏安，其勢岌岌不可，終日一旦而黜始祖之祀，其不祥莫大乎是。故朱子與趙丞相（汝愚）書曰：「相公以宗子入輔王室，而無故輕納妄議，拆祖宗之廟以抶其私，欲望神靈降歆，來休錫美，以永國祚於無窮，其可得乎！」其言之沉痛如此，惜乎以忠定之賢而不悟也。〔註70〕

「祧」有二義，其一：古時宗廟之數有定制，遠祖世次超過定制時，則將神主遷至別廟，此別廟即稱之爲「祧」；如《說文新附》所謂：「祧，遷廟也。」《周禮・春官・守祧》：「掌守先王先公之廟祧。」注：「遷主所藏曰祧。」其二：祭祀遠祖之宗廟。如《左傳・襄九年》：「以先君之祧處之。」注：「諸侯以始祖之廟爲祧。」朱子所取乃第一義。所議則僖公爲始祖，如周之后稷，雖其功烈不著於後世，然爲宋之始祖，一旦黜而祧之，恐非善述善繼之子孫所敢出也。〔註71〕且而後世子孫妄納眾議，欲遷僖祖於夾室，而以太祖爲主位，則是追遠之心淡漠忽視，可謂知乎！故夏炘特引朱子訾趙汝愚之語，所

〔註70〕　《景紫堂全書・三》卷十二，頁175～176。
〔註71〕　黃榦〈朱熹（先生）行狀〉云：「會孝宗祔（按：新逝者與先祖合享之祭祀）廟，議宗廟迭毀之次，有請併祧僖、宣二祖，奉太祖第一室，祫祭則正東向之位者。有旨集議：僖、順、翼、宣四祖祧主，宜有所歸。自太祖皇帝首尊四祖之廟，以僖祖爲四廟之首，治平（宋英宗）間，議者以世數寖遠，請遷僖祖於夾室，未及數年，王安石等奏，僖祖有廟，與稷、契無異，請復其舊，詔從之。時相雅不以熙寧（宋神宗）復祀僖祖爲是，先生度難以口舌爭，遂移疾，上議狀，條其不可者四；以爲藏之夾室，則是祖宗之主藏於子孫之夾室，至於祫祭，設幄於夾室之前，則亦不得謂之祫，欲別立一廟，則喪事即遠，有毀無立，欲藏之天興殿，則宗廟、原廟不可相離。議者皆知其不安，特以其心急於尊奉太祖三年一祫時暫東向之故，不知其實無益於太祖之尊，而徒使僖祖、太祖兩廟威靈，相與爭較強弱於冥冥之中，并使四祖之神疑於受擯，徬徨躑躅，不知所歸，令人傷痛不能自己。今但以太祖當日追尊帝號之心而默推之，則知太祖今日在天之靈，於此必有所不忍。又況僖祖祧主于治平，不過數年，神宗皇帝復奉以爲始祖，已爲得禮之正，而合於人心，所謂有其舉之而莫敢廢者乎！……」

謂：「相公以宗子入輔王室，而無故輕納妄議，拆祖宗之廟以抉其私，欲望神靈降馨，來休錫美，以永國祚於無窮，其可得乎！」云云，亦見朱子之痛心疾首矣。而針就此義，夏炘又云：

> 又按：三代之帝王，皆神明之胄。如契如稷，功烈著在史冊，子孫推爲始祖而萬世不遷，後世無有異說。後世之帝王有起自閭閻者，其先世往往不著，然未有先世之德不足以受命永祚而子孫能崛起爲天子，且傳至數百年之久者也。夫以能受命永祚之祖宗，天命其子孫以有天下，而有天下之子孫輒薄其祖宗，以爲田舍之翁，何與天命一切膺圖受籙，皆我身自致之，可乎！不可乎！故宋藝祖受命之初，即追尊四親（按：僖、順、翼、宣）廟，而首崇僖祖。迨八傳而至茂陵，遽謂僖祖無功德，其廟當祧（遷廟），而獨藝祖袷祭東向之位。揆之藝祖在天之靈，必有愀然不能安者，藝祖既不能安，而茂陵之君臣安然行之，以爲能復三代祖有德而宗有功之典禮，是亦不可以已乎！且三代之祖宗類有功德，而三代之子孫亦多賢聖；後世帝王之子孫不必盡如周公康叔之賢，而裂土分茅，賜爵賜號，無異於三代，獨斬祖宗之祀典，以爲斷自受命之主，自受命之主以上，不得推爲始祖，而世世不遷，何其厚於燕翼而薄於肇基乎！故僖祖以上，限於無可推而置之，義之盡也。僖祖爲有宋之始祖，其廟斷不可祧，仁之至也。朱子此箚既不行於當時，而後之人亦無紬繹之者，及鄱陽馬氏（端臨）作《通考》直以朱子之說爲不然，揆其命意，不過以王荊公曾主此議，遂力闢荊公，而因以不韙朱子：不知荊公之爲人可議，而其言之合理者不可議也。伊川與朱子之不以荊公爲賢可知矣！至於司馬溫公，伊川之所敬，而朱子所奉爲六先生（周敦頤、二程、張載、邵雍及司馬光）者也，趙忠定公（汝愚）及陳止齋（傅良）皆朱子之良友也，其不以荊公爲非而以諸賢爲是者，乃公是公非之見，聖賢之用心固如是耳，如鄱陽馬氏者，非所謂「好而鮮知其惡，惡而鮮知其美。」者哉！〔註72〕

《建炎以來朝野雜記》乙集卷四，載〈紹興至慶元臣僚論太祖東嚮之位〉有云：「國初倣前代之制，立親廟四。及仁宗袷廟，太廟始備七世八室，蓋祖宗共爲一世故也。治平（英宗）末，英宗袝廟，乃祧僖祖。熙寧（神宗）初，

〔註72〕《景紫堂全書・三》卷十二，頁 177～179。

王介甫（安石）用章子平議，復僖祖爲太廟始祖，而祧順祖。司馬公（光）、
韓持公（琦）諸近臣皆言太祖創業，當爲廟之始祖。介甫爲上言：『本廟自僖
祖以上，世次不可得而知，則僖祖之有廟與稷、契宜無以異。』持國（琦）
欲奉祧主於西夾室，介甫笑之。伊川先生時方布衣，爲人言亦以介甫之言爲
是。」則伊川、朱子皆不以人廢言。有如夏炘所謂：「荊公之爲人可議，而其
言之合理者不可議也。」甚而若趙汝倫、陳傅良亦皆朱子之良友，而朱子「不
以荊公爲非而以諸賢爲是，乃公是公非之見。」則朱子之明體知禮乃爲可知，
與夏炘所舉馬端臨「好而鮮知其惡，惡而鮮知其美。」者，蓋大相逕庭矣。

由是亦知，朱子之爲事功者，乃行其尊君之道，由尊君之道，推而爲外
王之極致，亦即尊君而後親仁，親仁而後愛民，工夫所至，皆儒家立己立人
之呈現，其爲儒家之躬親實踐者，乃又爲一印證者也。

再者，朱子在朝雖短，然其外任政績則爲可圈可點，夏炘《景紫堂全書・
三》十三、十四卷皆記其政績，以其卷帙宏博，欲一一臚舉，恐有難處，今
謹就其中旨趣，擇要以敘。

（二）外任政績引論

夏炘云：

> 吏治原於學術。學爲天下第一等學，則治亦爲天下第一等治。朱子
> 自主簿以至安撫使，仕於外者僅九載：在南康（江西）二年，在浙
> 東二年，在漳州一年，在潭州不滿三月。蓋自同安（福建）以外，
> 未嘗有所終三年淹也。況其間畏罪懼讒，牽掣拘迫，平生之蘊積，
> 百未能罄其什一，然其本性命爲經濟，原道德爲設施，一切規畫措
> 置、正大久遠之規模，已非後世一二循吏之所能及。嗚呼！何其偉
> 與！〔註73〕

然則朱子外任之時雖短，而「本性命爲經濟，原道德爲設施。」所行所
爲，皆以民爲先，其規畫之精心及堂廡之宏大，當能行之久遠，亦當非後世
小眉小眼之循吏所能及，故夏炘以「何其偉與」贊之，蓋良有已也。今綜論
其規模，大體所行，約可計爲：（一）美風化之政。（二）篤庠序之政。（三）
惠閭閻之政。（四）馭官吏之政。（五）經武之政。（六）救荒之政。至其要項，
則：

〔註73〕《景紫堂全書・三》卷十二，頁201～202。

（一）美風化之政
    1. 褒崇忠孝大節
    2. 俎豆先代名賢
    3. 修明禮教儀式

（二）篤庠序之政
    1. 修葺學校書院
    2. 優增齋俸學糧
    3. 儲庋經史書籍
    4. 揭示爲學教條
    5. 躬親講習討論
    6. 敦聘賢士表率
    7. 簡黜不肖示儆

（三）惠閭閻之政
    1. 清釐經界
    2. 興脩水利
    3. 勸課農桑
    4. 蠲減賦額
    5. 省察繇役
    6. 措置社倉
    7. 不留訟獄
    8. 頒示古訓
    9. 敦重倫紀
    10. 屏黜異端
    11. 懲治豪右
    12. 緝捕盜賊

（四）馭官吏之政
    1. 約束縱役侵擾
    2. 計治不尚催科
    3. 考察不受私謁
    4. 薦舉以顯賢能
    5. 參劾不避權要

（五）經武之政

      1. 條陳軍政

      2. 練習武藝

      3. 諭降洞猺

      4. 移置勁旅

      5. 約束保甲

      6. 劾罷庸將

（六）救荒之政

      1. 脩德政

      2. 精祈禱

      3. 勸止流移

      4. 先籌糴米

      5. 招募米商并免貨稅

      6. 勸諭獻助優給賞典

      7. 富戶借貸貧民及主戶借佃戶稻種俱官爲追償

      8. 奏請公帑振民

      9. 奏請蠲停賦稅

      10. 親巡歷灾（災）區及差賢員檢視（附督察糶濟用人）

      11. 申請禁止遏糴

      12. 分揚濟糴米不日給

      13. 嚴禁劫奪

      14. 興工代振

      15. 荒後籌養元氣〔註74〕

    此所謂「規畫措置正大久遠之規模，已非後世一二循吏之所能及」之語，由上之林林總總見之，確非虛譽。至如以思想觀點目之，則「美風化之政」之論，恰足以合夏炘所云「性命」、「道德」之旨義；而其實由此亦見朱子教化之微意，茲再依夏炘之意，申述如下：

1. 美風化之政

（1）褒崇忠孝大節

〔註74〕《景紫堂全書・三》卷十三，頁201～268。

夏炘云：

> 忠臣孝子，天地之心之所寄也。世運有升降，政治有隆污，而忠臣
> 孝子雖當否塞之秋，血性固結百折不回。是天地生人之心，所以扶
> 綱常而植人紀也，歷世既遠，遺蹟漸晦，苟遂聽其湮沒不顯，則天
> 地之心有時而息，而人心何所憑藉以感動興起而奮於忠孝乎！南康
> 軍有陳朝孝子大中大夫司馬嵩、司徒從事中郎司馬延義；又有唐孝
> 子宜春縣令熊仁瞻。朱子未至南康即牒學訪查，又遣使祭熊仁瞻之
> 墓。晉陶威公侃興義旗，康復漢室，始家鄱陽，後徙尋陽，有遺蹟
> 在都昌縣界，朱子請賜廟額以表忠義。漳州高東溪先生名登，爲古
> 縣令，以直言忤秦檜奪官，徙容州死；朱子知漳州，奏請於朝，昭
> 雪襃贈，以旌直節。東晉王敦之亂，湘州刺史譙閔王司馬承起兵討
> 賊，不克而死；紹興初，金賊犯，順通判潭州事孟彥卿，趙民彥督
> 兵迎戰，臨陣遇害，城陷之日，將軍劉玠、兵官趙聿之巷戰，罵賊
> 不屈而死，五人皆以忠節殉於王事，而從前未有廟貌；朱子知潭州
> （長沙），建立祠堂奉祀如法，特請於朝，賜廟額曰：「忠義」。他如
> 建昌洪氏之義門，嫠婦之守節，皆襃揚不遺餘力。宋末死節之臣，
> 學朱子之學者居多，其遺澤遠矣。〔註75〕

所謂「世運有升降，政治有隆污，而忠臣孝子雖當否塞之秋，血性固結
百折不回。」者，亦在忠孝之大節義，而此節義，如未彰顯，經年之後，難
免滅沒，後人當無由知其大節之風範與血淚之凝聚，此於當事之人，無異一
大悲怨，而朱子於過往節義之人「奉祀如法」；於義門守節之婦，「襃揚不遺
餘力」，忠藎之忱，蓋可想知。

（2）俎豆先代名賢

夏炘云：

> 先賢者，士林之圭臬也。或道統足以繼往聖，或勳業足以澤生民，
> 或以學術經濟著，或以文章氣節顯；或生於其鄉，或仕於其上，其
> 流風餘韻皆足以起衰立懦，砭頑訂愚。〈學記〉曰：「祀先賢於西學。」
> 〈祭法〉曰：「有功於民則祀之。」豈徒以美報云乎哉！蓋將使後之
> 人有所興起焉。同安蘇丞相名頌，字子容，相元祐（哲宗）朝，學

〔註75〕《景紫堂全書‧三》卷十三，頁202～204。

術風節，爲世所稱，而泉人其及族家子反不能言。朱子爲簿時，立其祠於學宮以示風屬；周濂溪先生曾知南康軍，雖不久即去官，而先生爲道統先覺，傳之二程，世人始得聞孔孟之道，朱子知南康，立祠於學，以二程配，張南軒爲之記；又陶靖節潛、劉凝之奐、子道原恕、李常公擇，皆南康先哲，陳了翁瓘則謫居於此，朱子爲立五賢堂，尤延之爲之記。又修葺南康軍學，攷訂祀典，泗水侯未得從祀，遂奏請登諸祀典。他如因臥龍而肖武侯之貌，過潭州而祀南軒之祠，高山仰止，景行行止，三復詩詞，爲之慨歎！至於永嘉有秦檜祠，移檄毀之，誅奸諛於旣死，與發潛德之幽光，不均足以示勸懲哉！〔註76〕

謂之「先賢」者，乃在其德足以化民，賢足以用世，身後足以庇蔭子孫群黎者也。故身前爲士林之圭臬，其道統其勳業，一則繼往聖，一則澤生民；其學術經濟、文章氣節，或著或顯；流風餘韻之所及，足堪起衰立懦，砭頑定愚，而對當世人心有所振奮，皆足以饗祀，此即朱子所欲表彰而念茲在茲者。故如周（敦頤）、張（載）、二程（顥、頤）之所以列先代名賢，蓋以賡續道統於不墜，乃有足彰顯；又陶靖節（潛）等，澹然名利，風節挺立，亦足彰顯；且如諸葛武候（亮）之流，忠耿丹心，尤足以彰，所謂「高山景行」者，皆朱子用心彰顯而爲後世景仰之人，讀其人其文，而知其事其賢，則古道之映照吾人顏色，最是清晰！

（3）修明禮教儀式

夏炘云：

移風易俗，莫善於禮。周公六官，爲致太平之書，而謂之「周官禮」，蓋舍禮無以爲治也。禮行於朝廷而君臣正，禮行於閨門而夫婦別、父子親；禮行於鄉黨交遊而長幼序、朋友信。俗吏簿書錢穀之是務，不得於民，則以刑繼之，烏知先王以禮軌民之意哉！同安之在泉州，一小邑耳，自舊相承，無昏姻之禮，里巷之民，奔誘引伴，相習成風，其流及於士子。朱子曉諭禁止，仍申請政和五禮，士庶昏娶儀式，以憑遵守約束；縣學釋奠，止以人吏行事，朱子取《周禮》、《儀禮》、《唐開元禮》、《紹興祀令》更相參考，俾執事學生講習，臨事

〔註76〕《景紫堂全書・三》卷十三，頁204～206。

無舛。臨漳素號道院,其後風俗寖薄,至有居父母喪而不服衰絰者;朱子到郡,首頒禮教,採古喪葬嫁娶之禮,揭以示之,命父老解說以訓子弟,其在南康,以臣民之家,冠昏喪祭,無頒降禮文,特申請檢會政和五禮內,州縣臣民合行禮制,鏤板行下,至於釋奠禮儀。在南康日,申請禮部頒發,準禮部符下政和五禮儀式,朱子參互考訂,頗未詳備,復乞增修,事未施行。知漳州日,復列上釋奠禮式;知潭州日,復考正釋奠禮儀行於郡,其以禮教民之意,歷久不倦如此。〔註77〕

移風易俗,莫善於禮。禮之道,以和為貴,知和而和,乃為進益。且而君臣得其正,夫婦行其別,父子有其親,長幼合其序,朋友知其信,五倫之序,上下合宜,國乃可治。而論其治道,又源於禮也。是朱子採古昏喪之禮,乃至手訂《周禮》、《儀禮》之詮解,皆在以禮設教,而期乎化民成俗,所謂「風俗淳,而斯民興。」則禮教之來,於修身、齊家、治國、平天下,皆能一脈而治,禮之於人,可謂重矣。

若夫美教化之外,朱子亦興庠序之教。夏炘則將之歸為「篤庠序之政」;政亦可,教亦可,皆在因庠序之教,育化學子,使政、教合一,而躋高明之境。

2. 篤庠序之政

（1）修葺學校書院

夏炘云:

> 學校為起化之地,書院實肄業之所。士子離經辨志於是焉習,尊師親友於是焉成,考德論道於是焉講,勸善規過於是焉脩;苟或聽其風雨摧殘,蕪穢不治,可乎!朱子始仕同安,職兼學事,凡學殿講座齋舍,悉加整葺。後至各郡俱然,學校之外,又有書院。宋初江西則「白鹿」,湖廣則「嶽麓」,應天則「睢陽」,所謂四大書院是也。朱子守南康,未及下車,即牒訪「白鹿」故蹟。淳熙（孝宗）六年,秋雨不時,行視陂塘,並廬山而東,而得其廢址,乃教授楊大法、星子令、王仲傑重建書院於其地,極一時之盛。「嶽麓」書院者,乾道（孝宗）中,劉忠簡公帥湖南,延請張宣公主講其間,後漸陵夷,講論廢息。朱子至潭州（長沙）,即牒學官,排備齋舍,凡案床榻之屬,以處肄業之

〔註77〕同上,頁 206～208。

士：惜朱子在潭州未滿三月即去，不能如「白鹿」之盛云。

〈學記〉云：「君子欲化民成俗，其必由學乎！」則「學校爲起化之地，書院實肄業之所。」二者皆化民成俗之所，擇之不可不慎！故忽視之而「聽其風雨摧殘」，乃至蕪穢不治，實爲不可。蓋以庠校者，士子習焉其中而離經辨志，尊師親友而考論道德，且亦於此勸善規過，乃至知類通達，強立不反，皆於是焉養成；是庠校者，於莘莘學子影響可謂深鉅。此朱子至乎白鹿洞書院、嶽麓書院，所行即整葺學殿講堂齋舍，亦在因庠校之美而使學子得所潛心鑽研，否則校舍蕪穢不治，蚊蠅滋生，即埋首其間，疾亦已至，如何讀書！由此乃知朱子所思之恢宏與所見之悠遠。

（2）優增齋俸學糧

夏炘云：

> 士無飢寒之患，而後可以從事於詩書。古者庠序之士，皆廩之於天子諸侯，宋學校有贍學錢，其遺意也。然或薄少不給，則仰事俯育之憂既深，而遜志時敏之脩必懈，非所以敬教勸學也。朱子始簿同安，與〈楊教授及答陳宰書〉以爲州縣之贍學錢，州與縣得用之，於是留其二以贍縣學，歸其二以與郡，雖以是觸李教授之怒而不顧。後知南康，未及下車，即牒軍學教授從長相度，合如何增添贍學錢糧以惠多士，又置田於白鹿書院以養學者。至安撫潭州不過三月耳，其措置嶽麓書院，於本州贍學料次錢及書院學糧內，通融支給；又別置額外學生十員，以處四方遊學之士，依州學則例，日破米一升四合，錢六十文，其所以優給之者，蓋不徒教之誨之，而又飲之食之矣。

蓋士之飢寒則無以從事於詩書。飢寒迫切，雖詩書在前，亦無由閱讀，更遑論及他；故爲書院者，必使書院學子不飢不寒，然後纔能用心於詩書，此朱子辦學之立意頗明。因之，爲白鹿書院，爲嶽麓書院，皆以士子生活爲優先，亦必如此，士之於學，纔能無後顧之憂，否則當如孟子所言：「仰不足以事父母，俯不足以畜妻子，樂歲終身苦，凶年不免於死亡。」以是知朱子爲庠序之學，其慮蓋爲深遠。

（3）儲庋經史書籍

夏炘云：

> 聖賢之道存乎經，古今之治法備於史，雖有生知之質，不能憑空而

悟理義，逞臆而談治亂也。孔子問禮於老聃，訪樂於萇弘，詩書執禮，終身雅言，是孔子之效經也；見郯子而問官，修《春秋》於魯史，是孔子之效史也。孟子長於詩書，善明《春秋》之義凡七篇，所發明皆尼山之家法。後世頓悟之學，以讀書爲支離，而學術大壞。然而窮鄉僻壤之士，無力購書，安得鄴架曹倉，戶戶而資之講習哉！因以知古人禮在瞽宗，書在上庠之制，爲最備也。朱子紹興二十四年至同安，二十五年正月，以檄書白事大都督府，言於連帥方公，願廨府中所有書以歸，俾學者得肆業焉；公即日屬工官廨以予縣，凡九百八十五卷；又料簡學中舊存書可讀者一百九十一卷，募民間得故所藏去者三十六卷，統建經史閣藏之。知南康日，復建白鹿洞書院，奏乞賜書院及太上皇帝御書石經板本，九經注疏，并遍求江西諸郡文字藏之，每休沐輒一，至諸生質疑問難，誨誘不倦。紹興庚戌四月到漳州，八月，刻四經四子書於郡，奉以告於先聖，各爲說繫於後，以曉世之學者，其沾溉俊髦之澤，何其深與！後世學官皆有官書，博士束置不觀，徒飽蠹魚，否則竊載以歸，或任其散佚而不以爲意，可勝慨哉！

聖賢之道固存乎經，然經無文即不足以爲經。五經之作，無文以識，恐已亡佚，更胡言乎流傳。經書如此，他書亦然。而書之流落民間，蒐之不易，不若官府庋藏而完整久長，此故秦漢以來，雖干戈兵燹，屢遭焚書，眾多墳籍仍能完好無恙，則官府庋藏之功不可沒。由官府推之於地方，有如縣治之處，如其主事者知所保存，則後子士子於地方誌之研閱必然方便。有鑑於此，朱子每至一處，政事之外，興學即是主要，而興學之道，書院之建，書籍典藏尤是緊要之一環，無庋藏之書以教，則教者無從授業，學者亦茫無所參閱，此書院之設，即名存實亡，殆無益處。以是知朱子至同安爲吏時，所輯舊存，統建經史閣以藏，皆在求典藏之長久保留，譬漳州之任，「刻四經四子書於郡，奉以告於先聖，各爲說繫於後，以曉世之者。」其沾溉俊髦，何等深遠！此精神意脈與後世學官有官書，其博士束書不觀，徒飽蠹魚者相較，差距何止千里！

（4）揭示爲學教條

夏炘云：

自功令以科舉取士，士之讀書者知爲制舉之業而已，其於古聖所以教人爲學之意，固未之有省也，即有高明之士，不肯沈溺於制舉之間，

又或役志於虛無，濡首於詁訓，求之愈堅，去之愈遠，世無先覺，後
生小子欲聞古聖爲學之規模，不誤於歧途，不迷於正軌，其孰從而聞
之。朱子於同安諭學者，論諸職事於〈白鹿洞策問〉，諸生詳哉！其
明示之。而最精者，在白鹿洞之教條，其論爲教之目五：曰父子有親，
曰君臣有義，曰夫婦有別，曰長幼有序，曰朋友有信。爲學之目五：
曰博學之，曰審問之，曰慎思之，曰明辨之，曰篤行之。修身之目二：
曰言忠信，行篤敬。曰懲忿窒慾，遷善改過。處事之目二：曰正其誼
不謀其利，明其道不計其功。接物之目二：曰己所不欲勿施於人。曰
行有不得反求諸己。薈萃六經四書、古聖所以教人爲學之旨，一一皆
有等級之可循，譬如星之有斗焉。學者辨方正位，雖深宵之昏黑，總
不可誤於方向也。又譬如射之有的焉，學者操弓挾矢，雖候道有遠近，
總可不昧於正鵠也。嗚呼至矣！

　　夏炘謂「自功令以科舉取士，士之讀書者知爲制舉之業而已。」所言甚
是慨歎。然士人汲汲於科舉，爲生計故，屈就利祿，亦不得不然。蓋若滿腹
經綸，如貧無立錐，亦無由行於天地之間，如何能經天緯地，概亦無奈矣。《朱
子語類》若此之語頗多，而性定沉潛，不計名利者，則若干賢士而已，其縱
身科舉而不退者，乃爲多矣。如卷一零九謂：「某常說今日學校科舉不成法。
上之人分明以盜賊遇士，士亦分明以盜賊自處。」言科舉體制下之士人有同
於盜賊；又如卷十三謂：「義理人心之所同然，人去講求，卻易爲力。舉業乃
分外事，倒是難做。可惜舉業壞了多少人。」言人心之陷溺，其源爲自舉業；
又同卷十三謂：「士人先要分別科舉與讀書兩件孰輕孰重。若讀書上有七分
志，科舉上有三分，猶自可。若科舉七分，讀書三分，將來必被它勝，卻況
此治全是科舉。所以到老全使不著，蓋不關爲己也。聖人教人只是爲己。」
言科舉與讀書二者，讀書爲己，科舉乃爲人，如聖賢之道，在乎爲己。似此
類言語，朱子已視科舉爲非必然，不若道德之入人心目。因之揭示〈白鹿洞
學規〉如「父子有親」等倫常之語；「博學之」等爲學之語；「言忠信行篤敬」
等修身之語；「正其誼不謀其利」等處事之語；及「己所不欲勿施於人」等接
物之語；皆在藉道德理念之樹立而反科舉之爲。惜在朝之君眼前皆爲利所蒙，
於賢者言，皆視之如煙雲，如朱子者，空自有一番抱負，而事與願違，竟只
有徒呼奈何而已！錢穆先生謂朱子：「理無不可爲，而勢有不可爲。」〔註78〕

<hr>

〔註78〕錢穆《朱子新學案・一》，頁201。

是知朱子者也。

（5）躬親講習討論

夏炘云：

> 鄱陽馬（端臨）氏曰：「古之爲吏者，其德行道藝俱足以爲人之師表，故發政施令，無非教也；以至使民興賢，出使長之；使民興能，入使治之。蓋役之則爲民，教之則爲士，官之則爲吏，鈞此人也。」秦漢以來，儒與吏異趣，政與教殊途，於是郡守曰縣令，則吏所以治其民；曰博士官，曰文學掾，則師所以教其弟子，二者漠然不相爲謀矣。朱子始仕同安，職兼學事，士子狃於故習，食已則去，朱子爲文諭之，躬自督責，日與講說聖賢修己治人之道，士風爲之一變。及知南康，四、五日一至學宮，爲諸生講說。〈答呂東萊書〉云：「學中略爲說《大學》，近已終篇，今卻止是令校官挑覆，所授《論語》，諸生說未到處，略爲發明是也。」漳州亦時詣學校，訓誘諸生諸業，問難者接之不暇；後安撫湖南，長沙士子夙知向學，及鄰郡數百里間，學子雲集，坐席不能容。朱子窮日之力治郡，事甚勞，夜則與諸生講論，隨問而答，略無倦色；多訓以切己務實，毋厭卑近而慕高遠，懇惻至到，聞者感動。《周禮》：「吏以治得民，長以貴得民，師以賢得民，儒以道得民。」朱子可謂兼之矣。

「吏以治得民，長以貴得民，師以賢得民，儒以道得民。」吏長之道，朱子爲得之；師儒之道，朱子尤有過之。是朱子外而治民，退而課學，外內均宜。如夏炘所云：「窮日之力治郡甚勞，夜則與諸生講論，隨問而答，略無倦色。」則朱子治郡、講論，日以繼夜，雖勞而無倦色，蓋以治郡爲事上求，講學則爲心上事；治郡爲吏之事，不可不辦，講學則薪火之傳，尤其要緊。外內之間，皆須兼及。常人於此，難免偏廢，朱子則略無倦色，其精神毅力有如此，而始終之堅持更非常人之能及，所謂「懇惻至到，聞者感動。」惟朱子能當之。

（6）敦聘賢士表率

夏炘云：

> 〈學記〉曰：「相觀而善謂之摩。」孔子謂「好與勝己者處，如入芝蘭之室；好與不若己者處，如入鮑魚之肆。」其言豈不深著明哉！朱子在同安，訪得本縣進士徐應中留心講學，議論純正；進士王賓

天資樸茂，操履堅愨，申縣敦請赴學，待以賓客之禮，使諸生有所矜式；進士柯翰守道恬退，不隨流俗，舉爲直學；率勵生徒在臨漳採訪鄉評，知黃知（錄樵）恬退之風，足爲士子圭臬，遂請到學文聘，一時名士：施允壽、石洪慶、李唐咨、林易簡、楊士訓、陳純、永嘉徐寓七人入學，習爲之一變；至潭州之請醴陵黎君貢士充講書職，事南康之請陸子壽升講，皆此意也。

　　與勝己者處，聞善而拜，如入芝蘭之室；與不若己者處，其德未當，如入鮑魚之室。爲學者知善與不善，則亦知芝蘭之與鮑魚矣。然則辦學之人，爲行政之督導，雖有生員，無賢士碩彥以爲教，則學品必劣，所得必不足；即以今之學制論，分工愈細，無賢才專士亦無從教學，故禮賢下士，敦聘才智，允爲最需；以今證古，則朱子之文聘名士，較今之世，殆已開風氣之先，亦由此尊賢明達，士之習乃爲之一變，其提昇教化之功，厥爲可見。

（7）簡黜不肖示儆

夏炘云：

　　〈學記〉曰：「燕朋逆其師，燕辟廢其學。」司徒命鄉，簡不帥、教者以告，耆老皆期於庠。元日習射上功，習鄉上齒，大司徒帥國之俊士與執事焉不變；命國之右鄉，簡不帥、教者移之左；命國之左鄉，簡不帥、教者移之右；如初禮不變，移之郊；如初禮不變，移之遂；如初禮不變，屏之遠方，終身不齒。蓋古人立制如此之嚴也。後世學校之政，務尚寬容，而敗類之士，漸爲庠序之患矣。朱子在同安，屏弟子員告先聖文曰：「所領弟子員有某某者，乃爲淫慝之行以溷有司。某竊自惟，身不行道，無以率礪，使至於此，又不能蚤正刑辟，以彈治之，則是德刑兩弛，而士之不率教者，終無禁也，是用告於先聖，恥以明刑。」在臨漳責張教授云：「教授分教一邦，責任不爲不重，今卻容許多無行之人在學，枉請官錢，寡廉鮮恥，雖能文何用！某雖不肖，深爲諸君恥之。」在潭州至嶽麓書院，抽籤子請兩士人講《大學》，語意皆不分明，朱子遽止之，乃諭諸生曰：「前人建書院，本以待四方之士，相與講學，非止爲科舉計，某自到官，甚欲與諸公相與講明，一江之隔，又多不暇，意謂諸公必皆留意，今日所說，反不如州學，又安用此贅疣！明日煩請教授諸職事，共商量一規程，將來參定發下兩學，共講磨此事，若只如此不

留心，聽其所之；學校本是來者不拒，去者不追，豈有固而留之之
理。」〈學記〉所謂「凡學之道，嚴師最難，師嚴然後道尊，道尊然
後民知敬學。」其朱子之謂與！

朱子云：「後世學校之設，雖或不異乎先王之時，然其師之所以教，弟
子之所以學，則皆忘本逐末，懷利去義，而無復先王之意，以故學校之名雖
在，而其實不舉，其效至於風俗日敝，人才日衰，雖以漢唐之盛隆，而無以
彷彿乎三代之叔季。」〔註79〕然則「忘本逐末，懷利去義」者所在都有，
汲汲營營之餘，「無復先王之意」，影響所及此，即夏炘所云「敗類之士，漸
爲庠序之患也。」尤有甚者，雖居教授之職，而「枉請官錢，寡廉鮮恥。」，
利欲薰心，乃至無所不用其極，則其人爲可誅矣。顧炎武云：「士大夫無恥，
是謂國恥。」又引孟子語云：「恥之於人也大矣！爲機變之巧者，無所用恥
焉。」是若教者無恥，雖能文亦何用！朱子有感而發，蓋亦知士習之敗壞也，
苟士習敗壞，其教之用心，不在傳道，而在牟利；其授業，不在教學，而在
貪婪；燕朋相成，燕辟相藝，眾口鑠金而積非成是，試思教何以能成？學何
以有得？以是「隱其學而疾其師，苦其難而不知何以益。」教之不刑，焉得
有成！故嚴師爲難，師嚴然後道尊，道尊然後民知敬學，爲教者，知所省察，
教纔有益；否則違逆爲教之道，將何能淑！朱子之述如此，夏炘之見亦如此，
惟亦必如此，乃能得教化之功，乃能眞得沾漑之意矣。

綜上之述，云朱子外任政績，雖僅取夏炘所舉「美風化」、「篤庠序」二
者以爲立論，然此二者實涵乎其餘之節目；且由此亦知朱子之學，不論在朝，
亦或在野，其念茲在茲者，乃在乎教育，且以爲教育纔眞能振奮倫理綱常，
成德立業，而登斯民於衽席。其所以如此，即若〈福州州學經史閣記〉所載：
福州之學，在東南爲最盛，弟子員常數百人。比年以來，教養無法，
師生相視，漠然如路人。以故風俗日衰，士氣不作，長老憂之，而
不能有以救也。〔註80〕

「長老憂之，而不能有以救。」且如欲有以救，則毋寧教育乎！尤有進
者，朱子之立身持世，辭受出處，皆非關係個人，所重乃天下之人，所行乃
爲流風於後世者也。

〔註79〕 《朱文公文集》卷七十八，〈靜江府學記〉。
〔註80〕 《朱文公文集》卷八十。

總　結

有如夏炘所云：

> 朱子身雖屈，而道則伸也。觀於一生之授官進秩，而未嘗不辭晚年
> 之受謗被誣，而未嘗或怨；古人三揖而進，一辭而退之風，猶存於
> 後世。宋代最敦名節，然未有進禮退義如朱子之盛者也。〔註81〕

又云：

> 觀其〈與韓尚書書〉曰：「士大夫之辭受出處，乃關風俗之盛衰。」
> 然則朱子之爲天下後世慮者至深遠矣。以此律己，以此事君，以此
> 坊民，而傅伯壽行詞，猶有大遜如慢、小遜如偏之譏，可勝慨哉！
> 〔註82〕

亦知士大夫之辭受出處，皆關乎風俗之盛衰。故無論身居何處，均宜謹
身節行。而朱子爲官講學近五十年，其進退之間，或擯或斥，然皆能合禮合
義，以其所操持者，士大之風節也。故即使外在風雨不斷，所堅信者，乃儒
者性命道德之允順歸依。是其爲政設學，亦無不遵「先王教學之遺意」，此遺
意即如〈靜江府學記〉所言：「古者聖王設爲學校，以教其民。由家及國，大
小有序，使其民無不入乎其中，而受學焉。而所以教之之具，則皆因其天賦
秉彝而爲之，品節以開導而勸勉之，使其明諸心，修諸身，行於父子、兄弟、
夫婦、朋友之間，而推之以達乎君臣、上下、人民、事物之際，必無不盡其
分焉者。」〔註83〕則古訓所云：「民之秉彝，好是懿德。」，此「秉彝之德」
行之朱子，毋寧民人對朱子之肯定，而其由內而外，由修爲而事功，尤爲吻
合「致廣大而近精微，極高明而道中庸。」之理；易言之，朱子一則博學審
問，一則切問近思，學能廣大，亦能精微，故能綜攝宋學而出入儒釋，其爲
承肩道統之緒，確爲可知。雖牟宗三先生謂朱子「別子爲宗」〔註84〕然如以

〔註81〕《景紫堂全書・三》卷十二，頁188。按此段前曾援引，今在汲引，更能突顯
　　　　朱子之德澤風範。

〔註82〕同上，頁198。

〔註83〕《朱文公文集》卷七十八。

〔註84〕如劉述先《朱子哲學思想的發展與完成》〈道統建立與朱子在中國思想史上地
　　　　位之衡定〉，頁479，云：「朱子自居繼承孟子、易、庸之正統。然孟子心性情
　　　　一貫之論被朱子肢解成爲一心性情之三分架局，易、庸生生不已的天道觀也
　　　　爲朱子分析成爲理氣之二元。朱子在實際上是繼承伊川而開創了一條新的思
　　　　路，實已脫落了濂溪、橫渠、明道的線索，而與直承孟子學的象山立於對蹠
　　　　的地位。這一層煙霧一直到最近才爲牟宗三先生所穿透，而爲朱子斷定了其

夏炘之精研朱子，且「勤探宋儒之精粹，沉潛於文義之近，而默契乎性天之微。」〔註85〕觀之，則夏炘是有得於朱子「敦崇經術，窮理修身」之論，雖其取材或言述容有一二獨斷之說，然與昔之言朱者相較，夏炘「景紫」之意，實較昔賢之出於藍而勝於藍矣。

『別子爲宗』的地位。（牟宗三《心體與性體》卷一，頁42～60）仔細審查朱子的書、文、語錄的直接證據，我不能不支持牟先生這一前無古人的論斷。」所論得體。

〔註85〕陳心泉《景紫堂全書・序》。

第七章　禮學論辨說

緣　起

　　言禮之意，古籍載之甚多，敘禮言義，在使禮之述，不僅爲一意念，亦在乎得其實踐。因之，禮者，可以爲理，亦可爲節文；禮之極致，仍在人倫洽適，而合輪矩規範。最簡易之說，如（漢）鄭玄《三禮目錄》所云：「禮者，體也，履也。統之於心曰體，踐而行之曰履。」心之統爲體，踐之而行曰履，則禮由內而之外，所重即在踐履。又如（宋）李覯《直講李先生文集》〈禮論第一〉云：「夫禮，人道之準，世教之主也。聖人之所以治天下國家修身正心，無他，一於禮而已矣。」則禮爲人道之準繩，亦聖賢誠正平治之方。

　　又如《管子‧心術上》云：「禮者，因人之情，緣義之理，而爲之節文者也，故禮者謂有理也。」禮之爲有理，在有其節文，此節文乃人行爲之規範，使人始終規矩而不踰越法度；《朱子語類》卷四二亦云：「禮謂之天理之節文者，蓋天下皆有當然之理，但此理無形無影，故作此禮文畫出一個天理與人看，教有規矩，可以憑據，故謂之天理之節文。」朱子意同於管子，在禮爲一天理，此天理落實爲人事，即使教有規矩，而凡事合於憑據；至如（清）戴震《原善》卷下則云：「禮者，天則之所止，行之乎人倫庶物則天下共安，於分無不盡，是故恕其屬也。」謂之「天則之所止」者，即禮之所行，則凡人倫庶物均安適，人倫庶物安適，洽於分際，而所屬事物亦皆安順，乃之謂合宜。

　　由是言「禮」者，迭有二義，一爲理之踐履，一爲理之節文；踐履者，爲純然的敦篤；節文者，爲文飾之整飭，皆在合於規律，無偏倚歪邪之愆。人而如此，修身必明，推而行之，則家得齊，國得治，天下得太平。有如《禮

記正義・序》所謂：「夫禮者，經天地，理人倫。」則禮之行，其理想之極至，乃在天地人倫的諧合，由此諧合，使天地位，萬物育，爭伐止息，干戈不起，而太平恆久之治道始能齊至，是禮之爲用大矣。

　　夏炘《景紫堂全集》之《三綱制服尊尊述義》三卷，及《學禮管釋》十八卷，前者但就人倫綱常親親尊尊義述，後者惟就禮經條目筆記而書，義理、考據二者，兼相互用，皆經由禮之節文而見天理之本然，至如《三綱制服尊尊》之論，乃尋先儒之注推衍，〔註1〕脈絡頗分明；《學禮管釋》則爲偶感之札，〔註2〕然隨筆之中自有理致，亦皆人生意態之精蘊。順筆覃研，於先生言禮之矩矱或有所得。茲再就《三綱》及《管釋》義抒論之。

第一節　三綱制服尊尊述義

　　清禮學家凌廷堪有一〈學古詩〉，辭云：

> 儒者不明禮，六籍皆茫然。於此苟有得，自可通其全。不明祭祀制，〈洛誥〉何以詮？不明宮室制，〈顧命〉何以傳？不明〈有司徹〉，安知〈楚茨〉篇？不明〈大射儀〉，安能釋〈賓筵〉？不明盥與薦，〈易象〉孰究研？不明朝與覲，〈春秋〉孰貫穿？如衣之有領，如官之有聯。稽古冀有獲，用志須專禮。〔註3〕

詩意在學禮即能通古籍，而如不學禮，則古籍必不能通。雖略嫌武斷，然亦知禮於行爲法則之緊要。畢竟禮爲日常節文，云爲之際，皆不出禮，無禮則行不得爲行，只落於鄙夫狂狷而已！

　　若夫禮之表現，則綱常倫理，必所當行。尤以君臣、父子、夫婦之常，維繫天地之綱紀，最爲要緊。是夏炘《三綱尊尊》之說，即自此言述，蓋以尊尊之義得，則昆弟、朋友之道能行，五倫之禮即能通於天地而躋和諧之境。至於尊尊之義，範疇甚廣，只在日用云爲之際論述，恐無能揄揚大義，是夏

〔註1〕《景紫堂全書・四》〈三綱制服尊尊述義序〉：「聖人之言，先得我心，爲自漢以來，儒者所未及道。於是益自信所見不謬，整理舊稿，附注及疏，并益以先儒之議論，釐爲上中下三篇，以質斯世通材精於禮經之服制者。」則其爲爬梳董理之作可知。

〔註2〕《景紫堂全書・五》〈學禮管釋序〉：「余少好學詩禮，既冠，學禮自注疏外，宋、元、明人及近儒之說皆喜讀之，偶有所得，便加詮釋，既不分經，復不區類，隨時記錄，聊備遺忘而已。」則《管釋》爲隨筆聯綴亦可知。

〔註3〕《校禮堂詩集》卷五。

夏炘直就喪祭之禮言敘，其意以為喪祭之禮為人情哀感所發，篤於情者，於人之生離死別所感尤多；因之，言尊尊者，自喪祭處論，於大義之揄揚當更廣遠，此蓋亦先生立意之所在。茲引〈三綱制服尊尊述義敘〉云：

　　《儀禮》〈喪服〉一篇，其經非聖人不能作，其傳非賢人不能述，後世議增議減，皆無當於先王制作之精義也。夫「服」生於情，情生於親，雖塗之人皆知之，然但知親親而不知尊尊，則猶是野人之見，而無以明天下國家之有所統繫也。尊尊之義奈何？三綱而已矣！斬衰謂之尊服，而傳曰：「父，至尊也；君，至尊也；夫，至尊也。亦足以明其義矣！」然而卜子之闡揚經蘊猶未已也。其父在為母，傳曰：「何以期也」。至尊在，不敢伸其私尊也；出妻之子為母，傳曰：「出妻之子為父後者無服。」傳曰：「與尊者為一體，不敢服其私親也。」為人後者，為其父母報，傳曰：「禽獸知母而不知父」。野人曰：「父母何算焉」。都邑之士則知尊禰矣，大夫及學士則知尊祖矣，諸侯及其太祖、天子及其始祖之所自出尊者；尊者，尊統上，卑者，尊統下；皆所以發明乎父之子綱也。又大夫：大夫之妻、大夫之子、公之昆弟為姑姊妹女子，子之嫁於大夫者；君為姑姊妹女子，子之嫁於國君者，傳曰：「何以大功也。」尊同也。尊則得服其親服。諸侯之稱公子，公子不得禰先君；公子之子稱公孫，公孫不得祖諸侯。此自卑別於尊者也。若公子之子孫有封為國君者，則世世祖是人也，不祖公子，此自尊別於卑者也。是故始封之君不臣諸父昆弟；封君之子不臣諸父而臣昆弟，封君之孫盡臣諸父昆弟；故君之所為服，子亦不敢不服也；君之所不服，子避不敢服也。公之庶昆弟，大夫之庶子為母妻昆弟，傳曰：「何以大功也。先君餘尊之所厭，不得過大功也。」皆所以發乎君之為臣綱也。又女子適人者，為其父母，傳曰：「為父何以期也，婦人不貳斬也。」婦人有三從之義，無專用之道，故未嫁從父，既嫁從夫，夫亡從子。故父者，子之天也；夫者，妻之天也。婦人不貳斬者，猶曰：不貳天也。婦人不能貳，尊也，母為長子。傳曰：「何以三年也？父之所不降，母亦不敢降也。」皆所以發明乎夫之為妻綱也。以此三者尊尊之義，求之經記列服，雖百有四十餘條，引伸觸類，曲暢旁通，若網提綱，靡不振舉。然後知大傳之服術有六，小記之親親、尊尊、長長、男女有別；諸說

後儒覼縷推測之言，實未得周公制作之本原，孔門傳受之要領也。
〔註4〕

依夏炘之敘研析，則其所云「周公制作之本原，孔門傳受之要領」者，乃即宗法制度之謂。所謂之宗法制度，如氏族之傳承，宗廟之禮制、喪服之節義，皆宗法之所重，由此宗法，推之以行，於儒家系統之維護即能長久不墜；而其中喪服之義，尤爲人情之所歸，亦於其中，風俗人倫乃得敦厚，此蓋夏炘之意也。故《三綱制服尊尊述義》雖僅三卷，意蘊則廣遠，茲再就其卷帙申述之：

一、宗統與君統

周之宗法制度，所重乃氏族之血統，其繼承者則爲嫡長子。以嫡長子繼承王位，主要在維護統治階級及鞏固政權，故制度之要旨，即凡君之位及爵之位皆須由長子世世繼承，百世不遷，是爲大宗。天子爲全族之長，世世由嫡長子繼承，永爲天子，故爲大宗之宗主。天子之庶子封爲諸侯國君，對天子則爲小宗，而對本國也者，則亦由嫡長子繼承，百世不遷，是爲本國之大宗。至如諸侯之庶子，任命爲卿大夫，對諸侯則爲小宗，對本家族者，亦由嫡長子繼承，百世不遷，是爲本家族之大宗。卿大夫之庶子，亦由嫡長子繼承，惟無爵位繼承，是爲小宗之宗主，而統領本家族中同高祖之兄弟。小宗至第五代，即分出數小宗，所謂「五世則遷」者也。

若《禮記・喪服小記》載云：

> 別子爲祖，繼別爲宗，繼禰者爲小宗。有五世而遷之宗，其繼高祖者也。是故祖遷於上，宗易於下。尊祖故敬宗，敬宗所以尊祖禰也。

鄭玄注：

> 諸侯之庶子別爲後世爲始祖也。謂之別子者，公子不能禰先君。別子之世長子爲其族人爲宗，所謂百世不遷之宗；別子之庶子之長子，爲其昆地爲宗也，謂之小宗，其將遷也。

夏炘亦云：

> 注曰：不得禰不得祖者，不得立其廟而祭之也。卿大夫以下祭其祖禰，則世世祖，是人不復（注疏本作得）祖公子者。後世爲君者，

祖此受封之君，不復祀別子也。〔註5〕

別子爲諸侯之庶子，亦稱公子，爲別於諸侯之嫡長子。其不得繼承諸侯，而命之爲卿大夫。其亦由嫡長子繼承，代代相傳，而爲所命「卿大夫」之始祖，故云「別子爲祖」，亦即鄭玄所釋「別爲後世」始祖之謂。是而自別子世代相傳之嫡長子觀之，則其仍爲大宗之宗子，亦即「繼別爲宗」，此宗即是家族之大宗，亦爲百世不遷。而別子之庶子依繼承權言，仍無法承接其父所封卿大夫之爵位，所承繼者仍爲嫡長子，惟此嫡長子所承繼者非始祖別子，乃其父親之謂。因之，自嫡長子自身言，其乃自成一小宗，此即「繼禰（父）者小宗」之謂；由是凡同高祖之眾昆弟初則雖爲一小宗，至第五代已非同一高祖，即須分列小宗，此即「祖遷於上，宗遷於下」之「五世其遷」的小宗。〔註6〕

由是知別子即庶子。庶子不繼正統，但亦自有其後裔，此後裔則尊別子爲「祖」。後裔中之嫡系繼嗣別子者，即爲大宗；而非大宗嫡系之後嗣，然承繼其父者則爲小宗；再者，嫡系之大宗僅只一人，庶子旁系則非一人，而爲二人或多數人，且各旁系亦皆有繼禰（父）之小宗，故而世秩綿延，族性擴大，小宗便亦多至無數，於是用上殺（對上代親情愈上愈減）、下殺（對下代親情亦愈下愈減）、旁殺（指族屬擴大，由親兄弟而擴至再從、三從兄弟，其親情亦愈遠愈減。）原則，以五世爲主；則自生者上溯禰、祖、曾、高，適爲五世，四廟；至五世以上之祖，則合併於大宗之廟內，此即「五世而遷之宗」之謂；再者高、曾、祖、禰四廟，於己死後，由其子將己之神主安置於廟內爲「禰」，故於己之子言，四廟即成爲五廟。而爲保持四廟，己之子即將上殺之高祖遷入大宗之廟，所剩僅四廟；則原來之禰廟又成祖廟，其繼承新進之禰廟者又別成一小宗。此即上述「祖遷於上，宗易於下」之闡釋。

王夫之亦詮釋此說，其論「別子爲祖，繼別爲宗，繼禰者爲小宗，有五世而遷之宗，其繼高祖者也。」條云：

> 別子者，世子之母弟也。世子無母弟，則庶弟之長者，亦爲別子。天子統天位之尊，世子承國儲之重，族人不得而宗之，於是立其母弟之長者爲一宗之祖，若周公之於周是已。其嫡長子又承諸侯之封爲諸侯之祖，其庶子之次長者，則繼別子而以世相嗣爲宗子，以統一姓之族

〔註5〕　同上，頁102。
〔註6〕　參考錢玄《三禮通論》〈制度編・宗法制度〉，頁439。

屬，雖天子亦受統焉。於其家，則天子講家人之序，《詩》所謂「在
宗載考」也，此所謂大宗也。繼禰者謂雖爲大宗，而又統其五世之屬
籍以爲一宗，及雖非大宗，而冢子自承其禰因以分支之，始統五世之
族屬而爲一宗，至於五世之外，則各以其繼禰後者，別爲一宗。故五
世而宗分，不與先爲宗者，相爲宗矣，此小宗也。……惟禘其遠祖者，
則立大宗；禘不遷而宗不易。既立大宗，抑如有百世不祧之祖，而又
有五世則遷之廟，廟遷於上，小宗易於下，尊祖敬宗，而等殺立焉，
其義本一，先儒不察，乃以諸侯之適（嫡）子弟及去國之公子仕於他
邦者，皆謂之大宗，則亦未達先王尊親之大義也。〔註7〕

則嫡長子在天子爲大宗，庶子在諸侯爲小宗；而諸侯之嫡長子又爲大宗，
此即宗法之本義也。

又論「祖遷於上，宗易於下，尊祖故敬宗，敬宗所以尊祖禰也。」條云：

祖遷謂四廟之祖宗，易者，小宗也。尊祖敬宗，兼禘祖、太祖；大
小宗而言，以其承祖而統族，則必敬宗，敬其宗子者，以著其德厚
流光之盛。故所以尊祖兼言禰者，禰廟立，則適（嫡）長子異於眾
子，而預爲五世之宗主也。〔註8〕

尊祖兼言禰者，如禰廟立，則禰成先祖，在嫡而言，嫡長子異於眾子，
後日成五世之宗，可爲預知。

又論「庶子不祭祖者，明其宗也。」條云：

自宗子而外，皆謂之庶子。此言庶子與小宗之宗子從兄弟，雖於其
禰爲冢子，仕至適士以上得立祖廟而不敢立，但立禰廟以祭禰於祖，
則供其牲物，而宗子爲之祭也。其得祭禰者，於祖則爲庶孫，於禰
則爲冢子，又將繼禰而爲宗也。〔註9〕

庶子之不繼祖，即因其非祖禰之繼承者。再者，未成年而逝及無後嗣者，
皆附從於祖廟而由宗子供祭，庶子皆不祭，以其有宗子在之故，如此，宗法
明晰，而親親，尊尊，長長，男女之別始爲明確。

再者，《禮記》〈喪服小記〉及〈大傳〉僅敘及諸侯之庶子，此即別子所
屬卿大夫之大宗、小宗，而未敘及天子、諸侯之大宗，故後之習禮者，即據

〔註7〕 王夫之《禮記章句》卷十五，頁3。
〔註8〕 王夫之《禮記章句》卷十五，頁3。
〔註9〕 同上。

謂宗法乃爲卿大夫而設。

程瑤田《宗法小記》云：

> 宗之道，兄道也。大夫、士之家，以兄統弟，而以弟事兄之道也。

然此說亦有疑慮，蓋宗法制度本爲天子、諸侯實行嫡長子繼承制而設者，始末之間，亦尋制度以立，故程氏謂宗法即兄道，且爲卿大夫而設，於禮制而言，顯非正確。至若禮書言宗法不及天子、諸侯，此蓋「宗統」與「君統」相互之矛盾。「君統」、「宗統」爲古禮常用之詞。「君統」，乃指天子、諸侯憑君之權統治下屬；「宗統」，則指天子、諸侯憑氏族血親關系以統治。此二統治雖相互配合，亦有其矛盾之處。蓋如強調宗統，相對必削弱君統之威權；有如《禮記・郊特牲》所言：「諸侯不敢祖天子，天子不敢祖諸侯」。自血統言，諸侯亦皆子孫，然不能立於祖先之宗廟。譬魯爲諸侯，依禮不能立文王之廟；仲孫等三家大夫之家，亦不能立祖公之廟。《禮記・大傳》即言：

> 君有合族之道，族人不得以其戚戚君，位也。

鄭注謂：

> 君恩可以下施；而族人皆臣也，不得以父兄子弟之親，自戚於君位，
> 謂齒列也。所以尊君別嫌也。

《穀梁傳・桓公十四年》：

> 諸侯之尊，弟兄不得以屬通。

然則云「戚戚」之意者，上「戚」字即「親情」之謂；下「戚」字，即「煩擾」之謂，未可以「憂慮」解。若鄭注所謂「齒列」也者，王夢鷗即以「位是齒列，意思不明」〔註10〕云之。王夫之則云：「君爲太祖之嫡傳，一族之正宗，而以位故，族人不得與講世序，故立別子爲大宗之祖。」〔註11〕謂「族人不得與講世序」者，即君主與族人之間，僅及君臣關係，不宜在言兄弟、叔姪之情，亦不得論年歲、排輩份，此法則非依血統親疏而定，而爲依據社會組織之尊卑地位而設。夏炘弟子王煥奎〈三綱制服尊尊述義敘〉引朱竹垞《經義考》所云：「天子諸侯絕旁親，以其皆臣也；公卿大夫降旁親以其尊也。」〔註12〕之意推之，則此尊卑之位，依社會組織而定，乃爲可知。

〔註10〕王夢鷗《禮記今註今釋》下，頁454。
〔註11〕王夫之《禮記章句》卷十六，頁4。
〔註12〕《景紫堂全書・四》〈三綱制服尊尊述義〉，頁8。

二、喪服與宗法

喪服立基於宗法制度，宗法制度行，則天子至庶民皆行此制，其於倫類綱常中，可視爲廣泛且深刻之人生境涯。夏炘《三綱制服尊尊述義》，其父綱、君綱、夫綱之言尊尊者，乃就推廣諸服制之隆殺而言，所以如此，在以喪服爲特殊服飾，依此以表示對死者的哀痛，之外，又於不同服飾中，反映親疏之宗法思想。細觀夏炘尊尊之說，其所述之義，乃合《禮記》〈喪服小記〉與《儀禮》〈喪服〉而言，故其所論之服，亦自此言述，而其義乃所謂「夫喪服之重，所以正風俗，厚人倫」〔註13〕者也。

《儀禮》卷二十八〈喪服第十一〉分五服之類，且依具體之況分爲十一章，分述如下：

（一）五服之稱

1. 斬　衰

之一：

《儀禮》卷二十八載：

> 斬衰裳，苴絰，杖，絞帶，冠繩纓，菅屨者。

《釋》云：

> 言「斬衰裳」者，謂斬三升布以爲衰裳。不言裁割而言「斬」者，取其痛之意。……斬衰先言斬，下疏衰後言齊者，以斬衰先斬布，後作之，故先言斬；疏衰，先作之，後齊之，故後云齊。斬齊既有先後，是以作文有異也。云「苴絰、杖、絞帶」者，以一苴（粗布）目此三事，謂「苴麻（雌性的大麻）」，爲首絰（麻製喪服）、要（腰）絰，又以苴麻爲絞（扭緊）帶，知此三物皆同苴者，以其冠繩纓不得用苴，明此三者皆用苴。

若其儀節，則如漢戴德〈喪服變除〉所云：

> 斬衰三年之服，始有父之喪，笄纚，徒跣，扱上衽，交手哭踊無數，惻怛痛疾，既襲三稱，服白布深衣，十五升素章甫冠，白麻屨，無絇（屨頭飾）。（屨之飾，如刀衣鼻，繩連以爲行戒。喪無節，連遽故無絇）孫爲祖父後者，上通於高祖，自天子達於士，與子爲父同。父爲長子，自天子達於士，不笄纚，不徒跣，不食粥（餘與子爲父

同）妻爲夫，妾爲君，笄纚，不徒跣，扱上衽，既襲三稱，白布深
衣，素總，白麻屨。（餘與男子同也）。〔註14〕

此五服首章，斬衰裳所具之物須先得解，齊衰之後，義即明晰。云「斬
衰裳」者，應補爲「斬衰三年」之裳，如子爲父服，臣爲君服，妻爲夫服者
是。至若「斬衰」之意，則其爲無緝邊之粗麻衣。鄭注「凡服，上曰衰，下
曰裳，麻在首、在要（腰）皆曰絰。絰之言實也，明孝子忠實之心，故爲制
此服焉。」賈疏亦謂：「言『斬衰裳』者，謂斬三升布以爲衰裳。不言制割而
言『斬』者，取痛甚之意。」則傷痛之心，不言可喻。

2. 齊　衰

之二：

《儀禮》卷三十載：

> 疏衰裳齊，牡麻絰，冠布纓再，削杖。

《釋》云：

> 此《齊衰三年》章，以輕于斬，故次斬後。「疏」猶「粗」也，粗衰
> 者，案上〈斬衰章〉中「爲君三升半粗衰」，鄭注〈雜記〉云：「微
> 細焉。」則屬于粗，則三升正服斬不得粗名，三升半成布三升微細
> 則得粗稱。粗衰爲在三升斬內，以斬正，故沒義服之粗。至此四升，
> 始見粗也。若然，父爲衰極，直見深痛之斬。

若其儀節，則如漢戴德〈喪服變除〉所云：

> 齊縗（衰）年者，父卒始有母之喪，笄纚，徒跣，扱上衽，交手哭
> 踊無數，既襲三稱，服白布深衣，十五升素章甫冠，白麻屨，無枸。
> 父卒爲繼畝、君母、慈母，孫爲祖後者，父卒爲祖母，服上至高祖
> 母，自天子達於士，爲人後者，所後之祖母、母、妻，（以上與父卒
> 爲母同）。母爲長子，妾爲君之長子，繼母爲長子，皆不笄纚徒跣也。
> 女子子在室，父卒爲母，始死，笄纚，不徒跣，不扱上衽，既襲三
> 稱，素總。〔註15〕

謂「齊衰三年」者，如：父卒爲母服之。亦如《禮記》〈喪服小記〉所云
「斬衰，括髮以麻。爲母，括髮以麻，免（音同問）。齊衰，惡笄以終喪。」
「免」爲遵禮成服後之髮飾，以麻布爲之。「笄」爲捲髮之簪，居喪以榛木爲

〔註14〕杜佑《通典》卷第八十四，頁2277。
〔註15〕同上。

之，故謂「惡笄」。以是知父喪，服斬衰，以麻布括髮。母喪，亦以麻布括髮；二者皆以麻布爲「免」。女子服齊衰，以榛木爲笄，直至除喪之時。再者，〈喪服小記〉亦有「苴杖，竹也；削丈，桐也。」之述，言父喪用孝棒曰「苴杖」，以竹木製之；母喪用削杖，以桐木製之。則可補《儀禮》「牡（母）麻絰，冠布纓再，削杖」之言矣。

之三：

《儀禮》卷三十載：

> 疏衰裳齊，牡麻絰，冠布纓，削杖，布帶，疏屨，期者。

鄭注：

> 此謂「父在爲母」，即是此章者也。母之與父，恩愛本同，爲父所厭屈而至期，是以雖屈猶申禫杖也。爲妻亦申，妻雖義合，妻乃天夫，爲夫斬衰，爲妻報禫杖，但以夫尊妻卑，故齊斬有異。

若其儀節，則如漢戴德〈喪服變除〉所云：

> 齊縗（衰）杖周者，父在始有母之喪，笄纚，徒跣，扱上衽，交手哭踊無數，既襲三稱，白布深衣，十五升素章甫冠，吉白麻屨，無絇。爲出母、慈母、繼母、君母，自天子達於士。父卒爲繼母嫁，及繼母報繼子。（以上並與父在爲母同矣）。夫爲妻，始死，素冠深衣，不笄纚，不徒跣。女子子在室爲母，不徒跣，不扱上衽，既襲三稱，素總。〔註16〕

《禮記》〈雜記〉下引縣子之言謂：「三年之喪，如斬。期之喪，如剡。期之喪，十一月而練，十三月而祥，十五月而禫。」「剡」者，割削之謂。其義則三年之喪，痛如刀斬。期年之喪，痛如刀割。期年之喪，十一月行練祭，十三月行祥祭，十五月行禫祭，禫祭之後，則是畢喪。此即子之「父在爲母」，〔註17〕「夫爲妻」，服之之義。

之四：

《儀禮》卷三十載：

〔註16〕 杜佑《通典》卷第八十四，頁2278。

〔註17〕「父在爲母」條：如《釋》所云：「《斬章》直言父，即知子爲之可知。今此言母，亦知子爲之，而言父在爲母者，欲明父母恩愛等，由父在厭，故爲母屈至期，故須言父在爲母也。」則父在，而子爲母喪，乃屈至期，以家無二尊，故于母屈而爲期，言不敢伸其私尊之意。

不杖，麻屨者。

鄭注：

此亦齊斬，言其異於上。

若其儀節，如漢戴德〈喪服變除〉所云：

齊縗（衰）不杖周者，謂始有祖父母之喪，則白布深衣，十五升素
冠，吉屨無絇，哭踊無數，既襲無變。（其餘應服者並同）。〔註18〕

言「不杖，麻屨者。」即「齊衰不杖期」之謂。與「疏衰裳齊」不同者，
僅「不杖」、「麻屨」，其餘皆同。於世（伯）父母、叔父母，昆弟服之。如《釋》
云：「伯言世者，欲見繼世爲昆弟之子，亦期。」然則「杖」之義何謂？謂之
「杖」，乃喪禮所執者。期服之用杖者，謂之杖期；不用杖者，謂之不杖期。
舊制：凡嫡子眾子爲庶母，皆服杖期。又夫爲妻，父母不在，亦服杖期；父
母不在則不杖。此即鄭注所云「言其異於上者」之謂。

之五：

《儀禮》卷三十一載：

疏衰裳齊、牡麻絰，無受者。

鄭注：

無受者，服是服而除，不以輕服受之。不著數月者，天子諸侯葬異
月也

《釋》曰：

此「齊衰三月章」，以其義服，日月又少，故在「不杖章」下。

若其儀節，則爲：

其齊縗（衰）三月者：始有曾祖父母之喪，白布深衣，十五升素冠，
吉屨無絇。（其餘應服者同）。女子子適人者爲曾祖父母，素總。（餘
與男子同）。〔註19〕

簡稱「齊衰三月」者，如：爲曾祖父母，服之。若鄭注所云「不著數月
者，天子諸侯葬異月也。」者，賈公彥之意，則以爲大夫士三月而葬，此章
皆三月葬後除之，故以「三月」爲主。三月者，法一時天氣變，可以除之。
且以舊禮，天子七月葬，諸侯五月葬，唯之齊衰者，皆三月，藏其服至葬更

〔註18〕同註260。
〔註19〕杜佑《通典》卷第八十四，頁2278。

服之，葬後乃除，是以不得言少以包多，亦不得言多以包少，是以不著月數者，天子諸侯葬異月故也。

3. 大　功

之六：

《儀禮》卷三十一載：

> 大功布衰裳，牡麻絰，無受者。

鄭注：

> 大功布者，其鍛治之功粗沽之。

《釋》云：

> 云「大功布者，其鍛治之功粗沽之」者，斬粗皆不言布與功，以其衰痛極，未可言布體與人（大）功，至此輕，可以見之。言大功者，「斬衰章」傳云冠六升不加灰，則此七升言鍛治，可以加灰矣，但粗沽而已。若然，言大功者，用功牚大，故沽疏，其言小者，對大功是用功細小。

若其儀節，則如漢戴德〈喪服變除〉所云：

> 大功親長中殤七月，無受服，始有昆弟長殤喪，白布深衣，十五升素冠，吉屨無絇。成人九月。從父昆弟之喪，與殤同。天子諸侯之庶昆弟與大夫之庶子為其母，哭泣飲食，居處思慕，猶三年也；其餘與士之從父昆弟相為服同。為人後者為其昆弟，大夫為伯叔父母、子、昆弟之子為士者，哭泣飲食思慕，以上並猶周也。天子為姑姊妹女子子嫁於二王後者，諸侯為姑姊妹女子子嫁於諸侯，大夫命婦、大夫之子、諸侯之庶昆弟為姑姊妹女子子嫁於卿大夫者，與士之為姑姊妹適人者服同。天子之昆弟為姑姊妹女子子嫁於諸侯大夫者。
>
> 姑姊妹適人者為昆弟，其異於男子者，始死素總。〔註20〕

此即「大功殤九月、七月」。為殤者服，如：為子、女子子之長殤、中殤，昆弟之長殤、中殤，服之。而謂之「殤」者，男女未冠笄而死，為可傷者。有如《傳》所云：「何以大功也？未成人也。何以無受也？喪成人者其文縟，喪未成人者其文不縟，故殤之絰不樛（纏結）垂，蓋未成人也。年十九至十六為長殤，十五至十二為中殤，十一至八歲為下殤，不滿八歲以下皆為無服

〔註20〕杜佑《通典》卷第八十四，頁 2278。

之殤。無服之殤以日易月，以日易月之殤，殤則無服。」而云「以日易月」者，即所生一月者哭之一日是也。至言「無受」者，以成人至葬後皆著輕服，今喪未成之人，即無受。

之七：

《儀禮》卷三十一載：

> 大功布衰裳，牡麻絰纓，布帶，三月受以小功衰，即葛，九月者。

《間傳》云：

> 大功之葛，與小功之麻同。凡天子諸侯卿大夫既虞，士卒哭而受服。
> 正言三月者，天子諸侯無大功，主於大夫士也。此雖有君為姑姊妹
> 女子子嫁於國君者，非主喪也。

此與〈之六〉所云不同者，此為有受，受即承也，即三月後改服小功。如：從父昆弟服之。又《傳》「大功布九升，小功布十一升」云者，鄭注謂「此受之下也，以發傳者，明受盡於此也。又受麻絰以葛絰。」其意則布升有降、有正、有義三者；降則衰七升，冠十升；正則衰八升，冠亦十升；義則衰九升，冠十一升。以是知十升者，降小功。十一升者，正小功。《傳》以受服不言降大功與正大功，直云義大功（衰九升，冠十一升）者，以其小功至葬，唯有變麻服葛，因故衰無受服之法；而鄭注「又受麻絰以葛絰」者，言「受」，則衰麻俱受；而以其麻絰受以小功葛者，以大功既葬，變麻為葛是也。

之八：

《儀禮》卷第三十二載：

> 繐衰裳、牡麻絰，既葬除之者。

賈疏：

> 此繐衰是諸侯之臣為天子，在大功下，小功上者，以其天子七月葬，
> 既葬除，故在大功九月下，小功五月上。

謂「繐衰」者，在大功九月下，小功五月上，其服期則七月，亦諸侯之臣為天子服之也。若「繐」者，乃細而疏之布，其細而疏、細而縷者，以恩輕之故。蓋諸侯大夫為諸侯，臣於天子為陪臣，唯有聘問接見天子，天子禮之而已，因之，服此服，是恩輕也。

4. 小　功

之九

《儀禮》卷第三十二載：

> 小功布衰裳、澡麻帶絰五月者。

鄭注：

> 澡者，治去莩垢，不絕其本也。〈小記〉曰：「下殤小功，帶澡麻，
> 不絕其本，屈（詘）而反以報之。」

謂「下殤小功」者，八歲至十二歲而死者曰下殤。本爲期服之親，因其爲下殤，故降爲小功之服。若「澡麻」者，即經漂白之麻。「不絕本」者，不剪麻之根也。以其義說，則下殤小功之服，所用腰絰，乃用連根漂白之麻剪成，帶末不垂，反屈之以搭於腰際之謂。而此「小功殤五月」，如：叔父之下殤，昆弟之下殤，乃服之。

若其儀節，則如漢戴德〈喪服變除〉所云：

> 小功五月無受之服者：始有叔父下殤之喪，白布深衣，十五升素冠，
> 吉屨無絇。天子、諸侯、大夫爲嫡子、嫡孫、嫡玄孫。（以上並下殤）。
> 不爲次，飲食行爾。爲姑姊妹女子子、昆弟之子、夫昆弟之子之下
> 殤，爲人後者爲其昆弟姑姊妹之長殤，並哭泣飲食猶大功也。大夫
> 之子、天子諸侯之昆弟、庶子、姑姊妹女子子從父昆弟、從父姊妹，
> 祖父母爲孫，（以上並長殤）。與叔父之下殤同。姑姊妹適人者爲昆
> 弟之殤，與爲從父昆弟之長殤同。〔註21〕

之十

《儀禮》卷三十三載：

> 小功布衰裳，牡麻絰，即葛五月者。

鄭注：

> 即，就也。小功輕，三月變麻，因故衰，以就葛絰帶，而五月也。

此即「小功五月」。爲從祖祖父母，從祖父母，服之。謂「祖祖父母」者，爲祖父母之昆弟之親，則親已疏矣。

5. 緦 麻

之十一

《儀禮》卷第三十三載：

> 緦麻三月者。

〔註21〕杜佑《通典》卷第八十四，頁 2279。

鄭注：

> 緦麻，布衰裳麻絰帶也。不言衰絰，略輕服。

《釋》云：

> 此章五服之內，輕之極者，故以緦如絲者爲衰裳。又以澡（漂白）治莩垢之麻爲絰帶，故曰「緦麻」也。

又：

> 「三月」者，凡喪服變除，皆法天道，故此服之輕者，法三月，一時天氣變，可以除之，故三月也。云「緦麻布衰裳」者，緦則絲也，但古之緦麻字通用，故作緦字。直言「而麻絰帶」也。

若其儀節，如漢戴德〈喪服變除〉所云：

> 緦麻三月之不顧，族祖父母始死，朝服素冠，吉屨無絇。婦爲夫曾祖父母，異於男子者，以素緦也。〔註22〕

此喪之極輕者。如：爲妻之父母，爲婿，爲舅，服之。

今再依《儀禮》之述，就其喪服之稱，以今之語言敘，則可知者：

1. 斬衰：五服最重之喪服，子女對父母之喪服三年。以最粗生麻布製成，不縫邊者爲斬衰。衰，音同摧，粗麻製成之喪服。

2. 齊（音茲）衰：以熟麻布製成而縫邊緣之喪服，又分三種：
   （1）齊衰期（音基）年：對祖父母、伯叔父母、兄弟、在室姑姊妹，夫爲妻，已嫁女爲父母之喪，服一年。
   （2）齊衰五月：爲曾祖父母服用。
   （3）齊衰三月：爲高祖父母服用。

3. 大功：對出嫁姊妹及堂兄弟之喪，服九月。喪服以熟麻布製成，細於齊衰，粗於小功。

4. 小功：對堂伯叔父母及堂姑等之喪，服五月。喪服以熟麻布製成，細於大功，粗於緦麻。大功、小功，合稱功服。

5. 緦麻：對已出嫁之姑母、出嫁之堂姊妹及族兄弟等之喪，服三月。緦麻，爲稍細熟布製成之喪服。

以上合斬衰、齊衰、大功、小功、緦麻稱五服。

（二）父綱制服

〔註22〕杜佑《通典》卷第八十四，頁 2279。

五服之制，以斬衰之服最爲凝重，而服之中，又以父之禮爲最端正，故夏炘〈尊尊述義〉，首即提「父綱制度」，此乃三綱以父爲尊之義，其言：

> 《白虎通》列三綱，以君爲首，然天子必有父，故《儀禮・喪服》
> 一經，君不先父，所以明資始之道也。一家之中，莫尊於父，故曰：
> 「父至尊也」由父而生子，由子而孫，而至曾元，皆以父爲之綱。
> 祖也者，父之父；曾祖也者，父之祖，其綱一也。故爲父斬衰，父
> 卒爲祖後者服斬，推之高曾皆然。子傳父之重者，亦爲長子，斬衰
> 皆緣父之綱而制之者也。母與父同恩，而父斬而母期，父在則爲母
> 期，父沒乃爲母三年者，父稱至尊，母爲私尊，故母不得同乎父也。

〔註23〕

賈疏云：「家無二尊，父是一家之尊，尊中至極，故爲之斬。」而夏炘亦引郝敬之言謂「一氣初化，乾道資始，雖母亦後之故曰至尊。」禮主敬而尚尊，聖人爲禮以義制恩，人道所以別於禽獸者此也。故禮絕於事父，尊之至也；臣之事君，資之而已。由是親屬之服，皆由父之尊而推之，以爲隆殺之節，此蓋可知。至其細節，夏炘則依五服之制例舉以說，謹取其緊要者以對。

1. 斬衰例

「女子子在室爲父」條

鄭注云：

> 女子子者，子女也，別於男子也。言在室者，關已許嫁。

疏云：

> 關，通也。通已許嫁者。女子子十五，許嫁而笄與丈夫，二十而冠
> 同身。既成人，亦得爲父服斬，雖許嫁爲成人，要至二十，乃嫁於
> 夫家也。

「女子子十五許嫁而笄」者，謂女子子年十五笄，四德已備，許嫁於人，及加笄，與丈夫二十而冠同。死而不殤，則同成人矣。身既成人，亦得爲父服斬也。雖許嫁爲成人，及嫁，要至二十乃嫁於夫家也。

又「子嫁，反在父之室，爲父三年」條：

鄭注云：

> 謂遭喪後而出者，始服齊衰期，出而虞（卒哭），則受以三年之喪受，

〔註23〕《景紫堂全書・四》〈三綱制服尊尊述義〉，頁11。

　　　既虞而出，則小祥亦如之；既除喪而出，則已。凡女行於大夫以上
　　　曰嫁，行於士庶人曰適人。

夏炘引盛世佐之言謂：

　　　此經所陳，兼未遭喪而出，及遭喪未練而出者言也。

又云：

　　　炘按：婦人出嫁天夫，爲夫斬衰，不得不降父之尊圍期，今未嫁無所
　　　天，已嫁被出與夫絕，仍得伸附尊與男子同也。又〈小記〉云：「爲
　　　父母喪未練而出則三年，既練而出，則已，未練而反，則期，既練而
　　　反則遂之，是出之早晚，及既出，復反其變除，又有節也。」〔註24〕

　　「當喪而出」，謂在舅姑喪期中爲夫所遣出。「爲父母喪，未練而出，則三
年。」意指女子期年練祭之前，爲夫所遣歸，則又似未出嫁時，當隨兄弟般服
喪三年。而謂「既練而出」者，意即已除服而被遣，則毋須更披孝服。至「反」
者，復返夫家。「遂之」者，即掛孝至終喪。故依〈小記〉之說，則女子於舅姑
喪期之內爲夫所遣，恩情既絕，則亦除去喪服；女子已嫁，爲父母服喪一年，
若一年內爲夫所遣，則回女子之家同其兄弟服喪三年。而若一年喪期已滿之後
爲夫所遣，則不必重行掛孝；若果未滿一年而返夫家，則服幫一年；且若已滿
一年而返，則服至三年而畢。此即「因情而立文」之禮，即「變除有節」之謂。

2. 齊衰例

　　「父在爲母」條：

傳云：

　　　何以期也，屈也。至尊在，不敢伸其私尊也，必三年然後娶，達子
　　　之至也。

疏云：

　　　家無二尊，故於母屈而爲期。不直言尊而言私尊者，其父非直於子
　　　爲至尊，妻於夫亦至尊。母則於子爲尊，夫不尊之，直據子而言，
　　　故言私尊也。云「父必三年然後娶，達子之志也」者，子於母屈而
　　　期，心喪猶三年，故父雖爲妻期，而除三年乃娶者。通達子心喪之
　　　志故也。〔註25〕

〔註24〕同上，頁14～15。
〔註25〕《儀禮·喪服》卷第三十。

天無二日，土無二君，家無二尊，蓋一理也。因之，父在爲母服周者，避二尊也。夏炘亦引朱子言，謂「喪禮須從《儀禮》爲正。如父在爲母期，非是薄於母，只爲尊在其父，不可復尊其畝，然須心喪三年，這般處，皆是大項事，不是小目。」〔註26〕而所云「大項事」者，其心喪三年，則爲通達子之志也。不言「心」而言「志」，則以心者，萬慮之總，喜怒哀樂好惡六情皆是情，其志母雖一期，哀猶未絕，是六情之中哀偏在，故云志不云心也。又「父卒則爲母」條

鄭注：

> 尊，得伸也。

疏云：

> 父卒三年之內而母卒，乃服期，要父服除後，而母死，乃得伸三年。

夏炘引萬斯同語，謂：

> 孔仲達釋《雜記》〈三年之喪〉「既練」條，謂「先有父喪而後母卒，練祥亦然。」故〈喪服・齊衰三年〉章云：「父卒則爲母」是也。孔氏之說如此，則古人未嘗謂父服除，乃得伸母也。

夏炘又云：

> 按注云：「尊，得伸」者，伸其私尊耳。伸私尊者，伸三年之服也。然疏衰而不斬，固與至尊有間矣。至服除乃得伸三年。疏附會鄭服問，閒傳之注，非鄭意也。〔註27〕

此中關鍵在「除服」之意。《禮記》〈雜記〉下，有云：「有父之喪，如未沒喪而母死，其除父之喪也，服其除服。」是除服者，乃祥祭之服也。亦即父先卒，母後卒，皆服重喪。至父卒周年，則應除重服而練。以文意言，則父之喪期未完，又遭母喪，則孝子遇應爲父喪除重服之日，得改換輕服舉行祥祭，祭事畢，則又爲母服其重服。若夫賈疏所謂「父卒，三年之內而母卒，仍服期。必父服既除而遭母喪，乃得伸三年也。」則所述似較嚴苛，故《日知錄集釋》黃汝成即按謂：「父卒則爲母三年，不待父服終也。」〔註28〕其說有理。

又「繼母如母」條：

〔註26〕《景紫堂全書・四》〈三綱制服尊尊述義〉，頁16。
〔註27〕同上，頁17。
〔註28〕清・黃汝成《日知錄集釋》卷五，頁185。

傳云：

> 繼母何以如母？繼母之配父與因（親）母同，故孝子不敢殊也。

疏云：

> 繼母配父，即是片合之義，故孝子不敢殊異也。

夏炘引汪琬之言，云：

> 史麋有言：「繼母與己無名，徒以親撫養己，故亦喪之如母。」信如是也。設有前妻之子，不爲繼母所撫甚，則如孝己、伯奇之屬，將遂不服之乎？曰：「何爲其然也？非出也，非嫁也，孝子緣父之心不敢不年也。」先儒謂子當以父服爲正，若服以爲妻，則子亦應服之，故曰：與因（親）母同也。

夏炘按云：

> 此繼母及下經「慈母」之服，皆主士大夫言之。古者天子諸侯不再娶，何繼母之服之有？繼母本是路人，父以爲妻，則子以爲母，尊父爲綱，安能殊繼母於因（親）母之外也。〔註29〕

亦如賈疏所謂：「繼母載在〈三年章〉內，自然如母可知，而言如母者，欲見生事、死事一皆如己母也。」此言爲得之。

又「慈母如母」條：

傳云：

> 慈母者何也？傳曰：「妾之無子者，妾子之無母者，父命妾曰：『女以爲子。』命子曰：『女以爲母。』若是，則生養之，終其身如母。死則喪之如母，貴父之命也。」

鄭注：

> 此主謂大夫士之妾，妾子之無母，父命爲母子者。其使養之，不命爲母子，則亦服庶母慈己之服可也。大夫之妾子，父在爲母大功，則士之妾子爲母期矣。父卒則皆得伸也。

夏炘引顧炎武《日知錄》「南史・司馬筠傳」條謂：

> 梁天監七，安成國太妃陳氏薨，詔禮官漢皇太子慈母之服。筠引鄭玄說：「服止大夫，不宜施之皇子。」武帝以爲不然，曰：「禮言慈母有三條：一則妾子無母，使妾子無子者養之，命爲子母，服以三

〔註29〕《景紫堂全書・四》〈三綱制服尊尊述義〉，頁18〜19。

年，〈喪服・齊衰章〉所言：『慈母如母』是也。二則嫡妻子無母，使妾養之，雖均乎慈愛，但嫡妻之子，妾無爲母之義，而恩深事重，故服以小功。《喪服・小功章》所以不直言慈母，而云『庶母慈己』者，明異於三年之慈母也。其三則子非無母，擇賤者視之，義同師保，而不無慈愛，故亦有慈母之名，師保無服，則此慈母亦無服矣。〈內則〉云：『擇於諸母與可者，使爲子師；其次爲慈母，其次爲保母。』此其明文言擇諸母，是擇人而爲此三母，非謂擇取兄弟之母也。子游所問，自是師、保之慈，非三年小功之慈也。故夫子得有此答，豈非師保之慈母無服之證乎！鄭玄不辨三慈，混爲訓釋，引彼無服以注慈己，後人致謬，實此之由。」於是筠等請依制改定嫡妻之子，母沒爲父親養，服之五月，貴賤並同，以爲永制。〔註30〕

夏炘云：

梁武帝分別三慈母之義甚精。其謂〈小功章〉庶母慈己者與〈內則〉慈母異，以正鄭注之失，尤爲確鑿。但〈喪服〉〈齊衰三年〉〈小功五月〉章之慈母，皆指士大夫言，鄭注實不誤。公子爲其生母在五服之外，父卒，乃服大功，爲生母且然，豈有父在，爲慈母服小功之理！經云「君子」，明指卿大夫言之，背關諸侯也。梁武帝尚在，合太子服慈母五月之服，顯與經違。〈緦麻〉章云：「庶子爲父後者，爲其母。」太子非爲父後者乎！父存而爲慈母小功，以比於君子之服慈母，竊以爲非也。〔註31〕

上之所述，即慈母生養之，故孝子終其身如母。死則喪之如母，貴父之命也。所以如此，乃「慈母」者，一非骨血之屬，二非配父之尊，故但唯貴父之命也。而言妾之子妾相事者，如〈喪服小記〉所云：「爲慈母後者，爲庶母可也，爲祖庶母可也。」所謂「慈母後」者，即父命另一無子之妾撫養彼妾子之謂，因之，慈母死，爲其後者服喪三年。以此例推之，則爲庶母後嗣或爲庶祖母後嗣者，宜無不同，故曰「可也」。以是父命妾之妾，兼有庶母、祖庶母之資，唯不命女君與妾子爲母子而已。再者，如〈小功〉章所云：「君子子爲庶母之慈己者。」鄭注云：「君子子者，大夫及公子之適妻子。」其謂

〔註30〕 《景紫堂全書・四》〈三綱制服尊尊述義〉，頁 20～21，亦見黃汝成《日知錄集釋》卷五，頁 193。
〔註31〕 同上，頁 23。

適妻，即子備三母：有師母、慈母、保母。慈居中，服之則師母、保母服，可知是庶母爲慈母服；再以〈小功〉下云「其不慈己則緦也」，是大夫之適妻不命，爲母子慈己加服小功。若妾子爲父之妾，則慈己加服小功可知，若不慈己，則緦麻。此即夏炘所謂：「爲父後庶子，降生母服至緦麻，其尊父也。」〔註32〕蓋有得其意也。

3. 小功例

「君子子爲庶母慈己者」條：

傳云：

> 君子子者，貴人之子也，爲庶母何以小功也？以慈己加也。

鄭注：

> 君子子者，大夫及公子之適妻子。

又注：

> 云君子子者，則父在也。父沒，則不服之益。以慈己加，則君子子亦以士禮爲庶母緦也。〈內則〉曰：「異爲孺子室於宮中，擇於諸母與可者，必求其寬裕慈惠，溫良恭敬，慎而寡言者，使爲子師。其次爲慈母，其次爲保母，皆居子室。他人無事不往。」又曰：「大夫之子有食母。」庶母慈己者，此之謂也。其可者賤於諸母，謂傅姆之屬也。其不慈己，則緦可矣。不言師、保，慈母居中，服之可知也。國君世子生，卜士之妻，大夫之妾，使食子，三年而出，見於公宮，則劬非慈母也。士之妻自養其子。

夏炘云：

> 鄭以〈內則〉之慈母，解庶母慈己，梁武帝駁之是已。至以君子子爲大夫及公子之適子（同嫡嗣，即正室所生之長子），則確甚也。此慈母與齊衰章之慈母，皆以父命之故，服三年、五月之服，緣父爲子綱故也。

斬衰、齊衰例後，夏炘未直以大功相銜，以所列爲「從父之昆弟也」。與父爲子綱條未爲銜接，故直言小功，而取庶母慈己者，以爲父尊之例也。

4. 緦麻例

「庶子爲父後者爲其母」條：

〔註32〕同上，頁25。

傳云：

> 何以緦也？《傳》曰：「與尊者爲一體，不敢服其私親也。」然則何
> 以緦也？有死於宮中者，則爲之三月不舉祭。

夏炘引馬融云：

> 承父之體，四時祭祀，不敢私親服，廢尊者之祭，故服緦也。

夏炘云：

> 爲父後之庶子，降生母服至緦麻，其尊父也至矣。《傳》曰：「與尊
> 者爲一體，不敢服其私親。」此古傳也。馬季長（融）之發明最得
> 傳意。〔註33〕

謂「與尊者爲一體」者，父子一體，如有首尾者也。謂「不敢服其私服」
者，妾母不得體君，不得爲正親，故言私親也。又所謂「然則何以服緦也」，
而發此問者，前答既云不敢服其私親，即應全不服，今又服緦，何也？答：「有
死於宮中者，則爲之三月不舉祭，因是以服緦也。」云者，乃謂有死宮中，
縱是臣仆死於宮中，亦三月不舉祭，故此庶子因是爲母服緦也。蓋以有死即
廢祭者，不欲聞凶人故也。此即馬融所謂「承父之體，四時祭祀，不敢申私
親服，廢尊者之祭」之意也。

又「士爲庶母」條：

傳云：

> 何以緦也。以名服也。大夫以上爲庶母無服。

「乳母」條：

傳云：

> 何以緦也，以名服也。

夏炘云：

> 庶母雖父妾，尊父，故服緦。乳母亦養子者，有他故，父命賤者乳，
> 己尊父命，故亦服緦也。

《禮記》〈喪服小記〉所謂：「士妾有子，而爲之緦；無子則已。」乃以
妾卑賤，故視其有子不子，而後爲之服最輕之喪服。是士之階級，視妾之有
子者，爲之服三月之緦服，若其無子，則亦不爲服喪。而乳母者，爲「父命
賤者乳」，己尊父命，是爲之服緦。

〔註33〕《景紫堂全書・四》〈三綱尊尊制服述義〉，頁25。

以上「父尊」之說，依斬衰、齊衰、小功、緦麻之義言之，若大功者，以其爲言從叔伯、兄弟，非言父尊，故闕之。然則以父爲尊者，依宗法之義，則爲別親疏遠近，而其中父之爲尊，以夏炘之見，則父之直上爲祖、曾祖，直下爲子、爲孫、爲曾孫；其位最尊，故喪服中，其服亦最隆。由是，爲父且爲嫡長子，其尊最貴；以下之庶子及幼子則爲卑小。此即宗法制度之一大特色。至於經傳中論及同宗之爲人後之條例，以篇幅所居較廣，言述較煩瑣，故暫闕之，他日有暇，再論述耳。〔註34〕

（三）君綱制服

夏炘〈君綱制服〉序云：

> 《易》曰：「有父子，然後有君臣。」故喪服莫先於父，亦莫重於君。齊田過曰：「非君之土地無以處吾親，非君之祿無以養吾親，非君之爵位無以尊吾親。」成我之恩，與生我等。故曰：「君，至尊也。」天子君天下，諸侯君一國，有地之卿大夫君一邑，家相邑宰奉有地之大夫爲君，而一國之大夫愈尊；卿大夫、士奉諸侯爲君，而天下之天子愈尊。故諸侯爲天子斬衰，卿大夫、士爲諸侯斬衰，家相邑宰爲有地之大夫斬衰。爲之君者爲之綱，天澤之分振，古如茲矣。春秋之世，諸侯不奔天王之喪，或值喪而行郊禮，或受與國之朝聘，或脩禮於鄰封，夫子皆示貶以戒。漢文帝令吏民三日釋服，朝廷之臣已葬，大紅十五日，小紅十五日，纖七日。唐政和禮，猶有官爲其君布帶繩屨三月之文，自唐以後屬吏之於州郡，將遂無一日之服，而君爲臣綱之義晦矣。明乎君之爲臣綱，凡由君以推之服，莫不統焉。〔註35〕

君之所以至尊，即率土之濱者，莫非王土。君居其上，統領諸侯、卿大夫，乃至士庶人。其由下而上，即如夏炘所云：「家相邑宰奉有地之大夫爲君，而一國之諸侯愈尊；卿大夫士奉諸侯爲君，而天下之邊子愈尊。」是天子之尊，及於諸侯；諸侯之尊，及於卿大夫、士者，蓋宗法制度之推衍也。有如君君、臣臣之義明，則諸侯爲邊子斬衰，卿大夫爲諸侯斬衰，家相邑宰爲有地之大夫斬衰，此即所謂之「君綱」也。今再就五服之義敘述之：

〔註34〕《景紫堂全書・四》〈三綱制度尊尊述義〉，頁26〜70皆零碎道及尊尊之義，限於篇幅，不再羅列。。

〔註35〕《景紫堂全書・四》〈三綱制服尊尊述義〉，頁71〜72。

1. 斬衰例

「諸侯爲天子」條：

傳云：

> 天子至尊也。

釋云：

> 不發問而直答之者，義可知，故直答而云：「天子至尊」，同於父也。

同於父者，以父至尊，有如天無二日，家無二尊，父爲一家之尊，故爲之斬也。

又「君」條：

傳云：

> 君至尊也。

釋云：

> 君者，臣爲之服。此君內兼有諸侯及大夫，故文在天子下。鄭注〈曲
> 禮〉云：「臣無君猶無天。」則君者，臣之天。故亦同之於父爲至尊，
> 但義故，還著義服也。

如《說文》云：「君，尊也。從尹口，口以發號。」段注：「尹，治也。」《白虎通・三綱六紀》謂：「君，群也，下之所歸心。」故謂之君者，乃言其歸心也。臣爲君斬，一則如子之歸父，一則亦歸心於君，此即忠之義。

又注云：

> 諸侯及卿大夫有地者皆曰君。

賈疏：

> 卿大夫承天子諸侯，則天子諸侯之下，卿大夫有地者皆曰君。案《周
> 禮・載師》云：「家邑任稍地，小都任縣地，大都任疆地。是天子卿
> 大夫士有地者，若魯季孫氏有費邑，叔孫氏有邱邑，孟孫氏有郕邑，
> 晉國三家皆有韓、趙、魏之邑。」是諸侯、卿大夫有地者皆曰君。……
> 士無臣，雖有地，不得君稱。故僕隸等爲其長弔服加麻，不服斬也。

此乃因有地則有臣故也。至如鄭注以爲「君」之意，乃指天子諸侯及卿大夫之有地者而言，賈疏據此乃云：「士無臣，雖有地，不得君稱。故僕隸等爲其長弔服家麻，不服斬也。」以爲士無地，亦無臣，不得稱君，縱有僕隸之徒，亦不過爲其弔服加麻，不服斬衰。此爲賈公彥之言，惟敖繼公《儀禮

集說》則以爲若士有臣，亦可以稱君。

《儀禮集說》云：

> 諸侯及公卿大夫士，有臣者皆曰君。此爲之服者，諸侯則其大夫士；
> 公卿大夫則其貴臣也。此亦主言士禮以關上下。

秦蕙田亦云：

> 下經公士大夫之眾臣節，傳云：「君謂有地者。」此注蓋本此而言。
> 然古者遞相君臣，則不必有地而後有臣矣。疏謂「士無臣」，亦本注
> 說。然〈特牲記〉：「私臣門東，北面，西上。」則士自有臣。〈士喪
> 禮〉讀眡有主人之史以別於公史，明乎主人之史之爲私臣也。〈奔
> 喪〉：「哭天子九，諸侯七，卿大夫五，士三。」皆言臣爲君也。凡
> 士之禮事，用私臣者不少，則士亦有臣，明矣。既委贄爲臣，寧可
> 不以君之服服之乎？敖氏兼士言之，於義爲合，又緦麻章爲貴臣服
> 緦，大夫無緦服，則爲之服者必士也。士卑，故其爲臣緦，不止弔
> 服加麻而已。曾是臣之服之也，而僅弔服加麻云爾乎？〔註36〕

秦氏駁賈疏「士無臣」之說甚是。惟若據以言敖氏之士亦可稱君之說，
則尚待商榷。蓋以士人階級雖有僕隸之徒爲其私臣，然其地位甚低，不似大
夫以上階級之有采地，足當君稱。亦須如魯季孫氏之有費邑，叔孫氏之有郈
邑、孟孫氏之有郕邑之食邑，方可而稱君。且〈喪服〉篇「公士大夫之眾臣，
爲其君布帶繩屨。」傳云：「君謂有地者也。」鄭注以爲此士即「卿士」，公
士大夫即指「公卿大夫」而言，非謂一般士人階級，則士當書於大夫之下。
而此處位大夫之上，足見此士爲卿士，非爲一般士人階級。士既無地，不得
君稱，則雖有私臣，亦毋須爲之服斬矣。

胡培翬《儀禮正義》引褚氏云：

> 傳文明以有地者爲君，故注本以釋經。蓋有地則當世守，義與有國
> 者等，與暫時蒞官而爲其臣屬者不同，服斬宜矣。士既無地，雖爲
> 其臣，安得服斬？如皂臣、輿、輿臣、隸，名亦臣也，而豈遞爲之
> 服斬乎？

又引盛世佐云：

> 按：特牲禮，士亦有私臣，但分卑不足以君之，故其臣不爲服斬也。

〔註36〕秦蕙田《五禮通考》卷二百五十二。

〔註37〕

然則褚氏、盛氏之說並是，敖氏之說非也。賈疏之言，當爲合誼。

　　再以臣之爲君，何以亦斬衰三年？夏炘引〈檀弓上〉云：

　　　事君有犯而無隱，左右就養有方，服勤至死，方喪三年。

並引朱子云：

　　　方喪無禫，見於《通典》云，是鄭康成說。而遍檢諸篇未見其文，
　　　不敢輕爲之說。

　　朱子以爲「方喪三年」之說，未必爲是，故以「不敢輕爲」之說以結筆。
惟〈坊記〉及〈喪服四制〉仍引「喪君」之說爲可信。

　　〈坊記〉云：

　　　喪父三年，喪君三年，示民不疑也。

　　〈喪服四制〉云：

　　　門內之治恩揜義，門外之治義斷恩，資於事父以事君，而敬同。貴
　　　貴、尊尊，義之大者也。故爲君亦斬衰三年，以義制者也。

若《荀子・禮論》亦云：

　　　君之喪，所以取三年，何也？君者，治辨之主也，文理之原也，情貌
　　　之盡也。相率而致隆之，不亦可乎？《詩》云：「愷悌君子，民之父
　　　母。」彼君者，固有爲民父母之說焉。父能生之，不能養之，母能食
　　　之，不能誨之。君者，已能食之矣，又善教誨之也。三年畢矣哉！

夏炘歸結云：

　　　炘按：君爲臣綱，斬衰三年爲之極。凡貴貴之服，皆由君之尊而推
　　　廣之，以爲隆殺之節焉。〔註38〕

　　綜此諸說，亦即孟子所言：「內則父子，外則君臣，人之大倫也。」之意。
可知先秦之時，儒家已合君、父並論，且致以崇高之敬義。因之，喪服傳於
父，傳於天子，傳於君，皆謂之「至尊也」。有如〈喪服四制〉所言：「資於
事父以事君而敬同，貴貴尊尊，義之大者也。」君之於臣有父道在，臣之於
君有子職在，是爲父斬衰三年，爲君亦斬衰三年矣。

2. 齊衰例

「齊衰不杖期」條：

〔註37〕胡培翬《儀禮正義》卷二十一。
〔註38〕《景紫堂全書・四》〈三綱制服尊尊述義〉，頁75。

為君之父母、妻、長子、祖父母。

傳云：

> 何以期也？從服也。父、母、長子，君服斬。妻，則小君也。父卒，
> 然後為祖者服斬。

齊衰不杖期，為次於齊杖期之喪服。《儀禮》〈喪服〉篇但言「不杖，麻屨者。」，此下應是穿此服者與所服人之明文，惟未敘說冠裳絰帶為何。如從「不杖，麻屨者。」觀之，當知此章與上章之別，只是杖與不杖，及疏屨與麻屨之不同耳。若冠裳絰帶之等，則與杖期無異，喪期亦為一年。

而鄭注云：

> 此為君矣，而有父若祖之喪者，謂始封之君也。若是繼體，則其父
> 若祖有廢疾不立。父卒者，父為君之孫，宜嗣位而早卒，今君受國
> 於曾祖。

賈疏云：

> 父、母、長子、君服斬者，欲見臣從君服期，君之母當齊衰而言。斬
> 者以母，亦有三年之服。故并言之，妻則小君也者，欲見臣為小君期，
> 是常非從服之例。注云：「此為君矣。」而有父若祖之喪者，謂始封
> 之君也。始封之君非繼體，容有祖父，不為君而死，君為之斬，臣亦
> 從服期也。若是繼體，則其父若祖合立，為廢疾不立，已當立是受國
> 於曾祖，君薨，則群臣為之斬，何得從服期，故鄭以新君受國於曾祖。
> 若然，則曾祖為君薨，群臣自當服斬；若君之祖薨，君為之服斬，則
> 群臣從服期也。趙商問：已為諸侯，父有廢疾，不任國政，不任喪事，
> 而為其祖服制度之宜、年月之斷，云何？答云：父卒，為祖後者三年
> 斬，何疑！又問：父卒，為祖後者三年，已聞命矣！所問者：父在，
> 為祖如何欲言三年？則父在欲言期，復無主斬杖之宜，主喪之制，未
> 知所定。答曰：天子諸侯之喪，皆斬衰無期，彼志與此注相兼乃具也。

依鄭玄之意，此條所謂之君者，乃指國君而言。君為其父及長子服斬衰三年，臣從君為之服，降一等為齊衰期，自無疑議。而如君為其母齊衰三年，臣從君為之服，亦降為齊衰期。然〈喪服〉傳謂君為母亦斬衰，與〈喪服〉父卒為母齊三年不同，則此處君為母服斬之說，或作傳者為行文方便而自為主張耳。再者，君為夫人服齊衰期，臣為小君，從父服則應降為大功。然〈喪服〉作者則主張為小君服期，有如〈喪服四制〉所云：「資於事父以事君，而敬同。」是

為君有服父之義，為君之妻有服母之義，因之，臣為君妻服齊衰，視為當然。復次，臣為君服斬三年，然為君之祖父母，何以亦服齊衰期？依鄭玄之說，則以為君為始封之君，其祖與父均不曾具國君身份，且父早卒，君為祖後，於是為祖斬衰三年，為祖母齊衰三年，臣從服，乃為君之祖父母服期，此其一。又此君雖是繼體之君，然父祖有廢疾不立，俱未嘗為君，父又早卒，君雖受國於曾祖，然猶以為祖後而為祖斬衰，為祖母齊衰三年。於是臣從服而為君之祖父母服期。此蓋本條例之大義，亦君綱制服之旨要也。〔註39〕

又「舊君、君之母、妻」條：

傳云：

> 為舊君者，孰謂也，仕焉而已者也。何以服齊衰三月也，言與民同也。君之母、妻，則小君也。

又「大夫在外，其妻、長子為舊國君」條：

傳云：

> 何以服齊衰三月也？妻與民同也，長子言未去也。

夏炘云：

> 炘按經：舊君有三仕焉而已之。舊君，謂退黜之臣也。（注以為致仕之大夫，非也。讀如《論語》「三已之」之「已」同。）退黜之臣居於本國，遭舊國君之喪，為之服斬，疑於在位之大夫是僭也。故與民同服齊衰三月也。大夫在外即去國者也。此去國之大夫即孟子所謂「諫則不行，言則不聽，膏澤不下於民，有故而去者也。」其臣雖去，而妻與長子在國，猶有民之義焉。故服齊衰三月「妻言與民同」、「長子言未去」，互文也。末章所謂「舊君」即孟子所謂諫行言聽，膏澤下於民，有故而去者也。傳曰：「大夫去君，掃其宗廟。」言大夫雖去君，猶使人掃其宗廟，以待若臣之歸也。君之恩猶餘於臣，臣不敢以大夫之斬衰服君，為之齊衰三月以退，與民同也。

又按：

> 君為臣綱，故以斬衰至尊之服服之，至臣為舊君亦必服齊衰三月，其尊尊之義益著矣。〔註40〕

〔註39〕參考章景明《先秦喪服制度考》，頁 102～103。
〔註40〕《景紫堂全書・四》〈三綱制服尊尊述義〉，頁 79～81。

　　爲臣者，或致仕，或以有故而去，其原來所事之君，即謂之「舊君」。臣爲君本當斬衰三年，惟因不再事奉國君，已不具君臣關係，因之，同於一般庶民，而爲舊君齊衰三月。「君之母、妻」之君，亦指舊君而言。爲舊君之母、妻本是無服，以二者皆爲小君，亦以舊日之恩猶存心，故亦爲之齊衰三月，自別於一般之庶人也。《孟子・離婁下》云：「王曰：『禮，爲舊君有服。何如斯可矣。』曰：『諫行言聽，膏澤下於民，有故而去，則君使人導之出疆，又先於其所往。去三年不反，然後收其田里，此之謂有三禮焉。如此，則爲之服矣。今也爲臣，諫則不行，言則不聽，膏澤不下於民，有故而去，則君搏執之，又極之於其所往。去之日，遂收其田里，此之謂寇讎，寇讎何服之有？』」依〈離婁〉篇所載，則孟子之時，爲舊君者，有其喪服，夏炘之義，蓋自此衍申；至於孟子所謂舊君須待臣「三有禮」，然後才有服，以及無恩則不服之說，或爲孟子所據儒家仁義思想抒發之意見耳。

又「庶人爲國君」條：

鄭注云：

　　不言民，而言庶人，庶人或有在官者，天子畿内之民，服天子避如之。

賈疏云：

　　畿外，上公五百里，侯四百里，已下其民，皆服君三月，則畿内千里專屬天子，亦如諸侯之境内也。

夏炘引朱子云：

　　後世士庶人既無本國之君服，又無至尊服，則是無君亦不可不示其變，如今涼衫亦不害此，亦只存得些影。

夏炘按云：

　　《白虎通義》云：「禮，庶人爲國君服齊衰三月。」王者崩，京師之師喪三月，何民賤而王貴，故三月而已。又云：「禮不下庶人。」所以爲民制，何禮不下庶人，尊卑制度也。服者，恩從内發，故爲之制也。觀《白虎通義》之言，以民之賤而猶服三月之齊衰，益見尊尊之義通於上下矣。〔註41〕

　　依鄭注所言，則天子畿内之民服天子，亦如此禮。惟經並無明文，但言國

君，不言天子，亦見喪服作者並未張顯民爲天子之義。若此條之載，則服喪之人當包括庶人之在官者，如府史、胥徒等是。至如夏炘引《白虎通義》之說，言庶人爲國君服三月，爲得其禮者，其意則以爲尊尊之義，乃通於上下矣。

3. 大功例

大功九月，較之齊衰三月，其喪期較長，服制則較輕，故五服中，次於齊衰三月。言及成人大功有其受服，鄭玄云：「凡天子、諸侯、卿、大夫，既虞，士卒哭，而受服。正言三月者，天子、諸侯無大功，主於大夫士也。」〈士虞記〉亦載：「死，三日而殯，三月而葬，遂卒哭。」是既虞卒哭乃在三月之後，故〈喪服〉有三月受服之說。成人大功，三月受服，則變大功衰爲小功衰，其男子服制乃如前述之「小功布衰裳，牡麻絰，即葛。」〈士虞記〉又云：「丈夫說絰帶於廟門外」，是「即葛」乃男子改麻帶爲葛帶也。婦人雖受以小功服，而〈士虞禮〉云：「婦人說首絰，不說帶。」〈檀弓〉亦云：「婦人不葛帶」，可知婦人受服，但除首絰，而不改麻帶爲葛帶。三月受服之後，至九月服滿遂除，還著吉服。此爲功服之大較也。至如君臣制服之例，夏炘所舉，例較值留意者，如：

> 「大夫爲世父母、叔父母、子、昆弟、昆弟之子、爲士者。」條：

傳云：

> 何以大功也？尊不同也。尊同，則得服其親服。

鄭注：

> 子，謂庶子。

又云：

> 「尊同」謂：亦爲大夫者親服期。

《義疏》云：

> 天子、諸侯君也。旁親則皆其臣也。故天子諸侯絕旁親之服，君至尊也。大夫雖同爲臣，而服命殊矣。燕射則有堂上堂下之別；鄉飲則有齒與不齒之異，即五服之喪，而哭位別焉。若喪服不爲之減殺，則他禮皆窒礙而不可行。故大夫降其旁親，理當然也。君至尊，則絕其旁親之服，士卑，則服其本服，大夫卑於君而尊於士，上比下比，而求之大夫之降也，不亦適得其中乎！〔註42〕

〔註42〕《景紫堂全書・四》〈三綱制服尊尊述義〉，頁 86～87。

如《義疏》所載，爲世父母、叔父母、眾子、昆弟、昆弟之子等之喪服，本服齊衰期，然因諸人僅士人之階級，地位在大夫之下，因之，，即以尊服降，而爲之大功九月。若是尊同，即爲之服期。

又「公之庶昆弟、大夫之庶子，爲母、妻、昆弟」條：

傅云：

> 何以大功也？先君餘尊之所厭，不得過大功也。大夫之庶子則從乎大夫而降也。父之所不降，亦不敢降也。

鄭注：

> 公之庶昆弟，則父卒也。大夫之庶子，則父在也。其或爲母，謂妾子也。

賈疏云：

> 若云公子，是父在，今繼兄而言弟。又公子父在爲母妻，在五服之外，今服大功，故知父卒也。大夫之庶子，繼父而言，又大夫卒，子爲母妻得伸。今但大功，故知父在也。於適妻、君、大夫自不降，其子皆得伸，今爲母但大功，明妾子自爲己母也。

〈喪服記〉謂：「公子爲其母，練冠，麻，麻衣原緣；爲其妻，原冠，葛絰帶，麻衣原緣，皆既葬除之。」傳亦云：「何以不在五服之中也？君之所不服，子亦不敢服也。君之所爲服，子避不敢不服。」如依喪服記之載及喪服傳之解，則諸侯之妾子，父在，於其母、妻，僅止於象徵之服制，葬後即告除去，未可爲正式之喪服。而其不在五服中者，依傳者之解，乃「君之所服，子亦不敢不服也」，是國君爲妾無喪服。惟《左傳・昭公二年》載：「晉少姜卒，公如晉，及河，晉侯使士文伯來辭曰：『非伉儷也，請君無辱。』」《左傳・昭公三年》載：「齊侯使晏嬰請繼室於晉，……韓宣子使叔向對曰：『寡君之願也，寡君不能獨任社稷之事，未有伉儷，在縗絰之中，是以未敢請。……』」則晉侯即晉平公。由此段史實觀之，少姜爲妾之姿，晉平公乃爲之「在說縗絰之中」，明是諸侯亦爲妾有服。至於所服之服，或即喪服緦麻章所云「貴臣、貴妾」之緦麻三月。再如〈檀弓〉所云：「悼公之母死，哀公爲之齊衰，有若曰：『爲妾齊衰，禮與？』公曰：『吾得已乎哉？魯人以妻我。』」悼公之母，鄭注以爲即「哀公之妾」，如〈檀弓〉所記，則是爲妾之服，有如爲妻之齊衰期。而〈喪服記〉作者以爲國君爲妾無服，此或其人之見，然無法印證古之

諸侯亦爲妾無服矣。且鄭玄於「貴臣、貴妾」下云：「此謂公大夫之君也」，是爲貴臣、貴妾有緦服，亦可推及公卿大夫之倫。父既有服，則妾子爲其母，亦自應有服。至於所服之服，則公子父在爲母或爲小功，則以經無明文，〈喪服記〉又云無服，是否如此，但爲推論而已。總之，大夫庶子者，父在大功，父卒乃伸三年，此可確定。

至若「先君餘尊之所厭，不得過大功也。」之意，「傳」及「鄭注」皆有所述，惟義稍簡，深入之說，則如夏炘引敖繼公云：

> 「厭」，謂厭其所爲服者也。「不得過大功」，謂使服之者不得過此而伸其服也。大夫之子從夫而降，謂尊降之義在大夫而不在己也。蓋國君於旁期而下，皆以尊厭而絕之，此三人者，皆君所絕者也。尊者之子必從其父而爲服，故君在則公子於昆弟無服，而爲母若妻，在五服之外，君沒矣，其死者猶爲餘尊之所厭，是以公子爲此三人止於大功也。大夫於所服者，或以尊加之而降一等，亦謂之厭。此三人者，皆大夫之所降者也，其子亦從其父而降之一等爲大功，與公子父沒之禮同，大夫沒，子乃得伸其服，以其無餘尊也。〔註43〕

公之庶昆弟，父卒爲母，似亦當服齊衰三年，爲妻伸杖期，但先君雖死，餘尊仍在。君於妾或僅小功，於庶婦或不爲服，故先君死後，今君之庶昆弟爲母、妻，亦僅得伸大功而已。大夫降其妾與庶婦，故大夫之子，父在、從父而降，亦只爲母、妻大功，此即「尊厭」所云「不得過此而伸其服也」之大概也。顧炎武亦云：

> 尊尊、親親，周道也。諸侯有一國之尊，爲宗廟社稷之主，既沒而餘尊猶在，故公之庶子，於所生之母不得伸其私恩爲之大功也。大夫之尊，不及諸侯，既沒，則無餘尊。故其庶子於父卒爲其私親，並依本服如邦人也。親不敵尊故厭，尊不敵親，故不厭，此諸侯、大夫之辨也。後魏廣陵侯衍爲徐州刺史，所生母雷氏卒，表請解州，詔曰：「先君餘尊之所厭，禮之明。文侯既親王之子，宜從餘尊之義，便可大功。」饒陽遙官左衛將軍遭所生母憂，表請解任，詔以餘尊所厭，不許。（炘按：餘尊所厭，不得過大功，禮也。不許解任，申心喪不可也。）〔註44〕

〔註43〕《景紫堂全書·四》〈三綱制服尊尊述義〉，頁88～89。
〔註44〕《日知錄集釋》，頁200。

夏炘云：

> 炘按：尊尊厭降之義。敖氏、顧氏論之備矣。諸侯有餘尊，大夫無
> 餘尊。有餘尊者，厭降猶嚴於沒後；無餘尊者，厭降僅見於生存，
> 此又尊尊隆殺之別也，皆緣君為臣綱而制之者也。

諸侯有餘尊，大夫無餘尊。有餘尊者，厭降及於沒後；無餘尊者，厭降
僅於生者，儒家尊尊隆殺之義，頗為鮮明，階級之卑秩亦明顯可辨。〔註45〕

4. 小功例

「大夫、大夫之子、公之昆弟，為從父昆弟、庶孫、姑姊妹、女子適士
者」條：

鄭注云：

> 從父昆弟及庶孫，亦謂為士者。

賈疏云：

> 從父昆弟、庶孫本大功，此降小功，故注謂為士者，以尊降也。

為從父昆弟、庶孫、姑姊妹及女子子適人者，正服大功，然因諸人或為
士，或所嫁者為士之階級，故大夫、大夫之子及公之昆弟，為之皆以尊降一
等，服小功五月。

又「大夫、公之昆弟、大夫之子，為其昆弟、庶子、姑姊妹、女子子之
長殤」條：

鄭注云：

> 大夫昆弟之長殤小功，謂為士者，若不仕者也。以此知為大夫無殤服
> 也。公之昆弟不言庶者，此無服，無所見也。大夫之子不言庶者，關

〔註45〕 至於鄭注：「昆弟，庶昆弟也。舊讀，昆弟在下。其於厭降之義，宜蒙此傳也。
是以上而同之，父之所不降，謂適也。」之條，其經文「昆弟，」二字，從
前舊讀本原在喪服傳文之後，屬下條經文「皆為其從父昆弟之為大夫者」之
上讀。惟鄭氏以為「其厭降之義，宜蒙此傳」，因之即以己意移至傳前之經文，
致後之，為此聚訟不休。章景明《先秦制服制度考》，頁130即謂清學者如徐
乾學、程瑤田、凌廷堪、胡承珙、胡培翬等，即各主一方之說。徐氏、程氏
以為當以舊讀為正，凌氏、胡氏則主鄭說，若胡培翬乃疑「昆弟」二字屬衍
文。諸說中，則徐乾學云：「此『昆弟』二字，本在下條『皆為從其從父昆弟
之為大夫者』之上。鄭氏謂宜在此。愚謂此條為母為妻與下記公子為其母妻
相照。彼公子以父在，故既葬即除，此則父沒。故得申大功，至大疏之本，
不敢擅易，而解義決當以舊讀為正。」則徐氏之說較為近理，「昆弟」二字，
依舊讀例於下條，似較合宜。

適子亦服此殤也。云公之昆弟爲庶子之長殤，則知公之昆弟猶大夫。

賈疏云：

此三人者，爲此六種人，成人以尊降，故長殤。

夏炘按云：

大夫者，君之大夫，列位於朝。凡君之祭祀、朝聘、饗射、會同、田獵之事，無不與焉。以私喪之久廢國事，非所以事君也。故自期以下悉降一等服之公之昆弟厭於公，大夫之庶子厭於大夫，尊者服既除，卑者以衰麻侍其側，可乎！且考之《周禮·諸子職》云：「掌國子之倅，辨其等，正其位。國有大事，則帥國子而致於太子」所用之注曰：「國子謂諸侯卿大夫士之子。」又〈文王世子〉載公族之政，其朝於公內朝，則東面北上，臣有貴者以齒；其在外朝則以官司士爲之；其在宗廟之中，則如外朝之位。宗人授事以爵以官，是大夫之子及公之昆弟，皆從公與大夫執事於朝，於尊者之所降而亦降之皆所以明君爲臣綱之義，而厥職之所由靖共也。〔註46〕

此條所述乃大夫、公之昆弟及大夫之子，此三等人各爲其昆弟、庶子、與姑、姊、妹、女子子等殤者之服。而〈內則〉云：「五十命爲大夫」，是古之命爲大夫者，大都已冠成人，故鄭玄云：「爲大夫無殤服」，大夫不殤服，則大夫之之殤者，必非大夫身份，而爲士者或不仕之人矣。至若鄭注「此無服」三字，杜佑《通典》引作「此無母服」。依今本鄭注，則注文「公之昆弟不言庶者，無所見也」，義實難解，必也自《通典》引作「此無母服」，才能通曉。蓋大功章公之昆弟言庶者，雖見妾母之服，仍無取於庶之義，故不言庶也。又大夫及公之昆弟爲庶子以下之殤服同，故鄭謂「公之昆弟猶大夫」也。此義即夏炘所謂「公之昆弟皆從公與大夫執事於朝，於尊者之所降之。」乃明君爲臣綱之義也。

又「大夫之妾爲庶子之長殤」條：

鄭注：

君之庶子。

敖繼公云：

上已言君之庶子，故此略之，爲君之女子子亦然。是雖大功之殤亦

　　中從上，蓋女君之爲子與夫同，而妾爲君之黨，或得與女君同，故
　　皆宜中從上，而不可以婦人之從服者例論也。其下殤亦不服之。

　　敖說是也。此庶子當包男女而言，大夫之妾爲君之庶子，其成人大功，
長殤則降一等在小功。若其大旨，則如夏炘所云：

　　炘按：庶子正服本期。大夫降小功，女子子適人降大功。大夫又降
　　小功，庶子長殤降殤大功，大夫又降殤小功，妾隨女君而降，故其
　　服不此。凡妾之喪服二等，一以不得體君之故，於其私家親屬及已
　　生之子，皆伸正服與邦同，見妾賤而君尊也。一則以妾雖賤，其以
　　君爲綱，與女君之以夫爲綱無異。故於君黨之服，皆隨女君降一等，
　　故曰：「妾爲君之黨服，得與女君同也。」王制禮，一進之，一退之，
　　反覆比勘，無非推本三綱，以尊爲之準也。〔註47〕

　　夏炘之意，即如前述「大夫之妾爲君之庶子，其成人大功，長殤則降一
等在小功」。所以如此，在一進一退，反覆比勘，而推本三綱之尊尊，以爲準
則也。

　　依上所述，則君爲臣綱，所舉爲斬衰、齊衰、大功、小功，若緦麻者則
不述及，蓋以臣之爲君服，至大夫者止，於小功之章，已得尊尊之義，如降
而爲士爲庶人，則已失臣義，是不再言舉。而此貴貴尊尊之義，溯其淵流，
夏炘則以爲其源乃自成周而來。引沈間錄云：

　　喪祭之禮至周公然後備。夏商而上，想甚簡略。曰：然。親親、長
　　長、貴貴、尊賢，夏商而上，大概只是親親、長長之意，到得周來，
　　則又添出多貴貴底禮數。如始封之君，不臣諸父、昆弟；封君之子，
　　不臣諸父而臣昆弟。期之喪，天子諸侯絕，大夫降，然諸侯大夫尊
　　同，則亦不絕不降。姊妹嫁諸侯者，則不絕不降，此皆貴貴之義。
　　上世想皆簡略，未有許多隆殺、貴貴底禮數，凡此皆天下之大經，
　　前世所未備到，得周公搜剔出來，立爲定制，更不可易。

又歸結云：

　　炘按：君爲臣綱，旁親之服，天子諸侯絕，大夫降一等者，皆尊尊
　　之也。至於公之昆弟、大夫之子，又有厭降之禮，而尊尊之義愈著。
　　夫尊不同者，必絕且降；則尊同者，不絕不降，皆自然之理也。傳
　　之發明經義，最爲精核，朱子推出周公之制非前代所及，尤可見成

〔註47〕同上，頁100。

周郁郁之盛。後儒有疑尊同不降爲莽歆所竄入，雖未免信心之過，亦未精掌制服尊尊之義也。〔註48〕

然則「尊不同者，必絕且降；則尊同者，不絕不降。」此皆自然之理。有如賈公彥〈周禮正義序〉所云：「夫天育蒸民，無主則亂；立君治亂，事資賢輔。」……是以《易・通卦驗》云：「天地成位，君臣道生。君有五期，輔有三名。」注云：「三名，公、卿、大夫。」則賢輔三名，謂公、卿、大夫，其在立君治亂，則臣爲賢輔可知。以是知君爲臣綱，臣者爲天子之服，蓋君臣大義，亦無所逃於天地之間也。若夫此制，即今雖湮微不顯，其制服之尊尊者，可爲後儒之參考矣。

（四）夫綱制服

夏炘云：

子以父爲天，臣以君爲天，妻以夫爲天。父雖不慈，子不可以不孝，與夫雖不義，妻不可以不順同；忠臣不事二君與烈女不事二夫同；臣可以逐，子可以放，與妻可以出同。雖以天子之女王姬之貴，爲夫斬衰之服，不得厭降。故曰：「夫，至尊也。」在家服父以斬，出嫁則降而期，既移所天於夫，則以爲父至尊之服服之。天不二而斬可二乎！婦事舅姑與子事父母同，舅姑之期雖曰從服，亦緣不二斬之義制之。故曰：「與更三年喪不去。」夫之兄弟無服，專心於綱者不可不別嫌明微也。妾爲君之黨，服與女君同而爲貴，妾服緦隆乎妻者，殺乎妾，凡以明尊而已。唐杜悰尚歧陽公主，宋楊鎮尚理宗之女，皆服三年，宋乾德間加舅姑服至斬齊三年，一如其子。魯哀公爲悼公之母服齊衰，而夫爲妻綱之義晦矣！明乎夫之爲妻綱，凡由夫以推之服，莫不統焉。〔註49〕

則夏炘所云子爲父綱，君爲臣綱，及夫爲妻綱者，以今讀之，是不合宜，然若自儒家尊尊之義觀之，若似建構一強力之宗法系統以凝結君上之威權矣。謹再就夫爲妻綱述之：

1. 斬衰例

「妻爲夫」條：

〔註48〕 《景紫堂全書・四》〈三綱制服尊尊述義〉，頁105～106。
〔註49〕 《景紫堂全書・四》〈三綱制服尊尊述義〉，頁127～128。

傳云：

> 夫，至尊也。

賈疏云：

> 夫，至尊者。妻雖是體敵齊等，以其在家從父，出則從夫，是男尊
> 女卑之義。故云：「夫，至尊。」同之於君父也。

義疏云：

> 子為父，臣為君，妻為夫，此三綱也。從此遞生他服，而不為他服
> 之所生；遞殺他服，而不為他服之殺，制作之本存焉耳。〔註50〕

夫妻雖為敵體，然於古男尊女卑觀念之下，婦人唯其三從四德，卻無專
用之道，正所謂「在家從父，出則從夫」。夫之位同於君，同於父之至尊，故
夫死，則妻為夫斬衰三年，夏炘亦以為此子為父，臣為君，妻為夫，即三綱
制服之本歟。

又「妾為君」條：

傳云：

> 君至尊也。

鄭注云：

> 妾為夫為君者，不得體之，加尊之也。雖士亦然。

賈疏云：

> 妾賤於妻，故次妻後，既名為妾，不得名壻為夫，故加其尊名，名
> 之為君也。雖士亦然者，士身不合名君，至於妾之尊夫，與臣無異，
> 是以雖士妾，得稱士為君也。

敖繼公云：

> 妾與臣同，故亦以所事者為君。《春秋傳》曰：「男為人臣，女為人
> 妾。」

夏炘云：

> 炘按：天子一娶十二女，諸侯九女。俱備姪娣。大夫一妻二妾，士
> 一妻一妾，俱不備姪娣。凡禮備而親迎，故聘則為妻；禮不備而不
> 親迎，故奔則為妾。君為樂綱，與夫為妻綱同。故其斬衰亦同，必

名妾名君者，所以辨嫡庶不齊之分，必斬衰三年者，所以見夫君一
體之尊，《儀禮》立文次妻之後而傳亦以至尊釋之也。〔註51〕

妾之地位，於家庭中低於妻，夫妻可以互爲敵體，妾則不可。因之，妾
不得稱壻爲夫，僅居於臣之位事奉其壻，故尊稱其壻爲君。士無地，不得君
稱，然若有妾，則士妾亦可稱士爲君。君尊稱也。臣爲君斬衰三年，則妾亦
爲其君斬衰三年。至若《禮記‧內則》所謂「聘則爲妻，奔則爲妾。」「奔」
之意，夏炘只云：「奔則爲妾對妻必親迎而言」，實則依鄭玄之解，「奔」一作
「衒」，乃無媒自通之謂，亦即不備之禮。是以正妻者，以禮聘而嫁；其不待
聘而嫁者，即謂之「奔」，奔則爲妾，即永無法享有適室之權利與待遇。

2. 齊衰例

「妻」條：

傳云：

> 爲妻何以期也？妻至親也。

鄭注云：

> 適子父在，則爲妻不杖，以父爲之主也。服問曰：「君所主、夫人、
> 妻、大子、妻、大子、適婦。父在，子爲妻以杖即位。」謂庶子。

賈疏云：

> 夫爲妻，年月禪杖亦與母同。傳意以妻擬母，母是血屬得期，怪妻
> 義合亦期，故發此傳也。答言：妻既移天，齊體與己，同奉宗廟爲
> 萬世之主，故云至親也。又云：「適子父在，爲妻不杖者下。」不杖
> 章之文也。此章直是庶子爲妻兼適子父沒爲妻在。其中引〈小記〉
> 「父在，庶子以杖即位者。」自天子以下至庶人，父皆不爲庶子之
> 妻爲喪主，故夫皆爲妻杖得伸也。（炘按：父在爲妻杖，指士。言公
> 子大夫之庶子，父在，皆爲妻大功。）

又云：

> 「適子父在，爲妻不杖者下。」不杖章之文也。此章直是庶子爲妻
> 兼適子父沒爲妻在。其中引〈小記〉「父在，庶子以杖即位者。」自
> 天子以下至庶人，父皆不爲庶子之妻爲喪主，故夫皆爲妻杖得伸也。

盛世佐亦云：

〔註51〕《景紫堂全書‧四》〈三綱制服尊尊述義〉，頁 131〜132。

此謂適子無父者也，士之庶子亦存焉。適子父在爲妻不杖見下章，大夫之庶子父在爲妻，在大功章。公子其妻，在五服之外，父歿，乃爲之大功。

夏炘云：

炘按：妻爲夫服斬，夫爲妻服期者，夫爲妻綱。以情言之，夫雖至尊，妻與夫胖合實至親；以分言之，妻雖至親，親不敵至尊，故斬期之服不同也。然妻之期服杖禫皆具，與父在爲母同，又必三年而後娶，先王之制精矣。至父母在，不杖不稽顙，母在，杖而不稽顙，自天子至庶人不降適婦，故適子爲妻皆期。諸侯無庶婦之服，大夫降一等，故諸侯之公子爲妻，在五服之外；大夫之庶子爲妻大公。又父不主庶婦之喪，故士之庶子，得爲妻以杖即位，其等殺又一一辨也。〔註52〕

由以上諸說，知爲妻杖期者，凡庶子皆爲妻主喪而得伸杖。〈喪服小記〉云：「父在，庶子，以杖即位可也。」若爲適子，則父卒然後爲妻杖。若公子，則雖父歿，猶爲妻大功而已。既爲妻主尊，即是有禫杖，與父在爲母同。徐乾學云：「妻服既爲之杖，又爲之禫，同於父在爲母，所以報其三年之斬，異於他服之齊衰期也。」是爲妻禫杖之意，乃爲報答妻爲夫服斬衰三年之情份，與父在爲母，雖服僅一期，實有三年喪之意也。然何以爲妻齊衰杖期？如喪服傳云：「妻至親也。」賈疏謂：「妻移天齊體，與己同奉宗廟，爲萬世之主。」有此親密關係，故亦爲妻服齊衰杖之服矣。其例則如《左傳·昭公十五年》：「六月己丑，王太子壽卒，秋八月庚辰，王穆后崩。……叔向曰：『王一歲而有三年之喪二焉。』」王指周敬王而言。據此段史實與喪服篇合觀，則周敬王爲太子壽之喪服，依喪服篇斬衰章「父爲長子」條視之，斬衰三年，固無疑問。然叔向又云：「王一歲而有三年之喪二焉。」則敬王爲穆后，亦服三年之喪，與喪服爲妻服期迥異。賈疏於「父在爲母」條下解謂：「左氏傳，晉叔向云：『王一歲有三年之喪二』，據太子與穆后，天子爲后亦期，而云三年喪者，據達子之至而言也。」然則賈疏之說，實嫌附會。蓋服喪者乃是周敬王一人，叔向更明白云「王一歲而有三年之喪二焉。」此事若非其時亦有爲妻三年之禮俗，則或爲叔向之主張，至於與喪服篇不合，則或爲異時異地禮俗之不同。〔註53〕故如夏炘所言：『妻爲夫服斬，夫爲妻服期者』，雖以親親不敵尊尊，

〔註52〕《景紫堂全書·四》〈三綱制服尊尊述義〉，頁 133～134。
〔註53〕參考章景明《先秦喪服制度考》，頁 82。

而斬服不同，然夫妻情誼亦見之矣。

又「母爲長子」條：

傳云：

> 何以年也？父之所不降，母亦不敢降也。

鄭注云：

> 不敢降者，不敢以己尊降祖禰之正體。

賈疏云：

> 母爲長子齊衰者，以子爲母服齊衰，母爲之，不得過於子爲己也。
> 若然，長子與眾子爲母，父在期。若夫在，爲長子，豈亦不得過於
> 子爲己服期乎？而母爲長子，不問夫之在否，皆三年者，子爲母有
> 屈降之義，父母爲長子，本爲祖之正體，無厭降之義，故不得以父
> 在而屈也。

夏炘引萬斯大云：

> 傳云：「庶子不得爲長子，三年不繼祖也。」〈小記〉亦曰：「庶子不
> 爲長子，不繼祖與禰故也。」然則庶子之妻其服長子，亦從庶子而
> 殺矣。豈得三年乎！當爲與眾子不杖期同。又〈小記〉云：「妾爲君
> 之長子，與女君同。」此記云：「妾爲女君之長子，惡笄有首布總。」
> 然則母之爲長子，因父爲隆殺，妾爲君之長子，女君而服之也。

夏炘云：

> 炘按：妻以夫爲綱，母爲長子三年者不敢降，夫之正體也。庶子不
> 爲長子斬者，妻亦從夫而服期也。

所謂「不敢降」者，鄭注云「不敢以己尊降祖禰之正體」者，乃父之所
以爲長子斬衰三年，正爲尊其當先祖正體之故，母從於父，故亦爲長子三年。
而所以齊衰者，乃因子爲其服齊衰，母於長子，不得過於子之爲己，故母爲
長子齊衰三年。

又「婦爲舅姑」條：

《爾雅》云：

> 婦稱夫之父曰舅，稱夫之母曰姑。

傳云：

> 何以期也？從服也。

吳澄云：

> 女子子在室為父斬，既嫁則為夫斬，而為父母期。蓋曰：子之所天
> 者父，妻之所砥夫，嫁而移所天，於夫則降其父，婦人不貳斬者，
> 不貳天也。降己之父母而期，為夫之父母亦期，期之後夫為除服，
> 婦已除服，而居喪之實如其夫。是舅姑之服，期而實三年也。豈必
> 從夫服斬而后為三年哉。

顧炎武云：

> 婦事舅姑如事父母，而服止於期，不貳斬也。然而心喪未嘗不三年
> 矣。故曰：「與更班年，喪不去。」

夏炘云：

> 炘按：婦與舅姑本路人，因移所天於夫，則事夫之父母如己之父母，
> 己之父母不貳斬而服期，則夫之父母亦不貳斬而服期也。若彼出之
> 姑，夫為父後，為出母無服，則妻亦不服，夫為眾子，為出母服期，
> 則妻亦從之服期，其輕重一視乎夫，其綱不可紊也。

　　子為父母是三年喪服。因之，婦從夫而服，為舅姑乃降一等而服齊衰矣。
又「出妻之子為母」條：〔註54〕

鄭注云：

> 出，猶去也。

賈疏云：

> 此謂母犯七出，去謂去夫氏，或適他族，或之本家，子從而為之服
> 者也。七出者：無子也；淫佚二也；不事舅姑也；口舌四也；盜竊
> 五也；妒忌六也；惡疾七也。天子諸侯之妻，無子不出。唯有六出
> 耳。雷氏云：「子無出母之義，故繼夫而言出妻之子也。」

《大戴禮・本命篇》云：

> 婦有七去：不順父母去；無子去；淫去；妒去；有惡疾去；多言去；
> 竊盜去。

　　《公羊傳・莊二十七年》何休注謂之「棄」，內容同於賈疏，皆本大戴之

〔註54〕按本條夏炘「夫綱制服」未列，然於「婦為舅姑」條，夏炘按語謂「夫為父
　　　　後，為出母無服，則妻亦不服，夫為眾子，為出母服期，則妻亦從之服期。」
　　　　則「出妻之子為母」條，似應列舉，謹推衍之。

－243－

文。而婦人犯此七出之事，見出於夫者，謂之出妻。妻被出，則與夫義絕，但子於母為骨肉之親，恩不可絕，故父雖在，猶為出母喪齊衰杖期之服。傳云：

> 出妻之子，則為外祖父母無服。

又云：

> 絕族無施服，親者屬。

此一段言語，確為一法律之觀念。蓋以母子至親，恩情屬而無絕，故子為出母服期。為外祖父母本服小功，惟因父族與母族恩義斷絕，再無親屬關係可言，故雖外祖父母，亦不再有服，其他母族親屬，更無服可言。再者，喪服傳又云：「出妻之子為父後者，則為出母無服。傳曰：『與尊者為一體，不敢服其私親也。』」所謂「為父後者」，張爾岐云：「謂父沒，適子代父承宗廟祭祀之事，故云與尊者為一體。」〈喪服小記〉云：「為父後者，為出母無服，無服也者，喪者不祭故也。」注云：「不敢以己私廢父所傳重之祭祀。」可知父卒之後，適子之為父後者，因代父主持宗廟祭祀之事，不敢以私親而廢之，故為出母無服。惟若父在，則猶為出母有服。至於其他不為父後之適子，不論父之存沒，似當為出母有服。

盛世佐云：

> 此禮該父沒而言也。父雖沒，而子為此母服仍不過期，亦以其出降也。惟云出妻之子，則出妾之子與凡非己所生者，皆不在此例矣。

所謂母出者，則父既沒，子為母服不過期，以其出降也。再以云出妻之子，則出妾之子與凡非己所生者，皆不在此例，盛氏之說甚是。

3. 大功例

「夫之祖父母，世父母、叔父母」條：

傳云：

> 何以大功也？從服也。夫之昆弟，何以無服也？其夫屬乎父道者，妻皆母道也。其夫屬乎子道者，妻皆婦道也。謂弟之妻婦者，是嫂亦可謂之母乎？故名者，人治之大者也，可無慎乎？

鄭注：

> 道猶行也。言婦人棄姓無常秩。嫁於父行則為母行，嫁子行則為婦行。（夏炘按：自「言婦人至此二十四字」毛本無，據阮刊宋本補）

謂弟之妻爲婦者，卑遠之故；謂之婦嫂者，尊嚴之稱，是嫂亦可謂之母乎？言不可（夏炘案：注疏本無「言不可」三字，據《通典》補）嫂猶叟也。叟，老人稱也。是爲序男女之別爾。若己以母婦之服服兄弟之妻，兄弟之妻以舅子之服服己，則是亂昭穆之序也。治，猶理也。父母兄弟夫婦之理，人倫之大者，可不慎乎！

夏炘云：

炘按：夫之祖父母，世叔父母，夫皆服期，妻降一等，從服大功，乃其正也。三者之中，祖父母最重，曾孫不敢以兄弟之服服至尊，故齊衰三月，孫婦較孫則有間。故可以大功至於世叔父母，不過以名從夫而服之，皆以夫爲主也。若夫嫂叔之無服，則傳與注，言之備矣。〔註55〕

妻從夫服，例降一等，夫爲祖父母、世父母、叔父母均服齊衰期，妻爲之則是大功九月。雖妻爲夫之祖父母、世父母、叔父母，皆有喪服，然於夫之昆弟，則不主張有服。喪服傳「夫之昆弟，何以無服也」以下之言，皆在解所以「爲夫之昆弟無服」之因，此即鄭注「兄弟之妻，以舅、子之服服己，則是亂昭穆之序」之註解。故如《禮記・檀弓》所云「嫂，叔之無服也，蓋推而遠之。」《禮記・奔喪》「無服而爲位者，唯叔及婦人降而無服者，麻。」〔註56〕由此二記載，則知嫂叔無服。《孟子・離婁上》云：「嫂溺，援之以手者，權也。」亦知古社會之家族，嫂叔之間，確有嚴格界限，是妻爲夫之昆弟無服，乃爲此觀念所訂之規範，夏炘所謂「若夫嫂叔之無服，則傳與注言之備矣。」其義在此。

又「爲夫之之婦人子適人者」條：

鄭注：

婦人子者，女子子也。不言女子子者，因出，見恩疏也。

夏炘引敖繼公云：

是服夫妻同也。上經不言夫爲之者，其文脫，與或言女子子，或言婦人子互文，以見其同耳。〔註57〕

〔註55〕《景紫堂全書・四》〈三綱制服尊尊述義〉，頁142。
〔註56〕按：以今之言，就是不服喪期而敘親疏位置來哭的，只有嫂叔及族中子姪與出嫁的族姊妹之間。如此，必須將弔服上的葛絰改成麻鞋。
〔註57〕《景紫堂全書・四》〈三綱制服尊尊述義〉，頁143～144。

此條乃世叔母為夫之昆弟之女已嫁者之喪服。世叔母為夫之昆弟之子女，雖為齊衰不杖期之喪服，因其已嫁，故降服大功。

4. 小功例

「夫之姑姊妹，娣姒婦，報。」條：

傳云：

> 娣姒婦者，弟長也。何以小功也？以為相與居室中，則生小功親焉。

鄭注：

> 娣似婦者，兄弟之妻相名也。長婦謂稚婦為娣婦，娣婦謂長婦為姒婦。

《爾雅》云：「長婦謂稚婦為娣婦，娣婦謂長婦為姒婦。」郭璞注云：「今相呼先後，或云妯娌。」所謂「娣姒婦」者，乃兄弟之妻間相互之稱，今日謂之「妯娌」。本條所指乃兄弟之妻與夫之姑姊妹間往返之喪服。

論及其義，則夏炘引譙周所謂：

> 父母既沒，兄弟異居，又或改娶，則娣姒有初而異室矣。若不本夫為論，唯取本室而已，則親娣與堂娣姒不應有殊。經殊其服，以夫之親疏者，是本夫與為倫也。婦人於夫之昆弟本有大功之倫，從服其婦，有小功之倫；於夫之從父昆弟有小倫，從服其婦，有緦麻之倫也。夫以遠之而不服，故婦從無服而服之，然則初而異室，猶自以其倫服。

夏炘云：

> 炘按：譙氏之言，甚得傳意。此章「相與居室中」，及緦麻章「相與同室」與不杖期章「繼父同居」者，立文不同。彼繼父同居，實是同居，故有先同居後異居之異。此相與居室中及相與同室，是顯大功有同財之義，即使夫之昆弟及從父昆弟各居一鄉，娣姒未嘗同居，其服亦無不同也。要皆以夫為綱，從夫而服也。〔註58〕

夫為姑姊妹之正服為齊衰期，出嫁為大功。妻從服降一等，為在室者正服大功，出嫁者降服小功。惟經文只言「夫之姑姊妹」，未言已嫁未嫁，依喪服篇作者之意，則無已嫁未嫁之別，皆降服小功。因之，鄭玄即謂「因恩輕，略從降」。今者，婦人與夫之姑姊妹固然恩輕，然在室者是否可據此理由，即從已嫁者降為小功，則有疑議。胡培翬云：「婦人為夫之從父昆弟之妻有服，而為夫之

從父姊妹無服，亦是其略也。」〔註59〕又云：「總麻章『爲夫之從父昆弟之妻』，傳亦曰『以爲相與同室，則生總之親焉』，正以昆弟妻本無爲服之義，其制服實由相與居室中及同室而生，則此傳爲專釋娣姒婦明矣。」胡氏之說甚是，若夫之姑姊妹已嫁者，即未必有相與居室之親矣。且娣姒之間本爲路人，只以分別嫁於昆弟，遂相與居室而生親情。婦人爲夫之昆弟大功，從服昆弟之妻，是爲小功，故傳云「生小功之親」。以是娣姒婦，及娣姒婦與夫之姑姊妹，其本屬路人者，或從夫所服，或相與居室之中，而有小功之親，乃有往返相服之報服，此即譙周所云「婦從無服而服之，然則初而異室，猶自以其倫服」之謂，而所以如此，蓋亦夏炘所謂「皆以夫爲綱，從夫而服之」之義也。

三、三綱制服結語

夏炘所言「三綱制服尊尊述義」其實即儒家與喪服之制度，故論宗法與喪服，毋寧謂儒家宗法與喪服之關係。因之，不論父綱、君綱與夫綱，皆不外儒家倫類之維繫，由此知之，自孔夫子以來，儒家思想中，禮始終佔一要緊地位；質言之，自個人修養，以至倫理道德，社會秩序，乃至政經制度，莫不樹立一合宜之規範，此規範行之既久而不紊亂，即所謂之禮也。

若夫禮之範圍即甚廣，其中喪服制度即爲儒家所最重之部份，簡易之言，如《論語・陽貨》孔子答宰我之語：「子生三年，然後免於父母之懷。夫三年之喪，下之通喪也。予也，有三年之愛於其父母乎？」即以《荀子・禮論》亦云：「三年之喪，何也？曰：稱情而立文，因以飾群，別親疏貴賤之節，而不可損益也。故曰無適不易之術也。創巨者，其日久；痛甚者，其愈遲。三年之喪，稱情而立文，所以爲至痛極也；齊衰（斬衰）、苴杖、居廬、食粥、席薪、枕塊，所以爲至痛飾也。三年之喪，二十五月而畢，哀痛未盡，思慕未忘，然而禮以是斷之者，豈不送死有已，復生有節也哉？凡生乎天地之間者，有血氣之屬必有知，有知之屬，莫不知愛其類。……故有血氣之屬，莫知於人。故人之於其親也，至死無窮。將由夫愚陋淫邪之人與，則彼朝死而夕忘之，然而縱之，則是曾鳥獸之不若也。彼安能相與群居而無亂乎？將由夫脩飾之男子與，則三年之喪，二十五月而畢，若駟之過隙，然而遂之，則是無窮也。故先王聖人安（焉），爲之立中制節，一使足以成文理，則舍之矣。」

〔註59〕胡培翬《儀禮正義》卷二十四。

則夏炘所謂尊尊之義，盍非同於荀子「稱情而立文，因以飾群，別親疏貴賤之節，而不可損益也」之義哉？

再以禮之節文言，所謂喪服之制，即如荀子所云「稱情立文」、「立中制節」者，「文」既爲禮外在之文飾，而喪服之期，如斬、齊、大功、小功、緦麻之服，皆爲文飾，無此諸文飾，即無由表現內心之情感。然如僅爲表達情感，任其宣洩，則反導致「毀以滅性」「以死傷生」，又爲之過矣。因之，仍須有「節」，使情思得所節制，方爲合誼。是而夏炘所謂三綱之制服者，雖云禮教風俗之制，其義在乎禮之節文，乃可知矣。

而如節文之制，上下均合，則儒家大一統之治即可臻至，故喪服篇之斬衰章，於父、於君、於天子，傳皆云「至尊也。乃父爲一家之至尊，子女妻妾爲之斬衰，君爲一國之至尊，其臣爲之斬衰，而諸侯又爲子斬衰，推而至卿大夫、士，則妻爲夫斬衰者，皆是「以一治也」，此治若確切實行，則儒家一統之制可行，下即歸於一矣。有如余龍光之跋言：

> 夏發甫先生探討禮制之大原，舉三綱尊服以提挈諸服之隆殺，三綱之服明而後夫婦、父子、君臣之分定，夫婦、父子、君臣之分定，而後天下萬事得其理。然則武成重民之故，與夫喪禮之有關於治亂興亡，不皆一以貫之也哉。〔註60〕

則夫婦、父子、君臣之分定，而後天下萬事得其理，此爲儒家理想，亦夏炘尊尊之理想也。

第二節　學禮管釋衍義

夏炘禮學，〈三綱制服尊尊述義〉是其一，〈學禮管釋〉亦其一。前者爲喪服篇之推衍，後者則擷三禮之精要，皆儒家經國濟世之闡揚。故明禮學，即知君國建制、社會風尚及人己道德，謂實踐致用之學可也。如以史爲證，譬西漢末劉歆〈移太常博士書〉，以爲其時立學官之今文經僅士禮十七篇，乃「保殘守缺」；「至於國家將有大事，若立辟雍、封禪、巡狩之儀，則幽冥而不知其原」。意在立古文《逸禮》於學官，而依禮書所載施行國之大事。又譬宋王安石著《周官新義》，以助其推行新法，意頗堅決；若朱熹則取精用宏，言其緊要，以爲《禮記》言宗廟、朝廷，略似遙遠不切日用，不若舉〈玉藻〉、

〔註60〕《景紫堂全書・四》〈三綱制服尊尊述義〉跋，頁162。

〈內則〉、〈曲禮〉、〈少儀〉等觀之，其意禮學乃即實踐之學也。

夏炘之學，崇朱甚切，書既名「景紫堂」，則義理之思而外，於朱子言禮亦頗推崇，雖《學禮管釋》未若《述朱質疑》之直承朱子，然所舉例論，所重亦在禮之實踐，即所謂因禮之節文而得其實踐之道也。有如門人白讓卿所云：

> 其《學禮管釋》亦與《詩》劄記相類，條舉件別。或述先儒舊說，或抒己見，總以制禮之精義而止，雖不及朱子之《經傳通解》、秦（蕙田）氏之《五禮通考》，囊括三禮全經，而嘗鼎鑊之一臠可以識全牢之味；睹雲霄之一毛，可以見大鵬之儀。自乾象坤輿郊廟、明堂、燕享、朝會、溝洫、冠昏、喪祭之制，與夫訓詁、聲音，一名一物之細，罔不薈萃剖析至當，亦洋洋禮家之大觀也。〔註61〕

則洋洋灑灑，如冠婚喪祭、郊廟燕享及溝洫經濟者，蓋皆以得禮義之精而行致用之梗概之謂。此亦如夏炘自序所謂「禮本於天，天至大也。昭昭之明，或亦管窺者所及見乎」。本於天者，乃禮之義；昭昭之明者，乃因微而知著。故禮義爲綱領，制度則致用之塗轍，以綱領指引塗轍，管窺也者，即能順所當然矣。

至於《學禮管釋》，計十八卷，載於《景紫堂全書》五至七冊，於禮之目次，堪稱林林總總，然以筆記所載，隨記隨劄，次序之間，不免顛倒，故仍須有所分釐，且一一發其精微者，則若乎撰作龐然鉅著，費時亦費力，故今謹就其禮義之微及日用云爲合致用之道者，綜輯析論，或於夏炘之禮更能得其危微精一之理。因之，下文所列，乃就禮之制度影響及於日用人生者，如封建、職官；祿田、賦稅；軍制、君賦；宗廟祭祀、郊社群祀；及冠婚喪祭、聘禮之例，擇其要者論列，而其中宗廟祭祀爲自天子以下，至諸侯、大夫，之於祖先之尊崇與敬意，所持「愼終追遠，民德歸厚」禘祫之意，又爲歷來禮家爭論之點，故先取夏炘之說，再據各家意見，作一辨析：

一、釋禘祫例

禘祫之禮，歷代爭論久之。如鄭玄所言「儒家之說禘祫也，……訩訩爭論，從數百年來矣。」則鄭氏之前，說法已有不同說法。鄭氏據《春秋》所

載祭事，撰〈魯禮禘祫辨〉，信其者有之，否其說者亦有之。以孫詒讓之計，唐之前持異說者即二十一家，唐之後異說者更夥。近一二百年來，治禮學者已不多，因以大家如黃以周、孫詒讓等之信奉鄭氏之說，似乎爭論已息，所以如此，皆以前人提出駁斥鄭氏之論未深入探討故也。〔註62〕夏炘《學禮管釋》卷二，一至五節，開宗明義，即論禘禮之事，於今古學者論禘之說，亦提正反之見，可爲證鄭氏之得與失，蓋有得於禮也。

《學禮管釋》〈釋禘一〉云：

以禘祭天之說者，始於韋元成之解「祭義」，而鄭康成因之以注禮箋詩，後儒同異蜂起。唐陸淳、宋趙匡據大傳〈喪服小記〉、〈祭法〉諸篇而得禘之正說，一洗鄭氏之陋。然而爲鄭氏之學者，猶不能無疑，遍檢經傳言禘，雖三代異制，王朝侯國，異宜末世，僭越異禮，其間有孔氏遺言，有後儒依托純雜，亦復異趣，而皆以爲宗廟之祭無一語及祭天者，請爲二十五證以釋之。《禮記・大傳》：「禮不王不禘」。〔註63〕王者，禘其祖之自出，以其祖配之諸侯及其太祖。大夫士有大事，省於其君，干祫及其高祖。其文體勢相連，皆說宗廟之祭，與祭天無涉。證一。《儀禮・喪服傳》「禽獸知有母而不知有父」。野人曰「父母何等焉」。都邑之士則知尊禰矣，大夫及則知尊祖矣，諸侯及其太祖、天子及其始祖之所自出，雖不言禘，言與大傳相表裏。〈喪服傳〉爲子夏之言，或大傳所自出，大傳由尊及卑，喪傳自卑溯尊，皆言祖考，無一語及祀天，證二。〈喪服小記〉：「王者禘其祖之所自出，以其祖配之，而立四廟。」上節言「親親，以三爲五，以五爲九。上殺，下殺，旁殺，而親畢矣。」〔註64〕次節言別子爲

〔註62〕參考錢玄《三禮通論》，頁 470。

〔註63〕按《禮記，大傳》：「禮不王不禘。王者禘其祖之所自出，以其祖配之。諸侯及其大祖，大夫士有大事，省於其君，干祫，及其高祖。」以上諸語，亦散見〈喪服小記〉。謂之「諸侯及其大祖」者，鄭云：大祖是始封之君。「大夫士」，孔疏云：「此言諸侯之支庶子爲大夫者」。「大事」，鄭云寇戎之事。此解與上下文義不合。陸奎勳云：「大事即是合祭」。省，是簡省。「干祫」，鄭云：空祫。空爲無廟之祭。陳澔《禮記集解》云：干是「往上推及」之意。清儒頗從其說，謂大夫士，最高只祭及其高祖。姑從後說。王夢鷗《禮記今註今釋》，頁 449 即持此說。

〔註64〕按：親親，指具血統關係者。其關係：由己而上親父，下親子，三代三輩。三輩之中：父之上又親其父，子之下又親其子，乃成祖，父，己，子，孫五代五

祖，繼別爲宗，繼禰爲小宗。有五世而遷之宗，其繼高祖者也。上下經文皆言宗廟祭祀，親疏隆殺，何嘗一語道及天帝。證三。《論語》「禘自既灌而往者，吾不欲觀之矣。」祭天燔而不灌。證四。或問禘之說，子曰：「不知也」。文承上章「禘灌」，證五。《中庸》明乎郊社之禮、禘嘗之義。「郊社」承上祀上帝，「禘嘗」承上祀其先。證六。《周禮》司尊彝，春夏禴，祼用雞彝、鳥彝。秋嘗、冬烝，祼用斝彝、黃彝。凡四時之間祀，追享、朝享，祼用虎彝、蜼彝。先鄭注「追享、朝享」，謂「禘祫」也。證七。《爾雅》大祭也，繹又祭也。證八。〈王制〉天子諸侯宗廟之祭：春曰礿。夏曰禘。證九。〈郊特牲〉春禘而秋嘗。證十。〈祭義〉君子合諸天道，春禘、秋嘗。證十一。〈祭統〉凡祭有四時：春祭曰礿，夏曰禘。證十二。〈內則〉大嘗禘是也。證十三。〈王制〉天子特礿、祫禘、祫嘗、祫烝。證十四。〈雜記〉十月日至，可以有事於聖。七月而禘，獻子爲之也。證十五。〈明堂位〉季夏六月，以禘禮祀周公於太廟。證十六。《春秋‧閔公二年》吉禘於莊公。證十七。僖八年禘於太廟，用致夫人。證十八。《左傳‧襄十六年》晉人曰：以寡君之未禘祀。證十九。昭十五年，將禘於武公。證二十。又二十二年，將禘於襄公。證二十一。定八年，禘於僖公。證二十二。《周頌》〈雝〉敘禘大祖也篇中備言文武烈，考文母。證二十三。《商頌》〈長發〉敘大禘也篇中，歷敘有娀元王，相土成湯，以及阿衡。證二十四。《說文》「禘，諦祭也。從士帝聲。」《周禮》曰：五歲一禘。上兩字爲「祠礿」，下兩字爲「祫祼」，不與紫襧諸文爲次。證二十五。凡此二十五證，經典之言，禘略備矣。明乎禘非祭天，而後禘禮可得而言也。〔註65〕

「禘」禮者，鄭注爲「祭天」，之後同異之說鋒起，夏炘則否之，以爲此說肇始於西漢韋元（玄）成，〔註66〕又謂「末世僭越，異禮有間。有孔氏遺言，有後儒純雜，亦復異趣。而皆以爲宗廟之祭，無一語及祭者」。故特舉二十五事以證。因之，欲究此事，仍宜先就鄭玄〈禘祫志〉論述之。

輩。

〔註65〕《學禮管釋》卷二，頁 41～45。
〔註66〕《漢書‧韋元（玄）成傳》：「玄成等四十四人奏議曰：『禮，王者始受命，諸侯始封之君，皆爲太祖，以下五廟迭毀，毀廟之祖藏乎太祖。五年而再殷祭，言壹禘壹祫也。』」

（一）鄭玄《禘祫志》

鄭玄《禘祫志》全書已佚。《詩·商頌·玄鳥》、《禮記·王制》、《曾子問》孔穎達皆引之，惟互有刪易。至如與鄭玄較攸關之說，若：

《詩·周頌·雍》傳：

> 《禘，大祖也。》鄭玄箋：「禘，大祭也。大於四時而小於祫。」

《宋書·禮志》載朱膺之議，引鄭玄云：

> 《禘以孟夏，祫以孟秋。》

《禮記·王制》孔穎達疏：

> 鄭康成祫禘及四時祭所以異者，此祫謂祭於始祖之廟，毀廟之主及未毀廟之主，皆在始祖廟中。始祖廟之主於西方東面；始祖之子爲昭，北方南面；始祖之孫爲穆，南方北面。自此以下皆然。從西爲上。禘則太王、王季以上遷主，若穆之遷主，祭於文王之廟，文王東面，穆主皆北面，無昭主；若昭之遷主，祭於武王之廟，武王東面，其昭主皆南面，無穆主。又祭親廟四。其其四時之祭，惟后稷、文、武及親四廟也。

杜佑《通典·吉禮》〔註67〕亦引鄭玄《禘祫志》亦云：

> 太王王季以上遷主，祭於后稷之廟，其坐位與祫祭同。文武以下遷主，祭於文之廟，文王居室之奧，東面。文王孫成王居文王之東北面。以下穆主直至親盡之祖，以次繼而東，皆北面，無昭主。若昭之遷主，祭於武王之廟，武王亦居室之奧，東面。其昭，孫康王亦居武王之東而南面。亦以次繼而東，直至親盡之祖，無穆主也。

以上所引爲鄭玄禘祫之說，綜括其義，乃爲：

1. 謂之「禘」者，《周禮》云：「五歲一禘。」《說文》段注：「言部曰：『諦者，審也。』」諦祭者，祭之審諦者也。何言乎審諦，自來說者皆云審諦昭穆也。諦有三：有時禘，有殷禘，有大禘。時禘者，《王制》：「春日礿，夏曰禘，秋日嘗，冬日烝」是也。（禘爲四時祭之一，故曰時禘。）此夏、商之禮也。殷禘者，周春祠，夏禴（礿），秋嘗，冬烝（周改夏、商之時祭名如此），以禘爲殷祭。《公羊傳·文二年》曰：「五年而再殷祭」是也。殷者，盛也，合群廟之主，祭於太祖廟也；大禘者，《禮記》〈大傳〉、〈小記〉皆曰：「王者禘

〔註67〕《通典》卷四十九，頁 1378～1379。

其祖之所自出，以其祖配之。」謂王者之先祖，皆感太微五帝之精以生，皆郊祭之也。

2. 謂之「祫」者，大合祭先祖親疏遠近也。《周禮》曰：「三歲一祫。」《說文》段注：「《春秋》文二年八月丁卯，大事於大廟。《公羊傳》曰：『大事者何？大祫也，大祫者何？合祭也。毀廟之主，陳於太祖，未毀廟之主，合食於太祖，五年而再殷祭。』鄭康成曰：『魯禮，三年喪畢而合於太廟，明年春，禘於群廟，自此之後，五年而再殷（盛）祭，一祫一祭。』」因之，祫、禘皆殷祭，三年一祫，五年一禘，故曰「五年再殷禘祭也」。又《公羊傳》文二年何休注云：「禘所以異於祫者，功臣皆祭也」。

3. 亦知鄭玄之禘、祫為四時以外之大祭，禘祭大於四時祭，小於祫祭。

4. 魯君三年喪畢，行祫祭，明年行禘祭，禘祭之後三年再行祫祭，五年之後再行禘祭；如是更迭而行，禘、祫各自相距五年。

5. 祫，合祭，所有毀廟之主及未毀廟之主合祭於太祖廟；禘祭則分祭於各廟。

（二）禘祫非祭名說

由上歸結，知鄭玄所云禘、祫有別，禘、祫雖皆四時祭，而祫之時祭，較禘為廣。再以《禘祫志》論，則鄭玄之言禘祭為祭天之禮。若夏炘則以為鄭玄之禘非必為祭天，而舉古例二十五以證，且以為禘者，應視為禘之儀式而非祭之名。

〈釋禘二〉謂：

> 禘有二。有禘所出之禘，有四時之禘。〈大傳〉、〈小記〉《論語》、《爾雅》所載「祭所出之禘也」。〈王制〉、〈祭統〉、〈祭義〉所載四時之禘也。周以前有祭之所出之禘，亦有四時之禘；其四時之禘，或屬之春（見郊特牲祭義），〔註68〕或屬之夏（見祭統），〔註69〕記禮者

〔註68〕《禮記・祭義》謂：「春，雨露既濡，君子履之，必有怵惕之心，如將見之。樂以迎來，哀以送往，故禘有樂而嘗無樂。」意謂春天雨露沾潤大地，有情之人遇此祭節，心情自然悚動，亦盼失去之親人能隨春重回人煙。人以欣喜之心迎接親人復返，亦以悲哀心情送永逝之親人，因之，春之禘禮用樂舞，秋之嘗禮則不用樂舞。

〔註69〕《禮祭・祭統》謂：「凡祭偶四時：春祭曰礿，夏祭曰禘，秋祭曰嘗，冬祭曰烝。礿禘，陽義也；嘗烝，陰義也。禘者，陽之也，嘗者，陰之盛也。故曰莫重於禘嘗。」此夏禘之義也。

雜引，不知確爲何代矣。諸侯僅有四時之禘，無祭所出之禘，所謂
「不王不禘也」。周人尚文，因王者有祭，所自出之禘不應時祭，復
與之同名，故改云「祠禴、嘗烝」。《周禮》、《爾雅》、《詩》、天保所
云是也。因諸侯無祭所自出之禘，故春礿、夏禘、秋嘗、冬烝仍而
不改。《左傳》所云：「烝、嘗禘於廟，寡君之未禘祀。」〈祭統〉所
謂「春祭曰礿，夏祭曰禘，秋祭曰嘗，冬祭曰烝（祭統未敍魯郊禘
之事，故知所言爲周制）」是也。其諸侯所以不改者，猶之殷大學在
郊，小學在國；周則大學在國，小學在郊，而諸侯仍用殷制，大學
在郊，小學在國也。惟魯僭用天子之禘，其時祭遂不與他國同名。〈明
堂位〉所云以禘禮祀周公於太廟，僭用天子之祭也。又曰夏礿、秋
嘗、冬烝與周同時祭之名，非猶諸侯之用舊名也。經典中禘名錯出，
諸儒紛紛爭論不已，以此求之，若網在綱，如裘挈領矣。

此〈釋禘二〉之章，在於釋名，依夏炘之意，禘有自出之禘，有四時之
禘，諸侯僅有四時之禘，無自出之禘，即「不王不禘」之義。而春礿、夏禘、
秋嘗、冬烝，則天子行祭之時，非諸侯所當祭，諸侯用之，是爲僭用。然此
仍無法證明鄭玄之禘祫究爲祭之名，亦或祭之方式。

今先析論禘與祫二者，是禘祫合爲一祭，或禘祫分爲二祭。此又有二說，
持禘祫爲一祭二名之說者，如漢王肅、唐孔穎達諸人；若夏炘則持禘祫二祭
之說。謹先敍劉歆等之說。

1. 禘祫一祭二名

持禘祫爲一祭二名說者，如漢王肅、張融、孔晁、劉歆、賈逵、唐孔穎
達等諸意蓋以《儀禮》、《左傳》皆無語及「祫」說，有者，《周禮》、《禮記》
雖提及「祫」者，亦皆未與「禘」並列，而與「牛直」（特）並列，且應視爲
一祭祀之形式。其說如：

《通典·禮九》

　王肅云：「天子諸侯皆禘於宗廟，非祭天之祭。郊祀后稷不稱禘，宗
　廟稱禘。禘祫一名也，合祭故稱祫，禘而審諦之故稱禘，非兩祭之
　名。三年一祫，五年一禘，總而互舉，故稱五年再殷祭，不言一禘
　一祫，斷可知矣。」〔註70〕

〔註70〕 杜佑《通典·吉禮九》，頁1395。

又《禮記・王制》孔穎達疏云：

> 若王肅、張融、孔晁皆以禘爲大，祫爲小，故王肅論引賈逵吉禘於
> 莊公。禘者，遞也，審遞昭穆遷主遞位，孫居王父之處，又引禘於
> 大廟。《逸禮》「其昭尸穆尸，其祝辭總稱孝子孝孫」，則是父子並列。
> 《逸禮》又云「皆升合於其（大）祖」，所以劉歆、賈逵、鄭眾、融
> 等皆以爲然。鄭（玄）不從者，以《公羊傳》爲正，《逸禮》不可用
> 也。又〈曾子問〉云：「七廟、五廟無虛主，虛主者，惟天子崩」，
> 與祫祭，祝取群廟之主。明禘祭不取群廟之主可知。《爾雅》云：「禘，
> 大祭也。」謂比四時爲大也。故孫炎等注《爾雅》，云皆以禘爲五年
> 一大祭。若《左氏》說及杜元凱（預），皆以禘爲三年一大祭，在大
> 祖之廟。傳無祫文，然則「祫即禘」也。取其序昭穆謂之禘，取其
> 合集群祖謂之祫。〔註71〕

以孔穎達引王肅、劉歆等之說，云「禘即祫」之謂。而《傳》無祫文，
杜預以《左傳》無祫字，因之所注不言祫祭。

再者，《禮記》云「祫」文有三處，分載於〈王制〉、〈曾子問〉及〈大傳〉
〈王制〉云：

> 天子特（牛直）礿，祫禘，祫嘗，祫烝。諸侯則不禘，禘則不嘗，
> 嘗則不烝，烝則不礿。諸侯礿特（牛直），禘一特（牛直）一祫，嘗
> 祫，烝祫。

鄭注：

> 特（牛直），猶一也。祫，合也。天子、諸侯之喪畢，合也。天子、
> 諸侯之喪畢，合先君之主於祖廟而祭之，謂之祫。後因以爲常。天
> 子祫而後時祭，諸侯先時祭而後祫。凡祫之歲，春一礿而已，不祫，
> 以物無成者，不殷祭。周改夏祭曰礿，以禘爲殷祭也。

此段爲記天子、諸侯之四時祭，與喪畢之祭無關。特（牛直），單獨之意
也，與祫對文。特（牛直）爲各廟分別單獨祭，祫則合群廟之主於太祖廟祭。
二者皆祭祀之儀式，而非祭之名稱。若天子者，春礿采用特祭方式，夏禘、
秋嘗、冬烝，采用合祭方式。至於諸侯則僅三時祭，少一時祭。春礿亦爲特
祭方式；夏禘則一年特祭，一年合祭，輪流交替；秋嘗、冬烝采用合祭方式。

〔註71〕北京大學《十三經注疏標點・禮記正義》，頁390。

今如依鄭玄之說，視「祫」爲喪畢之祭名，則「特」（牛直）將又爲何祭？所謂「一特（牛直）一祫」如何詮解？又如言天子先祫祭，後時祭；諸侯先時祭，後祫祭，理可能通否？此皆鄭說似是而非之處。〔註72〕次則四時祭中，何以其中三時祭改以合祭之方式？此因天子七廟，諸侯五廟，廟多禮繁，果如各廟分別單獨祭，力必有所不逮。宋程頤云：「歲四祭，三祭合食於祖廟，惟春則遍祭諸廟。」張載云：「天子七廟，一日而行，則力不給，故禮有一特（牛直）一祫之說。」陳祥道云：「以一日而歷七廟，則日固不足，而強有力者，亦莫善其事矣。若日享一廟，前祭視牲，後祭有繹，則彌月之間，亦莫既其事矣。考之經傳，蓋天子之祭，春則特（牛直）祭，夏秋冬則合享，特（牛直）祭各於其廟，合享同於太廟。……天子言特（牛直）礿，諸侯言礿特（牛直）；天子言祫禘、祫嘗、祫烝，諸侯言嘗祫、烝祫；此特變文而已，非有異也。」〔註73〕由是宋之三學者亦皆釋祫爲祭祀之儀式，其論及祭中所采用之合祭方式，均較鄭玄所釋「喪畢合祭」之說精確。

又〈曾子問〉云：

> 當七廟五廟無虛主。虛主者，唯天子崩，諸侯薨，與其去國，與祫祭於祖，爲無祖耳。

依本文詮釋：則天子七廟，諸侯五廟，每一廟不能空缺無神主；其空缺無神主，只在天子崩駕，諸侯逝世或出國，否則，即在祫祭時，而群廟之主合食於太祖，彼時各廟方無神主。因之，此所言之祫祭，仍應指祭祀之方式，不應釋爲三年喪畢之祭名。

又〈大傳〉云：

> 大夫士有大事，省於其君，干祫及其高祖。

鄭玄注：

> 大事，寇戎之事也。省，善也，善於其君，謂免於大難也。干，猶空也。空祫，謂無廟，祫祭之於壇墠。

此言大夫、士本無合祭於高祖之禮，但遇寇戎大事有功於君，如欲祭告先祖，可合祭於壇墠，及於高祖。是此所謂之「祫」，乃爲祭祀方式，非喪畢三年之祭名可知。

〔註72〕參考錢玄《三禮通論》，頁474。
〔註73〕以上均引自黃以周《禮書通故·肆獻祼饋食禮一》，頁19。

2. 禘祫二名論

「禘」非祭天之説已申述於上，若孔穎達等則持禘、祫合名之説；而夏炘則以爲禘祫仍宜爲二名。其〈釋禘三〉云：

> 禘與祫，二祭也。大禘止於天子，時禘達於諸侯；祫則通乎大夫、士。〈大傳〉所謂：「大夫省於其君，干祫及其高祖。」〈士虞記〉亦云：「謹薦祫事是也。」（士虞之祫非合昭穆之祫，然亦見其名通於士。）禘者，於始祖之追祭始祖所自出之帝，而以始祖配之，不兼群廟之主。（或疑〈大傳〉、〈小記〉所云：其祖始祖以下皆謂之祖，獨不包群祖乎！不知〈大傳〉、〈小記〉之言出於喪服傳，喪傳明言及其始祖之所自出，則所謂其祖，始祖也。以其祖配之，以始祖配也。〈大傳〉、〈小記〉或後人所記，〈喪服傳〉子夏所作，足以取信矣。）祫者，毀廟之主，陳於太廟；未毀廟之主，皆升合食於太廟。〈曾子問〉曰：「當七廟、五廟，無虛主。」虛主者，惟祫祭於祖，爲無主耳，斯禘、祫之義也。禘於《周禮》謂之肆獻祼，又謂之追享。祫謂之饋食，又謂之朝享。（趙氏匡采曰：肆享之上，禘以肆獻祼爲主，猶生之有饗也。祫以饋食爲主，猶生之有食也。鄭先農云：追，享禘也；朝，享祫也。）合而一之，則《周禮》不可解矣。蓋「禘」，尊尊也；故不王不禘；祫，親親也，故達乎大夫、士。禘從示帝聲，形聲兼會意。四代自出之祖爲黃帝、帝嚳（秦蕙田説）又帝，諦也。（説文）禘亦有審諦之義，故時祭兼有之。祫，從示從合會意。大合繼先祖親疏遠近也。（説文）大夫、士廟數雖少，合祭則同。故亦有時用之，明乎禘、祫爲二祭，而禘、祫之義始定。〔註74〕

又〈釋禘五〉云：

> 或曰：《春秋・文公二年》大事於太廟。《公羊傳》以爲祫祭。昭十五年有事於武宮。《左傳》又以爲禘祭，何也？曰：祫之爲大事，非僅《公羊傳》、《穀梁》亦言之，無可疑矣。惟昭十五年之有事。《左傳》以爲「禘」，至康成禘大祫小之言，而後儒又以禘祫爲一事，不知皆非也。〔註75〕

〔註74〕《學禮管釋》卷二，頁48〜49。
〔註75〕《學禮管釋》，頁52〜53。

夏炘以禘視爲天子、諸侯之祭，以祫視爲大夫、士之祭。又引《說文》所見禘、祫之義，謂禘者形聲兼會意，祫者，爲會意。此說頗有疑義。《說文·示部》云：「禘，禘祭也。《周禮》曰五歲一禘。」又「祫，大合祭先祖，親疏遠近也。《周禮》曰三歲一祫。」段玉裁注：「兩云《周禮》者，以別於夏殷之禮。兩『曰』字皆衍文也。」〔註76〕段校即是。乃因《周禮》未言祫禮，此即泛指周代之禮。段氏又引《御覽》五二八，《初學記》十三，《藝文類聚》三十八，均引許慎《五經異義》云：「三歲一祫，此周禮也。五歲一禘，疑先王之禮也。」且據陳壽祺《五經異義疏證》以爲此文有訛脫。故文應作「三歲一祫，五歲一禘，此周禮也。三歲一禘，疑先王之禮也。」故以《說文》校之，則陳說可從也。而夏炘未自此言，僅自文字形部剖析，仍有可議之處。又載「文公二年大事於太廟，《公羊傳》以爲祫祭」。「昭十五年之有事，《左傳》以爲禘禮」。乃至鄭玄禘祫大小之說，夏炘亦以爲未妥，且以後儒所言禘祫爲一事而非者，此或亦夏炘一人之見，恐未能定論。爲此，孫詒讓曾感嘆謂：「儒家之說禘祫也，通俗不同，學者競傳其聞，是用哅哅爭論，從數百年來矣。」〔註77〕孫氏之嘆，蓋有理也。然則禘祫之分合，將爲歷史之公案矣。

是而由上之析論，則孔穎達等之禘、祫一名二說之論，似較夏炘之禘祫二名說爲合宜。而謂禘、祫爲祭之方式非祭名則一也。

3. 「三年一祫，五年一禘」出禮緯

鄭玄《禘祫志》有云「五年再殷祭」，又云「三年祫，五年禘」，此二說於先秦經傳及其他古籍均未見，即古文佚禮《禘於太廟禮》亦未載此文。〔註78〕鄭氏於《禘祫志》中提及《公羊傳》「五年再殷祭」，則其說本於《公羊傳》。夏炘〈釋禘四〉云：

> 五年一禘，三年一禘，出於禮緯，而張純及康成信之。「五年再殷祭」
> 出於《公羊傳》，而康成《禘祫志》一遵其說。〔註79〕

則夏炘亦以鄭玄「五年一禘，三年一祫。」之說爲出自禮緯，而說則本於《公羊傳》。

〔註76〕《說文解字·示部》，頁6。
〔註77〕孫詒讓《周禮正義》卷三十三。
〔註78〕按：古文佚禮《禘於太廟禮》，鄭玄於《儀禮·少牢饋食禮》有引文，可見必見此文，今如佚禮中有「五年再殷祭」等文，鄭氏必然引用。
〔註79〕《學禮管釋》卷二，頁49。

《公羊傳‧文公五年》

> 八月丁卯，大事於大廟，躋僖公。大事者何？大祫也。大祫者何？
> 合祭也。其合祭奈何？毀廟之主陳於大廟，未毀廟之主皆升，合食
> 於大祖。五年而再殷祭。

何休注：

> 殷，盛也。謂三年祫，五年禘。

　　然則《公羊傳》及〈何休注〉皆本《禮緯》之說也。以《公羊傳》於漢
初僅爲口授相傳，尚未成書，漢景帝時，始著於竹帛。其時讖緯之說已出，
是《公羊傳》作者采用《禮緯》之說。至東漢讖緯盛行，何休作《解詁》，引
《禮緯》之文解之，自屬當然。

《漢書‧藝文志》載：

> 《春秋》所貶損大人，當世君臣，有威權勢力，其事實皆形於傳，
> 是以隱其書而不宣，所以免時難也。及末世口說流行，有公羊、穀
> 梁、鄒、夾之傳。公羊、穀梁立於學官，鄒氏無師，夾氏未有書。

《公羊傳‧隱公二年》何休解詁：

> 《春秋》有改周受命之制，孔子畏時遠害，又知秦將燔詩書，其說
> 口授相傳，至漢公羊氏及弟子胡毋生等，乃始記於竹帛，故有所失
> 也。

　　等等之言，皆荒誕不經，而其中《禮緯》又爲鄭玄《禘祫志》所本，不
足以證周代禮制，理由甚明。因之，若：

《南齊書‧禮志上》引《禮緯‧稽命徵》所謂：

> 三年一祫，五年一禘。

《詩‧商頌‧長發》孔穎達疏：

> 鄭《駁異義》云：「三年一祫，五年一禘，百王通義。以爲《禮讖》
> 云：殷之五年殷祭，亦名禘也。」（《禮讖》亦即《禮緯》）

《禮記‧王制》、《詩‧魯頌‧閟宮》孔穎達疏引《禮緯》：

> 禮，三年一祫，五年一禘。

　　依上之說，則「三年一祫，五年一禘。」之說出自《禮緯》，而鄭玄以之
爲《釋禘》，於理之未足信可知，此所以夏炘〈釋禘四〉開宗明義即謂鄭玄「祫、
禘」之說有所爭議故也。

二、釋明堂例

《禮記‧明堂位》所云明堂之制，二千年來學者聚訟紛紜，實難定論。《漢書‧藝文志》載〈明堂陰陽記〉，說即多種，鄭玄《禮記目錄》稱此篇亦數其一。《逸周書》載〈明堂解〉及〈王會解〉二篇，後者，記事怪奇；前者則與〈明堂位〉關係密切。蓋「明堂」本是周人追享文王之廟，魯國周宗親，其廟亦侈言明堂。廟中繪有周公懷抱成王朝見諸侯圖像，魯儒以爲無上之榮耀。〔註80〕

夏炘《學禮管釋》卷六，首特標〈釋明堂〉，其意亦在由「援正經，考典禮，述制度」以得尊尊之義，且亦以振漢以來雲擾不決之「蔽」，是其說有值論闡。夏炘云：

> 明堂之典禮有三：一聽朔也；一宗祀文王也；一朝會諸侯也。明堂之制度有二：一爲廟室之明堂，《考工記》、《月令》所載是也。一爲宮壇之明堂，覲禮司儀所載是也。廟堂之明堂有屋有堂有戶牖，爲天子聽朔宗祀之所。宮壇之明堂，築階築堂，表門略具，規制不備，屋宇牆垣爲邊子朝會諸侯，及巡狩方嶽覲群后之所。參考經典，明確可據。後儒惑於《大戴記‧盛德篇》之駁文，或牽合宗廟，或牽合路寢，或牽合辟雍，聚訟紛紛，幾三千年不決甚矣。其蔽也。〔註81〕

此《大戴禮‧盛德篇》於明堂之言，或牽引過甚，夏炘目爲未可，且以爲淆惑後儒，故提訂訛之論，以還明堂之本來。

《大戴禮‧盛德篇》訂訛：

> 明堂者，古之有也。
>
> 注：明堂之作，其代未得其詳也。
>
> 凡九室，一室而有四戶八牖，凡三十六戶、七十二牖。
>
> 《鄭駁異義》曰：「九室、三十六戶、七十二牖。」似秦相呂不韋作《春秋》時，說者所益，非古制也。炘按：堂爲九區，中五室，并四隅爲九正，合古制。依《考工記》只有二十戶、四十牖，與此不同。
>
> 以茅蓋屋，上圜下方。
>
> 炘按：此句襲〈明堂位〉文，明堂詳列諸侯之位，故曰：「明諸侯尊卑。」此句上無所承，四有脫簡奪句。

〔註80〕王夢鷗《禮記今註今釋》〈明堂位弁言〉，頁 421。
〔註81〕《學禮管釋》卷六，頁 199～200。

外水曰辟雍。

　　　炘按：牽合辟雍爲一，漢世遂以明堂、靈堂、太學爲三雍宮也。

南蠻、東夷、北狄、西戎。

　　　炘按：三公內諸侯之位俱不見，忽數四彝之國，其有脫簡無疑。以
　　　上三句，文氣俱不貫串。

　　明堂月合赤綴戶也，白綴牖也，二九四七五六一八。堂高三丈，東西九
筵，南北七筵，上圜下方，九室十二堂，室四戶，戶二牖。

　　　炘按：此三句述明堂壇壝之制，與觀禮合，非廟堂之明堂，然可見
　　　壇地之明堂在近郊三十里之上，與淳于登所說廟室明堂不同地。

或以爲明堂者，文王廟也。

　　　注：明堂與文王之廟不同處，或說謬也。炘按：後儒宗廟明堂同制
　　　本此。

朱艸日生一葉，至十五日生十葉，十六日一葉落，終而復始也。

　　　炘按《孝經・援神契》、《尚書・中侯》諸緯，俱以爲堯時事，以
　　　爲文王廟中有此瑞，頗不合。

周時德澤洽和蒿茂，大以爲宮柱，名爲蒿宮也。

　　　見《晏子春秋》，似未可信。

此天子之路寢也。

　　　炘按：此句與上文不接。上方明堂即文王之廟，又侈言祥瑞，並無
　　　一言及路寢，忽曰：「此天子之路寢也。」必有脫簡無疑。

不齋不居其室，待朝在南宮，揖朝出其南門。

　　　炘按：此三句指「路寢」言，然與明堂無涉。

引李惇之歸結：

　　　《盛德篇》貽誤後人者有五：既云：明諸侯尊卑，又以爲文王之廟，
　　　遂啓杜氏訓明堂爲祖廟之誤，一也。又以爲天子之路寢，遂啓鄭氏
　　　「大寢」、「明堂」同制之誤，二也。又云：外水曰「辟雍」，遂啓蔡
　　　氏明堂爲辟雍爲一之誤，三也。朱艸蒿宮，近於夸誕，適啓後人封
　　　禪祥瑞之侈說也。天灾（災）則飾明堂，更涉矯誣（見《盛德篇》
　　　首：凡人民疾六畜，疫五穀，灾（災）者生於天道不順，天道不順，
　　　生於明堂不飾。故有天灾（災）則飾明堂也。）適啓後世土木厭勝

之邪説，五也。〔註82〕

李惇所提與夏炘之義相互連貫。皆以《盛德篇》有誤，「路寢」、「辟雍」非明堂。若《盛德篇》，則「訂訛」之議，已可概見。今再言「路寢」與「辟雍」非明堂義。

（一）路寢非明堂

謂「路寢」者，其義當爲天子之正寢。《公羊傳・莊公三十二年》載「路寢者何？正寢也。」《周禮・天官・宮人》謂「掌王六寢之脩。」賈公彥疏云：「路寢制如明堂，以聽政。路，大也；人君所居皆曰路。」而《疏》所言之明堂，係本〈匠人〉，如「周人明堂，度九尺之筵，東西九筵，南北七筵，堂崇一筵，五室，凡室二筵。」鄭注云：「明堂者，明政教之堂。周度以筵，亦王者相政。周堂高九尺，殷三尺，則夏一尺矣，相參之數。禹卑宮室，謂此一尺之堂歟？此三者或舉宗廟，或舉王寢，或舉明堂，互言之，以明同制。」〔註83〕然此爲鄭氏之言。若《尚書正義》，孔穎達則以爲非然，且謂：

> 案鄭注《周禮》，宗廟、路寢制如明堂。明堂則五室，此路寢得有東房、西房者，《鄭志》張逸以此問，鄭答云：「成王崩在鎬京。鎬京宮室因文武，更不改作，故同諸侯之制，有左右房也。」孔（安國）無明説，或與鄭異，路寢之制不必同明堂也。〔註84〕

則孔穎達明言「路寢之制不必同明堂也。」其言甚是。至《公羊傳・莊公三十二年》載「路寢」之説，何休解詁云：「公之正居也。天子諸侯皆有三寢：一曰高寢，二曰路寢，三曰小寢。父居高寢，子居路寢，孫從王父母，妻從夫寢，夫人居小寢。」〔註85〕則路寢爲公之正居三寢之一，且爲子之寢也。今再據《周禮・天官・宮人》所言「掌王六寢之脩」，鄭注「六寢者，路寢一，小寢五。」又引《玉藻》云：「朝，辨色始入。君日出而視朝，退室路寢聽政，使人視大夫，大夫退，然後適小寢，釋服。人君非一寢明矣。」則亦視爲聽政之所，當非如〈匠人〉所云同於周之「明堂」可知矣。

（二）辟雍非明堂

辟雍即辟廱。爲天子所設立之大學也。《詩・大雅・靈臺》：「於樂辟廱。」

〔註82〕 《學禮管釋》卷六，頁209～210。
〔註83〕 北京大學版《十三經注疏・周禮注疏》，頁1152。
〔註84〕 同上，《尚書正義》，頁507。
〔註85〕 同上《春秋公羊傳注疏》，頁188。

傳：「水旋邱如璧，曰辟廱。」陳奐傳疏：「〈王制〉：『大學在郊，天子曰辟廱。』辟廱始於殷，〈王制〉之右學，〈祭義〉之西學，〈明堂位〉之瞽宗，皆殷之辟廱也，文王仍殷制，辟廱在郊。」《禮記‧王制》注：「辟，明也。廱，和也。所以明和天下。」〔註86〕疏云：「所以明和天，謂於此學中習學道術，欲使天下之人悉明達諧和。」《韓詩》亦云：「辟廱者，天子之圓如璧，雍之以水示圓，言辟取辟有德，不言辟水言辟廱者，取其廱和也，所以教天下春射秋饗尊事三老五更，在南方七里之內，立明堂於中，五經之文所藏處，蓋以茅草，取其潔清也。」王應麟《詩攷》亦引此說。又《禮記‧文王世子》謂「瞽宗秋學禮」，「瞽宗」者，殷時學名，在周為西學。而辟廱一名「成均」，如《詩》言「鎬京辟廱」，而《周禮‧春官‧大司樂》言「掌成均之法，以治建國之學政。」孫詒讓《周禮正義》云：「周大學之名，見此經者唯「成均」，見於《禮記》者，則又有辟廱、上庠、東序、瞽宗，東序亦曰東膠，與成均為五學，皆大學也。」鄭鍔云：「周五學，中曰辟廱，環之以水，水南為成均，水北為上庠，水東為東序，水西為瞽宗。」其義則陸佃、黃以周之言五學方位亦同。金鶚云：「五學以辟廱居中為最尊，成均在南亦尊，故統五學為辟廱，亦統五學可名成均。」《三輔黃圖》亦載：「文王辟廱在長安西北四十里，亦曰辟廱，如璧之圓，雍之以水，象教化流行也；漢辟廱在長安西北七里，河間獻王對雍宮即此」然則辟廱、成均，並為周代之大學，異名而同實也。

（三）明堂解

夏炘《釋明堂》謂明堂典禮有三：一聽朔，一宗文王，一朝會諸侯。又謂明堂之制度有二：一為廟室之明堂，一為宮壇之明堂。然則「明堂」之位究為宮內或郊外，夏炘未明言，即「《大戴禮‧盛德篇》訂訛」，所引李惇之說，亦未確切指云明堂之處。若筆者博士論文《阮元之經學》於〈禮之古訓說〉章，其〈考古制〉首即標〈明堂考〉，〔註87〕而以為《周禮‧考工記‧匠人》所謂之明堂，當如阮元所謂「確為王都郊外之明堂，未可以城內廟寢當之」。〔註88〕即戴震亦言「明堂在國之陽」，且引淳于登之語，謂：「在三里之外，七里之內，丙巳之地」。〔註89〕又引《韓詩》說，謂「明堂在南方〔註90〕

〔註86〕　同上，《禮記正義》，頁370。
〔註87〕　楊錦富《阮元之經學》，頁313。
〔註88〕　阮元《揅經室一集》卷一，頁13。
〔註89〕　《學禮管釋》，頁207亦引此語，且謂語出《五經異義》「淳于登說明堂在國

七里之郊」。則明堂在郊外，非於王城可知，與「路寢」、「辟廱」有別亦可知矣。至如明堂之義，當有別於天子與諸侯：天子者，以之祀上帝、祭先祖；諸侯者，以之養老、尊賢、教國子、鄉射、獻俘馘……。而在夏炘者，則爲周公祭文王，與天子之祀上帝、祭先祖無別，若其義則明確耳。至於明堂之廟若何？夏炘引《禮記・月令》謂：

〈月令〉孟春之月，天子居青陽左箇；仲春之月，天子居青陽太廟；季春之月，天子居青陽右箇；孟夏之月，天子居明堂左箇；仲夏之月，天子居明堂太廟；季夏之月，天子居明堂右箇；中央土，天子居太廟太室；孟秋之月，天子居總章左箇；仲秋之月，天子居總章太廟；季秋之月，天子居總章右箇；孟冬之月，天子居元堂左箇；仲冬之月，天子居元堂太廟；季冬之月，天子居元堂右箇。〔註91〕

圖（一）四面堂箇廟圖圖 　　　圖（二）堂箇室丈尺圖

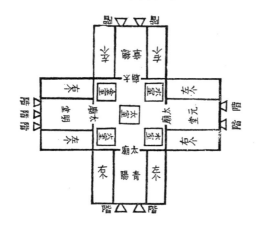 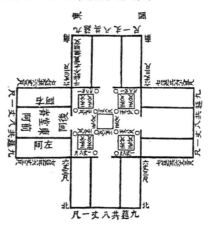

依以上圖例，則明堂之堂廟及丈尺可得一清晰梗概，而《禮記・月令》所云「明堂陰陽」之義，於此乃亦得之，圖文相照，庶幾更能明「堂」政教之義之所在。再者，「明堂」之義，夏炘則以爲乃周公宗祀文王以配上帝之制。

《孝經》：「昔者周公郊祀后稷以配天，宗祀文王於明堂以配上帝。」

程子曰：「萬物本乎天，人本乎祖。故冬至祭天而祖配之，以冬至氣之始也。萬物成形於帝，而人成形於父；故季秋享帝而以父配之，以

<hr />

之陽，丙巳之地，班里之外，七里之內。」

〔註90〕《戴震文集》，頁 24～25。

〔註91〕《學禮管釋》，頁 200～201；圖例則依阮元《揅經室集》卷一，頁 15～16 繪製。

季秋物成之時也。」朱子曰:「爲壇而祭,故爲之天。祭於屋下,而以神祇祭之,故謂之帝。」(炘按:朱子此二語極精。江都汪中《述學》〈明堂通釋〉中,痛詆朱子此二語,可謂無忌憚矣。)王炎曰:「武王之伐商而歸也,祀明堂以教民知孝,其禮行於朝覲耕藉(籍)養老之先,而嚴父配天之義,夫子不屬之武王而屬之周公者,蓋明堂之禮武王主其事而行之。其制度則周公明其義而爲之也。」《詩・周頌》:「我將我享,維羊維天,其右其右之。儀式刑文王之典,日靖四方。伊嘏文王,既右饗之,我其夙夜,畏天之威,于時保之。」〔註92〕《朱子集傳》陳氏曰:「古者祭天於圜丘,掃地而行事,器用陶匏,牲用犢,其禮極簡,聖人之意,以爲未足以報本,故於季秋之月,有大享之禮焉。」天即帝也,郊而曰天,所以尊之也,故以后稷配焉;后稷遠矣,配稷於郊,亦以尊稷也。明堂而曰:帝所以親之也故以文王配焉。文王近也,配文王於明堂,亦以親文王也。尊尊而親親,周道備矣。然則郊者古禮,而明堂者,周制也。周公以義起之者也。

又云:

《樂記》「祀乎明堂,而民知孝。」(宋)錢公輔曰:「今觀明堂之禮與散軍郊射,禪冕搢笏同稱,明是武王之事。《孝經》所謂周公其人者,言周公相武王以成大業,如嚴父配天之舉,非武王不能爲,亦非周公不能贊成之。」

然則「明堂」之義,爲承周公之祀文王,而其明尊尊之孝,殆可知矣。

三、釋田制例

有土斯有財,有爵斯有祿,古今同義。於周之官職,其祿之授,則自田祿而來,其等亦分爲三:一云采邑,即發采邑以爲祿。一邑三十六家,田三千六百畝,祿者收取地租,且治理各邑居民之權,此稱之食邑。采邑爲世襲,亦稱世祿。凡貴族及公卿大夫可得采邑。二云祿田,發放若干邑之田以祿,收取地租,但無治民之權,田地亦不世襲。凡較疏遠之貴族及新進之士大夫,可得祿田。三云稍食,及廩食之意。凡無爵位之官吏,每月發放粟米,以爲月俸。此其大較也。

〔註92〕所引爲《周頌・我將》爲宗祀文王於明堂以配上帝之樂歌。

至於田制之稱，祿田之外，亦有圭田、井田之說，圭田之義，則古今學者時有爭議；而井田之公田者，究為夏時即有，亦周時有之，亦待乎辨明，故夏炘《學禮管釋》特舉此圭田、井田之例以說之，蓋以為財帛者，乃生計之道也。

（一）釋圭田

夏炘云：

> 先王教孝之田，謂之圭田。《廣雅》「圭，潔也。」言孝子潔白以供祭祀也。《韓詩》「吉圭為饎（熟食）。」毛詩作「吉蠲為饎。」「蠲」亦潔也，字異而義同也。〈士虞禮〉記「圭為而哀薦之。」注云：「圭，絜也。」《周禮》「蜡氏令州里除不蠲。」注云：「蠲讀如吉。」圭為饎之圭。圭，潔也。故《王制》「圭田無征。」《孟子》「卿以下不必有圭田。」鄭康成、趙邠卿俱以「圭潔」解之，此圭田所以取義也。至於載師以士田任近郊之地，鄭司農云：「士田者，士大夫之子得而耕之田也。」《荀子·王制篇》「雖王公士大夫之子孫不能屬於禮義，則歸之庶人。」此士田之所以取名，鄭康成以為即圭田。《王制》明云：「圭田無征」，而近郊之田，稅十一，則非無征之圭田明矣。而或以王制為殷法殷政寬厚重賢人，然則周之文武不重賢人乎！斯不可通也。古者圭璧之圭從玉作珪。《說文》「珪，古文圭。」可證。（《王制》「賜圭瓚」，《釋文》「圭本作珪」，《孟子》「白圭，《魏策》作「白珪」。」鄭氏〈匠人〉注：「圭之言珪潔也。」）後世省玉作「圭」，以圭為珪璧之「珪」，而圭訓為「潔」之義漸隱，幸〈韓詩〉之「吉珪為饎」，〈士虞禮〉記之「圭為而哀薦之」尚存。圭之古字古訓也，圭字又加田作「畦」，《說文》「畦」字解云：「田五十畝曰畦」。畦田即「圭田」，非有二義。《離騷》之「畦留夷與揭車」。《史記·貨殖傳》之「千畦薑韭。」此畦只作「區」字解，王逸、徐廣並以為五十畝之「畦」；以「又樹蕙之百畝」例之，《離騷》或可通，而千畦為「五萬畝之薑韭」，太史公真不善屬詞矣。若夫「九章」方田有圭田，求廣從法有直田，截圭田，法圭訓，畸零即六十四黍為一圭。《漢書·律曆志》「不失圭撮之圭」，孫氏蘭畇為創獲，援以解圭田，而以古人訓潔之義為非，不亦領異標新，失先王以潔教孝之精義哉！

〔註93〕

夏炘以爲圭者即潔也，圭田即先王以潔教孝之田，其注亦引《詩》「絜爾牛羊」，《左傳》「絜齋豐盛」，言圭即絜，而絜即潔也，而此圭田，乃即教孝之田也。且以《韓詩》「吉圭爲饎」，謂吉蠲、圭蠲、饎蠲皆潔也。然則此教孝之田，田畝爲何，夏炘未及時言述，其實「圭田」也者，即《孟子・滕文公上》五十畝之田也，亦卿以下之「士田」也。而名圭爲「絜」者，乃以之共祭祀也。今謹以《孟子》之言及趙岐等注疏解之：

〈滕文公上〉云：「卿以下，必有圭田，圭田五十畝，餘夫二十五畝。」

趙岐注云：

> 古者卿以下至於士，皆受圭田五十畝，所以共祭祀。圭，絜也。士田謂之圭田，所謂惟士無田，則亦不祭，言絀士無絜田也。井田之民，養公田者受百畝，圭田半之，故五十畝。餘夫者，一家一人受田，其餘老小尚有餘力者，受二十五畝，半於圭田，謂之餘夫也。受田者，田萊多少，有上中下。《周禮》曰：「餘夫亦如之。」亦如上中下之制也。《王制》曰：「夫圭田無征」謂餘夫圭田，皆不出征賦也。時無圭田餘夫，孟子欲令復古，所以重祭祀利民之道也。

焦循《孟子正義》云：

> 《周禮・地官・載師》：「以士田任近郊之地。」注云：「鄭司農云：『士田者，士大夫之子得而耕之田也。』」元（玄）謂士讀爲仕，仕者亦受田，所謂圭田也。孟子曰：「自卿以下，必有圭田。」圭田五十畝，圭田既是仕田，則卿以下通大夫、士而言，即〈載師〉之士田也。注云蠲讀爲吉圭帷饎之圭，圭，潔也。《儀禮・士虞禮記》云：「圭爲而哀薦之饗。」注亦云：「圭，潔也。」《詩》曰：「吉圭爲饎。」《呂氏春秋・尊師篇》云：「必蠲絜。」高誘注云：「蠲讀曰圭。」是圭之義爲絜也。《禮記・王制》云：「夫圭田無征。」注云：「夫猶治也。征，税也。」孟子曰：「卿以下必有圭田。」治圭田者不悦，所以厚賢也，此則周禮之士田以在近郊之地税什一。孔氏《正義》云：「圭，潔也，言德行潔白也，而與之田。」殷所不税者，殷政寬厚重賢人，周則税之；士以潔白而升，則與以圭田，使供祭祀，若

〔註93〕《學禮管釋》卷七，頁441～442。

以不潔白而黜，則收其田里，故士無田則不祭，有田以表其潔，無田以罰其不潔也。《説文‧田部》云：「圭田五十畝。」曰：「圭從田圭聲。」段玉裁《説文解字注》：「圭留夷揭車。」王逸注：「五十畝曰畦。」〈蜀都賦〉劉注云：「楚辭倚沼畦瀛。」王逸云：「瀛，澤中也。」班固以爲畦田五十畝也。孟子曰：「圭田五十畝曰畦。」然則畦從圭田，會意兼形聲與。孫氏蘭《輿地隅説》云：「孟子圭田，或以圭訓潔，非也。」九章方田有圭田，求廣從法有直田截圭田法，有圭田截小截大法，凡零星不成井之田，一以圭法量之，圭者，合二句股之形，井田之外有圭田，明係零星不井者也。此上二説，與趙氏異。按鄭司農以士田爲士大夫之子所耕，《荀子‧王制》云：「雖王公士大夫之子孫，不能屬於禮義，則歸之庶人。」然則士大夫之子孫，不能嗣爲士大夫者，即授之田，正與餘夫一例。若然，則圭田不以潔取義，正指不能成井者而言；不能成井，則以五十畝爲一畦，畦之數，又即由圭形而稱焉者也。《史記‧貨殖列傳》云：「千畦薑韭。」《集解》引徐廣云：「一畦二十五畝。」《文選》注引劉熙注「病於夏畦」云：「今俗以二十五畝爲小畦，以五十畝爲大畦。」然則餘夫二十五畝，亦即蒙上圭田而言。〔註94〕

以夏炘、焦循之言相觀，則焦循之意或較夏炘過之。實則以古井田之義觀之，圭田五十畝者，蓋即孟子之時所見，亦似無問題。而夏炘以「潔」訓之，此潔字當非潔瑩之潔，依焦循之述，所謂潔者，以田取義，即指成井者而言；其不潔者，正指不能成井者而言；如此言之，則謂「圭田」、「潔田」、「絜田」之義方可通，否則歸結其爲教孝之田，或孝子潔白以爲祭祀之義者，皆不免穿鑿附會。

（二）夏貢有公田

上古黃帝之世，經土設井，立步制畝，使八家爲井，井開四道，而分八宅，鑿井於中，是爲井田之始。商時因古制，以六百三十畝之地，畫爲九區，區七十畝，中爲公田，其外八家各授一區，借其力以助公田，但不復稅其私田。周制以方九百畝之地爲一里，畫爲九區，區百畝，中爲公田，其外八家各授一區，而助耕公田，亦不稅其私田，此爲上古田制之大概。然田制所載，皆記殷周以

〔註94〕 焦循《孟子正義》，頁219～210。

來之制，於夏之時則缺微，若此制，在夏炘則以爲不足，因之，〈釋夏貢公田〉之作，一則承「圭田」之說而來，一則亦在申夏之承黃帝，而有井田之制也。

夏炘云：

> 公田之名，原於井田。杜佑《通典》云：「昔黃帝始經土設井，以塞爭端，立步制畝，以防不足，使八家爲井，井開四道，而分八宅，及乎夏殷，不改其制。」有井田，則必有畎澮、溝洫，有如《周禮·匠人》所云：「深尺廣尺謂之甽，田首倍之，廣二尺，深二尺，謂之遂。」九夫爲井，井間廣四尺，深四尺謂之；方十里爲成，成間廣八尺，深八尺，謂之洫；方百里爲同，同間廣二尋（八尺），深二仞，謂之澮，專達於穿。禹自言曰：「濬畎澮距川。」畎乃田間小水，澮乃同間大水，是舉井田首尾言之。《論語》之美禹曰：「盡力乎溝洫。」乃井間廣、深各四尺之水。洫乃成間深廣各八尺之水，是舉井田之中間言之。鄭君〈小司徒〉注云：「昔夏少康在虞，思有田一成，有眾一旅。」一旅之眾而田一成，則井牧之法，先古然矣，先古謂「夏時」也。然則井田之制，殷因於夏，夏爲井田，安得無公田哉！其在〈夏小正〉曰：「農及雪澤，初服於公田。」其證也。然夏雖爲井田，而取民之制與殷異，夏九夫而共一井，公田五十畝，私田四百畝，一井共四百五十畝，八家同養公田，校數歲之中每畝之收以爲率，假令畝收一鍾，公田五十畝者，即五十鍾，八家每年共出五十鍾以奉公，豐年不增，凶年不減，謂之爲貢。殷人但取助耕，無求益之事，豐年、凶年皆取於是，是之謂助，最得井田之正法，此龍子所以有善不善之論也。孟子時助已廢，諸侯之取民無藝，孟子欲明周亦有助，故云：「惟助爲有公田。」特以解大田之詩，非謂夏之貢法竟無公田也。後世習聞孟子之言，不察孟子立言之旨，解〈夏小正〉之公田爲藉田，如後世官田之比，不知井田之法，自黃帝以至夏殷未嘗有改。禹曰：「濬畎澮。」孔子曰：「盡力乎溝洫。」非井田而何！〈小正〉曰：「服於公田。」非八家同井之公田而何！知公田之通於三代，而後知井田之始自軒轅也。〔註95〕

則夏炘〈釋夏貢有田〉之作，在辨明「後世習聞孟子之言，不察孟子立言

〔註95〕《學禮管釋》443～446。

之旨。」且以爲井田之制爲通於三代，其始乃自軒轅，其制則井然有條，非如後人之臆想，或儒家虛設之理想耳。因之，就夏炘所言推之，仍宜就文獻所載，逐一分釐，方能論斷井田之制意之所在，於孟子之旨義，當更能理解。

若夫井田者，原意爲中間有溝渠分劃如「井」字形之沃地，古書中常與牧田、丘陵、沼澤對稱。其例如：

《國語・齊語》：

> 陵阜、陵瑾、井田疇均，則民不憾。

《左傳・襄公二十五年》：

> 蔿（草）掩書土田：度山林，鳩藪澤，辨京陵，表淳鹵，數疆潦，
> 規偃豬，町原防，牧隰皋，井衍沃，量入脩賦。

按：「井」之初意，爲在衍沃之土地開溝渠，其後則衍爲土地面積之單位。

《周禮・地官・小司徒》鄭注引《司馬法》云：

> 六尺爲步，步百爲畝，畝百爲夫，夫三爲屋，屋三爲井，井十爲通。
> 通爲匹馬，三十家，士一人，徒二人。通十爲成，成百井，三百家，
> 革車一乘，士十人，徒二十人，十成爲終，終千井，革車十乘，士
> 百人，徒二百人，十終爲同，同方百里，萬井，三萬家，革車百乘，
> 士千人，徒二千人。

此所云步、畝、夫、屋、井、通、成、終，皆田地單位之稱。其中一井爲九夫，夫爲一百畝，亦爲計算田地單位之稱。至若所云之一夫者，非爲一家；即爲一井者，亦非爲九家，尤非《孟子》所云之八家。故云「井十爲通，……三十成家。」「成百井，三百家。」諸語，則與《孟子》所言之井田制度無關。〔註96〕

至於古文獻中，視井田爲一田稅名稱，且語及井田之制度者，當是《孟子》。

《孟子・滕文公上》云：

> 夏后氏五十而貢，殷人七十而助，周人百畝而徹，其實皆什一也。
> 徹者，徹者，徹也。助者，藉也。龍子：「治地莫善於助，莫不善於
> 貢。」貢者，校數歲之中以爲常。樂歲，粒米狼戾，多取之而不虐，
> 則寡取之；凶年，糞其田而不足，則必取盈焉。……《詩》云：「雨

〔註96〕錢玄《南京師大學報》1993年，第一期。

我公田，遂及我私。」惟助爲有公田，由此觀之，雖周亦助也。

以是知，此段文字當爲夏炘〈禹貢有公田〉之說所本。

趙歧注云：

> 夏禹之世號夏后氏。后，君也。禹受禪於君，故夏稱后；殷周順人
> 心而征伐，故言人也。民耕五十畝，貢上五畝；耕七十畝者，以七
> 畝助公家；耕百畝者，徹取十畝以爲賦，雖異名而多少同，故曰皆
> 什一也。徹猶人徹取物也；藉者，界也，猶人相借力助之也。

焦循引顧炎武云：

> 古來田賦之制，實始於禹，水土既平，咸稱三壤，後之王者，不過
> 因其成績而已。〔註97〕

則《日知錄》已肯定井田之制，禹時已有之。故《詩·信南山》載：「信
彼南山，維禹甸之，畇畇原隰，曾孫田之，我疆我理，南東其畝。」然則周
之疆理，猶禹之遺法也。

焦循又云：

> 孟子云：「夏后氏五十而貢，殷人七十而助，周人百畝而徹。」夫井
> 田之制，一井之地，畫爲九區，故蘇洵謂萬夫之地。蓋三十二里有
> 半，而其間爲川爲路者一，爲澮爲道者九，爲洫爲涂者百，爲溝爲
> 畛者千，爲遂爲經者萬。使夏必五十，殷必七十，周必百，則是一
> 王之興，必將改畛涂，變溝洫，移道路以就之，爲此煩擾無益於民
> 之事也，豈其然乎！蓋三代取民之異，在乎貢、助、徹，不在乎五
> 十、七十、百畝，其五十、七十、百畝，特丈尺之不同，而田未嘗
> 易也。故曰：「其實皆什一也。」〈王制〉曰：「古者以周尺八尺爲步。」
> 今以周尺六尺四寸爲步，而當日因時制宜之法，亦有可言。夏時土
> 曠人稀，故其畝特大；殷周土易人多，故其畝特小，以夏之一畝爲
> 二畝，其名殊而實一矣。〔註98〕

由是言古者「周尺八尺爲步」，則周以前，如夏之時，田制八尺乃土曠人
稀之故；而今者「周尺八尺爲步」，即殷周之時，以土易人多故也，是即「名
殊而實一」。因之，古今印證，夏時田制已如實規畫，乃爲信然。

〔註97〕黃汝成《日知錄集釋》，頁353。
〔註98〕焦循《孟子正義》，頁197。

焦循又引錢澂《堂考古錄》云：

〈三代田制考〉云：「三代田制曷以異？曰：無異也。」無異則孟子何以言五十畝七十與百畝？曰：「名異而實不異，非不欲異也，其制固不能異也。」其不能異奈何？曰：「井田始於黃帝，洪水之後，禹修而復之，孔子所謂盡力乎溝洫也。溝洫既定，不可復變，殷周遵而用之耳。」

由錢澂之語，所謂「井田始於黃帝，洪水之後，禹修而復之。」云云，知夏之時已有井田之制，故雖三代田制有異，名則無以異也。

又引《周禮·考工記》：

「匠人爲溝洫，始於廣尺深尺之畎。田首倍之爲遂，爲田間之溝，倍其溝爲成間之洫，倍其洫爲同間之澮。」賈公彥繪一成之圖，謂畎縱洫橫，澮縱自然川橫。然則見畎知畝，見遂知夫，見溝知井，見洫知成，見澮知同也。一同之田，川與澮爲方；一成之田，洫與溝爲方；一井之田，溝與遂爲方；一夫之田，遂與畎爲方。畎，伐也，故不爲夫田限，故夫三爲屋，遂與溝遇也；至溝與洫遇，則爲通矣；洫與溝遇，則爲終矣。屋者，三分夫之一通者，十分成之一；終者，十分同之一，皆不爲方，水道有縱橫故也。禹自言「濬畎澮距川」，明畎澮縱而川則橫，周制則本於夏制矣。〔註99〕

　　蓋由「屋」而「通」而「終」，溝洫澮水之間有縱橫，明指水道間亦爲縱橫，此縱橫之水道，恰爲畎畝之分界，即禹「濬畎澮距川」之意也，後之周制亦本禹之制而來，即「周制本於夏制」之謂，則夏炘之「夏貢有公田」之說，佐證最明。至於「貢」、「助」之義，焦循之說，更能補夏炘語之不足：

康成所謂「公田不稅夫」故其名曰「助」與「徹」。夏則「我夫無公田」，而其名爲「貢」。「貢」則什一，助與徹爲九一，九一之與什一，盈朒（不足）異名耳，故曰皆什一。《禹貢》「賦有九等」，果什一歟？曰：「禹以九州爲等，非一井也，烏得言非什一？」錢氏大昕《潛研堂答問》云：「鄭康成注《周禮》嘗引《孟子》『野九夫而稅一，國中什一』之文。孔穎達《詩》正義申其旨云：『周制有貢有助，助者，九夫而稅一夫之田，什一而貢一夫之穀，通之二十分而稅二夫，是爲

什中稅一也。』」九一而助，爲九中一，知什一自賦，非什中一者；以言九一，即云而助，明里而井，井九百畝，其中爲公田，八家皆私田百畝，同養公田，公事畢，然後敢治私事，所以別野人也。〔註100〕

「貢」則什一，「助」與「徹」則九一，九一之與什一，所不足在畝之大小，其異微小，而公田之與私田，乃公田事畢，方治私事，此爲封建之義，如以此追溯，則封建之義當非周時，而爲夏之時矣。昔人直以周爲行井田之時，亦封建之始，由焦循所言，即錢大昕所謂，知夏之「貢」其時已行井田之制，則夏炘之語，當不差矣。

（三）周徹之徹

周徹之徹，意義頗多，有訓爲「剝」者，如《詩·豳風·鴟鴞》「徹彼桑土」之徹；有訓爲「治」者，如《詩·大雅·公劉》「徹田爲糧」之徹；有訓爲「毀」者，如《詩·小雅·十月之交》「徹我牆屋」；有訓爲「達」、「明」者，如《左傳·昭二年》「徹命于執事」、《國語·周語》「其何事不明」；有訓爲「去」、「斂」者，如《儀禮·士冠禮》「徹筮席」；有訓爲「道」、「循」者，如《爾雅·釋訓》「不徹，不道也。」；有訓爲「取」者，如《孟子·滕文公上》「周人百畝而徹」；有訓爲「通」者，如《論語·顏淵》「盍徹乎」；而訓爲「通」者，即鄭注所云：「周法什一而稅，謂之徹；徹，通也，天下之通法」。則此田制之「通」義，夏炘以爲最得徹之正訓，然又以爲如自「徹」田之徹訓之，則「通」義，或未必佳，故於〈釋徹法〉中，特有所申述：

> 周名「徹」之義，趙邠卿注《孟子》云：「徹取十畝以爲賦」，是讀徹與「徹彼桑土」之徹同，其義實淺。大毛、公篤、公劉、崧高俱云：「徹，治也。」是讀徹與「徹我疆土」之徹同，亦與「周用徹義」不甚該洽。惟鄭康成訓徹爲「通」，最得徹之正訓（《說文》亦云：「徹，通也。」）然注《論語》「以徹爲天下之通法」。注〈匠人〉又謂「通其率，以什一爲正。」則「徹」之訓「通」，實兼二義。竊以爲仍未得「徹通」之義也。周之名徹，實始於公劉、篤公，劉詩所謂《徹田爲糧》是也。公劉迫於夏衰，失其世職，自戎竄豳，深懼戎難，於郊內爲溝洫之法，多其溝澮縱橫，以防戎馬之衝突，於郊外仍用井田之制，取名爲徹，徹者「通」也，謂通溝洫井田二法而用之，遂爲周家

後世一代之制。文王值殷之季世，遵用助法，孟子所謂「文王治岐，耕者九一是也。」周既有天下，周公定爲典禮，因公劉徹法，鄉遂公邑，制爲溝洫，都鄙采地，仍用井田，諸侯亦異內外，孟子所云：「請野九一而助，國中什一而使自賦」者，亦是周之舊法。可知鄭君見《詩》云：「徹申伯土」，《論語》有若之對魯君曰：「盍徹乎！」其注〈匠人〉遂以徹爲諸侯之制，失周家名徹之義矣。〔註101〕

夏炘肯定鄭玄注「徹」爲「通」之義，而以爲與注〈匠人〉「通其率」之通，實有二義，故如合「通其率」之通與「徹爲天下之通法」之通爲一，實爲不妥，故如以注〈匠人〉之徹爲諸侯之制，確失周代名徹之義，夏炘之言有理，而其實自字義觀之，此二「徹」義未合，乃可知之。

然則「徹」之本義爲何，其爲天下之通法，義又安在，夏炘未言明，實則「徹」訓爲「取」較佳，蓋以趙岐《孟子》注「耕百畝者，徹取十畝以爲賦。」則徹猶人徹取物也。賈公彥〈匠人〉疏引之，孔穎達〈公劉〉疏引之，即上所述《孟子・滕文公上》亦引之，所謂徹取此隰所收之粟，以爲軍國之糧，是徹爲取也；再以他處「徹俎徹樂」之類證之，皆是收取之義；由是《孟子》之言「徹」者徹也，不煩更增一解，則徹取之義，允爲了當。

以上乃夏炘對井田之論述，由考證觀點而認定田制之存在與價值，雖若干意見不免自出己說，大體均能切合引證之事實。由是知殷周之前，夏亦已行公田之貢法，與殷周之助法，蓋大同小異耳，即圭田之論，雖云以潔教孝有所穿鑿，然意在顯田制傳承之意，說亦能瞭解，則夏炘之見，可取處仍多矣。〔註102〕

四、釋服制

夏炘《學禮管釋》所記，頗爲紜雜，分釐之際，除所列〈釋禘〉、〈釋明堂〉、〈釋田制〉外，則〈釋服制〉亦緊要一環。雖前章言及「三綱制服尊尊」

〔註101〕《學禮管釋》，頁 446～448。

〔註102〕近世如胡適則否定井田之制，疑其爲「托古改制」。《胡適文存》，頁 247，〈井田辨〉所提 1.「古代的封建制度決不是像《孟子》、《周官》、《王制》所說的那樣簡單。」「不但『豆腐干塊』一般的封建制度是不可能實行的，豆腐干塊的井田制度也不能的。」2.「井田的均產制，乃是戰國時代的烏托邦。」3.「戰國以來從來沒有人提及古代的井田制。《孟子》祇能說『諸侯惡其害己也，而皆去其籍。』」這是「托古改制」的慣技。然則胡適之徹底否定井田存在之學者，近世殆已不多。

之義，所述仍在喪期之推衍，所重惟在君臣、父子、夫婦之儀則，未自服制言說，而《管釋》所論，如卷八〈釋喪服義例〉、卷十〈釋君服〉，乃至卷十五〈釋衰〉、〈釋適〉、〈釋緣〉、〈釋衽〉、〈釋布〉、〈釋緦麻〉、〈釋練冠練衣〉、〈釋髽〉、〈釋士喪服緣衣〉，皆攸關喪服服制，其意蓋以喪服之飾，於古喪禮中可得具體之義，亦可爲喪禮實質之表徵。然以所舉稍雜，不易通貫，是今僅擷取較切當之段落以爲發抒，餘則日後再專篇論述耳。

（一）〈釋衰〉

〈喪服傳〉云：

> 斬者何，不緝也。

由喪服傳知所謂「斬衰」者，乃因服之衣裳，於製作時，均不縫邊，故而得名。凡喪服愈重者，其服制愈粗劣，「斬衰」爲所有喪服中最重之服，因之，不僅衣裳質料較他服粗重，即製作亦較他服簡陋。蓋自齊衰以下之喪服均有縫邊，獨「斬衰」不縫邊者，正可見其服之粗重簡陋。而據喪服篇之規定，男子成套斬衰之服，宜括爲：斬衰裳（斬衰衣、斬衰冠）、苴絰（首絰、腰絰）、苴杖、絞帶、冠繩纓（斬衰冠、冠繩纓）、菅屨等穿著佩戴之物。至夏炘則特就「衰」服言敘：

〈釋衰〉云：

> 凶服何以名「衰」也？曰：「以前六寸之衰名之也」。衰足以凶服乎？曰：「凶服之與吉服異者三：負也，衰也，適也。三者皆與吉服異者也」。曷爲僅以衰迎也？曰：「舉其重者言之也」。五服皆有衰乎？曰：「豈獨五服，疑衰、錫衰，皆以衰名，是亦無不有衰者也。」有衰亦必有負適乎？曰：「負適與衰三者，闕一不可，無負適何以成其爲衰也」。喪服者，所以順人情之哀而制之者也：前有衰，後有負，左右有適，言其哀無所不在也。自斬衰以及緦麻，自凶服以及弔服，哀雖有淺深，而其無不哀則同也。入墟墓者尚生哀，而況親臨其柩乎！曰：「子之說何所徵也」。曰：「即徵之於經也」。喪服一篇細明五服之同異，外削、內削、牡麻、枲麻、事縷、事布，三升、四升，無不詳悉言之，而獨於衰、負、適、衽衣、袂、袪、帶下八者無一語，言其同異，則五服同制昭昭矣！不徒唯是，《禮記》〈喪大記〉、〈喪服小記〉、〈間傳〉、〈服問〉、〈三年問〉、〈雜記〉、〈檀弓〉等篇，

皆所以發明喪服者也。小功左縫，緦麻澡纓，喪服不言，而雜記言
之；除喪者，先重者，易服者，易輕者，喪服不言，而小記言之；
齊衰五升、六升，大功七升，小功十二升，喪服不言，而間傳言之；
其他紀同異者，不可悉數，而負、適、衰之制，乃喪服之重且大者，
獨無一語剖析之，則五服同制，又益明矣。故〈雜記〉曰：「端衰無
等也」。鄭君之注「衰負適也」，何以僅云：「孝子哀戚無所不在也」。
曰：「喪禮以父母為主，言孝子者，舉其重者言之也」。〈問喪〉曰：
「孝子親死，悲哀志懣」，故三日而后斂，以俟其生也，豈期功以下
之喪，即不得三日而斂乎！〈檀弓〉曰：「夫明器，鬼器也；祭器，
人器也。」夫古之人何為而死其親乎？豈期功以下之喪葬，俱不得
用明器乎！古人立言，舉其最重，而其餘無所不該矣。曰：「家禮：
大功以下無衰負適。」黃勉齋、楊信齋謂：「子於父母有負、衰、適，
旁親不得用之」。徐健庵謂：「五服皆有衰，惟負版辟領子，於父母
用之」。然則諸儒之說，俱不足信乎。後世期功以下，罕有制衰裳者，
喪禮五服皆有衰裳，而負、適、衰三者，用於期以上，此因時立制，
並非解經，後人因家禮而加推闡，大抵發明朱子之意居多耳。曰：「宋
人以前五服為負、適、衰之制，亦有可徵者乎。」曰：「孔沖遠《禮
記》疏尚存其略，而惜未全也。」〈雜記〉曰：「大夫卜宅與葬日，
有司麻衣、布衰。」注云：「白布深衣而著衰」。疏引皇氏曰：「以三
升半布為衰，廣四寸，綴於衣前，當胸上；後又有負版長一尺，廣
四寸」。夫有司於有地，大夫服斬衰，然非孝子之於親也。皇（侃）
氏尚以為有負、衰，則凡骨肉之親，有不用負、衰、適者乎！其不
言辟領者，或脫簡，或省文耳。總之，無負、適不成其為衰，無衰
不成其為凶服，遍考經文，無孝子獨用衰之事，故詳釋如此。〔註103〕

夏炘〈釋衰〉文甚長，自首尾觀之，所重不外負、衰、適三者，其實皆
喪服之制也。

今以衰言。喪服之衰，形制有廣、狹之別。以〈喪服〉篇首「斬衰裳」
下，鄭注云：「凡服，上曰衰，下曰裳」。〔註104〕是「衰」為上衣之別名，此
為廣義之「衰」。

〔註103〕《學禮管釋》七，卷十五，頁99～103。
〔註104〕北京大學出版《儀禮注疏》，頁541。

又者，〈喪服記〉：「衰，長六寸，博四寸」。鄭注：「廣袤當心也。前有衰，後有負版，左右有辟領，孝子之心，無所不在」。此「衰」爲一長六寸，寬四寸之麻布，置於上衣當心之處，與「負」、「適」，分別附於衣上，深具象徵之意，是爲狹義之「衰」，亦夏炘之所本也。

衰之形制，依〈喪服記〉載：「凡衰，外削幅。……負，廣出於適寸。適，博四寸，出於衰。衰，長六寸，博四寸。衣帶下，尺。袵，二尺有五寸。袂，屬幅，二尺有二寸。袪，尺二寸」。則衰之形制，用布若干，及尺寸大小，於此知之。而所謂「凡衰，外削幅」者，當如賈疏所云：「謂縫之邊幅向外」是也。若夫「負」、「適」、「衰」者，當爲附著喪服上衣之物。「衰」爲一長六寸，寬四寸之麻布，鄭注謂「廣袤當心」，亦知此布爲綴於外衿當心之處。「適」之位，則在兩肩之上，即鄭注所謂「辟領」是也。任一邊之辟領皆有四寸寬，加之兩邊各四寸之闊中，則辟領橫廣計尺六寸。「負」者，鄭注云：「在背上者也，適，辟領也，負出於辟領之外，旁一寸」。則「負」爲一綴於背之麻布，長爲一尺八寸四方。又鄭玄云：「前有衰，後有負版，左右有辟領，孝子哀戚，無所不在」。是「負」、「適」、「衰」均附於喪服而爲具象徵義之服飾，是爲可知。

再如「衣帶下，尺」者，鄭注：「衣帶下尺者，要也，廣尺，足以掩裳際也」。張爾歧云：「此謂帶衣之帶，非大帶、革帶類也。用布高一尺，上綴衣身，遶要前後。」

若「袵，二尺有五寸」者，鄭注：「袵，所以掩裳際也。二尺五寸，與有司紳齊也。上正一尺，燕尾二尺五寸，凡用布三尺五寸。」疏云：「取布三尺五寸，廣一幅，留上一尺爲正，不破。一尺之下，從一畔旁入六寸，乃向下邪（斜）向，下一畔一尺五寸，去下畔亦六寸，橫斷之，留下一尺爲正，如是則用布有三尺五寸。得兩條袵，袵各二尺五寸，然後兩旁皆綴於衣，垂之向下，掩裳際，此謂男子之服，婦人則無。」

「袂」者，今謂之「袖」。疏云：「屬幅者，謂整幅二尺二寸，不削去其邊，取其與衣縱橫皆二尺二寸正方也。」

「衣，二尺有二寸。」鄭注：「此謂袂中也，言衣者，明與身參齊，二尺二寸，其袖足以容中人之肱也。衣自領至要，二尺二寸，倍之，四尺四寸，加闊中八寸，而又倍之，凡衣用布一丈四寸。」

「袪，尺二寸。」鄭注：「袪，袖口也，尺二寸，足以容中人之併兩手也。」

上之所述，則「負」、「衰」、「適」之飾可知，乃至「帶下」、「衽」、「袂」、「衣」、「袖」之尺寸，皆有一概括之見；次者，關於斬衰服制之升數，亦需知悉：

〈喪服傳〉云：

> 衰三升。

〈喪服記〉云：

> 衰三升，三升有半。

鄭注云：

> 衰，斬衰也。或曰三升半者，義服也。

孔德成先生云：

> 考之秦典籍，皆無「義服」之說，喪服篇中，更無一字提及「義服」者，止有正服、降服二種。所謂「義服」，當是漢以後才有的說法。後儒所以有義服之說，可能是因幫服記所說衰裳升數，斬衰有三升與三升半，大功有八升與九升，小功有十升與十一升等不同，因而創出「義服」之說。其實喪服記所記一種服制而有二種升數之布者，可能是表示可以任用其一之意，而非作一成不變的硬性規定。先秦之世，當無義服之說可知。〔註105〕

則「義服」之說，為漢以後之說，漢以前止正服與降服二者，此孔德成之說，亦甚合宜。由是，斬衰所用者，當為三升，或三升之半。至如夏炘所謂「《儀禮》諸記所記正應之所未備及有異同者」〔註106〕云云，其實有所異同者，當指漢後之異，漢以前自無異可言。

（二）〈釋適〉

夏炘於〈釋衰〉之外，又有〈釋適〉之作，可補斬「衰」之未足。其云：

> 適之制與衣殊材。前之衰，後之負版，皆繫於適。先著衣，記乃始著適，適謂之「辟領」，「辟」者偏也。謂領偏向旁開也。今世小兒衣領猶有右旁開縫者其古之遺制，與〈喪服記〉曰：「負廣出於適寸。」
> 注云：「負在背上者也，適，辟領也。負出於辟領外旁一寸。」又曰：「適，博四寸，出於衰。」注云：「博，廣也。辟領廣四寸，則與闊中八寸也。兩之為尺六寸也，出於衰者旁，出衰不著寸數者可知也。」

〔註105〕章景明《先秦喪服制度考》，頁 198 引。
〔註106〕《學禮管釋》，頁 104。

又曰：「衰長六寸，博四寸。」注云：「廣衰當心也。前有衰，後有
負版，左右有辟領，孝子衰戚無所不在。」又曰：「衣二尺有二寸。」
注云：「衣自至要（腰）二尺二寸，倍之，四尺四寸，加辟領八寸而
又倍之，凡衣用布一丈四寸。」

夏炘云：

炘案：衣長二尺二寸，統背計之，則四尺四寸，合左右計之，則八尺
八寸，此衣身用布之數也，於安項處，闊去八寸，所謂「闊中八寸」
者指此。別用布一幅，橫廣一尺六寸爲辟領，亦闊去中央安項處八寸，
兩旁各得四寸，此辟領用布之數也。衣用布八尺八寸，辟領用布八寸，
兼闊中去布計之，實布一尺六寸，注所謂加闊中八寸而又倍之也，統
衣布計之，凡一丈四寸，此衣與辟領用布之數也。辟領并闊中一尺六
寸，衰博四寸，辟領左右去衰六寸，此辟領出衰之數也。負版出於適
旁，寸則尺八寸，此負版用布之數也，適橫廣八寸，其縱橫無明文，
古者幅廣二尺二寸，擬用半幅爲之，除去闊中八寸，前後尚各餘布寸
半，後之負版，前之衰，皆綴於辟領之下，則負正當背，而衰亦當心，
鄭所謂「衰廣當心者也。」先著衣訖後始著適，適自右旁開縫，如
今之小兒衣領，辟之言偏命名，其以此與。〔註107〕

如依夏炘之意，則鄭玄〈喪服記〉「衣二尺有二寸」下所注「加辟領八寸
而又倍之。」宋本、集釋本、楊氏續通解本皆同。今〈汲古閣〉本依賈疏改，
「闊中」二字遂不可解。「闊中」者，闊去中央安項之布，即在左右四尺四寸
之內，不得云加也。惟「辟領」別用布爲之，故於衣二尺二寸之外，加辟領
八寸倍之，爲一尺六寸，并衣兩相用布八尺八寸，合一丈四寸之數，賈疏亦
必是加辟領八寸，後儒因上注云「辟領廣四寸」，則與「闊中」八寸也。刻疏
者訛爲「闊中」二字，而後儒并注改之，遂不可通。則此段文字，當自校讎
之意言之，而證得「闊中」二字即後儒所加，知夏炘精於校讎，其考證之術
亦詳矣。

（三）〈釋緣〉

夏炘云：

喪服疏〈衰杖期〉章，傳曰：「齊衰、大功，冠其受也；緦麻、小功，

〔註107〕《學禮管釋》卷十五，頁105。

冠其。帶緣各視其冠。」注云：「緣如深衣之緣。」賈氏以衰內中衣之緣釋之，炘謂「不然」。此緣即齊衰以下四衰裳之緣，非中衣也。〈深衣〉篇云：「純袂緣純，邊廣各寸半。」〈既夕〉云：「明衣裳（糸原）（音勸）緄裼緇純。」注云：「飾裳在幅曰緄。在下曰裼。飾衣曰純。」古人衣服無不緣者，朝祭服之緣無明文以明衣，殊衣裳例之，則朝祭服有緣明矣。衰亦殊衣裳而爲之者也，安得無緣乎！喪服一篇以衰裳爲主，其所釋之服皆指衰裳，無一語及中衣者。此句上文明云：齊衰、大功、緦麻、小功，下忽接及中衣之緣，語氣殊覺不倫。蓋凡衣之緝者必有緣，傳曰：斬者，何不緝也。不緝則無緣矣。自齊衰以下皆緝之，緝則未有不緣者；其緣之制，內外各廣半寸，謂之貼邊，今所以異於古者，有內緣而無外緣耳；緣所以固邊，非徒飾也，若以采以續則飾矣。鄭云「如深衣之緣」，謂如深衣純袂緣、純邊，廣各寸半也，豈以深衣比中衣乎！況傳曰：「帶緣，各視其冠。」尤可爲衰緣之證。斬衰繩帶不得視冠，自齊衰以下布帶，故視冠之升數爲帶，猶之斬衰不緝，不得有緣；自齊衰以下緝之，故視冠之升數爲緣，若云：中衣之緣，豈斬衰無中衣乎！而胡爲專屬之齊衰、大功、緦麻、小、功乎！

〈釋緣〉者，雖云釋衣之緣，其實夏炘意謂深衣與中衣有別也。惟據《鄭目錄》所云：「名曰深衣者，謂衣裳而純之以采也；有表則謂之中衣。」疏云：「中衣亦以采緣；其諸侯綃黼爲領，丹朱爲緣；〈郊特牲〉云『繡黼丹朱中衣，大夫之僣禮也。』則知大夫士不用綃黼丹朱，但用采純而已。」因之，中衣之形制，與深衣爲同，非深衣與中衣定當有別，即江永《深衣考誤》亦持此說，惟其考訂，仍有可議處。

〈深衣考誤〉載：

鄭注云：

深衣連衣裳，而純之以采者。

孔穎達《正義》云：

所以稱深衣者以餘服，則上衣下裳不相連，此深衣衣裳相連，被體深邃，故謂之深衣。

江永云：

案深衣之義，鄭注、孔疏皆得之，獨其裳衽之制，裁布之法，與續衽鉤邊之文，鄭氏本不誤，而疏家皇氏、熊氏、孔氏，皆不能細繹，鄭說遂失其制度，後儒承訛襲舛，或以臆爲之，考辯愈詳，而誤愈甚失。

而引〈玉藻〉之考訂，謂：

鄭注云：

三袪者，謂要中之數也，袪尺二寸圍之，爲二尺四寸三之七尺二寸；縫，緁也。紩下齊倍，要中齊丈，四尺四寸。

疏云：

袪謂袂。「末」言深衣之廣三倍於袂末，「齊」謂裳之下畔，「要」謂裳之上畔，言縫下畔之廣，倍於要中之廣，謂「齊」廣一丈四尺四寸，「要」廣七尺二寸。又曰「云三之七尺二寸者」，案〈深衣〉云：幅十有二以計之，幅廣二尺二寸，一幅破爲二四，邊各去一寸，餘有一尺八寸，每幅交解之闊頭廣尺二寸，狹頭廣六寸，此寬頭向下，狹頭向上，要中十二幅，廣各六寸，故爲七尺二寸，下齊十二幅，各廣尺二寸，故爲一丈四尺四寸。

江永云：

深衣者，聖賢之法服，衣用正幅，裳之中幅，亦以正裁，惟衽在裳旁，始用斜裁，古者布幅闊二尺二寸，深衣裳用布六幅，裁爲十二幅共當裳之前後，正處者以布四幅，正裁爲八幅，上下皆廣一尺一寸，各邊去一寸爲縫，一幅上下皆正，得九寸八，幅七尺二寸，其在上者既足要中之數矣。下齊當倍，於要又以布二幅，斜裁爲四幅，狹頭二寸，寬頭二尺，各去一寸爲縫，狹頭成角，寬頭得一尺八寸，皆以成角者向上，以廣一尺八寸者向下，則四幅下廣亦得一尺二寸，合於齊得一丈四尺四寸，此四幅連屬於裳之兩旁，別名爲衽，下文衽當旁是也。深衣裳裁縫之法本如此，玩下文鄭注，可見疏家不得其說，妄謂六幅皆用交解，狹頭去邊，縫廣六寸，闊頭去邊，縫廣一尺二寸，於是裳之前後，惟中縫正直，其餘皆成奇衺不正之縫，可謂服之不衷，曾謂聖賢法服而有是哉！下文注當旁疏及續衽鉤邊諸說之紛拏，皆由「六幅皆交解」之說誤之耳。〔註108〕

〔註108〕《皇清經解‧三禮類彙編》卷251，頁2637。

今依《皇清經解》所繪，列深衣之圖：

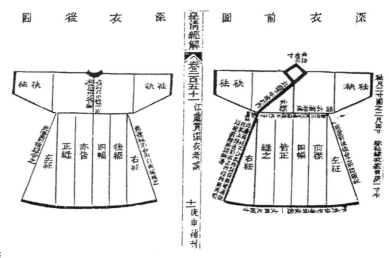

按：

1. 為衣領

江永所製端衣圖，其衣領皆據深衣「曲袷如矩以應方」而裁成一正方形，其中蓋有誤解。吾人今日可見之秦兩漢之陶、木、俑或漆器等人物圖像，皆未見有一如江永等清儒所製衣領之狀；深衣所謂「曲袷如矩以應方」，蓋指一衣領相交處如矩之形（見下圖）；方者，「應」而已，非謂衣領成方形也，若呈方形，則裁縫之際恐亦難成此形也。

2. 為衣袂

鄭注云：「其袪尺二寸，大夫以上侈之；侈之者，蓋半而益一焉；半而益一，則其袂三尺三寸，袪尺八寸。」大夫以上侈袂固然；然從出土之土木俑、石刻、圖像等觀之，士之袂即不侈，亦不必如清儒所畫之削直，深衣云：「袂圓以應規。」鄭注云：「謂胡下也。」正指衣袂下呈弧形之狀也。若其圖作，依陳瑞庚修訂自清儒之例，當為：〔註109〕

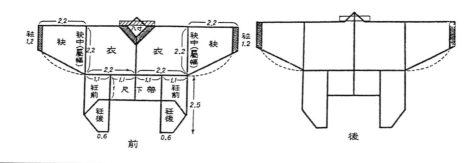

────────────────

〔註109〕陳瑞庚《士昏禮服飾考》，頁8～9。

3. 下裳之裁法

　　江永以爲舊說「六幅皆用交解」之法爲非，其裁法應前後各四幅居中，二幅斜裁當旁。惟據江氏所述之法縫成之深衣，衣領寬闊不諧，上下未稱，而舊說裁成如今女子所習穿之圓裙狀，反較江氏合宜。故下裳裁法，仍以舊說爲是，其形制附之於下，當可補夏炘言說之未足。

衣　深

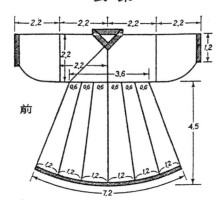
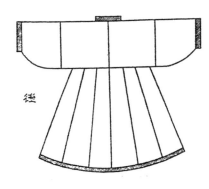

第八章　總　結

緣　起

　　有如本篇〈緒論〉所言，於清代學術論叢中，夏炘非一突兀之人，即近之較爲人所重的學術史，如梁啓超、錢穆之《中國近三百年學術史》，皆未嘗語及夏炘之學；而經學史所舉，馬宗霍等早期之《中國經學史》，亦未曾道及夏炘之論，所見者，唯徐世昌《清儒學案》卷一百五十五之〈心伯學案〉耳。蓋以先生官職未顯，亦非開宗立派者，其學術又無犖犖卓立處，是知之者，殆爲鮮矣。

　　而事實上，夏炘之學，雖云考證與義理之相融，然通觀《景紫堂全書》，則考證之義過於義理之思，如《檀弓辨誣》、《三綱制服尊尊述義》、《學禮管釋》之卷帙，大抵不離考證之述，即《述朱質疑》亦於義理、考證間徘徊，其雖如此，夏炘仍能於考證之中，立其批判之說，亦即述古而不泥於古，言禮而得其理，故其說可發抒處仍多，所謂「高山景行」之意，於夏炘之書，處處可見，是讀古書者，爲知聖賢之意，而爲己身修養之則，與世俗之利害曷有攸關！此先生著作之梗概，亦吾人所知者也。若夫先生其他論述，如詩說、小學之論，乃至論經言事之雜著，其章節鮮短，闡述亦未多，謂之旁枝則可，言主脈則嫌未當，因之，本論文取去之間，即適當割捨，蓋以恪於篇章之脈絡不得不然也。

　　至於本論文一至七章，所謂「辨誣」、「質疑」、「述義」、「管釋」之論，夏炘皆有篇章之「序」，以明著述之旨要，於學者言，可爲知悉先生覃研古籍之心路歷程，此當有助益於讀《景紫堂全書》者也。今謹就言「序」之處，

分節提論，使先生著述之旨趣能首尾照映，得相貫融洽之效。

第一節　「辨誣」之回顧

依本論文第二、三章所述，則「檀弓辨誣」之篇，所重蓋有二：一即檀弓之時代考辨。二即辨誣之旨要。分述之，則：

一、檀弓之時代考辨

以孔穎達之意，即「檀弓在六國之時，以仲梁子是六國時人，此篇載仲梁子，故知也。」〔註1〕王夢鷗則謂「今據篇中所記的事推之，當是孔子、子游同時人。」則「檀弓」之時，或爲春秋，或爲戰國，殊難定論。〔註2〕至如夏炘門人余龍光，則以爲檀弓當爲戰國之後，引證亦確鑿，且就篇首「公儀仲子之喪，檀弓免（音同「問」，袒而不冠之喪飾）焉。」抒論：

> 竊以爲檀弓不讎仲子之舍孫，立子而爲之免，蓋守禮人也。其趨子服伯子，蓋與伯子相識也。伯子尊敬聖門師弟，痛恨公伯寮之愬子路，而檀弓與伯子友，乃陰謀譖愬，此豈人情乎！且以檀弓之年與孔子約略計之：考伯子即景伯哀公三年，始見《左傳》前六年，爲定公十二年，子路爲季氏宰，墮三都察之溯當在此時，孔子正仕於魯，年五十五歲。檀弓既與孔子同時，以少孔子二十歲上下計之，約年三十上下，而此篇載子夏喪明、曾子易簀事，又載魯穆公之母卒事。按：《史記》〈仲尼弟子列傳〉子夏少孔子四十四歲，生於魯定公三年，曾子少孔子四十六歲，生於魯定公五年；孔子卒於魯哀公十六年，年七十三，時子夏年二十九，曾子年二十七，檀弓約五十上下耳。子夏年百有二歲，卒於威烈王二十年，其設教西河，爲魏文侯師，及哭子事，應在九十以上，曾子亦應九十矣。曾子之歿，應在威烈王十年以後，年九十有餘，若檀弓猶見「易簀」事，不已百二十歲上下乎！魯穆公之母卒，使人問於曾申，其曾子已卒，考穆公以威烈王十七年紀元，其母卒必在即位之後，檀弓猶及見此，不已百三十歲上下乎！威烈王二十三年戊寅初，命趙魏韓爲諸侯，

〔註1〕　《禮記正義》卷六，頁167。
〔註2〕　王夢鷗《禮記今註今譯》，頁61。

始有六國之名，《疏》以仲梁子爲六國時人，則檀弓仍在六國之後，
以此證之，則此篇非檀自誤可決也。

又云：

陸德明以檀弓爲魯人，觀其免仲子之喪，趨問子服伯子，則指爲魯
人爲有徵，孔仲達以爲六國時人，柳子厚（宗元）、胡致堂（寅）以
爲曾子之門人，魏華父以爲子游之門人，皆誤也。〔註3〕

依余龍光所作年代考，則〈檀弓〉一篇，非檀弓其人之作可知，且也如
孔穎達以爲六國時人，柳宗元、胡寅以爲曾子門人，乃至如魏華父以爲子游
之門人者，「皆誤也」，此亦如王夢鷗〈檀弓〉篇引言，所謂「篇中所言諸禮，
既已義理互錯，而說春秋時事，又與他書不合。漢纂輯先秦遺文，以此篇首
有『檀弓』姓名，乃著爲篇名」云云，則〈檀弓〉之作，非孔門之時，亦非
六國之際，乃在六國之後，應爲可知。

二、辨誣之旨要

余龍光就〈檀弓〉所載，以「孔子負手逍遙」、「曾點倚有喪之門而歌」、
「原壤母喪登木而歌」三事推論，以爲檀弓非儒門中人，乃由老莊之徒，一
變而爲申韓之流，故而詆毀聖門，〔註4〕否則焉有處處非難儒門之事。即夏炘
〈檀弓辨誣序〉亦云：

〈檀弓〉一書，專爲詆訾孔門而作也。戴次君無識，列諸四十九篇之
中，後儒雖有疑其說者，往往震於古書，莫敢攻詰，但以爲記禮之失
而已。余素好〈檀弓〉之文，誦之極熟，久而覺其誣妄，且誣妄非一
端：如以爲記禮之失不應所失者，盡在孔氏一門，及其門下高賢弟子
也。聖人之道，造端夫婦，故《易》首「乾坤」，《詩》首「關雎」，
王化之所以肇基也，而檀弓則造爲三世出妻以誣之；幼而無父謂之孤
瞻，言「松楸其永慕也何極」，而檀弓則造爲不知父墓以誣之；〈士喪
禮〉筮宅之詞曰「無有後艱，慎終於葬，豈宜有悔。」而檀弓則造爲
「防墓崩」以誣之；三年之喪，二十五月而畢，哀痛未盡，思慕未忘，
君子若駟之過隙也。而檀弓則造爲「既祥」，彈琴笙歌以誣之；如檀
弓之說，則孔子之稱至聖，其能無愧乎！不獨此也，聖門傳道之賢，

〔註3〕 《景紫堂全書》一，〈檀弓辨誣〉篇，余龍光〈辨證檀弓篇〉。
〔註4〕 同上。

莫如曾子，傳經之賢，莫如子夏，一貫與聞之賢，莫如子貢，四方禦
侮之賢，莫如子路，其他有子、冉子、子游、曾點諸賢，皆聖門之選
也，而檀弓無一不用詆焉，於是聖人一門及其門下之高賢弟子，幾於
掊擊無完膚矣。昔春秋之末，異端並起，《墨子》〈非儒〉一篇所以詆
毀聖人及其門弟子者，無所不至；荀子〈非十二子篇〉於聖門高弟，
直斥之曰「賤儒」，若檀弓者，豈其流亞與！然墨荀二氏之非毀孔門，
人皆知其爲非爲毀也。檀弓則托於記禮之詞、問答之語，渾然不露圭
角，未嘗不以孔子爲聖，而所述之事，無一不與聖人相反；不以諸子
爲賢，而所載之蹟，無不與賢人相戾；陽予之名，而陰毀其實；其所
以醜詆痛詈者，幾於無復忌憚。而自漢以來，誦法孔氏高賢名儒，比
肩接踵爲所欺而莫之省者，蓋二千年於茲矣。世晚道微，異端更甚，
惑世誣民之說，愈出愈奇，安知後世不更有傑黠者流，援檀弓爲口實，
以集矢儒門者乎！余不勝杞人之憂，辨而正之，以詔來學，知我罪我，
聽諸公論而已。

則夏炘〈辨誣〉之序，同於門人余龍光之言，亦以檀弓非儒門之人，而
爲異端，余氏言其人爲老莊或申韓之流，夏炘則謂其人必過於墨、荀之倫，
蓋以墨、荀之非毀孔門，人皆知其非；乃若檀弓則托詞於禮文，渾然不露圭
角，陽予之名，而陰毀其實，其罪較墨、荀爲過之；墨、荀之過，如虹霞雲
蜺，人皆見之，亦人皆知非；若檀弓者，人只知其言禮，而不知其謗責之意，
其陰戾有如此，是夏炘之疑，非爲無因。即以清初邵泰衡〔註5〕《檀弓疑問》
亦持如是之見，若「以脫驂舊館人爲失禮之正，以夫子夢奠之事爲杳冥渺茫，
皆非聖人所應出；又親喪哭無常聲，不應以孺子泣爲難繼；居仇者不反兵而
鬥爲啓亂端；曾點之狂乃志大而有所不爲，非狂肆之狂，倚門而歌，斷無此
事。」〔註6〕以「斷無此事」作一判別。又若明林兆珂《檀弓述註》，《四庫全
書總目》謂其「如二三子群居則絰，辨鄭注以爲朋有之非；『速貧速朽』取方
希古之言，以爲傳者之謬。」〔註7〕言鄭注、傳者，皆有其謬與非，亦可爲夏
炘說之佐證。由是知夏炘之辨檀弓之誣，當如孟子之排楊、墨一般，視異端

〔註5〕《四庫全書總目》卷二十一，經部，禮類三，頁174，載：邵泰衡，字鶴亭，
　　　錢塘人。明於算術。雍正初以薦授監左副。其書（《檀弓疑問》一卷），以禮
　　　記出自漢儒，而檀弓一篇尤多附會，乃摘其可疑者，條列而論辨之。
〔註6〕同上。
〔註7〕同上，頁194。

洪水猛獸，皆「不得已」也。〔註8〕至於本篇成於咸豐甲寅，距夏炘同治乙丑五月之誌，又相隔數十年歟。

第二節　「質疑」之回顧

夏炘全書，命之爲「景紫堂」，對朱子德行之高山巍巍，景仰眷慕，是不能已。故《述朱質疑》之十六卷帙，乃記朱子一生自少迄老之爲學歷程，若其意，則於〈述朱質疑序〉爲得之：

炘幼讀朱子之書，長好朱子之學，老官朱子之鄉，高山仰止，欲從末由。每展朱子之遺編，不禁赧然汗下也。多士習聞鄉先賢之教，炘又自謂有一日之長，友朋聚集，必以誦法朱子相勗勉。竊以爲朱子之學，自明中葉以至於今，儒生挾好勝之心，每多異論，高明之士既震於其言，匍匐歸之，其守講章以習舉業者，名爲「遵朱」，問以朱子平生學術之早晚，著述之異同，師友之淵原，出處之節目，茫然如坐雲霧之中，而居常誦章句集注諸書，不過獵取詞句以供場屋之用，究之，書自書，而我自我，則朱子之學，幾何而不晦也。數載以來，講習討論，凡關涉朱子學術著述、師友出處者，隨筆疏記，積久成帙，共得若干篇，釐爲十有六卷，以未敢自信，名之曰「述朱質疑」。嗟乎！朱子之道又豈徒說而遂已哉！多士幸生紫陽之闕里，須識得魯鄒、濂洛，而後惟朱子吾道正宗，舍朱子而外，更無他途捷徑可以至於聖人之域。識堅志卓，確乎不移，然後牢固著足，下艱苦功夫，居敬以涵養，本原讀書，以明察倫物，返躬以體驗離合，先博後約，自麤及精，內聖外王之學具足於己，由是眞儒名世，二而一之，此炘之有志，未能而願與諸生共勉者耳。若徒騰口說以資辯論，便泰然自附於朱子之徒，是又朱子陟降之靈所當麾而出諸門外者也。則是編也，姑以爲老馬之識途而已矣！尚冀海內

〔註8〕《景紫堂全書》一，余龍光〈檀弓辨誣後跋〉謂：「〈檀弓〉一書，文詞之士皆好之，而不知其用意之所在，即名儒鉅公知疑其說，而亦不免爲之委曲彌縫，終不敢直抉其誣聖之罪，或能闢其一二條之謬，而未能舉其全以誅其心。當塗夏弢甫先生直指此書專爲誣訾聖門而作，其罪甚於墨子、荀子，於是二千餘年誣聖賊經之公案，盡發其覆而彰厥罪，然非博物精思，烏能斷是。……」本段亦可補上之說。

之高賢碩彥眞能爲朱子之學者，繩誤糾謬，以匡所不逮焉。〔註9〕

　　夏炘以爲朱子之學：一爲居敬涵養的內聖之學，一爲明倫察物的外王之道，終其極至，則在臻乎所謂的「眞儒」也。是而就內聖而言，朱子乃本原讀書，下定艱苦工夫而識堅志卓，確乎不移；就外王言，乃返躬以體驗離合，終境則若《大學》所言明德、親民，止於至善者也。再分述之：

一、內聖之學

夏炘〈朱子少時學術考〉云：

> 觀《年譜》、《語類》所載：朱子少時立志之堅，讀書之苦，孳經之細，味道之深，蓋有老師宿儒白首而未造其域者，然後知聖賢之詣非盡得之生知也。孔子曰「好古敏求」，顏子「博文約禮」，孟子曰「博學詳說」，子思曰「博學、審問、愼思、明辨」，自古聖賢無不由讀書窮理以造斯道之極也。〔註10〕

實則朱子之學，皆淵源於四書之教也。

　　1. 以孔子「好古敏求」觀之，則如《論語・述而第七》所言：

> 子曰：述而不作，信而好古，竊比於我老彭。

朱子云：

> 述，傳舊而已；作，則創始也。故「作」非聖人不能，而述則賢者可及。「竊比」，尊之之辭；「我」，親之之辭；「老彭」，商賢大夫，見《大戴禮》，蓋信古而傳述者也。

又云：

> 孔子刪詩書，定禮樂，贊周易，脩春秋，皆傳先王之舊而未嘗有所作也，故其言如此。蓋不惟不敢當作者之聖，而亦不敢顯然自附於古之賢人，蓋其德愈盛心愈下，不自知其辭之謙也，然當是時作者略備，夫子蓋集群聖之大成而折衷之，其事雖述，則功倍於作矣，此又不可不知也。〔註11〕

　　朱子所謂「好古敏求」者，其古之意，蓋如孔子的刪詩書、定禮樂、贊周易，作春秋，皆傳先王之舊，未嘗有所作也。又所謂「作者略備」者，觀

〔註9〕《景紫堂全書》十三，《景紫堂文集》卷六，頁122～123。
〔註10〕按：亦同註24。
〔註11〕趙順孫《四書纂疏》之《論語纂疏》卷四，頁933～934。

於六藝可見。此乃孔子集聖之大成而折衷之，亦於六藝見之，而參互發明，以垂萬世之法者也，是而若朱子之賢，於孔子折衷六藝，必心有戚戚焉矣。

2. 以顏子「博文約禮」言之，則如《論語・子罕第九》顏淵所言：

> 夫子循循然善誘人；博我以文，約我以禮。

朱子云：

> 循循，有次序貌。誘，引進也。博文約禮，教之序也。夫子道雖高妙，而教人有序也。侯氏曰：「博我以文，致知格物也；約我以禮，克己復禮也。」程子曰：「此顏子稱聖人最切當處，聖人教人唯此二事而已。」

趙順孫疏謂：

> 《語錄》曰「博我以文」，是要四面八方都見得周匝無遺，至於「約我以禮」，又要逼向身己上來，無一豪之不盡。又曰：問格物致知，是教顏子就事物上理會，克己復禮卻是顏子有諸己。曰：格那物，致吾之知也，便是會有諸己。輔氏曰：致知格物，知之事也；克己復禮，行之事也。所行即所知，非於知之外別有行也。蔡氏曰：顏子不說窮理，又不說格物，只說箇博文，蓋文上該乎理而比之理則尤顯下；該乎物而比之物則尤精。又曰：顏子不說理只說禮，便是與復禮之禮同，此禮字便有檢束，便有規矩，若只說理便泛了。〔註12〕

「顏子就事物上理會」，及「顏子不說理只說禮，便是與復禮之禮同，此禮字便是有檢束，便有規矩」云者，蓋即朱子之意也。

3. 以孟子「博學詳說」言之，則如《孟子・離婁下》云：

> 博學而詳說之，將以反說約也。

朱子云：

> 言所以博學於文而詳說其理者，非欲以誇多而鬥靡也。欲其融會貫通有以反而說到至約之地耳。

趙順孫疏引輔氏云：

> 文謂詩書六藝之文，理謂詩書六藝所載許多道理也。常人之博學詳說者，則欲以誇多鬥靡耳。若夫為己之學則不然，所以博學於文、詳說其理者，蓋欲其心理融會貫通事物，然後反而說到至約之地，蓋必極其大，然後中可求；盡其博與詳，然後約可說。唯能如此，

〔註12〕趙順孫《四書纂疏》之《論語纂疏》卷五，頁1045。

然後可說一以貫之也。〔註13〕

爲己之學，非在夸多鬥靡，乃在心之貫通事物，然後反而說到至約之地。所謂極其大然後中可求，亦所謂盡其博與詳，然後約可說，由博反約，於學於事，信皆如此，此即一以貫之之意，孟子言之於前，朱子述之於後，是斐然之采即融鑄其中矣。

4. 以子思「博學、審問、愼思、明辨、」言之，則如《中庸》第二十章所云：

博學之，審問之，愼思之，明辨之，篤行之。

朱子云：

此誠之目也。學問思辨，所以擇善而爲知，學而知也。行所以固執而爲仁，利而行也。程子曰：「五者廢其一，非學也。」

趙順孫疏云：

《語錄》曰：前面四項，只是理會這物理，理會得後方去行。陳氏曰：擇善有博學、審問、謹思、明辨工夫，是儘用功；固執只有篤行一件工夫，是擇善處眞能知之，則到行處功自易也。《語錄》曰：五者無先後，有緩急，不可謂博學時未暇審問，審問時未暇謹思，謹思時未暇明辨，明辨時未暇篤行。五者從頭做將下去，只微有差耳，初無先後也。〔註14〕

此「學問思辨」者，朱子亦補充謂：「學之博，然後有以備事物之理，故能參伍之，以得所疑而有問，問之審，然後有以盡師友之情，故能反復之以發其端而可思；思之謹，則精而不雜，故能有所得，而可以施其辨；辨之明，則斷而不差，故能無所疑惑，而可以見於行；行之篤，則凡學問思辨而行之者，又皆必踐其實，而不爲空言矣。此五者之序也。」〔註15〕則知之成而行之篤，知行合一，終則歸之以誠，此修身之道，亦明德之教。是朱子教人如此，夏炘之所述亦如此也。

二、外王之道

夏炘舉朱子在朝與外任政績爲說，言朱子任事根抵仍在《學》、《庸》之

〔註13〕趙順孫《四書纂疏》之《孟子纂疏》卷八，頁 1971。
〔註14〕同上，《中庸纂疏》，頁 469～470。
〔註15〕同上，頁 496。

推闡，近則守格致誠正之義，遠則行修齊治平之道，由近及遠，皆《學》、《庸》義之發抒，如〈書紹興壬午封事隆興癸未垂拱殿奏劄後〉，即謂：

> 朱子一生學問，以讀書窮理為入道之門。謹守大學格致誠正次第，自少至老無異，壬午癸未，朱子年纔三十三、四歲，首發明大學格致之訓以勖孝宗，然則朱子四十以前，捐書絕學，與禪陸合者妄也。後來作〈學庸章句序〉，極力發揮，皆不外封劄首章之義。〔註16〕

則《學》、《庸》之序，確為朱子外王之道之權輿。而二序中，則〈大學章句序〉格致、誠意之說，似又更能見得朱子外王之道，若其精微：〔註17〕

> ……一有聰明睿智能盡其性者，出於其閒，則天必命之以為億兆之君師，使之治而教之以復其性。此伏羲、神農、黃帝、堯舜所以繼天立極，而司徒之職、典樂之官所由設也。三代之隆，其法寖備，然後王宮國都以及閭巷，莫不有學，人生八歲，則自王公以下，至於庶人之子弟，皆入小學，而教以灑掃、應對、進退之節，禮、樂、射、御、書、數之文，及其十有五，則自天子之元子、眾子，以至公卿大夫、元子、適子，與凡民之俊秀，皆入大學，而教之以窮理正心、脩己治人之道，此又學校之教，大小之節所以分也。

又云：

> 夫以學校之設，其廣如此，教之之術，其次第節目之詳又如此，而其所以為教，則又本之人君躬行心得之餘，不待求之民生日用彝倫之外，是以當世之人無不學其學者，無不有以知其性分之所固有，職分之所當為，而各俛焉，以盡其力，此古昔盛時所以治隆於上，俗美於下，而非後世之所能及也。及周之衰，賢聖之君不作，學校之政不脩，教化陵夷，風俗頹敗，時則有若孔子之聖，而不得君師之位以行其政教，於是獨取先王之法，誦而傳之，以詔後世。〔註18〕

知其性分之所固有，職分之所當為，君臣之間，而各勉焉，以盡其力，此即朱子為朝之理念，即《大學》之精神，亦所謂「窮理盡心，脩己治人」之道也。故夏炘〈書經筵大學講義後〉之作，意亦承朱子而來，所謂：《大學》

〔註16〕夏炘《述朱質疑》卷十一，頁139。
〔註17〕蓋以〈中庸章句序〉及於人心、道心之闡微，較未在意於治平之事也。
〔註18〕趙順孫《四書纂疏》之《大學纂疏》，頁32～35。

講義盡「誠意」章，經一章，傳六章，共七章。朱子進講亦六次，以敘推之，「誠意」章當是丙子晚講，越二日而朱子除宮觀矣。講義所列，每節小注與章句盡同，而微有小異，每章後所列之說，大致本於〈或問〉，而更加明暢。「格致」闕傳，備引程子之說，不列已所補傳者，君父之前，不敢以己之所補，廁於聖經賢傳之間也。「誠意」章作一於善而無自欺，與經傳通解同，然後知必自慊三字，斷是朱子絕筆無疑。聖經及明德、新民、止於至善、本末諸傳，皆言帝王之事，惟格致、誠意兩章不及帝王，講義解釋既畢，復推及帝王之學，諄切懇摯，六七百年後讀之，猶令人油然生忠愛之心焉。〔註 19〕由此亦知朱子之帝王之道，明德、親民、止於至善之外，內在之理，即自「誠意」、「格致」二者出之，若其段落，則依《大學》章句所言：

1. 「古之欲明明德於天下者，先治其國；欲治其國者，先齊其家；欲齊其家者，先修其身；欲修其身者，先正其心；欲正其心者，先誠其意；欲誠其意者，先致其知，致知在格物。」

朱子云：

> 明明德於天下者，使天下之人皆有以明其明德也。心者，身之所主也。誠，實也。實其心之所發，欲其一於善，而無自欺也。致，推極也。知，猶識也。推極吾之知識，欲其所知無不盡也。格，至也。物，猶事也。窮至事物之理，欲其極處無不到也。此八者《大學》之條目也。

又云：

> ……格物、致知、誠意、正心、修身者，明德之事也；齊家、治國、平天下者，新民之事也。格物致知，所以求知至善之所在，自誠意以至於平天下，所以求得夫至善而止之。明明德於天下者，自明其明德，而推以新民，使天下之人皆有以明其明德也。人皆有以明其明德，則各誠其意，各正其心，各脩其身，各親其親，各長其長，而天下無不平矣。然天下之本在家，故欲治國者，比先有以齊其家；家之本在身，故欲齊其家者，必先有以脩其身。至於身之主則心也，一有不得其本然之正，則身無所主，雖欲勉強以脩之，亦不可得而脩矣，故欲脩身者，必先有以正其心，而心之發則意也，一有私欲雜乎其中，而爲善去惡或有未實，則心爲所累，雖欲勉強以正之，

〔註 19〕夏炘《述朱質疑》卷十二，頁 183～184。

而亦不可得而正矣，故欲正心者，必先有以誠其意。人莫不有而或
不能使其表裏洞然無所不盡，則隱微之閒眞妄錯雜，雖欲勉強以誠
之，亦不可得而誠矣，故欲誠意者，必先有以致其知。致者，推致
之謂。如喪致乎哀之致，言推之而至於盡也。至於天下之物，則必
各有所以然之故，與其所當然之則，所謂理也。人莫不知而或不能
使其精粗隱顯，究及其餘則理所未窮，知必有蔽，雖欲勉強以致之，
亦不可得而致矣。故致知之道，在乎即事觀理以格夫物。格者，極
至之謂。如格于文祖之格，言窮之而至其極也。此大學之條目，聖
賢相傳所以教人爲學之次第，至爲纖悉。〔註20〕

　　身之主體在心，心之慮念，變化萬端，易隨物浮沉，苟未堅定，則流於
虛幻而妄亂，爲政者如此，則國危矣。因之，心也者，可以提萬事之綱而不
可有頃刻之不存，否則一不自覺，而馳騖飛揚，以徇物欲於軀殼之外，則萬
事無綱，飄蕩遊離，當無所歸其宿矣，此亦朱子念茲在茲以提醒人君者也。
再以治國之法，在一「理」字，道理無他，皆在乎我；而言知者，又非從外
得，是我知此理，而非以我之知去知彼道理也。道理本有，以知之發，其理
方顯，如我無知，何從得見。此即以一理而妙眾理之謂；且而理在格致萬物，
格致者，在精粗本末，究極無餘，周匝萬物，而融洽順適，則物無不盡，事
即無所不能，此朱子明德、新民、止於至善之意，亦夏炘所推衍之義也。

　　2.「物格而后知至，知至而后意誠，意誠而后心正，心正而后身脩，身
脩而后家齊，家齊而后國治，國治而后天下平。」

朱子云：

　　物格者，物理之極處無不到也；知至者，吾心之所知無不盡也。脩
　　身以上，明明德之事也；齊家以下，新民之事也。物格知至，則知
　　所止矣，意誠以下，則皆得所止之序也。

又云：

　　……物格者，事物之理各有以詣其極而無餘之謂也。理之在物者，
　　既詣其極而無餘，則知之在我者，亦隨所詣而無不盡矣。知無不盡，
　　則心之所發，能一於理而無自欺矣。意不自欺，則心之本體，物不
　　能動而無不正矣。心得其正，則身之所處，不至陷於所偏，而無不
　　脩矣。身無不脩，則推之天下國家，亦舉而措之耳，豈外此而求之

〔註20〕趙順孫《四書纂疏》之《大學纂疏》，頁 74～79。

智謀功利之末哉！〔註21〕

又云：

> 大學之教，乃爲天子之元子、眾子、公侯、卿大夫、士之適子，與
> 國之俊選而設，是皆將有天下國家之責而不可辭者，則其所以素教
> 而預養之者，安得不以天下國家爲己事之當然，而預求有以正其本
> 清其源哉！後世教學，不明爲人君父者慮不足以及此，而苟徇於目
> 前，是以天下之治日常少，亂日常多，而敗國之君、亡家之主常接
> 跡於當世，亦可悲矣。論者不此之監，而反以聖法爲疑，亦獨何哉！
> 大抵以學者而視天下之事以爲己事之所當然而爲之，則雖甲兵、錢
> 穀、籩豆、有司之事，皆爲己也，以其可以求知於世而爲之，則雖
> 割股廬墓、弊車羸馬，亦爲人耳。〔註22〕

以物格言，如物果格，而知果至，順是而往，則意極其誠，即無一念之
欺其心；心極正，則無一息之不存，且若身極其脩，則無一動之或偏矣。故
而物格者，是要外面無不盡；知至者，是要裏面清澈無所不盡。譬若親親、
長長之義，如只親其所親，長其所長，而不能推之於天下，則是不能盡之於
外；而欲親其所親，育長其所長，而自家裏面有所不到，則是不能盡之於內，
須是外無不周，內無不具，方是知至；知至之極，方爲意誠；纔是盡了明德
脩身之理。再以治國平下者，亦非純爲天子諸侯之事也。今大學之教，乃例
以明明德於下，則此天之明命，乃有生之，非有我之私也。是以君子之心，
豁然大公，其視天下無一物，而非吾心之所當愛；亦視天下無一事，而非吾
職所當爲，雖或勢在匹夫之賤，而所以堯舜其君，堯舜其民者，亦未嘗不在
分內也。此必如上之朱子所言「皆將有天下國家之責而不可辭者」。又言「則
其所以素教而預養之者，安得不以天下國家爲己事之當然，而預求有以正其
本清其原哉」！

至於《述朱質疑》十六卷末，夏炘舉〈附考改大學誠意章〉云：「《夢奠
記》、《行狀》、《年譜》皆云初六日辛酉，改大學誠意章。」而引江永按云：「《儀
禮》〈經傳通解〉、《大學》〈誠意〉章注與今本同。惟經一章注，原本『一於
善』，今本作『必自慊』，是改此三字耳。」夏炘則按謂：「朱子紹興五年冬十
月辛丑，受詔講《大學》，《大全》集〈經筵講義〉中，《大學》聖經注，亦作

〔註21〕趙順孫《四纂纂疏》之《大學纂疏》，頁80～82。
〔註22〕同上，頁86～87。

『一於善』，與今本『必自慊』異，而與《儀禮》〈通解〉同，則所改者，必此字，又何疑乎！」〔註23〕此雖駁江永之說，然二句亦可爲「質疑」之說作一註腳。蓋「必自慊」者，非內聖之學乎！「一於善」者，非外王之道乎！皆朱子之教也。

第三節　「述義」、「管釋」之回顧

　　《景紫堂全書》論禮之作，仍在《三綱制服尊尊之義》三卷及《學禮管釋》十八卷，二者爲夏炘論禮之精要，本篇第七章則以「禮學論辯」概之。

一、「述義」之回顧

　　以〈三綱制服尊尊述義〉命題，其實即《儀禮》「喪服」之闡述。夏炘所以著重此篇，以親情爲人之根本也，人若無情，與禽獸奚擇？且而如不由「親親」推而至「尊尊」之義，則又與野人何異！此即「述義」意見之所在。至於「述義序」之要旨，即「禮學論辯」第一節所言「夫服生於情，情生於親，雖塗之人皆之，然但知親親而不知尊尊，則猶是野人之見，而無以明天下國家之有所統繫也。」是不知「服」制，則不明天下國家之統繫；無統繫，則上下秩序必亂矣，此即夏炘撰述之用心，亦「述義」之旨趣。

　　再以「尊尊」之義，所以以「喪服」爲體，亦在由「服」之制，推而致「孝」之本義耳。蓋大孝者，唯能尊親，尊親而後及於國人，所謂「自子以至於庶人，壹是皆以孝爲本」之意，於喪服得之。故夏炘有「述義」敍，門人王煥奎亦有一「述義」敍，且云：

> 禮之所尊，尊其義也。喪服百有四十餘條，失其義，陳其數，而先王制服之精義不著，蓋其數可知，其義難知也。夫古禮之行於今者，幸此篇猶存，聖人折衷於理人情之至，王者教孝之要法，生民彝典之大經胥於是乎在，雖列朝因革不同，而古制尚未湮沒，不推而明之，不知〈正義〉降殺中精義存焉，纖悉曲折中大義寓焉。

又云：

> 夏弢甫夫子司諭吾邑，服膺紫陽著述等身，有〈三綱制服尊尊述義〉，書分上中下三卷，三卷父爲子綱，中卷君爲臣綱，下卷夫爲妻綱，

〔註23〕《述朱質疑》卷十六，頁63～64。

由三綱尊尊之義以推廣諸服制之隆殺等級。而上卷末附以師弟朋友
之服，中卷末附以君爲臣弔服，各附注及儒議論與先生自爲按擇焉，
而精語焉，而若網在綱有條不紊，大義朗然，如指諸掌，使人讀之，
知尊卑隆殺之等，協乎天理人情，而義有歸宿，總不越乎三綱之中，
則孝弟忠順之心，莫不油然以生。夫喪服之重，所以正風俗、厚人
倫也。周公成周家忠厚之俗，惟喪祭之是重；朱子輯《儀禮經傳通
解》，尤拳拳於喪祭二禮，革薄從忠，民德歸厚，實賴師儒之教化，
得是書而講明切究之，其所以扶世翼教者，豈淺鮮哉！〔註24〕

　實則喪祭之禮，所重在孝弟忠順之心也。而所以舉周公者，乃以周公成
周家忠厚之俗，如風之行草之偃，而影響及於國人，此爲德之教也。《孝經・
聖治章第九》引曾子所謂「敢問聖人之德，無以加於孝乎？」孔子則謂「天
地之性人爲貴。人之行莫大於孝，孝莫大於嚴父，嚴父莫大於配天，則周公
其人矣。」即謂嚴父之大者，莫有大於以父配天而祭也。以父配天而祭之者，
則文王之子，成王叔父，周公是其人也。〔註25〕再以「周公郊祀后稷以配天，
宗祀文王於明堂，以配上帝，是以四海之內，各以其職來祭。夫聖人之德，
又何以加於孝乎？」以史觀之，自昔武王既崩，成王年幼即位，周公攝政，
因行郊天祭禮，乃以始祖后稷配天而祀之。因祀五方上帝於明堂之時，乃尊
其父文王，以配而享之。尊父祖以配天，崇孝享以致敬，是以四海之內有土
之君以其職貢來助祭也。而周公，聖人也，首爲尊父配之禮，以極於孝敬之
心。則夫聖人之德，又何以加於孝乎？是言無以加也。

　又以「喪服之重，所以正風俗，厚人倫也。」之意，即如《禮記・喪服
四制》所言：「凡禮之大體，體天地，法四時，則陰陽，順人情，故謂之禮。
訾之者，是不知禮之所由生也。夫禮，吉凶異道，不得相干，取之陰陽也。
喪有四制，變而從宜，取之四時也。有恩有理，有節有權，取之人情也。恩
者仁也，理者義也，節者禮也，權者知也。仁義禮知，人道具矣。」以是知
禮之義，在順自然，法季節，仿陰陽變化，而順應人之性情。一般訾議毀禮

〔註24〕《景紫堂全書・四》〈三綱制服尊尊述義敘〉，頁7～9。
〔註25〕李學勤主編，北京大學出版《十三經注疏》之《孝經注疏》，頁34，載邢昺疏
所謂：「案《禮記》有虞氏尚德，不郊其祖，夏殷始尊祖於郊，無父配天之禮
也，周公大聖而首行之。禮無二尊，既以后稷配郊天，不可又以文王配之。
五帝，天之別名也。因享明堂，而以文王配之，是周公嚴父配天之義也，亦
所以申文王有尊祖之禮也。」則周公孝思不匱之意，於此得之。

者，不知禮之所由生，是以非禮。以禮而言，吉禮、凶禮形式其實不同，二者不相干涉，此爲取法天地間一陰一陽之理。其中喪服即有四原則，運用則隨時改易，亦取適於季節之更易。而所謂之情感、理性、節限、方便處，皆取適於人之心理。要之，情感出於仁，理性出於義，節限出於禮，方便出於知。仁義禮知，爲人特有之良知良能，備此知能，人格即完全。

又「尊尊」之義，亦同〈喪服四制〉所載：「其恩重者，其服重；故父斬衰三年，以恩制者也。門內之治，恩揜義；門外之治，義斷恩。資於事父以事君，而敬同，貴貴尊尊，義之大者也。故爲君亦斬衰三年，以義制者也。」意謂情感深厚者，爲他服喪亦嚴重。其爲父母之死而服斬衰，喪期三年，即依情感之深而設計。凡親屬之喪，皆以情感厚薄爲要，其次纔訴諸理性。至於社會關係，則須先之以理性，不得濫用情感；而爲孝子者，亦以父母之禮對待尊貴者，其愛敬始終如是，是以愛敬長上，即出乎理性。因之，古代國君之喪，臣下亦爲之斬衰三年，皆依理性而制訂，是爲篤敬之意。

再如「尊卑隆殺」之等，於父系之社會，仍以父爲尊，以君爲尊，以夫爲尊，及「見無二尊也」。此如〈喪服四制〉所云：「三日而食，三日而沐，期而練，毀不滅性，不以死傷生也。喪不過三年，苴衰不補，墳墓不培；祥之日，鼓素琴，告民有終也；以節制者也。資於事父以事母，而愛同。天無二日，士無二王，國無二君，家無二尊，以一治之也。故父在，爲母齊衰者，見無二尊也。」此說雖前已述之，然其意仍可推廣。以意言即親喪三日始能喝粥，三月始能洗頭，周年之後，始改換練祭以後之孝服。孝子雖哀痛瘦削，但不戕害生命，亦不能因親人之逝而傷害一己。其喪期亦至三年而後止，粗惡之麻衣如破壞不必修補；親人之墳，葬後不可加土；至大祥之日，可以彈素琴。以上諸說，皆示人哀傷有其限度，是依節度以規定。而如以尊長之義言，則對父以敬，對母亦以敬，愛皆一致。惟以天上無二日，地上無二王，一國亦無二國君，故一家亦不能有二尊者，此爲以一治家治國者也。且於家言，如父未死，而母先死，則降服齊衰，喪期一年，正用以表見家無二尊之意也。

由上之述，則夏炘「述義」之說，其歸結可如《禮記·曲禮上》所言：「夫禮者，所以定親疏，決嫌疑，明同異，明是非也。」又如《喪服小記》所言：「親親，尊尊，長長，男女之別，人道之大者也。」亦如《大傳》所言：「服術有六：一曰親親；二曰尊尊；三曰名；四曰出入；五曰長幼；六曰從服。」其別貴賤親疏之意，蓋爲儒家樹立一倫理秩序之社會也。

二、「管釋」之回顧

夏炘《學禮管釋》十八卷，涵蓋面廣，自乾象坤至郊廟、明堂、燕享、朝會、井田、冠昏、喪祭之制，與夫訓詁聲音，一名一物之細，無不薈萃剖析，折衷至當，〔註26〕可謂林林總總，洋洋大觀矣。然整體觀之，雖云三禮之通論，實則仍不出《儀禮》之範疇，意蓋亦承其師胡培翬而來，〔註27〕故本文於「禮學論辨」所舉各目，若「禘祫例」、「明堂例」、「田制例」及「服制例」，皆《儀禮》之部份，無法涵蓋全體，此即見其一斑，未見全豹之謂。然由此諸目，溯流而上，仍可見其源頭，因之，所舉諸目是小，而知夏炘言述《儀禮》則大，以小見大，則夏炘《學禮管釋》之用心，乃為可知。若其用心，則〈讀儀禮彙編序〉可見之：

> 三禮惟《儀禮》為完書，未嘗竄以後儒之說。鄭氏三禮注，亦惟《儀禮》最善，未嘗雜以讖緯之言。然而世頗以為難讀者何也！其屬文繁複，其注句細碎，其緒如治絲易棼，其氣恆擒古不暢，是以蠶叢鳥道，雖經康成闢之於前，而後世問途之士，終不免趦趄卻步。凡漢至今，治此經者，代不數人也。然有不難者，行禮必有其地：古人宮室，自門而霤，而庭而碑，而堂而室各有一定之制，明乎其地，而楣序牖戶，坐立面負之儀，可綿蕞習也。行禮必有其敘，如冠禮始於筮日，成於禮賓，其中戒宿為期，陳服三加諸節，一一相因；昏禮始於納采，成於饗丈夫、婦人、送者，其中問名、納吉、納徵、親迎諸節，井井有條，明乎其敘，而始終本末，終日揖讓之儀可屈指計也。行禮必有行禮之例，如飲酒之例，鄉飲與燕禮不同，而主賓獻酢旅酬無算，爵則同。祭祀之例，特牲與少牢不同，而視濯視牲，尸飯主人、婦、賓長之獻則同。又如同一醴，賓而用醴謂之禮，不用醴謂之儐。同一飲，不勝者而尊者不勝，則卑者不勝，卑者不

〔註26〕《景紫堂全書・五》白讓卿序。

〔註27〕李慈銘《越縵堂讀書記・六》，頁1141，云夏炘其人，「少師歙汪氏萊衡齋，又嚴事績溪胡氏培翬」，故學有本原。《景紫堂全書・十三》卷五，頁63有夏炘〈百行最先集序〉為孝子汪英元盧墓而作。頁66，則胡培翬有〈附書後〉云：「……發甫得於庭訓，自少勤勤向學，通漢注、唐疏、說文、六書之旨，博覽群書，撰著甚多，而尤服膺程朱，講求實踐，以名孝廉，久困公車，選婺邑教諭，既抵任親，造孝子之盧，訪求事狀，作為此序，又作〈江灣行表〉江孝子割股之事；又作〈弔王烈女〉文，一以表幽隱、端風化為己任，可謂克盡厥職已。」蓋亦褒揚有加矣。

勝，則升堂特飲，明乎其例，而等級隆殺曲暢旁通之旨，可左右逢也。漢人詁經重章句，故《書》有歐陽章句、大小夏侯章句；《公羊》、《穀梁》皆有章句；朱子言《儀禮》不分章，所以難讀，然苟細繹其旨，章節、句讀原自帙，如明乎其章句，而體脈段脈絡從衡，經緯之塗可軌轍循也。……〔註28〕

則夏炘《管釋》所載，喪服之外，亦重冠昏、鄉飲、燕享、聘射、朝覲之禮；如卷一之〈釋冠禮乃醴賓以一獻之禮〉乃關係冠禮；〈釋昏禮贊老〉、〈釋寢〉、〈釋婦人稱字〉、〈釋婦人稱氏〉乃關係昏禮；〈釋媵御沃盥交〉、〈釋設尊〉乃關係燕飲之禮；〈釋聘禮禮賓當作醴〉、〈釋爵弁服亦衣與冠色〉乃關係聘禮；而卷九之〈釋九拜〉乃關係朝覲之禮；及同卷〈釋燕禮小臣作下大夫二人媵爵〉、〈釋昏禮不還贄〉、〈釋燕禮大射儀主人〉；卷十二之〈釋大夫執雁〉；卷十三之〈釋士昏禮雖無娣媵先〉；卷十八之〈釋鄉飲酒義〉諸篇，皆與冠昏鄉射燕禮有關，則其在意於禮之實踐可知，若其意義，要而言之，則：

（一）冠禮之義

冠禮雖爲成人之禮，相對亦個體道德化（社會化）之一階段性標誌。《禮記‧冠義》云：「冠者，禮之始也。」又云：「已冠而字之，成人之道也。」則成人禮（又稱成丁禮）即源於人類原始部落時期成長者的施禮活動，意在經此活動而成一完全之人。惟此冠禮之方式，非如原始部落之以爭鬥或行肉體之考驗爲滿足，蓋以由加戴冠冕之儀節而爲成人的象徵，參與之人，則爲家之父母、昆弟、親屬及地方官吏與士紳賓客，所示現者，即於困厄或險境中不畏艱辛之能者。

依據禮之制約，男子二十歲即行成人之儀，受禮者，於成人之儀中，須加戴三冠，即「緇布冠」、「皮弁」、「爵弁」三者。〔註29〕以「緇布冠」言，如《儀禮‧士冠禮》所記「始冠，緇部之冠也。太古冠布，齊則緇之。」其「齊而緇之」者，即齋戒禮所戴之冠也。而「皮弁」者，則爲源自上古周人所持之帽，鄭玄《儀禮‧士冠禮》注所謂「皮弁者，以白鹿皮爲冠，象上古也。」賈公彥疏云：「象上古者，謂三皇時，冒覆頭，句（鉤）頷項」而《白

〔註28〕《景紫堂全書‧十三》卷四，頁29～31。

〔註29〕夏炘《學禮管釋》卷二，載〈釋大戴禮公冠四加〉言〈公冠篇〉所云「公冠四加元」爲誤，並引盧辯注云「四當爲三，元當爲袞」。則冠禮之爲「緇布冠」、「皮弁」、「爵弁」三者，乃不爲差。

虎通・緋冕》云:「皮弁者……上古之時質,先加服皮,以鹿皮者,取其文章也。」何休注《公羊傳》亦謂「皮弁,武冠。」〔註30〕是文章、武冠者,即行「冠禮」時加戴皮弁,示成人禮者,自此有文采且具從事戎事之責。至於「爵弁」者,乃一祭服。《禮記・雜記上》云:「大夫冕而祭於公,弁而祭於己;士弁而祭於公,冠而祭於己。」意謂行成人禮者,從此具備參與宗廟祭典之權利。經此三程序,即確立成人之身份,而後賦予道德之標準。有如《禮記・冠義》所云「成人之者,將責成人之禮焉也。責成人禮焉者,將責為人子、為人弟、為人臣、為人少者之禮行焉。將責四者之行於人,此禮可不重與?故孝弟忠順之行立,而后可以人,而后可以治人也。故聖王重禮。」是冠禮之道德意義在此。〔註31〕

(二)昏禮之義

依禮儀生活言,婚姻是人生大事,有婚姻則兩性關係合諧,反之則否。而昏禮者,又為冠禮之延續。《禮記・內則》云男子「二十而冠」、「三十而有室」;女子「十有五年而笄,二十而嫁。有故,二十三而嫁,聘則為妻,奔(一本作術,謂無媒自通者)則為妾。」即《周禮・宗伯》亦云:「以昏冠之禮,妾成男女。」《周禮・黨正》亦云:「凡其黨之昏禮,教其禮事。」即《禮記・文王世子》亦云:「五廟之孫,祖廟未毀,雖及庶人,冠取妻必告。」云云者,皆宗法家族相互維繫重要之法則。

再以《禮記・昏義》云:「昏禮者,將合二姓之好,上以事宗廟,而下以繼後世也。故君子重之。」以是知成年男女之結合,為通過婚禮儀式公開、合法、且適應道德者也。相類之語,如《禮記・郊特性》所云:「夫昏禮,萬世之始也。取於異姓,所以附遠厚別也。」〈坊記〉亦云:「取妻不取同姓,以厚別也。」《大傳》亦云:「系之以姓而弗別,綴之以食而弗殊,雖百世而昏姻不者,周道然也。」則婚姻為相異親族之結合,亦為傳統宗教信仰與種族繁衍之連繫,其緊要可知。

至於男女地位,古即有別。《禮記・內則》載:「子生,男子設弧於門左,女子設帨於門右。三日始負子,男射女否。」意謂生孩為男,則為其掛設弓弧,行射禮之儀;生還為女,則為其掛佩巾,不行射禮。又云:「三月之末,擇日剪髮為鬌(未剪的胎髮),男角(夾頂兩鬌)女羈(中頂達前後),否則

〔註30〕見宣公元年「已練可以弁冕」注。
〔註31〕參見姜廣輝主編《中國經學思想史》第一卷,頁303~306。

男左女右。」此出生時即有別。之後,「七年,男女不同席,不共席。」及長,則男子「十年,出外就傅,……十有年,學樂,誦詩,舞勺。……二十而冠,始學禮,……三十而有室,……四十始仕,……五十命爲大夫,……七十致事。」則男子自少迄老,即培養日後在家族、社會中問學與參政的興趣,於社會群體中,表現雄糾糾的能力。反之,女子則「十年不出,姆教婉娩聽從。執麻枲,治絲繭,織紝組訓,學女事以共衣服。」且如前述「十有五而笄,二十而嫁……」因性別之異而上下間隔,乃有「男主外,女主內」之局,亦形成「夫婦有別」之況;其中女子尤重「婦順」之德,其婦德、婦言、婦功、婦容之意,均於是時教之,蓋教女子以柔順之道也。

再以昏禮之禮儀,所謂納采、問名、納吉、納徵、請期、親迎、成昏諸事,皆男女「合二姓之好」男方對女方「親之」、「敬之」的道德意義。再者,婚禮中,男方皆要送雁至女方,《儀禮·士昏禮》謂「昏禮,下達,納采用雁。」又「納吉,用雁,如納采禮。」又「請期,用雁。主人辭,賓許,告期,如納徵禮。」則雁意何?元陳澔注《禮記集說》引程子云:「奠雁,取其不再偶。」學者王啓發則引時人楊寬〈贊見禮新探〉一文,謂:

> 如《左傳·莊公二十四年》記載御孫所云:「男贄,大者玉帛,小者禽鳥,以章物也;女贄,不過榛、荔栗、棗修,以告虔也。」等,與禮書相合的「贄見禮」,禮物規定都是源出於氏族制末期男子狩獵,女子採集果實並料理雜務的家庭分工。「贄見禮」沿襲了這一原始分工演成的習俗。而昏禮中的「贄見禮」則是爲了確立岳父與女婿,新婦與舅姑的親屬關係的。〔註32〕

若此情狀,夏炘〈釋昏禮不還贄〉亦載:

> ……惟昏禮之贄,不還納采、問名,一使兼行二禮,皆受而不還。納吉如納采,納徵如納吉,請期如納徵,元纁束帛,亦所以爲贄與雁也。(疏云:納徵無雁者,以有束贄故也。)親迎之雁,婿再拜稽首,奠於堂;若不親迎,婿見女之父母,婿入門東面奠贄(此贄用雉)禮辭之後,主人拜受,婿拜送,與親迎之奠雁於堂不同,而其不還則同也。蓋昏禮親親也,贄不用死皮,帛必可制,所以體親親之情也。詞無不腆、無辱,所以篤親親之誼也。五雁及納徵之束帛,皆所謂先人之禮,以求昏於主人也,主人受之而不還,所以許之也,

---

〔註32〕姜廣輝主編《中國經學思想史》,頁309~310,爲作者王啓發引自楊寬之語。

其餘無不還之贄，所以輕財而重禮，遠貨賄而崇恥讓也。後世托羔

雁贄，以遂其攀援之私，於是有不貲之玩進自司閽，握之珍出諸懷，

褒予者、受，皆泰然不知其非，可慨也夫。〔註33〕

是親迎者，爲昏禮之高潮，亦「合二姓之好」之體現，而「贄見禮」中，親敬之義，即概乎其中矣。且而古之昏禮，在「輕財而重禮，遠獲賄而崇恥讓也。」今世則「托羔雁贄，以遂攀援之私」，今昔相較，孰輕孰重，蓋亦可知，此鯁介如夏炘者，當有所嘆也。

（三）鄉飲酒之義

冠昏喪禮，應依前後次序，逐次補述，亦即冠禮後敘昏禮，昏禮後敘喪禮，然以喪禮者，本篇於「尊尊述義」中，言述已多，不再補述，今請言鄉飲酒之禮。

鄉飲酒於古社會生活中，亦禮儀之一。其體現之道德精神亦具社會之倫理蘊致。因之，所謂鄉飲酒之禮，即於一社區或行政範圍內舉行之宴飲活動，亦即在鄉大夫組織下所進行的聚會及活動，此活動以宴飲爲內容，其源當自氏族社會之狩獵及農耕族群收獲之後的議事及聚會，至周之時，即衍化爲具道德教化意義之禮事與活動。

《周禮・地官・大司徒》云：「五家爲比，使之相保；五比爲閭，使之相受；四閭爲族，使之相葬；五族爲黨，使之相救；五黨爲州，使之相賙；五州爲鄉，使之相賓。」其地方行政首長依次則爲：鄉大夫、州長、黨正、族師、閭胥、比長，逐級而下，形成一地方官吏系統。而其儀禮儀活動，則鄉大夫賓賢能，飲國中賢者；州長習射飲酒於州人，黨正蜡祭飲酒於黨人。鄉則三年一飲，州則一年再飲，黨則一年一飲。而據《儀禮・鄉飲酒禮》及《禮記・鄉飲酒義》，於鄉大夫、州長、黨正所主導之飲酒儀節中，皆以主人之姿，視邀約之賢者、能者爲賓客，經拜迎、揖讓而表示賓主間相互的敬意，由於身份、地位相同，所顯現者，即爲恭敬謙讓、互爲尊重之道德原則。

其中，尚德尚齒，尊老敬賢，是鄉飲酒禮所含道德精神最顯著處。如《禮記・鄉飲酒義》云：

主人者尊賓，故坐賓於西北，而坐介（陪客的座位）於西南以輔賓，

賓者，接人以義者也。故坐於西北。主人者，接人以仁德厚者也，

〔註33〕《景紫堂全書・六》、《學禮管釋》卷九，頁127～128。

故坐於東南。而坐僎於東北，以輔主人也。仁義接，賓主事，俎豆
有數曰聖，聖立而將之以敬曰禮。禮以體長幼曰德。德也者，得於
身也。故曰：古之學術道者，將以得身也。是故聖人務焉。

夏炘〈釋鄉飲酒義〉亦云：

炘按：此專言鄉飲酒坐位，而亦與諸禮相通。凡飲酒之禮，皆以賓主。
賓皆席於戶牖間，自主人視之，則在北而近西，故曰：坐賓於西北，
非謂鄉飲之賓在西北方側坐也。主人皆席於阼階上，自賓視之，則在
東而近南，背謂鄉飲之主在東南方側坐也。有司徹之在西序，東面即
鄉飲之介，自賓視之，則在西而近南，故曰：坐介於西南以輔賓，非
謂鄉飲之介在西南側坐也。燕大射之卿，賓左東上，即鄉飲之僎，自
主人視之，則在北而近東飲，曰：坐側於東北，以輔主人，非謂鄉飲
之僎，在東北方側坐也。經云：鄉飲之坐。下經又曰：賓必南鄉，介
必東鄉，主人必居東方，不亦深切著明乎！〔註34〕

夏炘以方位言賓主之禮，未自賓主仁義處相接，而以居東方為主，乃得
其正位。實則賓主以仁義相交接即相處之道，賓客與主人各安其所，待客得
俎豆合乎數目，便是所謂的明白通達，既已明白通達，又持之以敬，即謂之
禮，是禮者，在身心有得也。

尚德之內涵外，尚齒亦鄉飲酒禮重要之精神，以尚齒者，在敬老尊長，
推而行之，自可成教於國。故《禮記・鄉飲酒義》即載：

鄉飲酒之禮，六十者坐，五十者立侍，以聽政役，所以明尊長也。
六十者三豆，七十者四豆，八十者五豆，九十者六豆，所以明養老
也。民知尊長養老，而后乃能入孝弟。民入孝弟，出尊長養老，而
后成教，成教而后國可安也。君子之所謂孝者，家至而日見之也；
合諸鄉射，教之鄉飲酒之禮，而孝弟之行立矣。

夏炘言此，謂「此專言正齒位之飲酒，與諸禮皆不通。」〔註35〕所述似
混淆。以文意言之，則其意即鄉飲酒之禮，六十以上者入坐，五十以下者站
立侍候，聽候差使，亦表明對長者之尊重。年六十歲者荣三盤，七十者四盤，
八十者五盤，九十歲者六盤，明示對老者的奉養。人民知所尊敬且奉養老者，
在家自能孝養父母，善事兄長。人民在家知所孝養父母、善事兄長，出外敬

〔註34〕《景紫堂全書・七》、《學禮管釋》卷十八，頁 256～257。
〔註35〕同上，頁 261。

養長者，然後教化成立，教化成立然後國可安定。因之，君子之教導人們行孝之法，毋須挨家挨戶宣揚，亦毋須日日召見教諭，只要鄉射之時集合人民，教之鄉飲酒法，即能建立孝順悌愛的德行。此即成教於國之意，亦深切著明之謂。

（四）燕、聘之義

於宗周及春秋之際，天子與諸侯，諸侯與諸侯，及諸侯與臣屬之間，因關係不同而有不同之禮儀與往來儀式，具體表現則爲燕、聘、朝觀諸儀，皆屬於政治之禮儀。若此章節，夏炘《學禮管釋》亦有所論列，如卷一〈釋大戴禮天子擬焉〉、〈釋大戴禮公冠四加〉；卷二〈釋天子諸侯廟享獻數〉、〈釋天子諸侯無陰厭〉；卷三〈釋升歌笙間合樂〉、〈釋無算樂〉；卷五〈釋聘禮公側襲受玉於中堂與東楹之間〉；卷七〈釋外有九室九卿朝焉〉；卷九〈釋九拜〉、〈釋燕禮小臣作下夫二人媵爵〉、〈釋燕禮大射儀主人〉；卷十四〈釋九夏樂章〉；卷十六〈釋聘禮郊勞歸饗餼使者皆再拜稽首〉云云，皆自燕、聘、之禮爲說：

1. 以燕禮言

謂之燕禮者，其實即飲食之禮。此禮爲宗周、春秋之時，天子、諸侯、卿大夫、士間交往之活動。其有燕來朝之諸侯，有燕來聘之大夫；有君自燕其臣；燕其宗族者；又有燕老之燕。〔註36〕而清孫希旦考察其間活動，亦列燕禮如：天子燕來朝之諸侯者，或天子燕諸侯之使臣者，或諸侯相朝而燕之者，或諸侯燕來聘之臣、燕其聘賓者，亦有君燕其臣子、燕其宗族及行養老之禮而燕之者。〔註37〕皆在以飲食相招待，而相互聯繫，溝通情感之謂。

以飲食相待，顯君臣之禮，此載之《禮記‧燕義》，若《儀禮》則持燕飲之禮。而夏炘燕禮之述，則就《儀禮》考證而論。有如《儀禮》卷十四〈燕禮〉：

> 小臣自阼階下請小臣又請媵爵者，公命長。小臣作下大夫二人媵爵。

所謂「媵爵」者，鄭注、賈疏皆未稱述，蓋以爲時之慣稱也。然則「媵爵」者，即先飲一爵，而二爵從之之謂。胡培翬《儀禮正義》引李如圭云：「媵爵者，獻酬禮成，更舉酒於公，以爲旅酬之始。」而以「下大夫」爲媵爵，此即賈疏所謂「卿爲上大夫，不使之者，爲其尊。」〔註38〕然而何以上大夫

〔註36〕王夢鷗《禮記今註今譯‧燕義》，頁817。
〔註37〕孫希旦《禮記集解‧燕義》。
〔註38〕北京大學版《儀禮注疏》，頁262。

「不使之」，而以「下大夫」爲媵爵，賈疏未言明，據此，夏炘〈釋燕禮小臣作下大夫二人媵爵〉即推闡云：

> 諸侯之國，卿三人，大夫五人。卿三人者，司徒兼冢宰，無天官卿；司馬兼宗伯，無春官卿；司空兼司寇，無秋官卿。《左傳》紀魯三卿：季孫爲司徒，叔孫爲司馬，孟孫爲司空是也。大夫五人者，崔靈恩所謂：司徒之下，置小宰、小司徒；司空之下，置小司空、小司寇；司馬事省，置小司馬一人是也。分言之，曰卿曰大夫；合言之，則三卿爲上大夫，五大夫爲下大夫。〈王制〉所謂「上大夫、卿、下大夫五人。」《論語》所謂「與上大夫言，與下大夫言」是也。《周禮・序官》有中、下大夫，無上大夫，則天子之六卿，即上大夫也。諸侯以三卿爲上大夫，五大夫下大夫，不見中大夫之稱，所以異於天子也。至於〈王制〉又云：次國之上卿，位當大國之中，中當其下，下當其上；大夫小國之上卿，位當大國之下卿，中當其上火夫，下當其下大夫，似三卿之中，又分上卿、中卿、下卿；五大夫之中，又分上大夫、下大夫，鄭氏所謂「頫聘並會之序」，爲尋常之謂也。又國有孤命四，不在三卿之數，〈王制〉所謂「大國之卿，不過三命。」是也。經云「下大夫二人」，即下大夫之長。〈王制〉疏引崔靈恩云：小宰、小司馬爲上，小司馬、小司寇、小司空爲下，則二者，「小宰、小司徒」，與注云：「卿爲上大夫，不使之者，爲其尊」者，以賓與與主人皆下大夫，上大夫之位尊，故不使爲「媵爵」之事也。〔註39〕

依夏炘之說，則所謂「下大夫」者，當指卿以下之小宰與小司徒，而所以不使卿「媵爵」者，蓋以其人皆下大夫也，此確可補鄭注之不足。然無論如何，由「燕禮」之飲食，是能見君臣上下之義也。

2. 以聘禮言

謂之聘禮者，即天子與諸侯邦國、諸侯邦國之間及大國對小國之相訪、拜會的往訪禮儀，於宗周及春秋之際廣泛施行。若其聘禮之施行，則天子、諸侯與鄰國之間，如《周禮・大行人》所謂天子撫諸侯、諸侯事天子、鄰國交相修云云，皆在相撫而無事也。《禮記・聘義》載：「故天子制諸侯，比年小聘，三

〔註39〕《景紫堂全書・六》、《學禮管釋》卷九，頁 124～126。

年大聘，相屬以禮。使者聘而誤，主君弗親饗食，所以愧屬也。諸侯相屬（勵）以禮，則外不相侵，內不相陵。此天子之所以養諸侯，兵不用而諸侯自爲正之具也。」則聘禮者，大抵爲天子、諸侯之事，亦在相屬以禮。

　　若夫聘禮儀節，則君命傳達，仍爲諸侯入廟登堂，或主君迎接慰勞，皆體現賓主間尊敬謙讓之風範。再以《儀禮・聘禮》第八有言：「聘禮。君與圖事，遂命使者。使者再拜稽首，辭。」及「郊勞，歸饔餼，儐，使者皆再拜，稽首。」之語，則使者再拜稽首者，其必君之謂，而所以如此，乃重君臣上下之禮也。

夏炘〈釋聘禮郊勞歸饔餼儐使者皆再拜稽首〉云：

> 稽首之拜，惟臣之於君則然。《左傳》所云：「非天子寡君無所稽首是也。」其見於禮經者彰彰矣。惟聘禮郊勞及歸饔餼之儐使者，乃賓主適體禮，而亦稽首，似亦不可解。按此亦君命之也。經云：君使卿朝服用束帛勞賓，賓再拜，稽首受幣，賓用束錦儐勞者，勞者再拜稽首，受賓再拜，稽首送幣。注云：稽首尊國，賓非也。彼以君命勞使者，使者亦必以君命儐勞者可知，既以君命安得不稽首乎！歸饔餼之儐使者亦然。經於歸饔餼云：大夫奉束帛東面致命，不言致幣及儐使者及儐使者云賓致幣不言致命，互文見義：正注致幣云：不言致命非君命，非也。試思：既非君命，何以受者、致者，皆再拜稽首乎！考前此命使以後宰即書幣，命宰夫官具郊勞歸饔餼，大禮也。豈有儐幣而不出自朝廷，令使者自具之理。既爲官幣，即當以君命行之，此再拜稽首之禮所由行，不可以平敵賓主之禮例之也。或曰：大夫饗賓介及大夫相食何以再拜稽首也？曰：此亦以君命行之也，何以明之？大夫無故不殺羊饗賓介，及相食皆以太牢，非大夫之禮所宜，然必君命饗之食之而後敢具太牢焉！公食禮云：若不親食，則公作（使）大夫朝服，以侑幣致之，賓受於堂無儐。注云：作，使也。大夫有故君，必使其同爵者爲之，致禮受於堂無儐，與君禮同。據此論之，大夫不親食，不自使人致之，必君命同爵者致之，又受於堂無儐，與受君禮同，則親食之太牢，必以君命將（持）之無疑。大夫之相食如此，而饗賓之太牢可知。然則稽首之拜信乎！非臣於君不可也。

又按：

> 臣於君稽首，子於父亦當稽首。〈士虞・特牲・少牢〉：尸未入之先設饌，陰厭祝酌，奠及饗神，主人皆再拜稽首。特牲少牢主人受尸

蝦及宿尸,亦再拜稽首,特牲嗣子舉奠亦再拜稽首。此孝子事尸之禮,如事君也。至〈昏禮〉親迎主人,筵几於廟,賓升北面,奠雁,再拜稽首。昏禮有陰陽之義,非以事君之禮事女父,觀於主人不答拜,及婿若不親迎,三月之後,婿見婦之父母。記文所載,但云再拜,並無稽首之禮,足見親迎稽首,通於廟中之事,尸所謂鬼神陰陽者,其此義矣。〔註40〕

然則聘禮儀節中,無論君命,入廟登堂,亦或主賓迎接慰勞,皆體現賓主尊敬謙讓之禮。此夏炘釋「郊勞歸饗餼儐使者皆再拜稽首」之意,所謂「以君命之」者,皆聘禮之節,蓋亦顯君臣之義也。有如宋呂大臨所言:「始臣之義,則致其君臣之敬於所聘之君。主君之義,則致其賓主之敬於來聘之臣也。」〔註41〕則《中庸》所云「來遠人,懷諸侯」之意,於此亦得之矣。

聘禮之外,《儀禮》亦有朝覲之禮,然遍觀《學禮管釋》皆未載此禮,故不再贅述,然由燕、聘之禮,知古諸侯之朝覲天子,亦為行宗法之禮。

綜上之述,由《述義》及《管釋》回顧,所映現者,仍在尊尊、親親之長遠性,雖時移勢移,社會潮流變易神速,然人類社會自始之根本道德則無由更易,有如大陸學者王啟發所言:「儘管人們的生活隨著時代的變遷和發展而不斷豐富和多樣化,然而各種人際關係始終存在,如親情關係、長幼關係、男女關係、上下關係等作為人類社會化生活中的基本關係,在家庭、社會、政治等不同生活層面,無論過去、現在和將來都會存在。因此古代聖賢們所提出的『親親,尊尊,長長、男女有別』的道德原則,也就有其超越時代的意義。只不過因時代及社會性質的不同而有不同的精神內涵和行為表現罷了。」〔註42〕是為矢的之論。

第四節 總 結

總括而言,則夏炘之學,其實淵廣,上之所舉,不過犖犖大者,其他文集所列,必有可資采擷者。而綜先生為學要旨,仍以經學為重,蓋以經之考據為先生所長,且依此以判別他家之學,故於考據中,復能獨抒己見,泯於

〔註40〕 《景紫堂全書‧七》、《學禮管釋》十六卷,頁167～171。
〔註41〕 陳澔《禮記集解》,頁517。
〔註42〕 姜廣輝主編《中國經學思想史》,頁330。

漢、宋之門戶，此是先生嘉善之處；再以專守紫陽之術，壹以發揚朱子之學且蹈厲之，又是先生踵武前賢誦德不絕之慧識。由此亦知，先生雖出鄉里，其實非鄉里之人，而爲一通今博古，期許賢聖境域之人也。其學雖亦承朱學而來，然其黽勉奮力，焚膏繼晷，始終不輟之神采，乃爲學之有成之由也。故錢穆於《清儒學案序目》即贊云：

> 心伯父鑒（朗齋），官徽州訓導，居朱子之鄉，以誦法程、朱爲唱。心伯承家學，又爲婺源教諭十八年，當經學考據之盛，兼采漢、宋，而以發明紫陽爲職志，其所獲有足正清瀾、白田之缺失者。一門兄弟，自相師友，心伯長於經，季燮（謙甫）長於史，仲同（卯生）能言政事，而抨擊乾嘉有過甚者。〔註43〕

所謂「兼采漢、宋，而以發明紫陽爲職志」者，即其學之有原有委也；而所謂「所獲有足正清瀾、白田之缺失者。」蓋以如王懋竑（1668～1741）等之《朱子年譜》四卷、《朱子考異》四卷、《朱子文集注》、《朱子語錄注》容有若干缺失者，皆加以辨正，亦求朱學之昌盛也。而所以如此，即如錢穆所述，與其仲弟夏炯（卯生）、季弟夏燮（謙甫），一門兄弟，自相師友，皆爲承父之家學而來，是能克紹箕裘者，蓋其來有自。

至於本篇論文所舉，即如《檀弓辨誣》、《述朱質疑》、《三綱制服尊尊述義》、《學禮管釋》，餘則闕如，概以夏炘所述，卷帙廣涯，欲面面顧及，勢有不能，是謹汲取精要而論耳，非有所疏懶也。若後之篇目，則李慈銘《越縵堂讀書記》依《景紫堂全書》所載，按其撰作，提綱挈領而舉其要，是能補本論文所未敘之篇章：

> 閱《景紫堂全書》凡十七種，當涂夏炘著。炘字發甫，一字心伯，道光五年（1825）舉人，今官婺源（安徽）教諭。及交安化陶文毅、歸安姚文僖、江都汪孟慈諸公，卷端載其往還論學尺牘。其書先次第授梓，至去年（同治壬辛，1862）秋，湘陰左季皋（宗棠）中丞始爲合刻於婺源。

又云；

> 首《檀弓辨誣》三卷：
>   言〈檀弓〉之書，專爲詆諆聖門而作，爲之條舉辨正。
> 次《述朱質疑》十六卷：

〔註43〕錢穆《中國學術思想史論叢》〈清儒學案目錄〉，頁615。

皆辨明朱子一生之學術著述，及其師友出處，考核群書，分類相從。

次《三綱制服尊尊述義》三卷：

謂周公制服，以尊尊爲主，而尊尊以三綱爲重。舉《儀禮傳》父至尊也，君至尊也，夫至尊也三語，發凡起例，包括《儀禮喪服》一百餘條，以類比附。

次《學禮管釋》十八卷：

條舉禮文節目，逐事詮釋，不分門類，體例如惠半農（士奇 1671～1741）而學兼漢、宋，好駁近儒，頗多折衷於鄭氏。

次《讀詩箚記》八卷：

謂三家詩以《齊詩》爲優，謂《詩序》作於毛公以后，蓋出衛宏，舉有八證。其書中明毛公及朱子之說爲多。

次《詩章句考》一卷：

據《左氏傳》在〈揚水之卒〉章語，駁孔沖遠古詩「口以相傳未有章句」之非。又詮次毛公、鄭氏、朱子章句之異同，兼采諸儒之說，附以己意。

次《詩樂存亡譜》一卷：

謂夫子未嘗刪詩，笙詩未嘗無詞。據鄭康成《鐘師》九夏注，載〈在樂章〉「樂崩亦從而亡」語，謂笙管篇及金奏諸詩，俱職於樂師，非學士所肄業，本不在三百篇中。

次《朱子詩集傳校勘記》一卷：

校正俗本經文二十四條，傳文廿九條，更刪合以馮嗣宗、陳啓源、史榮三家所校，共得經文三十九條，傳文四十九條。

次《詩經廿二部古韻表集說》二卷：

集顧亭林（炎武）、江慎修（永）、段茂堂（玉裁）、王懷祖（念孫）、江晉三（有誥）三五家之說，分東、中爲二，定爲二十二部。

次《學制統述》二卷：

謂許氏所謂「建類一首，同意相受」者，即指部份而言，如「老」爲「考」首，而耆、耊、耉、耄等字即取類於「老」。推之松、柏之屬，皆「木」之別名，故皆受類於「木」。而駁賈公彥、裴務齊等以「考、老」爲左回右轉，及鄭樵、楊愼、近世戴氏、段氏轉

注之非。

次《漢唐諸儒與聞錄》六卷：

論次大毛公、董仲舒、鄭康成、諸葛孔明、文中子、韓昌黎六君子事跡論著，各爲一卷，仿《伊洛淵源錄》之例，以見斯道所繫。

次《討謨成竹》一卷：

（此書命意本無謂，所輯尤荒劣不成書，爲星（心）伯著述中最下之作，其書名亦陋。）

本朱子言「嘗欲寫出蕭何、韓信初見高祖；鄧禹初見光武；武侯初見先主時語」及王樸《平邊策》編爲一卷之意。益以明陶文憲（公安）初見太祖、我朝范文肅（公程）說攝政王語共爲七篇，以見自漢迄今大臣戡亂氣象。

次《息游詠歌》一卷：

本朱子愛誦《離騷》、《出師表》、《歸去來辭》之意，錄取三君全文，稍加音釋考訂，（不載《後出師表》，以爲僞作。）附以朱子《齋居感興詩》二十首，以見紫陽忠君愛國之旨。

次《貫長沙政事疏考補》一卷：

以長沙疏首言，可爲長太息者六，今闕其一，據《大戴記·保傳》後篇補之，因合《班書》、《新書》、《大戴記》錄其全文，而注其字句異同於下。汪氏喜孫稱其奄然如析符復合。

次《陶主敬年譜》一卷；

以陶文憲爲守朱子之學而開有明儒術之先，言當塗建縣以來，道德功業文章一人而已。故比次全集，參考元明二史，輯爲斯譜。陶文毅，宮保致書推重之。

次《文集》十四卷：

多考訂經史之作。如《古文孝經考》、《孔子生年月日考》、《鄭氏三禮注讀如考》、《史記仲尼弟子列傳考》，引證詳密，尤有功於經學。其未刻者，尚有《春秋左傳祛疑》、《春秋公穀存是》、《易學旁通》《轉音紀始》、《小窗日記》、《聞見一隅錄》等六種。〔註44〕

要之，夏炘之作，確爲琳琳瑯瑯，然平情以論，雖漢、宋兼顧，其考證似過於義理，亦知先生雖長於經，於義理之緒，未能充份抒發，或爲先生所

〔註44〕李慈銘《越縵堂讀書記·六》，頁1139～1141。

短，顧偶亦不免激湍之論。李慈銘於夏炘著書大旨，即慨言：「其篤守朱子之學，蓋本庭誥，故頗攻戴（震）氏《原善》、凌（廷堪）《復禮》、阮氏《論語論仁論》諸篇，殊偏戾不足據；於戴氏《孟子字義疏附證》一書，尤加詆斥，此亦門戶私心太過。」〔註45〕是此爲先生可議處，然小疵不足以掩大醇，若考證鄭注之例，條貫精密，及辨證古義之訛，壹以朱子爲本，終身致力禮學、小學，皓首窮經而孳孳不倦，宜爲東南師儒，殆有以也。

〔註45〕同上。

徵引書目

一、專　著

1. 清・夏炘，《景紫堂全書》。臺北：藝文印書館（借國立臺灣大學圖書館藏清同治元年 1682 王光甲等彙印、景印原書版，匡高十九公分、寬十二・高公分）。

2. 清・夏炘，《夏炘先生傳・檀弓辨誣》3 卷、《景紫堂全書・一》。臺北：藝文出版社景印。

3. 清・夏炘，《述朱質疑》16 卷，《景紫堂全書・二～四》。臺北：藝文出版社景印。

4. 清・夏炘《三綱制服尊尊述義》3 卷、《景紫堂全書・四》。臺北：藝文景印

5. 清・夏炘，《學禮管釋》18 卷、《景紫堂全書・五～七》。咸豐庚申新鐫，景紫山房藏版，臺北：藝文出版社景印。

二、經學類

（一）《十三經注疏》（阮元重勘宋本文選樓藏本）附校勘記

1. 《易經・尚書》，臺北：藝文出版社，民國 86 年 8 月。

2. 《詩經》，臺北：藝文出版社，民國 86 年 8 月。

3. 《周禮》，臺北：藝文出版社，民國 86 年 8 月。

4. 《儀禮》，臺北：藝文出版社，民國 86 年 8 月。

5. 《禮記》，臺北：藝文出版社，民國 86 年 8 月。

6. 《左傳》，臺北：藝文出版社，民國 86 年 8 月。

7. 《公羊傳・穀梁傳》,臺北:藝文出版社,民國 86 年 8 月。

8. 《論語・孝經・爾雅・孟子》,臺北:藝文出版社,民國 86 年 8 月。

(二)《十三經注疏》

1. 李學勤主編《周易正義》,北京:北京大學出版社,1999 年 12 月。

2. 李學勤主編《毛詩正義》,北京:北京大學出版社,1999 年 12 月。

3. 李學勤主編《尚書正義》,北京:北京大學出版社,1999 年 12 月。

4. 李學勤主編《周禮注疏》,北京:北京大學出版社,1999 年 12 月。

5. 李學勤主編《儀禮注疏》,北京:北京大學出版社,1999 年 12 月。

6. 李學勤主編《禮記正義》,北京:北京大學出版社,1999 年 12 月。

7. 李學勤主編《左傳正義》,北京:北京大學出版社,1999 年 12 月。

8. 李學勤主編《公羊傳注疏》,北京:北京大學出版社,1999 年 12 月。

9. 李學勤主編《穀梁傳注疏》,北京:北京大學出版社,1999 年 12 月。

10. 李學勤主編《論語注疏》,北京:北京大學出版社,1999 年 12 月。

11. 李學勤主編《孟子注疏》,北京:北京大學出版社,1999 年 12 月。

12. 李學勤主編《爾雅注疏》,北京:北京大學出版社,1999 年 12 月。

13. 李學勤主編《孝經注疏》,北京:北京大學出版社,1999 年 12 月。

14. 《周禮正義》86 卷,四部備要本。

15. 《儀禮正義》40 卷,皇清經解續編。

16. 《禮記注疏》附釋音 63 卷、校勘記 63 卷,江西:南昌府學本。

17. 《禮記・鄭注》20 卷,南宋余仁仲刻本:來青閣影印。

18. 《禮記殘卷》1 卷,鳴沙石室:古籍殘本。

19. 唐・杜佑《通典》,南京:上海古籍出版社,1990 年 8 月。

20. 宋・衛湜《禮記集說》160 卷,四庫全書,經部,禮類三。

21. 元・吳澄《禮記纂言》36 卷,四庫全書,經部,禮類三。

22. 明・王夫之《禮記章句》2 冊,臺北:廣文,民國 56 年 7 月。

23. 清・納喇性德《陳氏禮記集說補正》38 卷,四庫全書,經部,禮類三漢・
    戴德《大戴禮記》13 卷,四庫全書,經部,禮類三、廣雅叢書本。

24. 《大戴記補注》13 卷,臺北:商務印書館,民國 56 年。

25. 《批點檀弓》2 卷,四庫全書,經部,禮類存目二。

26. 明・楊慎《檀弓叢訓》2 卷,四庫全書,經部,禮類存目二。

27. 明・林兆珂《檀弓述註》2 卷,四庫全書,經部,禮類存目二。

28. 明・陳與郊《檀弓輯註》2 卷,四庫全書,經部,禮類存目二。

29. 明・姚應仁《檀弓原》2 卷,四庫全書,經部,禮類存目二。

30. 明・牛斗星,《檀弓評》2 卷,四庫全書,經部,禮類存目二。

31. 明・牛斗星《檀弓通》2 卷,四庫全書,經部,禮類存目二。

32. 清・邵泰衢《檀弓疑問》1 卷,四庫全書,經部,禮類三。

33. 清・邵泰衢《檀弓論文》2 卷,清・邵泰衢四庫全書,經部,禮類三。

34. 宋・聶崇義《三禮圖集注》20 卷,四庫全書,經部,禮類三。

35. 宋・陳祥道《禮書》150 卷,四庫全書,經部,禮類三。

36. 宋・夏休《周禮井田譜》20 卷,四庫全書,經部,禮類存目一。

37. 《釋宮》1 卷,舊題宋・朱熹撰,實李如圭作,四庫全書,經部,禮類存目一。

38. 宋・李如圭《儀禮釋宮》1 卷,四庫全書,經部,禮類二。

39. 宋・朱熹《家禮》5 卷,四庫全書,經部,禮類四。

40. 宋・朱熹《儀禮經傳通解》37 卷,四庫全書,經部,禮類三。

41. 明・徐駿《五服集證》6 卷,四庫全書,經部,禮類存目一。

42. 清・李光地《朱子禮纂》5 卷,四庫全書,經部,禮類四。

43. 清・任啓運《宮室考》13 卷,四庫全書,經部,禮類二。

44. 清・江永《深衣考誤》1 卷,四庫全書,經部,禮類三。

45. 清・江永《禮書綱目》85 卷,四庫全書,經部,禮類三。

46. 清・萬斯大《學禮質疑》2 卷,四庫全書,經部,禮類四。

47. 清・陸瓏其《讀禮志疑》6 卷,四庫全書,經部,禮類四。

48. 清・汪紱《參讀禮志疑》2 卷,四庫全書,經部,禮類四。

49. 清・秦蕙田《五禮通考》262 卷,四庫全書,經部,禮類四。

50. 清・毛奇齡《郊社禘祫問》1 卷,四庫全書,經部,禮類四。

51. 清・毛奇齡《辨定祭禮通俗譜》5 卷,四庫全書,經部,禮類四。

52. 清・毛奇齡《昏禮辨正》1 卷,四庫全書,經部,禮類存目三。

53. 清・曹庭棟《昏禮通考》24 卷,四庫全書,經部,禮類存目三。

54. 清・毛奇齡《廟制折衷》3 卷,四庫全書,經部,禮類存目三。

55. 清・毛奇齡《大小宗通繹》1 卷,四庫全書,經部,禮類存目三。

56. 清・毛奇齡《明堂問》1 卷,四庫全書,經部,禮類存目三。

57. 《重刊朱子儀禮經傳通解》69 卷,四庫全書,經部,禮類存目三。

58. 清・黃以周:《禮書通故》,臺北:華世出版社,民國 65 年 12 月。

59. 清・江永:《禮書綱目》,臺北:台聯國風出版社,民國 63 年 10 月。據嘉慶十五年婺源俞氏鑾恩堂刊本影印。

60. 清‧秦蕙田：《五禮通考》，光緒六年九月江蘇書局重刊。

61. 清‧顧炎武《日知錄集釋》黃汝成集釋，湖南：岳麓書社，1996 年 2 月。

62. 清‧阮元《揅經室集》3 冊，臺北：世界書局，民國 71 年 3 月。

63. 清‧凌廷堪《校禮堂文集》，北京：中華書局，1998 年 2 月。

64. 清‧焦循《孟子正義》，臺北：世界書局，民國 81 年 4 月。

65. 清‧段玉裁《說文解字注》，臺北：天工書局，民國 85 年 9 月。

66. 鄭良樹《儀禮宮室考》，臺北：中華書局，民國 75 年 9 月。

67. 章景明《先秦喪服制度考》，臺北：中華書局，民國 75 年 9 月。

68. 謝德瑩《儀禮聘禮儀節研究》，臺北：文史哲出版社，民國 72 年 7 月。

69. 馬持盈，《詩經今註今譯》，臺北：臺灣商務印書館，民國 83 年。

70. 張亨《詩經今注》，臺北：里仁書局，民國 70 年 10 月。

71. 王夢鷗《禮記今註今譯》，臺北：臺灣商務印書館，民國 66 年 5 月。

72. 錢玄《三禮通論》，南京：南京師範大學出版社，1996 年 10 月。

73. 陳克明《群經要義》，北京：東方出版社，1996 年 12 月。

74. 林慶彰《明代經學研究論集》，臺北：文史哲出版社，民國 83 年 5 月。

75. 劉夢溪主編《黃侃‧劉師培卷》，河北：教育出版社，1996 年 8 月。

三、思想類

1. 宋‧黎德清編《朱子語類》，北京：新華書局，1986 年 3 月。

2. 明‧陳建《學蔀通辨》，臺北：廣文書局，民國 64 年 4 月。

3. 清‧王懋竑《朱子年譜》，臺北：商務印書館，民國 64 年 1 月。

4. 錢穆《朱子新學案》，臺北：三民書局，民國 71 年 4 月。

5. 陳俊民校訂《朱子文集》，臺北：德富古籍叢刊，民國 89 年 2 月。

6. 劉述先《朱子哲學思想的發展與完成》，臺北：學生書局，民國 73 年 8 月。

7. 劉述先《朱學論集》，臺北：學生書局，民國 71 年。

8. 束景南《朱子大傳》，福州：福建教育出版社，1992 年 10 月。

9. 張立文《朱熹思想研究》，北京：中國社會科學出版社，2001 年 12 月。

10. 楊慧傑《朱熹倫理學》，臺北：文津出版社，民國 79 年 12 月。

11. 陳谷嘉《張栻與湖湘學派研究》，湖南：教育出版社，1991 年 8 月。

12. 蔡仁厚《宋明理學‧南宋篇》，臺北：學生書局，民國 82 年 9 月。

13. 牟宗三《中國哲學十九講》，臺北：學生書局，民國 62 年。

14. 牟宗三《中國哲學的特質》，臺北：學生書局，民國 63 年。

15. 牟宗三《心體與性體》，臺北：正中書局，民國 64 年。

16. 唐君毅《中國文化之精神價值》，臺北：正中書局，民國 63 年。

17. 唐君毅《中國人文精神之發展》，臺北：學生書局，民國 63 年。

18. 余英時《中國思想傳統的現代詮釋》，臺北：聯經出版公司，民國 75 年。

19. 余英時等《中國哲學思想論集・清代篇》，臺北：水牛出版社，民國 81 年 5 月。

20. 方東美《新儒家哲學十八講》，臺北：黎明文化事業公司，民國 72 年。

21. 李明輝《當代儒學的自我轉化》，北京：中國社會科學出版社，2001 年 7 月。

四、學術史類

1. 清・徐世昌等《清儒學案・心伯學案》卷 155，臺北：世界書局，民國 54 年 4 月。

2. 清・永瑢等《四庫全書總目》2 冊，北京：中華書局，1965 年 6 月。

3. 楊家駱主編《四庫全書簡明目錄》2 冊，臺北：世界書局，民國 64 年 11 月。

4. 清・周中孚《鄭堂讀書記》2 冊，臺北：世界書局，民國 54 年 4 月。

5. 清・李慈銘《越縵堂讀書記》6 冊，由雲龍輯，虞雲國整理，遼寧：遼寧出版社，2001 年 2 月。

6. 清・錢大昕《錢大昕全集》10 冊之《潛研堂文集》，陳文和主編，南京：江蘇古籍出版社，1997 年 12 月。

7. 清・陳康祺《郎潛紀聞四筆》，北京：中華書局，1990 年 3 月。

8. 清・黃侃、劉師培卷，吳方編校，河北：河北教育出版社，1996 年 8 月。

9. 嚴文郁《清儒傳略》，臺北：臺灣商務印書館，民國 79 年 6 月。

10. 姜亮夫《歷代名人年里碑傳總表》，臺北：臺灣商務印書館，民國 82 年。

11. 宋・朱熹《朱子大全》，臺北：中華書局，四部備要本。

12. 束景南《朱熹年譜長編》2 冊，上海：華東大學出版社，2001 年 9 月。

13. 徐復觀《中國人性論史・先秦篇》，臺北：臺灣商務印書館，民國 58 年。

14. 徐復觀《中國思想史論集續篇》，臺北：時報文化出版公司，民國 71 年。

15. 梁啓超《中國近三百年學術史》，臺北：里仁書局，民國 84 年 2 月。

16. 梁啓超《清代學術概論》，臺北：里仁書局，民國 84 年 2 月。

17. 錢穆《中國近三百年學術史》2 冊，臺北：商務印書館，民國 65 年 10 月。

18. 姜廣輝等《中國經學思想史》2 卷，北京：中國社會出版社，2003 年 9

月。

19. 王俊義《清代學術探研求》，北京：中國社會出版社，2002 年 8 月。

五、今人論文著作

1. 向小明《學人游幕與清代學術》，北京：社會科學文獻出版社，1999 年
   10 月。

2. 黃彰健《經今古文學問題新論》，臺北：中央研究院歷史語言研究，所專
   刊之 79，民國 81 年 9 月 2 版。

3. 黃彰健《周公孔子研究》臺北：中央研究院歷史語言研究所專刊之 98，
   民國 86 年 4 月。

4. 林慶彰主編《經學研究論叢·一》，桃園（中壢）：聖環圖書，民國 83 年。

5. 林慶彰主編《經學研究論叢·二》桃園（中壢）：聖環圖書，民國 84 年。

6. 林慶彰主編《經學研究論叢·三》桃園（中壢）：聖環圖書，民國 85 年。

7. 林慶彰主編《經學研究論叢·四》桃園（中壢）：聖環圖書，民國 86 年。

8. 劉興均《周禮》名物詞研究，成都：巴蜀書社，2001 年 5 月。

9. 余英時《中國近代思想史上的胡適》，臺北：聯經出版社，民國 83 年 5
   月。

10. 黃俊杰《儒學與現代臺灣》，北京：中國社會科學出版社，2001 年 7 月。

11. 湯志鈞《近代經學與政治》北京：中華書局，2000 年 8 月。